Bibelgeschichten
Nacherzählt für junge Leser

Text von Patricia Hunt

Illustrationen von Angus McBride

Tessloff Verlag · Hamburg

Vorsatz: Der Auszug aus Ägypten (Seite 46)
Nachsatz: Lazarus wird auferweckt (Seite 187)

© Text Patricia Hunt 1981
© Illustrationen Ward Lock Limited 1981
© Tessloff Verlag, Hamburg 1982
Aus dem Englischen von Käthe Hart
Alle Rechte des Nachdrucks sowie jeder Art der
elektronischen, mechanischen oder phototechnischen
Wiedergabe, auch auszugsweise, sind vorbehalten.
ISBN 3-7886-0535-9

Inhalt

Das Alte Testament

Die Erschaffung der Welt	7
Der Garten Eden	9
Kain und Abel	13
Noah und die große Flut	15
Der Turm zu Babel	19
Abraham	20
Isaak, Esau und Jakob	24
Josef mit dem bunten Rock	27
Josef in Ägypten	32
Das Kind im Schilfkorb	36
Der brennende Dornbusch	39
Die zehn Plagen	42
Der Auszug aus Ägypten	46
Das geteilte Meer	48
Die zehn Gebote	51
Der Fall von Jericho	55
Gideon	59
Samson und die Philister	63
Ruth	67
Samuel	70
David und Goliath	75
David und Jonathan	78
Die Weisheit Salomos	82
Der Tempelbau	86
Der Prophet Elia	90
Elisa	95
Im Feuerofen	98
Belsazar	102
Daniel in der Löwengrube	106
Der Prophet Jona	110

Das Neue Testament

Die Geburt Jesu	117
Die Weisen aus dem Morgenland	120
Der zwölfjährige Jesus im Tempel	123
Johannes der Täufer	127
Die Versuchung in der Wüste	131
Die Hochzeit in Kana	135
Der Tod des Täufers Johannes	139
Der barmherzige Samariter	143
Die Geschichte vom verlorenen Sohn	147
Die Geschichte vom verlorenen Schaf	151
Das Gleichnis vom Sämann	152
Gleichnisse vom Reich Gottes	154
Das Gleichnis von den Talenten	158
Die Bergpredigt	160
Jesus segnet die Kinder	163
Jesus besänftigt einen Sturm und geht auf dem Wasser	165
Die Speisung der Fünftausend	167
Jesus heilt die Kranken	170
Die Heilung des gelähmten Mannes	178
Jesus und die Sünderin	180
Die Verklärung	183
Zachäus	186
Lazarus wird auferweckt	187
Einzug in Jerusalem	189
Das letzte Abendmahl	193
Im Garten Gethsemane	197
Verurteilung und Kreuzigung	201
Die Auferstehung	206
Jesus erscheint den Jüngern	209
Begegnung am See Genezareth	211
Himmelfahrt	214
Pfingsten	215
Petrus und Johannes und der Lahme	218
Petrus und der Römer Kornelius	222
Petrus im Gefängnis	224
Der Märtyrer Stephanus	227
Die Reise nach Damaskus	228
Paulus' erste Missionsreise	231
Paulus' zweite Missionsreise	234
Paulus' dritte Missionsreise	236
Der Schiffbruch vor Malta	240
Philemon und der entlaufene Sklave	244
Karten	246

DAS
ALTE
TESTAMENT

Die Erschaffung der Welt

Vor langer, langer Zeit gab es noch keinen Himmel und keine Erde, es gab weder Sonne, Mond noch Sterne – es gab nur Gott. Gott hat es schon immer gegeben. Er wohnte mit seinen Engeln hoch oben im Licht. Unter ihm aber war nichts.

Da formte Gott die Erde. Aber sie war noch wüst und leer und lag in tiefer Finsternis. Gott sprach: „Es werde Licht!" Da wurde es hell. Gott schied das Licht von der Dunkelheit. Er nannte die Helligkeit Tag und die Dunkelheit Nacht. So wurde Abend und Morgen, und das war der erste Tag.

Am zweiten Tag bildete Gott den Himmel, der sich wie eine riesige Kuppel über alles wölbte. Am dritten Tag machte Gott aus dem Wasser, das die ganze Erde bedeckte, die großen Meere und die Flüsse und kleinen Seen. Wo das Wasser verschwand, erschien

Die Erschaffung der Welt

trockenes Land. Aber Wasser, Felsen und ödes Land allein gefielen Gott nicht. Er sagte: „Auf der Erde sollen Bäume und Sträucher wachsen, Gräser und viele andere Pflanzen, die Früchte und Blüten tragen." Da begann es auf der Erde zu sprießen. Jetzt sah es auf der Erde schon schön aus. Es wurde Abend, und der dritte Tag war zu Ende.

Am vierten Tag befahl Gott, daß ein großes, blendendes Licht am Tage über den Himmel wandern sollte – das war die Sonne. Für die Nacht aber schuf er den Mond und zahllose kleinere Lichter, die Sterne. Es wurde wieder Abend, und der vierte Tag war vergangen.

Am fünften Tag sagte Gott: „Es ist zu still auf der Erde. Sie soll von lebendigen Geschöpfen bewohnt sein." Und er schuf die Fische und die Robben, die im Wasser spielten, und die Vögel, die durch die Luft flogen, vom großen Adler bis zum kleinsten Kolibri. Jede Feder eines jeden Vogels war vollkommen gestaltet, und die meisten der Vögel ließen einen wohllautenden Gesang ertönen. Gott erfreute sich am Anblick der Geschöpfe im Wasser und in der Luft.

Am sechsten Tag beschloß Gott, die Erde mit zahllosen Arten von Tieren zu bevölkern. Er schuf riesengroße Tiere – Elefanten, Kamele, Giraffen, Flußpferde – und kleine Tiere wie Katzen und Mäuse bis zu winzigen Geschöpfen wie Spinnen, Schmetterlinge, Mücken und Fliegen. Und Gott sah auf alle herab und es gefiel ihm. Er segnete alle Tiere und sagte ihnen, sie sollten Paare bilden und sich vermehren, auf daß sie recht zahlreich würden.

Noch am gleichen Tage aber sagte Gott: „Ich will Menschen schaffen, die mir ähnlich sein sollen. Und dem Menschen will ich alle Tiere der Erde unterstellen, die Fische, die Vögel und alle anderen Geschöpfe." Gott nahm einen Klumpen Erde und formte daraus einen großen, schönen Mann, den er Adam nannte. Mit seinem Atem hauchte Gott ihm Leben ein. Und er schuf eine schöne Frau und gab sie Adam als Gefährtin. Er segnete die beiden Menschen und sagte: „Ihr sollt viele Kinder haben, die heranwachsen und die ganze Erde bewohnen sollen. Alle Tiere der Erde sind in eure Hand gegeben." Und Gott schuf einen herrlichen großen Garten, in dem alles wuchs, was gut zu essen war, und schenkte ihn den Menschen.

Nun hatte Gott sein wunderbares Werk vollendet. Er sah alles an und fand, daß es gut war. So ging der sechste Tag zu Ende.

Am siebten Tag ruhte Gott. Er heiligte den siebten Tag und machte ihn zu einem Feiertag. Und seitdem ist der siebte Tag der Woche für alle Menschen etwas Besonderes, ein gottgeweihter Tag, an dem sie von ihrer Arbeit ausruhen.

Anfangs war dieser Tag der letzte Tag der Woche, den wir Samstag oder Sonnabend nennen; die Juden nennen ihn Sabbat. Erst als Jesus zu den Menschen kam und am ersten Tag der Woche, drei Tage nach seiner Kreuzigung, auferstand, beschlossen die Christen, daß dieser Tag, der Sonntag, als Feiertag gelten und dem Gottesdienst gewidmet sein sollte – als ständige Erinnerung an die Auferstehung Jesu.

Der Garten Eden

Im Garten Eden, in den Gott Adam und Eva gebracht hatte, wuchsen alle Arten prächtiger Bäume, und viele von ihnen trugen wohlschmeckende Früchte. Wunderschöne Blumen blühten, Bäche plätscherten munter durch den Garten und bewässerten ihn. Ein großer Strom teilte sich in vier Hauptarme; das waren die Flüsse Pischon, Gihon, Tigris und Euphrat.

Adam und Eva gingen staunend durch den Garten, freuten sich an seiner Schönheit, pflückten von den Früchten und aßen sie.

„Eßt nur, es ist genug da", sagte Gott. „Ihr dürft von allen Früchten essen, nur vom Baum der Erkenntnis, der in der Mitte des Gartens steht, dürft ihr keine Frucht pflücken, sonst müßt ihr sterben."

Dann ließ Gott alle Tiere, die er geschaffen hatte, in den Garten kommen; Adam und Eva sollten ihnen Namen geben. Keines der Tiere war gefährlich oder feindselig. Der Löwe spielte friedlich mit dem Lamm, der Wolf mit dem Hasen, und alle waren freundlich zu den Menschen.

Adam und Eva lebten glücklich im Garten Eden, der auch Paradies genannt wird. Jeder Tag war wie ein Festtag, nachts schliefen sie im Gras. Sie waren unbekleidet, aber sie schämten sich nicht.

Ein Geschöpf gab es jedoch im Paradies, das den Menschen ihr Glück nicht gönnte. Es war die Schlange, und sie war sehr listig. Eines Tages war Eva beim Gang durch den Garten in seine Mitte gelangt und betrachtete dort einen wunderschönen Baum. Seine Früchte schienen ihr verlockender als alle, die sie bisher gesehen hatte. Das mußte der Baum der Erkenntnis sein!

Oben in den Zweigen hörte sie etwas rascheln. Sie schaute hin und sah die buntgefleckte Schlange, die sich um einen Ast ringelte. Da hörte sie die Schlange sprechen: „Hat Gott euch wirklich gesagt, daß ihr die Früchte nicht essen dürft, die auf den Bäumen des Gartens wachsen?"

„Nein", erwiderte Eva, „wir dürfen alle Früchte essen, nur nicht die von diesem Baum, dem Baum der Erkenntnis, sonst müssen wir sterben."

„Glaubst du das etwa?" fragte die Schlange mit verführerischer weicher Stimme. „Ihr werdet bestimmt nicht sterben, wenn ihr von diesen Früchten eßt, sondern eure Augen werden aufgetan und ihr werdet erkennen, was gut und was böse ist. Ihr werdet Gott gleich sein – darum hat Gott euch diese Frucht verboten."

Lange betrachtete Eva die Früchte und dachte: ‚Die schmecken bestimmt ganz außerordentlich gut. Sollte es wirklich so schlimm sein, nur ein wenig davon zu kosten? Und wie wunderbar wäre es, wenn man davon so wissend würde wie Gott! Sollte sie es wagen? Schaden konnte es doch wohl nichts, es sah sie ja auch niemand. Nur eine!' Und schon streckte sie die Hand, pflückte eine der verbotenen Früchte und aß sie. Sie schmeckte gut, ganz unvergleichlich. Sie rief laut nach Adam, und als er kam, hielt sie ihm die Frucht hin, und er aß auch davon.

Kaum hatten sie die Frucht verspeist, da fühlten sie voller Entsetzen, was sie getan hatten: Sie hatten gegen Gottes Gebot verstoßen. Sie erschraken.

Bisher hatte es keine Schuld auf der Welt gegeben – jetzt fühlten sich Adam und Eva schuldig. Und

Der Garten Eden

plötzlich empfanden sie auch ihre Nacktheit als etwas Unerlaubtes und schämten sich. Verwirrt rannten sie ins Gebüsch und machten sich aus Blättern ein Kleid, um ihre Blöße zu bedecken.

Bald darauf hörten sie, wie Gott in den Garten kam. Furcht und schlechtes Gewissen ließen Adam und Eva fortlaufen. Sie versteckten sich vor Gott hinter dichten Büschen.

Gott rief: „Adam, wo bist du?"

Zitternd kamen die beiden hervor, das Gesicht mit den Händen verdeckt, denn sie wagten nicht, Gott anzusehen.

„Ich hörte dich kommen", antwortete Adam, „und ich schämte mich, darum habe ich mich verborgen."

„Warum schämst du dich plötzlich?" fragte Gott. „Hast du von der Frucht gegessen, die ich euch verboten habe?"

„Eva hat sie mir gegeben, und ich habe davon gegessen", erwiderte Adam. Das war zwar nicht gelogen, aber es war doch recht feige, daß Adam die Verantwortung nicht selbst übernahm, sondern seine Gefährtin damit belastete.

Gott rief Eva: „Eva, warum hast du das getan?"

Auch Eva versuchte, die Schuld von sich abzuschieben und sagte: „Die Schlange hat mich mit List dazu verführt."

Gott war sehr betrübt über das Geschehene. Nun konnte er Adam und Eva nicht mehr vertrauen. Sie verdienten den herrlichen Paradiesgarten nicht. Ihr Ungehorsam mußte bestraft werden.

Der Garten Eden

Er wandte sich an die Schlange und sagte: „Von allen Tieren bist du als einziges schuldig geworden. Zur Strafe sollst du von nun an nur noch auf dem Bauch kriechen und Staub essen. Zwischen dir und den Menschen wird es für immer Feindschaft geben."

Zu Eva sagte Gott: „Du wirst deine Kinder unter Schmerzen gebären." Und zu Adam sagte er: „Du hast auf deine Frau gehört und von der verbotenen Frucht gegessen. Deshalb mußt du von nun an schwer arbeiten, um Nahrung für euch zu beschaffen. Dornen und Disteln werden auf dem Feld wachsen, das du im Schweiße deines Angesichts beackern mußt."

Und Gott sagte: „Von nun an werden die Menschen erkennen, was gut und was böse ist. Darum dürfen sie nicht mehr vom Baum des Lebens essen, der sie unsterblich macht."

Adam und Eva mußten das Paradies verlassen, wo sie es so schön gehabt hatten. Gott wollte nicht, daß jemand wieder hineinging. Darum ließ er die Tore von Engeln bewachen, die Schwerter aus Flammen trugen.

Kain und Abel

Adam und Eva mußten sich sehr plagen, um nur das Notwendigste zum Leben anzuschaffen. Etwas leichter wurde es für sie, nachdem ihre Söhne, Kain und Abel, herangewachsen waren. Kain, der Älteste, arbeitete als Ackerbauer, Abel hütete die Schafherden. Beide waren recht tüchtig. Der Acker trug reichlich Getreide und Gemüse, und die Schafherden vermehrten sich gut.

Kain und Abel

Adam und Eva lehrten ihre Söhne, daß sie für solchen Segen Gott zu danken hatten. Um Gott ihre Dankbarkeit zu zeigen, brachte man ihm Opfer: Man wälzte große Steine aufeinander und deckte einen großen, flachen Stein darüber – so hatte man einen Altar. Nach trockenem Holz wurde ein Teil dessen, was man erarbeitet hatte, oben darauf gelegt und das Holz angezündet. Stieg der Rauch gerade zum Himmel empor – so glaubte man in früheren Zeiten –, war es ein Zeichen Gottes, daß er das Geschenk annahm und mit dem Menschen, der es ihm darbrachte, zufrieden war.

Nach jeder Ernte wurde Gott mit einem Brandopfer gedankt. Kain und Abel hatten jeder einen Altar auf freiem Feld errichtet. Als es einmal wieder an der Zeit war, Gott ein Opfer zu bringen, wählte Abel das schönste Lamm aus seiner Herde, schlachtete es, legte die besten Stücke auf den Altar und zündete das Feuer an. Der Rauch stieg ganz gerade gen Himmel. Kain opferte auch, aber nicht so gern. Er nahm von den Ackerfrüchten nur das, was er für sich selbst nicht gut genug fand. Sein Feuer wollte nicht brennen, der Rauch schlug zu Boden.

Ärgerlich schielte Kain nach Abels schöner Rauchsäule. Da sprach Gott zu ihm: „Kain, was ärgerst du dich und runzelst die Stirn? Hättest du mit so reinen Gedanken geopfert wie Abel, könntest auch du dich jetzt an einer schönen Rauchsäule freuen. Hüte dich! Laß dich von dem Bösen in deinem Sinn nicht überwältigen! Du mußt es überwinden!"

Kain aber hörte nicht auf Gottes Mahnung. Er war neidisch und zornig auf Abel und fing an, sich mit seinem Bruder zu streiten. Er warf ihn zu Boden und schlug ihn. Abel wehrte sich und rief: „Hör doch auf, Kain! Was habe ich dir denn getan?" Aber der neidische Kain schlug voller Wut weiter auf ihn ein.

Erst als Abel sich nicht mehr regte, kam er zur Besinnung. Da merkte er, was er angerichtet hatte: Sein Bruder war tot, er hatte ihn umgebracht. Zum erstenmal hatte ein Mensch einen anderen getötet. Als Abels Blut in den Boden floß, bebte die Erde. Entsetzt rannte Kain davon.

Schon hörte er über sich die grollende Stimme Gottes: „Kain, wo ist dein Bruder Abel?" Kain zitterte vor Furcht, aber er antwortete trotzig und frech: „Was weiß ich? Bin ich der Hüter meines Bruders?"

„Was hast du getan?" fragte Gott. „Das Blut deines Bruders schreit zu mir zum Himmel!"

Da brach Kain zusammen. „Herr, ich bereue meine Tat."

„Deine Sünde ist schwer, du hast den Tod verdient", sprach Gott. „Aber weil du bereust, schenke ich dir das Leben. Du sollst aber nie mehr den Boden beackern, der Abels Blut getrunken hat. Nichts wird wachsen, was du pflanzt oder säst. Du bist verflucht, ruhelos auf der Erde umherzuwandern."

„Deine Strafe ist kaum zu ertragen", antwortete Kain mit gebrochener Stimme. „Einen Flüchtling, der nirgends hingehört, wird jeder erschlagen, der ihn sieht."

Da machte Gott ein blutrotes Zeichen auf Kains Stirn und sagte: „An diesem Zeichen wird jeder erkennen, daß er dich nicht töten darf."

Weinend ging Kain fort und wußte nicht wohin. Sein ganzes Leben lang war er unglücklich. In einem Land östlich von Eden, dessen Name „Land des Umherirrens" bedeutet, blieb er schließlich wohnen.

Den verzweifelten, kinderlos gewordenen Eltern Adam und Eva schenkte Gott bald einen Sohn, den sie Seth nannten. Und er war ihnen ein Trost in ihrem Unglück.

Noah und die große Flut

Die Menschen vermehrten sich rasch und wurden sehr zahlreich. Aber die Sünden Adams und Evas und ihres Sohnes Kain hatten das Böse in die Welt gebracht. Alles Leid und Unglück der Menschen ist aus den schlechten Gedanken entstanden, die sie in ihrem Innern hegten. Gott sah all das Böse und die Gewalt, und es betrübte ihn. Da hatte er eine so schöne Welt geschaffen, belebt von wunderbaren Geschöpfen, und nun verdarben die Menschen alles, weil sie schlecht geworden waren.

An einem Mann jedoch hatte Gott große Freude. Es war ein guter Mensch, und seine Gedanken und sein Tun waren gerecht und großmütig. Sein Name war Noah, und er gefiel Gott sehr.

Eines Tages sagte Gott zu Noah: „Meine Geduld mit den Menschen ist zu Ende. Das Böse soll nicht länger die Erde beherrschen. Ich will alles vernichten und einen neuen Anfang machen. Eine große Flut wird kommen, in der alles ertrinkt. Dich und deine Familie aber will ich retten. Baue ein großes Schiff – eine Arche – aus festem Holz; bestreiche es innen und außen mit Teer, damit kein Wasser eindringen kann. Die Arche soll drei Decks haben mit vielen Räumen, mit einem Dach darüber und einer Tür an der Seite. Wenn der große Regen kommt, sollst du mit deiner ganzen Familie, deiner Frau und deinen Kindern und Enkeln in die Arche gehen. Auch von jeder Tierart sollst du ein Paar mitnehmen, je ein männliches und ein weibliches Tier, damit sie sich wieder vermehren können, wenn die Flut vorüber ist."

Noah war sehr bestürzt, als er das hörte, aber er tat gehorsam, was Gott ihm sagte. Sogleich begann er mit dem Bau des riesigen Schiffes, und seine Söhne halfen ihm dabei. Als die Arche so gut wie fertig war, mahnte Gott ihn: „Nimm auch genug Nahrung mit für euch und für alle die verschiedenen Tiere. In sieben Tagen wird es zu regnen beginnen, und die Flut wird vierzig Tage lang steigen – bis über die Gipfel der Gebirge."

Noah machte alles so, wie Gott es ihm sagte. Seine ganze Familie half ihm dabei, von allen Tieren ein Paar aufzutreiben und in die Arche zu bringen – die großen Elefanten, Giraffen, Kamele, Hirsche und anderen Herdentiere, Löwen, Tiger, Bären, Wölfe, aber auch Vögel, Insekten und zahllose Kriechtiere. Zuletzt gingen Noah und seine Frau mit ihren Söhnen Sem, Ham und Japhet und deren Frauen und Kinder hinein. Dann wurde die Tür fest verschlossen.

Und dann begann es zu regnen. Unaufhörlich. Tag und Nacht. Es goß in Strömen. Rasch traten die Flüsse über die Ufer, und bald stiegen die Meere an und überfluteten das Land. Vierzig Tage und Nächte stieg das Wasser höher und höher. Die ganze Erdoberfläche wurde zu einem einzigen Meer. Außer den Fischen und anderen Wasserbewohnern ertranken alle Lebewesen. Nur die Menschen und Tiere in der Arche waren in Sicherheit. Ruhig schwamm das wasserfeste Schiff auf der Flut. Wenn Noah hinausblickte, sah er nichts als Wasser. Kein Haus, kein Baum war mehr zu sehen. Langsam trieb die Arche dahin. Noah wußte nicht mehr, wo sie waren. Die Flut stieg so hoch, daß sie sieben Meter über dem Gipfel des höchsten Berges stand. Und so hoch blieb sie 150 Tage lang. Dann kam Wind auf, die Wolken verschwanden, und allmählich begann der Wasserspiegel zu sinken. Schließlich geriet die Arche auf Grund – hoch oben auf dem Berge Ararat saß sie fest.

Nach einigen Tagen konnte Noah beim Hinausschauen schon die Gipfel anderer Berge sehen. Er wartete weitere vierzig Tage; dann öffnete er ein Fenster und ließ einen Raben hinausfliegen. Der kreiste ein paarmal um die Arche, dann flog er davon und kam nicht zurück. Als nächstes schickte Noah eine Taube, um zu sehen, ob es schon trockenes Land gebe. Die Taube fand keinen Platz, auf den sie sich niederlassen konnte. Sie flog zurück zur Arche. Noah streckte seine Hand hinaus und holte den Vogel

Noah und die große Flut

hinein. Erst einige Wochen später ließ Noah die Taube abermals fliegen. Am Abend des gleichen Tages kam sie zurück und trug einen frischen Olivenzweig im Schnabel. Nun wußte Noah, daß es endlich trockenes Land gab, wo wieder Bäume zu wachsen begannen.

Noch wartete er ab. Als er dann die Taube wiederum hinausließ, zog sie in großen Kreisen um die Arche und war bald nicht mehr zu sehen. Diesmal kam sie nicht zurück, und Noah schloß daraus, daß sie Bäume gefunden hatte, wo sie sich ein Nest bauen konnte.

Bald konnte Noah selbst von der Arche aus trockenes Land entdecken. Und nun hörte er die Stimme Gottes: „Du kannst jetzt mit deiner Familie das Schiff verlassen. Laß auch alles Getier hinaus. Die Erde soll wieder bewohnt werden."

So stiegen Noah mit Frau und Kindern und allen Geschöpfen, die auf Gottes Beschluß die große Flut überlebt hatten, aus der Arche. Das erste, was Noah tat: Er baute aus Steinen einen Altar und brachte Gott ein Dankopfer.

Das gefiel Gott, und er sagte: „Niemals wieder will ich alle Lebewesen vernichten, wie ich es diesmal getan habe. Solange die Erde besteht, sollen die Menschen säen und ernten, soll es Kälte und Hitze, Sommer und Winter, Tag und Nacht geben, ohne Aufhören. Wenn es blitzt und donnert und regnet, braucht ihr euch nicht zu fürchten – niemals wieder wird es eine Sintflut geben."

Und als Zeichen ließ Gott einen schönen, vielfarbigen Bogen in den Wolken erscheinen und sagte: „Immer, wenn die Menschen nach einem Regen einen solchen Bogen sehen, sollen sie an die Sintflut und an mein Versprechen denken."

Nachdem Noah mit seiner Familie die Arche verlassen hatte, begann er sogleich, den Boden zu bebauen. Als erstes pflanzte er einen Weinberg. Als die Trauben reif waren, preßte er sie aus, und aus dem Saft wurde der erste Wein.

Anfangs wußte Noah noch nicht, daß der Wein den Menschen betrunken macht. Er trank davon und wurde berauscht, so daß er nicht mehr auf seine Kleidung achtgab, sondern in seinem Zelt einschlief und unbedeckt lag.

Da kam sein Sohn Ham in das Zelt, und als er die Nacktheit seines Vaters sah, mußte er lachen. Er ging wieder hinaus und erzählte es seinen beiden Brüdern. Sem und Japhet aber nahmen ein Kleid, legten es auf ihrer beider Schultern und gingen damit rückwärts ins Zelt. So deckten sie ihren Vater zu, ohne ihn anzusehen. (Ihr Vater hätte sich vor seinen Söhnen seiner Nacktheit geschämt, und diese Scham wollten ihm Sem und Japhet ersparen.)

Als Noah aus seinem Rausch erwachte, erfuhr er bald, was geschehen war. Er wurde sehr zornig auf Ham und fluchte ihm; Sem und Japhet aber wurden von ihm gesegnet.

Noahs Nachkommen wurden so zahlreich, daß es schließlich nicht mehr für alle in enger Nachbarschaft genug Land gab für Viehzucht und Ackerbau. Jeder der Söhne zog mit seiner ganzen großen Familie fort, und allmählich verbreiteten sie sich über weite Gebiete der Erde.

Nach der Bibel gilt Noah als der Urvater der neuen Menschheit. Von seinem ältesten Sohn Sem sollen die semitischen Völkergruppen abstammen: die Araber und die von ihnen abgezweigten Äthiopier, die Akkader (Assyrer) und Babylonier; Nachkommen von Hams Sohn Kanaan waren die Phöniker, Punier, Ugarit, Hebräer, Moabiter und anderen kanaanäischen Völker sowie die Aramäer (Syrer), während Ham selbst der Stammvater vieler Völker wurde, die Afrika bewohnten. Japhet wurde der Stammvater der kleinasiatischen Völker.

Der Turm zu Babel

Die Enkel und Urenkel Noahs wurden zu eigenen Stämmen und waren weit verbreitet, doch sprachen sie alle noch die gleiche Sprache. Einer dieser Stämme siedelte im Land Sinear (Mesopotamien), in der fruchtbaren Ebene zwischen den beiden Flüssen Euphrat und Tigris.

Ihr Wohlstand blühte, und sie begannen, Städte zu bauen. Sie hatten gelernt, aus getrockneten Lehmziegeln feste Bauten zu errichten. In den Städten wohnten sie in Häusern aus Ziegelsteinen, und um die Städte bauten sie hohe Mauern mit Toren darin.

Eine dieser Städte am Euphrat hieß später Babel oder Babylon (das heißt Verwirrung). Ihre Bewohner waren Händler und geschickte Handwerker, und die Bauern, die das umliegende Land beackerten, lieferten den Städtern Nahrung und tauschten dafür die Erzeugnisse des Handwerks.

Die Leute von Babel wurden reich und stolz auf sich selbst und vergaßen, was sie dem Gott ihrer Väter zu verdanken hatten. Sie strebten danach, im ganzen Land berühmt zu werden. Darum beschlossen sie, einen Turm zu bauen, wie es ihn noch nirgends auf der Welt gab. Er sollte bis in die Wolken reichen – und wer weiß, ob sie von seiner Spitze nicht sogar in den Himmel hineinblicken könnten.

So begannen Hunderte von Ziegelmachern, das Baumaterial herzustellen, und Hunderte von Bauleuten machten sich an den Turmbau. Hoch und höher wurde der Turm, bis seine Spitze schon fast in den Wolken verschwand. Voller Stolz betrachtete jeder das wachsende Bauwerk. Was waren sie doch für ein tüchtiges Volk! Sie fühlten sich sehr mächtig – fast so mächtig wie Gott.

Gott aber sah die Vermessenheit der Menschen und zürnte über ihren Hochmut. Sollten die Menschen etwa wieder so dumm und schlecht werden wie vor der Sintflut? Gott hatte versprochen, nie wieder mit einer Flut die ganze Menschheit zu vernichten. Aber ihrer Narrheit mußte er Einhalt gebieten. Und er tat das auf eine einfache und kluge Weise. Gott hätte den ganzen Turm zum Einsturz bringen können, doch er wollte das Leben der törichten Menschen schonen.

Am nächsten Morgen gingen die Bewohner Babels wie üblich zur Arbeit zum Turm. Als die Bauleute und Arbeiter dort ankamen und den Tagesplan besprechen wollten, mußten sie erleben, daß niemand auch nur ein Wort verstand von dem, was ein anderer sagte. Anstatt einer verständlichen Sprache schien jeder nur sinnlose Laute von sich zu geben. Die Vorarbeiter versuchten anfangs noch, mit Armbewegungen und Geschrei ihre Anordnungen zu geben, aber es gab nur Mißverständnisse und Verwirrung. Natürlich konnte die Arbeit nicht weitergehen.

Voller Entsetzen liefen die Leute durcheinander. Wie froh waren sie, wenn sie noch den einen oder anderen in der Menge fanden, mit dem sie sich sprachlich verständigen konnten. Es waren aber immer nur wenige Familien, die noch die gleiche Sprache hatten; sie schlossen sich zusammen und zogen gemeinsam fort aus der Stadt mit ihrer schrecklichen Sprachverwirrung.

So zerstreuten sich die Nachkommen Noahs in alle Welt. Bisher hatten sich die vielen kleinen Gruppen gemeinsam als ein einziges Volk empfunden; von nun an aber betrachteten sie alle Menschen mit anderer Sprache als Fremde.

Abraham

In der alten Stadt Ur in Babylonien lebte ein Mann namens Abraham. Fast alle Bewohner von Ur beteten Götzenbilder an; Abraham aber glaubte an einen einzigen, unsichtbaren Gott. Die Leute lachten ihn deswegen aus. Abraham verließ schließlich mit seiner Familie die Stadt. Er war ein reicher Mann; ihm gehörten große Herden von Rindern, Schafen und Kamelen. Hunderte von Hirten und Mägden arbeiteten für ihn. Es war ein langer Zug, der am Fluß Euphrat entlang nach Norden wanderte. Als sie die Stadt Haran erreichten, gefiel es ihnen dort so gut, daß Abraham sich zum Bleiben entschloß. Sie wohnten viele Jahre in dieser Stadt.

Aber auch in Haran waren die Leute Götzendiener. Eines Tages sagte Gott zu Abraham: „Du sollst dein Haus und die Stadt verlassen und in ein Land ziehen, das ich dir zeigen werde. Dort wirst du viele Nachkommen haben und ein großes Volk gründen. Geh und fürchte dich nicht, ich werde dich beschützen und deinen Namen groß machen."

Abraham hatte keine Ahnung, welches Land gemeint war, aber er vertraute auf Gottes Wort. Mit seiner Frau Sarah, seinem Neffen Lot und dessen Familie, mit seiner Dienerschaft und all seinem Besitz machte er sich auf den Weg, den Gott ihm wies. Nach einem langen Marsch durch die Wüste fanden sie gutes Weideland. Zwischen Bethel und Ai schlugen sie ihre Zelte auf.

Abrahams Herden vermehrten sich, und auch Lot besaß viele Rinder, Schafe und Ziegen. Die Weiden reichten bald nicht mehr für alle die vielen Tiere. Darum gab es Streit zwischen den Hirten Abrahams und denen von Lot. Da sagte Abraham zu seinem Neffen: „Wir wollen uns nicht um die Weiden streiten, lieber Neffe. Das Land ist groß genug für uns alle. Laß uns in Frieden auseinandergehen. Wähle du, wohin du gehen willst. Gehst du nach rechts, gehe ich nach links; willst du aber nach links, nehme ich den rechten Weg."

Von einem Hügel aus ließ Lot seinen Blick in die Runde schweifen. Das schöne Jordantal lockte ihn am stärksten, denn es sah sehr fruchtbar aus. So wählte er den östlichen Weg und zog fort. In der Nähe der Stadt Sodom ließ er sich nieder. Die Bewohner Sodoms waren jedoch ausschweifend und böse, genau wie die Leute von Gomorrha – dafür wurden sie später von Gott bestraft.

Abraham wanderte in den südlichen Teil Kanaans. Gott sagte zu ihm: „Schau dich um. Alles Land, was du siehst, soll dir gehören, dir und deinen Kindern und deren Kindern. Deine Nachkommen werden so zahlreich sein wie die Sterne am Himmel."

Abraham hatte zu dieser Zeit kein einziges Kind und war schon ein alter Mann. Dennoch glaubte er Gottes Worten. Am heiligen Baum von Mamre, nahe bei Hebron, schlug er sein Lager auf und baute Gott einen Altar. Und wieder sprach Gott zu ihm: „Höre, ich bin der allmächtige Gott. Gehorche mir und tu immer, was recht ist." Abraham verneigte sich so tief, daß seine Stirn den Boden berührte. Gott wiederholte sein Versprechen, daß Abraham der Stammvater eines großen Volkes werden sollte. Da sagte Abraham: „Aber ich habe keinen einzigen Sohn, Herr. Ich bin schon sehr alt, und meine Frau Sarah ist eine alte Frau." „Ich will sie segnen", sagte Gott, „und einige ihrer Nachkommen werden Könige sein."

An einem heißen Sommertag saß Abraham am Eingang seines Zeltes. Als er aufblickte, sah er drei Fremde herankommen. In jenem Land wurden damals Reisende von den weit verstreut lebenden Bewohnern meistens höflich aufgenommen und

bewirtet. Abraham ging den Fremden entgegen, verbeugte sich vor ihnen und sagte: „Geht nicht an meinem Zelt vorüber, ihr Männer, ohne euch auszuruhen und zu erfrischen. Ich hole euch sogleich Wasser, um eure Füße zu waschen. Erweist mir die Ehre, euch zu bewirten."

„Sei bedankt", sagten die Ankömmlinge, „wir nehmen dein Angebot mit Freuden an."

Abraham lief ins Zelt und rief seiner Frau Sarah zu: „Rasch, bereite ein Mahl – wir haben Gäste." Er ließ sich Brot, Milch und etwas zartes Fleisch geben und setzte es den Fremden vor.

Einer der Besucher fragte ihn: „Wo ist deine Frau?"

„Sie ist im Zelt", antwortete Abraham.

„Im kommenden Frühling wird sie einen Sohn gebären", sagte der Fremde.

Sarah, die gerade hinter dem Zelteingang stand, hörte, was der Mann sagte, und mußte lachen. „Ich bin viel zu alt, um ein Kind zu bekommen", dachte sie, „und Abraham ist zu alt, um noch Vater zu werden."

„Warum lacht Sarah?" wurde Abraham gefragt. „Gibt es etwas, das zu tun für Gott unmöglich ist?"

Als die Fremden sich verabschiedeten, begleitete Abraham sie noch ein Stück des Weges. Er ahnte, daß es Boten Gottes waren, die ihn besucht hatten. Unterwegs erzählten sie ihm, daß die Menschen in Sodom und Gomorrha so schlecht geworden waren, daß Gott die beiden Städte zerstören wollte. Nun erinnerte er sich, daß sein Neffe Lot in jene Richtung gezogen war, und die Sorge um seinen Verwandten überfiel ihn. Er eilte zum heiligen Baum, rief zu Gott und flehte, er möge doch die Städte verschonen um der guten Menschen willen, die dort lebten.

„Wenn es dort noch fünfzig gute Menschen gibt, wirst du die Städte verschonen?" fragte er. Und Gott versprach es. Dann kamen Abraham Bedenken. Wenn es keine fünfzig mehr waren? „Wirst du die Städte auch um fünfundvierzig verschonen?" Gott sagte es zu. „Auch für vierzig?" Und weiter fragte Abraham voller Angst: „Für dreißig? Für zwanzig? Für zehn?" Und Gott versprach, er werde Sodom und Gomorrha verschonen, wenn auch nur noch zehn gute Menschen darin lebten.

Leider gab es nicht einmal mehr zehn gute Menschen in den beiden Städten. Was aber war mit Lot?

Nach ihrem Abschied von Abraham waren die Boten Gottes auf die Suche nach Lot gegangen. Sie berichteten ihm, was nach Gottes Beschluß geschehen sollte, führten ihn und seine Familie an die Stadtgrenze und mahnten: „Lauft um euer Leben. Bleibt nicht stehen und blickt euch nicht um, sonst müßt ihr sterben."

Lot und seine Frau mit den beiden Töchtern flohen so schnell sie konnten. Hinter ihnen stürzten Feuer und Schwefel vom Himmel, die Erde bebte und begrub die brennenden Städte. Lots Frau konnte ihre Neugier nicht bezähmen und blickte sich um – sofort wurde sie in eine Salzsäule verwandelt. Lot und seine Töchter aber eilten weiter und brachten sich in Sicherheit. Ein Salzmeer, Totes Meer genannt, erstreckte sich dort, wo einst Sodom und Gomorrha gestanden hatten. Und die Salzsäule, Lots Frau, steht noch heute an seinem Ufer.

Im nächsten Frühling ging Gottes Versprechen, das seine Boten dem Abraham überbracht hatten, in Erfüllung: Sarah gebar einen Sohn. Sie war schon neunzig, Abraham sogar einhundert Jahre alt. Sarah und Abraham waren überglücklich. Sie gaben dem Kind den Namen Isaak, das bedeutet ungefähr: „Der von Lachen Erfüllte". Vielleicht nannten sie ihn so, weil sie vor Freude lachten, als er geboren war, oder vielleicht, weil sie sich an Sarahs Lachen im Zelt erinnerten, als sie von den Fremden gehört hatte, sie solle in ihrem Alter doch noch einen Sohn bekommen.

Isaak wuchs zu einem prächtigen Jungen heran, und seine Eltern liebten ihn sehr. Sobald er verständig genug war, erzählte ihm Abraham von Gott.

Einige Jahre später beschloß Gott, Abraham zu prüfen, ob er ihm noch immer treu und gehorsam war. Eines Tages rief er ihn: „Abraham! Abraham!"

„Hier bin ich, Herr", antwortete Abraham.

„Nimm deinen Sohn Isaak, den du so sehr liebst", sagte Gott, „und begib dich mit ihm in das Land Moriah. Dort zeige ich dir einen Berg, und ich will, daß du mir dort deinen Sohn opferst."

Abraham war tief erschrocken. Hatte er sich nicht verhört? Menschenopfer waren allerdings in jenen Tagen nichts Ungewöhnliches, und es war selbstverständlich, daß man zum Brandopfer das beste seiner Tiere schlachtete, um Gott zu verehren. Aber konnte

Gott wirklich wollen, daß er für ihn seinen einzigen Sohn schlachtete, seinen Isaak, den Gott selbst ihm auf wunderbare Weise geschenkt hatte?

Abrahams Glauben an Gott war sehr groß, und er wußte, er hatte seinen Befehlen zu gehorchen, selbst wenn der Schmerz ihn und Sarah töten würde.

Am nächsten Morgen rief er Isaak zu sich und sagte ihm, er solle ihn begleiten. Sie würden ins ferne Gebirge wandern, um dort Gott ein Brandopfer zu bringen. Sie sammelten Holz und beluden einen Esel. Dann machten sie sich auf den Weg, und Abrahams Herz war schwer.

Drei Tage dauerte die Reise, dann sah Abraham vor sich den Berg, den Gott ihm bezeichnete. Am Fuß des Berges band er den Esel an einen Baum und begann mit Isaak den Aufstieg. Abraham trug ein Messer im Gürtel, Isaak hatte sich das Holz auf die Schulter geladen. Unterwegs schaute Isaak verwirrt um sich. „Vater", sagte er schließlich, „wir haben das Holz zum Brennen, aber wo ist das Opfer?"

Abraham fiel die Antwort schwer. Er konnte nur sagen: „Gott wird schon dafür sorgen", und Isaak gab sich damit zufrieden. Sie erreichten die Höhe, und Abraham begann, einen Altar zu errichten. Das Holz wurde daraufgeschichtet. Dann umfaßte er Isaak, sah ihm weinend ins Gesicht und sagte: „Gott hat es befohlen." Er fesselte seinen Sohn und legte ihn auf den Altar, oben auf das Holz. Dann zog er das Messer und hob den Arm, um Isaak zu töten.

In diesem Augenblick erscholl die Stimme eines Engels vom Himmel: „Abraham! Abraham!"

„Ja, hier bin ich", antwortete Abraham.

„Halt ein! Leg deine Hand nicht an deinen Sohn – er ist gerettet. Gott weiß nun, daß du ihm treu und gehorsam bist, denn du warst bereit, ihm deinen einzigen Sohn zu opfern."

Abraham fiel in die Knie. Es war ihm, als erwache er aus einem bösen Traum. Er band Isaak los und umarmte ihn. Dann hörte er plötzlich hinter sich einen Widder blöken, der sich mit den Hörnern in einem Dornbusch verfangen hatte. Abraham holte ihn und opferte ihn anstelle seines Sohnes, und er pries und dankte Gott. Gott freute sich, daß Abraham die Prüfung so gut bestanden hatte. Und abermals versprach er Abraham, ihn zum Lohn für seine Treue zum Stammvater eines großen Volkes zu machen.

Isaak, Esau und Jakob

Die Jahre vergingen, und Abraham fand es an der Zeit, daß Isaak eine Frau bekam. Er sorgte sich darum, die richtige für ihn zu finden. (Es war damals Sitte, daß die Eltern für ihre Söhne die Frauen, für ihre Töchter die Männer wählten.) Abraham rief Elieser, seinen ältesten und vertrautesten Knecht, und sagte ihm: „Isaak soll nicht die Tochter eines Kanaaniten heiraten, denn sie wird meinem frommen Sohn Götzenbilder ins Haus stellen. Darum suche in meiner alten Heimat eine Frau für Isaak."

Elieser zog mit zehn Kamelen, mit kostbaren Geschenken beladen, ins nördliche Mesopotamien. Nach langer Reise kam er nach Haran, wo Abrahams Bruder Nachor gewohnt hatte. Vor den Toren der Stadt rastete Elieser am Brunnen. Da sah er ein sehr schönes Mädchen kommen; sie trug einen Krug auf der Schulter, um Wasser zu schöpfen.

„Sei so gut und gib mir einen Schluck Wasser aus deinem Krug", sagte Elieser. Und das Mädchen ließ ihn trinken und tränkte auch die Kamele.

„Wie heißt du, und wie heißt dein Vater?" fragte Elieser das Mädchen.

„Ich heiße Rebekka", sagte sie. „Ich bin die Tochter Betuels, und mein Großvater hieß Nachor. Komm mit und übernachte bei uns! Wir haben genug Platz und auch Futter für deine Kamele."

Voller Freude ging Elieser mit ihr, begrüßte Rebekkas Eltern, erzählte von Abraham und seinen Wünschen und von Isaak. Er zeigte die Brautgeschenke – Gold und Silber und feinste Stoffe. Rebekkas Eltern staunten; sie waren überzeugt, Gott habe ihre Tochter für Isaak bestimmt. Wie sie, war auch Rebekka einverstanden. Elieser zog mit dem schönen Mädchen heimwärts, und bald wurde die Hochzeit gefeiert.

Nach einiger Zeit gebar Rebekka ein Zwillingspaar. Sie nannten die beiden Jungen Esau und Jakob. Die Zwillinge sahen sich jedoch gar nicht ähnlich – je älter sie wurden, desto deutlicher wurden die Unterschiede. Esau – nur einige Minuten älter als sein Bruder – hatte rote Haare und eine rauhe, behaarte Haut; Jakobs Haut war fein und glatt. Esau war ein wilder Junge, streifte unablässig durch Wald und Feld und erlegte schon als Kind mit Pfeil und Bogen viele Tiere. Jakob war still und nachdenklich; am liebsten blieb er bei seiner Mutter, ließ sich von ihr Geschichten erzählen und half ihr bei der Arbeit. Er war Rebekkas Liebling, während der Vater Esau bevorzugte. Als die Zwillinge herangewachsen waren, wurde Esau ein Jäger, Jakob hütete die Herden.

Einmal hatte sich Jakob gerade Linsen gekocht, als Esau hungrig und müde von seiner wilden Jagd an sein Feuer kam und den verlockenden Duft roch. „Gib mir was davon", sagte er. „Ich bin am Verhungern."

„Du kannst den ganzen Topf haben, wenn du mir dein Erstgeborenenrecht überläßt", erwiderte Jakob. (Der älteste Sohn galt immer als Nachfolger des Vaters und erbte den größten Teil des Besitzes.)

„Einverstanden!" sagte Esau. „Was nützt mir mein Erstgeborenenrecht, wenn ich vor Hunger sterbe?"

Jakob ließ ihn den Handel beschwören. So verkaufte Esau sein Erstgeborenenrecht gegen ein Linsengericht. Vater Isaak erfuhr nichts davon.

Als Isaak sehr alt geworden war, erblindete er. Er spürte, daß sein Leben bald zu Ende ging. Darum sagte er zu Esau: „Nimm Pfeil und Bogen und erlege ein Wild für mich. Bereite es so zu, wie ich es gern esse. Nach dem Mahl will ich dir meinen großen Segen geben, denn meine Tage sind gezählt."

Rebekka hörte es. Es machte ihr großen Kummer, daß Esau und nicht ihr Liebling Jakob den Vatersegen bekommen sollte. Als Esau fort war, rief sie Jakob zu sich und sagte: „Hör zu, mein Junge. Geh zur Herde und suche zwei kleine Lämmer heraus. Ich will sie für deinen Vater nach seinem Geschmack zubereiten. Dann bringst du ihm das Essen, und er wird dir und nicht Esau den großen Segen geben."

„Aber Mutter", wandte Jakob ein, „du weißt doch, wie behaart Esau ist. Wenn er mich berührt, merkt er den Betrug, und anstatt mich zu segnen, wird er mich verfluchen." „Das habe ich alles bedacht", sagte Rebekka. „Geh nur und hole die Lämmer!"

Als das Mahl bereitet war, nahm sie ein paar Ziegenfelle und wickelte sie um Jakobs Arme und Schultern. Dann schickte sie ihn zu Isaak.

Isaak hörte ihn kommen und fragte: „Welcher meiner Söhne bist du?"

„Ich bin Esau, dein Ältester", log Jakob. „Ich bringe dir das Fleisch, wie du befohlen hast. Wenn du gegessen hast, gib mir bitte deinen Segen."

„Wie kommt es, daß du so rasch zurück bist?"

„Gott hat mir beigestanden", erwiderte Jakob.

„Deine Stimme klingt wie Jakobs Stimme", sagte Isaak zweifelnd. „Komm näher, damit ich fühlen kann, ob du wirklich Esau bist." Und Isaak tastete nach Jakobs Armen und Schultern, fühlte das Ziegenhaar und war nun überzeugt, seinen Erstgeborenen vor sich zu haben. Nachdem er gegessen hatte, fiel Jakob vor dem Lager seines Vaters auf die Knie, und Isaak segnete ihn.

Bald nachdem Jakob seinen Vater verlassen hatte, kam Esau von seiner Jagd zurück. Er kochte das Fleisch des erlegten Wildes und brachte es Isaak. „Hier, Vater", sagte er, „setz dich auf und iß, und dann magst du mich segnen."

„Wer bist du denn?" fragte Isaak verwirrt.

„Dein Ältester, Esau", war die Antwort.

Isaak erschrak und fragte mit zitternder Stimme: „Wer ist denn hier gewesen, den ich gesegnet habe mit dem großen Segen?"

Da erkannte Esau, daß Jakob ihn hintergangen hatte. Er schrie laut und weinte: „Segne auch mich, Vater!" Aber der Segen war vergeben und nicht zurückzunehmen.

Esaus Zorn und Haß auf seinen Bruder war so heftig, daß Rebekka um das Leben ihres Lieblings fürchtete. Darum schickte sie Jakob fort nach Haran. Bei seinem Onkel Laban sollte er so lange bleiben, bis sich die Wut seines Bruders gelegt hatte.

Bei Nacht schlich sich Jakob davon und machte sich zu Fuß auf die lange Reise. Er wanderte viele Tage. Nachts schlief er auf der steinigen Erde. Er hatte merkwürdige Träume. Einmal träumte ihm, daß eine Leiter von seinem Schlafplatz bis zum Himmel reichte; Engel stiegen auf ihr hinauf und herunter. Ganz oben auf der Leiter erschien Gott und sprach: „All dieses Land will ich dir und deinen Nachkommen geben. Fürchte dich nicht, ich werde dich beschützen, wo immer du gehst."

Als Jakob erwachte, erschauerte er voll Ehrfurcht.

„Dieser Ort ist heilig", dachte er. „Gott ist hier, und ich wußte es nicht." Er wälzte den Stein, auf dem er geschlafen hatte, und stellte ihn aufrecht. Dann goß er seinen letzten Rest Öl darauf und betete zu Gott. Er gelobte, hier einen Tempel zu errichten und von allem, was er besitzen sollte, ein Zehntel den Armen zu geben. Den Platz nannte er „Bethel", das heißt „Haus Gottes".

Endlich sah er die Stadt Haran vor sich liegen. Auf einer Weide blieb er an einem Brunnen stehen und fragte einen der Hirten, ob er seinen Onkel Laban kenne.

„Gewiß", erwiderte jener, „und hier, sieh nur, kommt gerade seine Tochter Rahel mit ihren Schafen."

Jakob hüpfte das Herz, als er das schöne Mädchen sah. Er sagte ihr, daß er ihr Vetter sei, und küßte sie. Rahel lief davon und berichtete es ihrem Vater. Bald konnte Jakob seinen Onkel und dessen Frau und Rahels ältere Schwester Lea begrüßen. Laban bot ihm an, bei ihm zu bleiben und für ihn zu arbeiten.

„Natürlich sollst du es nicht umsonst tun", sagte er. „Was forderst du als Lohn?"

Jakob, der sich auf den ersten Blick in Rahel verliebt hatte, erwiderte: „Ich will dir sieben Jahre dienen, wenn du mir dann Rahel zur Frau gibst." Laban war einverstanden. Und Jakob sorgte sieben Jahre für Labans Herden, die so gut gediehen wie nie vorher.

Nach Ablauf der sieben Jahre richtete Laban ein großes Hochzeitsfest. Weil er aber Jakob, der seinen Reichtum so vermehrte, noch nicht fortlassen wollte, führte er am Abend anstelle von Rahel die verschleierte ältere Schwester Lea zum Hochzeitslager. In der tiefen Dunkelheit ließ Jakob sich täuschen und entdeckte erst am Morgen den Betrug. Empört klagte er seinen Onkel an. Laban verteidigte sich: „In diesem Land ist es Brauch, daß eine jüngere Tochter nicht vor der älteren heiraten darf."

Nun war es damals nicht ungewöhnlich, daß ein Mann mehrere Frauen hatte. Um Jakob zu halten, sagte Laban: „Du kannst Rahel im nächsten Monat zur zweiten Frau haben, aber unter einer Bedingung: Du mußt mir weitere sieben Jahre dienen, erst dann lasse ich euch ziehen." Jakob nahm die Bedingung an, denn er liebte Rahel sehr.

Josef mit dem bunten Rock

Als Jakob endlich wieder daheim in Hebron war, hatte er schon eine große Familie. Lea hatte ihm zehn Söhne und eine Tochter geboren. Nach langem Warten schenkte ihm auch Rahel einen Sohn, den er Josef nannte. Bei der Geburt ihres zweiten Sohnes, Benjamin, starb Rahel. Josef wurde der Liebling des Vaters, denn er besaß die gleichen schönen, träumerischen Augen und die edle Haltung seiner Mutter, die Jakob so sehr geliebt hatte. Jakob behielt ihn am liebsten bei sich im Zelt und redete mit ihm. Nur gelegentlich half Josef seinen Brüdern, die das Feld beackerten und die Herden hüteten. Kein Wunder, daß die Brüder eifersüchtig wurden! Sie gönnten ihm bald kein freundliches Wort mehr. Ganz verbittert wurden sie, als Jakob seinem Liebling ein langes, buntgewebtes Überkleid machen ließ, wie es eigentlich nur ganz vornehme Leute trugen.

Eines Nachts hatte Josef einen Traum, und am Morgen erzählte er ganz harmlos seinen Brüdern davon. „Hört nur, was mir träumte! Wir waren alle auf dem Kornfeld und banden Garben. Plötzlich richtete sich meine Garbe stolz auf, und eure Garben verneigten sich tief vor ihr."

In jenen Tagen nahmen die Menschen Träume sehr wichtig, weil sie glaubten, sie sagten vielleicht Künftiges voraus. Darum regten sich Josefs Brüder sehr auf und schrien: „Ach, du willst wohl unser König werden und über uns herrschen?"

Bald hatte Josef den Zorn seiner Brüder vergessen, und nach einiger Zeit erzählte er ihnen wieder von einem Traum: „Ich stand allein auf dem Feld. Da kamen die Sonne, der Mond und elf Sterne vom Himmel herab, umkreisten mich und verneigten sich vor mir."

Der Ärger der Brüder wurde nur noch heftiger und verwandelte sich in Haß.

Weil die Herden neue Weiden brauchten, trieben die Brüder sie weit über Land in Richtung Sichem. Josef und Benjamin blieben daheim. Nach einiger Zeit sagte Jakob: „Josef, deine Brüder sind schon recht lange fort, ich bin etwas besorgt. Nimm frisches Brot mit, geh nach Sichem und sieh zu, wie es ihnen geht. Dann komm rasch zurück und erzähle mir alles."

Josef zog das bunte Kleid an, nahm das Brot auf den Rücken und wanderte unverdrossen. In Sichem konnte er seine Brüder nicht finden, aber ein Mann, den er fragte, hatte sie gesehen. „Sie waren hier", sagte er, „aber sie sind weitergezogen in Richtung Dotan."

Als Josef sich dem Ort Dotan näherte, sahen ihn seine Brüder kommen. Schon von weitem leuchtete sein bunter Rock. Da verschworen sich die eifersüchtigen Brüder, Josef zu töten. Wenn der Vater nach ihm fragte, wollten sie sagen, ein wildes Tier habe ihn zerrissen.

Ruben, der Älteste, wollte aber nicht das Blut seines Bruders vergießen. „Es genügt, wenn wir ihn lebendig in die trockene Zisterne werfen", meinte er und hoffte heimlich, Josef später retten und heimschicken zu können.

Sobald Josef angekommen war, rissen ihm die Brüder den bunten Rock vom Leib und warfen ihn in die tiefe Grube. Dann blickten sie sich um, ob es auch niemand gesehen hatte. Da sahen sie in der Ferne eine Kamelkarawane heranziehen. Es waren ismaelische Händler, die nach Ägypten reisten, beladen mit Waren, die sie dort verkaufen wollten.

Einer der Brüder, Juda, hatte eine Idee. „Was haben wir davon, wenn wir Josef sterben lassen? Verkaufen wir ihn doch lieber an diese Händler, dann brauchen wir uns nicht mit dem Blut unseres Bruders zu beflecken."

Die anderen nickten beifällig. Als die Karawane herangekommen war, zogen sie Josef aus der Zisterne und verkauften ihn für zwanzig Silberstücke. Ruben wollte das nicht mit ansehen; er wandte sich ab und weinte. Die anderen aber töteten eine Ziege und tauchten Josefs Kleid in ihr Blut. Sie nahmen den bunten Rock mit heim und zeigten ihn ihrem Vater: „Das haben wir gefunden", sagten sie. „Gehört es nicht Josef?"

Der alte Mann schrie laut auf und zitterte vor Schmerz. „O mein Josef! Ein wildes Tier hat ihn getötet!"

Jakob weinte und trauerte lange um seinen Lieblingssohn. Die ganze Familie bemühte sich, ihn zu trösten, aber er konnte Josefs Tod nicht verwinden.

Inzwischen waren die Händler in Ägypten angekommen. Josef wurde an einen Mann namens Potifar verkauft. Das war der Oberste der Leibwache, ein hoher Beamter des Pharao, des Königs von Ägypten. Dem gefiel der junge schöne Sklave, und er nahm ihn in seine Dienste. Im Palast Potifars verrichtete Josef nun vielerlei Arbeit, und weil er geschickt, zuverlässig und angenehm im Umgang war, ließ sich Potifar nur noch von ihm bedienen. Allmählich gewann Josef immer mehr das Vertrauen seines Herrn, bis dieser ihn schließlich zum Aufseher über alle Sklaven und zum Hüter seines ganzen Besitzes machte.

Potifars Frau verliebte sich in den schönen jungen Mann und versuchte ihn zu verführen. Josef wies sie empört zurück. Als er immer wieder standhaft blieb, sann die verschmähte Frau auf Rache. Sie log ihrem Mann vor, Josef habe sich ihr unschicklich genähert. Potifar glaubte seiner Frau und ließ Josef ins Gefängnis werfen.

Der Kerkermeister merkte bald, daß Josef ein vertrauenswürdiger und gescheiter Mann war. Er machte ihn zum Aufseher über die anderen Gefangenen und übertrug ihm noch manche anderen Arbeiten.

Nach einiger Zeit wurden zwei Hofbeamte eingeliefert: der Mundschenk Pharaos und der Bäckermeister; sie hatten den König durch Unachtsamkeit erzürnt. Als Josef ihnen eines Morgens das Essen brachte, fand er die beiden mit kummervollen Mienen. „Warum seid ihr denn heute morgen mehr betrübt als sonst?"

fragte er. Sie antworteten, daß sie letzte Nacht geträumt hatten, aber nicht wüßten, was ihre Träume bedeuteten.

„Erzählt mir eure Träume", sagte Josef. „Wenn Gott will, werden wir erkennen, was sie bedeuten."

Der Mundschenk berichtete: „Ich sah im Traum einen Weinstock mit drei blühenden Reben. Ehe ich mich versah, waren aus den Blüten Trauben geworden. Ich hielt den goldenen Becher des Pharaos unter sie, preßte den Saft aus den Trauben und brachte ihn dem Pharao."

„Die drei Reben bedeuten drei Tage", sagte Josef. „In drei Tagen wird der Pharao dich freilassen, und du wirst wieder sein Mundschenk. Dann denk an mich und bitte den Pharao, mich aus dem Kerker zu befreien, denn ich habe nichts Unrechtes getan."

Nun erzählte der Oberbäcker seinen Traum: „Ich trug drei Körbe mit köstlichem Backwerk auf dem Kopf und wollte es dem Pharao bringen. Da kamen viele Vögel und pickten alles weg."

Josef sah den Mann mitleidig an. „Das bedeutet nichts Gutes", sagte er. „In drei Tagen wird der Pharao dich hängen lassen, und die Vögel werden dein Fleisch fressen."

Und alles geschah genauso, wie Josef gesagt hatte. Der Mundschenk lebte wieder glücklich im Königspalast, dachte nicht mehr an den Kerker und vergaß auch, den Pharao um Josefs Freilassung zu bitten.

Zwei Jahre vergingen, und Josef war noch immer im Kerker. Da hatte der Pharao einen Traum: Er stand am Nilufer und blickte auf den Fluß. Er sah sieben fette Kühe aus dem Wasser kommen und zu grasen beginnen. Nach einer Weile stiegen sieben klapperdürre Kühe an Land, gingen zu den fetten Kühen und fraßen sie auf. Der Pharao erwachte, schlief aber bald wieder ein. Nun sah er im Traum sieben volle Ähren, schwer von Körnern, auf einem Getreidehalm wachsen. Ein zweiter Halm wuchs aus der Erde und bekam ebenfalls sieben Ähren, aber sie waren schmächtig und leer und enthielten kein einziges Korn. Und die leeren Ähren fraßen die vollen auf.

Verstört wurde der Pharao wieder wach. Er war so beunruhigt, daß er nicht mehr schlafen konnte. Er wollte unbedingt wissen, was die Träume bedeuteten. Früh am Morgen ließ er alle Traumdeuter und weisen Männer des Landes zu sich rufen und erzählte ihnen seine Träume. Aber niemand wußte sie zu deuten.

Da erinnerte sich plötzlich der Mundschenk an Josef. Er warf sich vor dem Königsthron nieder und sagte: „Als du mir vor zwei Jahren zürntest und mich und den Oberbäcker in den Kerker werfen ließest, hatte jeder von uns eines Nachts einen Traum. Ein junger Hebräer namens Josef, ebenfalls dort gefangen, hat uns unsere Träume gedeutet, und alles, was er voraussagte, ist eingetroffen."

„Bringt ihn sofort hierher!" befahl der Pharao. Rasch holte man Josef, badete ihn, schnitt ihm die Haare und zog ihm saubere Kleider an. Dann führte man ihn vor den Pharao.

„Ich hörte, daß du Träume deuten kannst", sagte der Pharao. „Ich hatte heute nacht zwei Träume, und niemand ist da, der mir ihren Sinn erklären kann."

„Mit Gottes Hilfe will ich es versuchen, mein König", erwiderte Josef. „Möge Gott dir nur Gutes zugedacht haben."

Der Pharao erzählte, was ihm geträumt hatte. Josef bedachte sich nur ein Weilchen, ehe er sagte: „Beide Träume bedeuten das gleiche. Gott verkündet dir durch die Träume, was geschehen wird. Die sieben fetten Kühe und die sieben vollen Ähren bedeuten sieben Jahre, und die sieben mageren Kühe und die leeren Ähren ebenfalls. Es wird zuerst sieben Jahre der Fülle geben. Das Land wird mehr hervorbringen, als die Menschen verbrauchen können. Dann aber folgen sieben Jahre mit schrecklichen Mißernten. Es wird nichts wachsen, kein Korn, keine Früchte, nicht einmal Gras. Daß du dasselbe zweimal träumtest, nur mit anderen Bildern, bedeutet, daß es nicht mehr lange dauert, bis Gottes Beschluß Wirklichkeit wird."

Pharao hörte das voll Staunen. „Und weißt du auch einen Rat, wie ich mein Volk aus der Gefahr der Hungersnot retten könnte?"

„Du solltest einen klugen und vertrauenswürdigen Mann ernennen, mein König", erwiderte Josef. „Er soll sogleich im ganzen Land Vorratshäuser errichten. Treue Beamte sollten dafür sorgen, daß in jedem der kommenden sieben Jahre ein Fünftel des Getreides in den Speichern gelagert wird. Wenn dann die schlechten sieben Jahre kommen, werden die Vorräte die Menschen vor dem Hungertod bewahren."

Der Pharao und alle übrigen Anwesenden waren von Josefs Worten sehr beeindruckt. Wo aber fand man den klugen, ehrlichen Mann, der diesen großen Plan durchführte? Der Pharao erhob sich von seinem Thron, ging auf Josef zu und sagte: „Es gibt keinen, der besser für dieses Amt geeignet wäre als du. Dein Gott hat dir alle diese Gedanken eingegeben, er wird dir auch weiterhin beistehen. Von heute ab sollst du nach mir der Höchste in meinem Reich sein. Alle sollen deinen Befehlen gehorchen, du aber hast nur noch mir zu gehorchen." Er zog seinen Siegelring vom Finger und steckte ihn an Josefs Hand. Schnell ließ er kostbare Kleider holen und Josef damit bekleiden. Er legte Josef eine breite goldene Kette um den Hals und schenkte ihm einen Wagen mit herrlichen Pferden.

Nun war Josef Verwalter des großen ägyptischen Reiches. Er reiste im ganzen Land umher, gab Anweisungen für den Bau von Getreidespeichern und traf Vorsorge für die kommenden Zeiten. Der Pharao ließ für Josef einen Palast bauen und überschüttete ihn mit Geschenken.

Sieben Jahre lang blühte Ägypten wie ein üppiger Garten. Die Scheunen konnten die Ernteerträge nicht fassen. Immer neue Vorratslager mußten gebaut werden, und alle wurden übervoll. Als sieben Jahre vergangen waren, begann eine große Trockenheit; es fiel kein Tropfen Regen, und die brennende Sonne ließ alles Grün verdorren. Auch in den Nachbarländern vertrocknete jedes Saatkorn, und es herrschte große Hungersnot. Nur in Ägypten gab es dank Josefs klugen Plänen genug zu essen.

Viel fremdes Volk kam, vom Hunger getrieben, ins Land. Josef verkaufte ihnen Getreide, doch niemand bekam mehr als einen Sack voll.

Josef in Ägypten

Hungersnot herrschte auch in Kanaan. Als Jakob hörte, in Ägypten könne man Getreide kaufen, sagte er zu seinen Söhnen: „Warum tut ihr nichts? Geht nach Ägypten und bringt jeder einen Sack voll Korn heim, damit wir Brot backen können und nicht hungern müssen."

So machten sich die zehn Brüder auf den langen Weg nach Ägypten. Benjamin, der Jüngste, blieb beim Vater, der immer noch um Josef trauerte und den Jüngsten – Rahels zweiten Sohn – um so mehr hütete.

Als die Brüder in Ägypten angekommen waren, mußten sie zuerst zu Josef gehen, der befohlen hatte, jeden Fremden, der Korn kaufen wollte, vor ihn zu bringen. Man führte sie in einen glanzvollen Saal, und sie fielen auf die Knie vor dem vornehmen Mann, der mit seiner prächtigen Kleidung und der Goldkette um den Hals wie ein König vor ihnen stand. Josef erkannte seine Brüder sofort, und das Herz tat ihm weh, aber er ließ sich nichts anmerken. Als er den vertrauten Klang

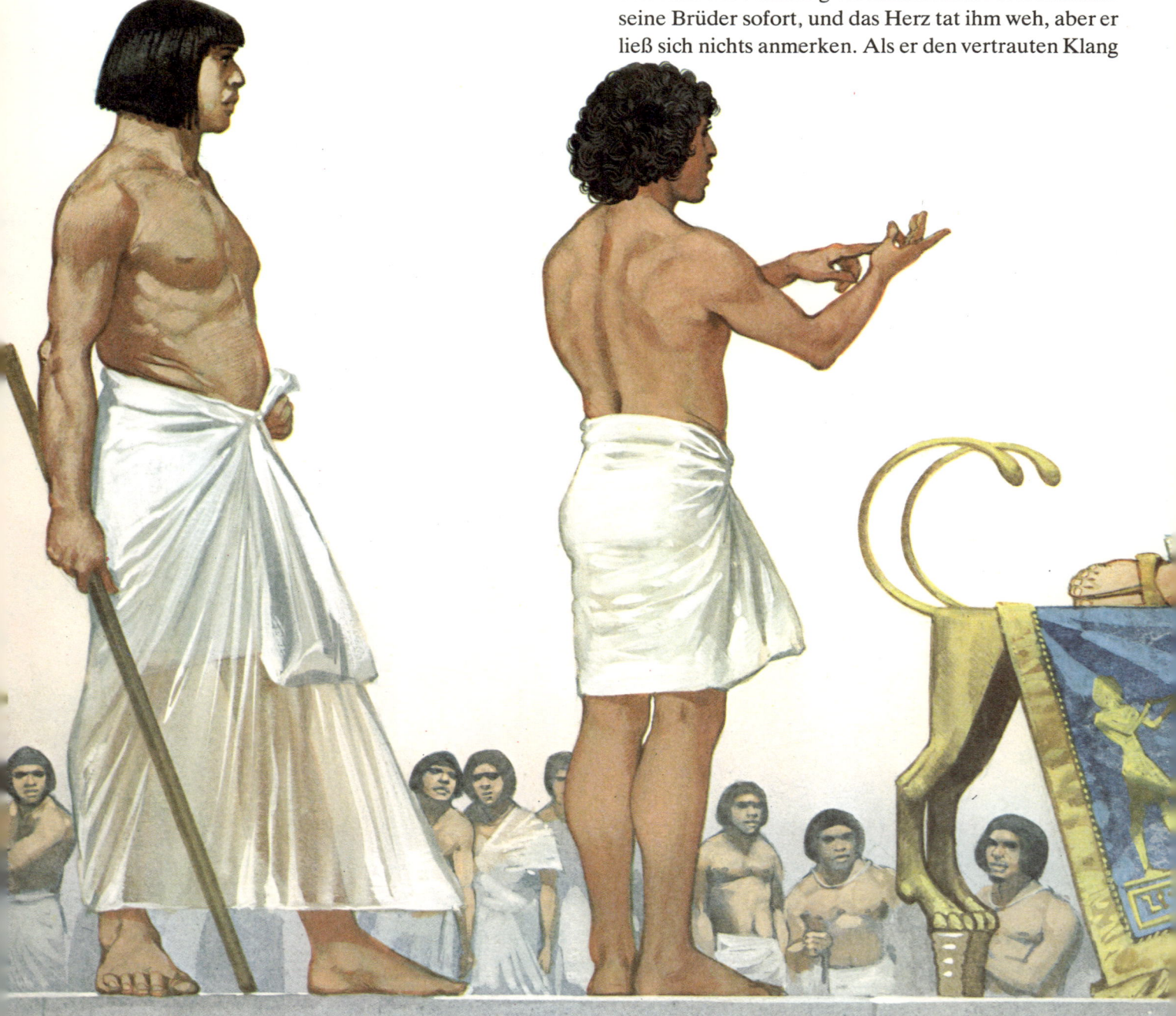

seiner heimatlichen Sprache hörte, wandte er sich rasch um, weil ihm die Tränen kamen. Die Brüder hatten ihn in seiner ägyptischen Kleidung nicht erkannt, zumal er auch noch in der ägyptischen Sprache redete und von einem Dolmetscher alles, was er und was die Brüder sagten, übersetzen ließ.

Josef hatte seinen Brüdern längst verziehen, aber er wollte sie doch nicht ganz ungestraft davonkommen lassen. Als er sich wieder gefaßt hatte, ließ er sie fragen:

„Woher kommt ihr?"

Schüchtern antworteten sie: „Wir kommen aus dem Land Kanaan, um Getreide zu kaufen."

„Ihr seid Spione!" sagte Josef streng. „Ihr wollt ausspähen, wo unser Land ungeschützt ist, damit ihr uns überfallen könnt!"

„Nein, nein!" riefen die Brüder. „Wir sind ehrliche Hirten, keine Spione! Wir wollten nur Getreide

kaufen. Wir alle sind Söhne eines Vaters. Wir waren zwölf, doch einer ist tot, und der Jüngste ist zu Hause beim Vater."

„Ich werde es herausfinden, ob ihr nicht doch Spione seid", sagte Josef. „Ich glaube euch erst, wenn ich den jüngsten Bruder sehe, von dem ihr redet. Einstweilen werdet ihr eingesperrt." Und er ließ sie ins Gefängnis werfen. Nach drei Tagen aber hielt er es nicht mehr aus, weil er sich vorstellte, wie verzweifelt sein Vater wohl wartete, daß die Söhne mit Nahrung zurückkämen. Er ließ die Brüder zu sich holen und sagte: „Damit eure Familien nicht verhungern, können neun von euch mit Getreide heimziehen. Einer bleibt mir hier als Pfand. Er wird erst frei, wenn ihr wiederkommt und mir den Jüngsten bringt."

Die Zehn sprachen untereinander: „Das ist die Strafe für das, was wir unserem Bruder Josef angetan haben. Wie hart blieben wir, als er weinte und flehte. Wie soll dieser ägyptische Herrscher Erbarmen mit uns haben, wenn wir kein Erbarmen mit unserem Bruder hatten!"

Die Brüder ahnten nicht, daß Josef ihre Sprache verstand. Was er hörte, bewegte ihn sehr. Er bestimmte, daß Simeon, der Zweitälteste, zurückbleiben sollte, und ließ ihn vor aller Augen in Ketten legen. Dann befahl er seinem Lagerverwalter, neun Säcke mit Korn zu füllen, das Kaufgeld aber obenauf in die Säcke zu stecken. Er ließ den Brüdern auch genug Nahrung für die Heimreise mitgeben. Sie beluden ihre Esel und zogen in Richtung Kanaan davon.

Als sie sich für die Nacht lagerten, öffnete einer von ihnen seinen Sack, um dem Esel eine Handvoll Korn zu geben. Er fand den Beutel mit dem Geld und schrie überrascht auf. Alle erschraken. Nun schaute jeder in seinen Sack und machte den gleichen Fund. Verwirrt fragten sie sich: „Was mag Gott mit uns vorhaben?"

Als sie schließlich ihr Ziel erreichten, berichteten sie Jakob alles, was ihnen geschehen war. Jakob war verzweifelt, als sie verlangten, ihnen Benjamin mitzugeben. „Josef wurde mir genommen, Simeon ist fort, und nun wollt ihr mir Benjamin nehmen!"

„Ich werde schon auf ihn achtgeben", sagte Ruben. „Wir bringen ihn dir heil und sicher zurück, ich verspreche es." Aber Jakob wollte sich nicht bewegen lassen. „Nein", sagte er, „wer weiß, was ihm in der Fremde zustößt. Ich würde es nicht überleben, auch ihn zu verlieren."

Das Getreide aus Ägypten war bald aufgezehrt, und der Hunger wurde immer größer. „Ihr müßt wieder hin und Korn kaufen", sagte Jakob.

„Das können wir nicht ohne Benjamin, Vater", sagte Juda, der vierte Sohn. „Der ägyptische Herr hat uns befohlen, unseren jüngsten Bruder mitzubringen. Nur dann gibt er uns Korn und läßt auch Simeon frei. Kommen wir ohne ihn, werden wir alle als Spione ins Gefängnis geworfen. Laß ihn mitziehen, Vater, ich bürge mit meinem Leben für das seine."

Nach langem Hin und Her mußte Jakob endlich einwilligen. „Bringt dem ägyptischen Herrn auch Geschenke, und gebt ihm das Geld zurück, das in euren Säcken lag. Vielleicht ist es versehentlich hineingekommen."

So machten sich die Neun mit Benjamin auf. In Ägypten wurden sie sofort zu Josefs Haus geführt. Dem Hausverwalter erzählten sie von dem Geld, das in ihren Säcken gesteckt hatte, und wollten es ihm zurückgeben. Aber er lächelte: „Keine Sorge, der Kaufpreis wurde entrichtet. Kommt nur! Mein Herr hat befohlen, euch in die Privaträume seines Palastes zu bringen. Ihr sollt mit ihm speisen."

Da kam auch Simeon, und die Freude des Wiedersehens war groß. Man führte sie in einen herrlichen Eßsaal. Als Josef erschien, verneigten sie sich tief und überreichten ihm die Geschenke.

„Wie geht es euch und wie geht es eurem Vater?" fragte Josef. „Ist er noch gesund?" Dann sah er Benjamin. „Das ist also euer jüngster Bruder. Gott segne dich, mein Junge." Er mußte sich sehr zusammennehmen, um die Tränen zurückzuhalten. Als er sich gefaßt hatte, rief er den Küchenmeister, und das Essen wurde serviert. Josef saß an einem Tisch für sich, denn Ägypter aßen nicht zusammen mit Hebräern. Die Brüder wunderten sich, daß man ihnen die Plätze genau in der Reihenfolge ihres Alters angewiesen hatte, vom Ältesten bis zum Jüngsten. Benjamin bekam von allem das Beste und mehr als die übrigen.

Nach dem Essen sprach Josef leise mit seinem Hausverwalter: „Fülle die Säcke der Männer bis obenhin mit Getreide, stecke auch das Geld wieder hinein. Lege außerdem in den Sack des Jüngsten meinen silbernen Becher."

Ehe am nächsten Morgen die Sonne aufging, waren die Brüder bereits mit ihren beladenen Eseln unterwegs. Sie waren noch nicht weit gekommen, als ein Reitertrupp sie einholte, angeführt von Josefs Hausverwalter. Der fuhr sie an: „Warum habt ihr den silbernen Becher meines Herrn gestohlen? Ihr habt ein schweres Verbrechen begangen!"

„Das haben wir nicht getan!" protestierten die erschrockenen Brüder. „Du weißt doch, daß wir auch das Kaufgeld vom letzten Mal, das wir in unseren Säcken fanden, zurückgeben wollten. Warum sollten wir deinen Herrn bestehlen, der uns so gnädig war? Durchsuche uns und schau in unsere Säcke. Der, bei dem du den Silberbecher findest, möge sterben, und wir alle würden umkehren und deinem Herrn als Sklaven dienen." Das sagten sie, weil sie ein so gutes Gewissen hatten.

„Na, gut", sagte der Ägypter und begann bei Ruben mit der Suche. Natürlich wurde der Becher in Benjamins Sack gefunden. Entsetzt und verwirrt sahen es die Brüder und kehrten todunglücklich zu Josef zurück. Juda übernahm es, für sie alle zu sprechen.

„Herr, was können wir sagen? Wie können wir es uns selbst erklären? Wir sind deine Sklaven. Nur schone das Leben unseres jüngsten Bruders."

„Ich will nur den Dieb, der den Becher hatte, als Sklaven behalten", sagte Josef. „Ihr anderen könnt heimziehen."

„Bitte, Herr", sagte Juda, „erlaubt mir zu sprechen. Wir haben lange gebraucht, unseren Vater dazu zu bringen, daß er Benjamin mit uns gehen ließ. Wenn wir jetzt ohne ihn zurückkommen, wird der Gram unseren Vater töten. Er liebt Benjamin ganz besonders, weil er schon den zweitjüngsten Sohn verloren hat. Ich habe mich bei ihm für den Jungen verbürgt. Darum nehmt mich an seiner Statt als Sklaven und laßt Benjamin mit den Brüdern heimkehren."

Da konnte sich Josef nicht länger halten. Er schickte den Dolmetscher und alle Diener aus dem Saal und rief dann in hebräischer Sprache:

„Kommt näher, meine Brüder. Erkennt ihr mich denn nicht? Ich bin Josef, den ihr nach Ägypten verkauft habt."

Zitternd vor Furcht und sprachlos vor dem Unfaßbaren, blickten ihn die Brüder an. Josef fuhr fort: „Habt keine Angst vor mir, ich habe euch verziehen. Gott hat alles zum Guten gewendet. Er hat es gewollt, daß ich nach Ägypten kam. Mit Gottes Hilfe kann ich euch nun vor dem Hunger retten, damit unser Stamm nicht stirbt."

Die Brüder waren fassungslos. Dieser vornehme große Herr war wirklich Josef! Nun gab es viele Umarmungen und Tränen der Freude, und sie hatten sich viel zu erzählen.

„Nun aber eilt heim zu unserem Vater", sagte Josef endlich. „Erzählt ihm, daß sein Josef lebt. Er möge doch so schnell wie möglich hierherkommen, denn die Hungersnot wird noch fünf Jahre dauern. Bringt auch eure Familien und euer Vieh mit. Ihr sollt alle in dem schönen Land Gosen wohnen, das ist nicht weit von hier." Überglücklich machten sich die Brüder auf die Rückreise.

Sobald sie bei Jakob ankamen, riefen sie ihm zu: „Freue dich, Vater! Dein Sohn Josef lebt! Und er ist nach dem Pharao der mächtigste Mann in Ägypten!"

Jakob wollte es zuerst nicht glauben. Als er aber die Wagen und die kostbaren Geschenke sah, ließ er sich überzeugen. „Mein Josef lebt! Ich will ihn sehen, bevor ich sterbe."

So machte sich Jakob mit seinen Söhnen und deren Familien und mit allem, was ihnen gehörte, auf den Weg nach Ägypten. Unterwegs ließ er in Beerscheba halten und brachte Gott ein Dankopfer. Und Gott sprach zu ihm: „Fürchte dich nicht, nach Ägypten zu ziehen. Ich will deinen Stamm dort sehr zahlreich machen. Ich will immer mit euch sein, und deine Nachkommen werde ich in dieses Land zurückführen."

Kurz vor der ägyptischen Grenze schickte Jakob seinen Sohn Juda voraus, um ihr Kommen zu melden. Rasch fuhr Josef mit einem herrlichen Gespann seinem Vater entgegen. Er warf sich ihm an die Brust, Jakob umfing ihn. Sie weinten vor Freude, und die Brüder mit ihnen – jede Eifersucht war ihnen vergangen. „Nun kann ich ruhig sterben", sagte Jakob. „Ich habe dich wiedergefunden, mein Josef."

Josef ließ die Familien in dem fruchtbaren Landstrich Gosen siedeln. Sie wurden dort reich, bekamen viele Kinder und noch mehr Enkelkinder.

Das Kind im Schilfkorb

Viele Jahre später, als Josef längst nicht mehr lebte, herrschte ein anderer Pharao in Ägypten. Er wußte nichts davon, daß der Hebräer Josef einst die Ägypter und auch andere Menschen vor dem Hungertod gerettet hatte. Jakobs Nachkommen, die sich Israeliten nannten, waren in Gosen recht zahlreich geworden. Es ging ihnen gut. Unter ihren fleißigen Händen waren Städte mit schönen Häusern entstanden. Für die Ägypter aber waren sie Fremde geblieben, denn sie hatten ihre Sitten und ihre Sprache behalten.

Der Pharao blickte besorgt nach Gosen und sagte: „Diese Israeliten werden mir zu stark. Sie könnten uns gefährlich werden, wenn wir einen Krieg führen müssen und sie sich auf die Seite unserer Feinde stellen. Dagegen müssen wir uns sichern."

Er schickte bewaffnete Sklaventreiber nach Gosen und zwang die Israeliten, hart für ihn zu arbeiten. Sie mußten Straßen und Befestigungen für ihn bauen und Frondienst auf den Feldern verrichten, ohne dafür entlohnt zu werden. Mit Peitschen wurden sie ange-

Das Kind im Schilfkorb

trieben, immer schneller zu arbeiten. Doch trotz der grausamen Behandlung schien das Volk der Hebräer immer größer zu werden. Das paßte dem Pharao gar nicht. Schließlich befahl er, daß jedes Kind männlichen Geschlechts, das von einer Israelitin geboren wurde, sofort nach der Geburt getötet werden sollte; Mädchen durften am Leben bleiben.

Die Israeliten waren unglücklich wie noch nie. Als in einer Famillie, die von Jakobs drittem Sohn Levi abstammte, ein schöner, kräftiger Junge geboren wurde, versteckte ihn die Mutter drei Monate lang. Dann wurde seine Stimme so kräftig, daß man sie auf der Straße hören konnte. Die Gefahr, daß ägyptische Soldaten ihn hörten und töteten, wurde immer größer. Die Eltern und ihre beiden größeren Kinder, Aaron und Mirjam, überlegten, wie sie den schönen Jungen retten könnten. Der Mutter fiel etwas ein: Sie flocht aus Schilf einen Korb, machte ihn mit Pech wasserfest, legte den Kleinen hinein und setzte den Korb in das Schilf am Ufer des Nils. Die Schwester des Jungen,

Mirjam, beobachtete in einiger Entfernung, was geschehen würde.

Nach kurzer Zeit kam die Tochter des Pharao zum Fluß hinab, um zu baden. Mit ihren Dienerinnen spazierte sie am Ufer entlang. Sie entdeckte den Korb im Schilf und befahl einer ihrer Sklavinnen, ihn zu holen. Das Mädchen brachte den Korb, die Prinzessin schaute hinein und sah den hübschen Kleinen, der sie anlächelte.

„Das ist ein Hebräerkind", sagte sich die Prinzessin. „Was für ein liebreizender Junge!"

Mirjam, die alles gesehen hatte, kam aus ihrem Versteck herbeigelaufen und fragte die Prinzessin: „Soll ich eine der hebräischen Frauen holen, damit das Kind eine Amme bekommt?" „Ja, tu das", erwiderte Pharaos Tochter. Und die kluge Mirjam eilte nach Hause und brachte ihre eigene Mutter mit.

„Nimm diesen Kleinen mit und stille ihn für mich", sagte die Prinzessin. „Ich werde dich dafür bezahlen."

Wie freute sich die Mutter, daß sie ihren kleinen Jungen wiederhatte! Wenn sie auch wußte, es war nicht für immer – die Prinzessin würde ihn eines Tages zu sich nehmen wollen –, die Hauptsache war doch, der Junge überlebte! Niemand durfte ihm etwas zuleide tun, das hatte die Prinzessin befohlen.

Als der Junge keine Amme mehr brauchte, wollte Pharaos Tochter ihn zurückhaben, und die Mutter brachte ihn in den Palast. Die Prinzessin adoptierte ihn als eigenen Sohn. „Ich habe ihn aus dem Wasser gezogen, darum soll er Moses heißen", sagte sie. (Im Hebräischen bedeutet Moses soviel wie „herausgezogen".) So wuchs Moses im Königspalast auf wie ein Prinz.

Als Moses herangewachsen war, verlangte ihn zu wissen, wie sein eigenes Volk lebte. Er ging hin und sah, wie die Hebräer schweren Frondienst leisteten und wie unmenschlich sie behandelt wurden. Eines Tages erlebte er, wie ein ägyptischer Aufseher einen Hebräer so mit der Peitsche schlug, daß dieser blutüberströmt zusammenbrach. Voller Zorn entriß Moses dem Aufseher die Peitsche; mit dem Griff erschlug er den grausamen Ägypter. Den Toten vergrub er im Sand und hoffte, niemand habe die Tat gesehen.

Am nächsten Tag ging er wieder dorthin. Diesmal sah er zwei Hebräer, die aufeinander einschlugen. Er rief ihnen zu: „Hört auf! Habt ihr nicht genug an den Prügeln der Ägypter? Ihr solltet euch schämen!"

Der eine Hebräer antwortete unwirsch: „Wer hat dich zu unserem Herrn und Richter ernannt? Willst du uns vielleicht auch töten, wie gestern den ägyptischen Aufseher?"

Moses erschrak. Er war also doch gesehen worden. Und ehe der Tag vorüber war, hatte jemand dem Pharao die Geschichte hinterbracht. Der König befahl, ihn zur Strafe zu töten. Die Prinzessin aber verhalf Moses zur Flucht.

Er verließ Ägypten und kam ins Land Midian. An einem Brunnen rastete er. Da kamen die sieben Töchter eines Priesters, um die Schafe ihres Vaters zu tränken. Ein paar ruppige Hirten wollten die Mädchen vom Brunnen wegstoßen und als erste Wasser schöpfen, aber Moses stand den Mädchen bei.

Als die Schwestern heimkamen, fragte ihr Vater: „Wie kommt es, daß ihr heute so schnell zurück seid?" „Ein Ägypter hat uns geholfen", berichteten sie, „er hat sogar Wasser für uns geschöpft."

„Und ihr habt den Mann dort stehenlassen?" rügte Jetro, der Vater. „Geht hin und ladet ihn ein. Wir wollen ihn gastlich bewirten."

Moses ging gern mit, als die Mädchen ihn darum baten. Da er kein anderes Ziel hatte, nahm er Jetros Angebot an, zu bleiben und die Ziegen und Schafe zu hüten. Und im Jahr darauf heiratete er Zipporah, eine der Töchter des Priesters.

Die Jahre vergingen. Der ägyptische Pharao starb, aber sein Nachfolger behandelte die Hebräer kein bißchen besser, sie blieben Sklaven. Immer inniger flehten sie zu Gott und erinnerten ihn an den Bund, den er mit Abraham, Isaak und Jakob geschlossen hatte. Und endlich erhörte Gott ihre Bitten und versprach, ihnen einen Retter zu senden.

Der brennende Dornbusch

Moses trieb die Herde seines Schwiegervaters gern weit durch die Wüste auf die Weiden, die am Fuße des heiligen Berges Sinai oder Horeb lagen. Im Schatten eines Baumes ließ er sich nieder, während die Tiere friedlich grasten.

Eines Tages sah er, wie plötzlich ein Dornbusch zu brennen begann. Hoch schlugen die Flammen empor, doch der Busch verbrannte nicht. Moses staunte und ging näher heran, um die seltsame Erscheinung genau zu betrachten.

Da kam die Stimme Gottes aus dem brennenden Busch: „Moses! Moses!"

„Hier bin ich", antwortete Moses.

„Komm nicht näher, Moses. Ziehe deine Schuhe aus, denn der Ort, wo du stehst, ist heiliger Boden."

Moses zog seine Schuhe aus und verhüllte mit seinem Mantel das Gesicht, denn er fürchtete sich.

Und Gott sprach: „Ich bin der Gott deiner Vorväter, der Gott Abrahams, Isaaks und Jakobs. Ich weiß, wie mein Volk in Ägypten leidet, sein Schreien drang zu mir. Ich will sie aus den Händen der Ägypter befreien und in ein Land bringen, wo Milch und Honig fließt. Du sollst zum Pharao gehen und deine Brüder aus Ägypten führen."

Der Gedanke an solche gewaltige Aufgabe erschreckte Moses, er traute es sich nicht zu.

„Wie kann ich solches beim Pharao erreichen?" antwortete er. „Ich bin kein Mann von irgendeiner Bedeutung. Er wird mich nicht einmal anhören."

„Ich werde dir helfen", sagte Gott.

„Wenn ich den Israeliten sage: ‚Der Gott unseres Volkes schickt mich!', werden sie fragen: ‚Wie ist sein Name?' Was soll ich dann antworten?"

Gott erwiderte: „Ich bin, der ich bin. Sage ihnen, ‚der Gott eurer Väter, der mich geschickt hat, ist unsichtbar.' Die Leute werden auf dich hören. Geh zum Pharao und sage ihm, er soll die Israeliten ziehen lassen, damit sie mir, ihrem Gott, hier am heiligen Berg opfern können. Ich weiß, er wird es nicht tun, bevor er dazu gezwungen wird. Ich werde ihm meine Macht zeigen, und bald wird er euch gehen lassen."

Aber Moses scheute immer noch vor der Schwere dieser Aufgabe zurück. „Was soll ich tun, wenn die Menschen mir nicht glauben?" fragte er.

Gott befahl: „Wirf deinen Stab, den du in der Hand hältst, zu Boden!" Moses tat es. Da wurde der Stab zu einer Schlange, die sich ringelte und zischend den Kopf hob. Auf Gottes Geheiß packte Moses sie beim Schwanz, da hatte er wieder einen Stab in der Hand.

„Mit diesem Wunder wirst du ihnen beweisen, daß der Gott ihrer Väter dich geschickt hat", sagte Gott und fuhr fort: „Sollten sie immer noch zweifeln, so stecke deine Hand in dein Gewand!" Moses tat es, und als er sie wieder hervorzog, sah er zitternd vor Entsetzen, daß sie weiß von Aussatz war. Doch als er sie ein zweitesmal in die Kleidung schob, war seine Hand wieder wie vorher.

„Brauchst du noch einen dritten Beweis, um sie zu überzeugen", sagte Gott, „so nimm etwas Wasser aus dem Nil und schütte es auf den trockenen Boden – es wird sich in Blut verwandeln."

Immer noch hatte Moses keinen Mut. „Ach, Herr",

Der brennende Dornbusch

sagte er, „ich habe eine schwere Zunge und bin kein guter Redner. Schicke doch einen anderen, der besser geeignet ist als ich."

Da wurde Gottes Stimme zornig. „Wer hat den Mund des Menschen geschaffen? Gehe, ich werde dir eingeben, was du sagen sollst. Auch dein Bruder Aaron, der ein guter Redner ist, wird bei dir sein. Er ist schon unterwegs zu dir, ihr werdet euch bald begegnen. Geht zusammen zum Pharao. Aaron kann dein Mund sein, wenn dir deiner nicht genügt. Jetzt nimm deinen Stab und rette deine Brüder!"

Das Feuer erlosch, die Stimme verstummte. Moses trieb seine Herde heim und erzählte seinem Schwiegervater, was ihm widerfahren war.

„Ich muß nach Ägypten gehen", sagte er. Jetro verstand es. „Gehe in Frieden!" sagte er, und Moses machte sich auf.

An der ägyptischen Grenze traf er seinen Bruder Aaron. Die beiden umarmten sich, und Moses erzählte Aaron alles, was Gott ihm gesagt und welche wunderbaren Zeichen er ihm gegeben hatte.

Sie wanderten nach Gosen. Aaron führte seinen Bruder in eine Höhle, wo der Ältestenrat der Israeliten heimlich zusammenkam. Dort berichtete er, was Gott Moses befohlen hatte. Moses ließ die Versammelten als Zeichen Gottes die Wunder sehen, und sie glaubten ihm. Sie fielen auf die Knie und dankten Gott dafür, daß er sie von ihren Leiden erlösen wollte und Moses und Aaron zu ihren Befreiern bestimmt hatte.

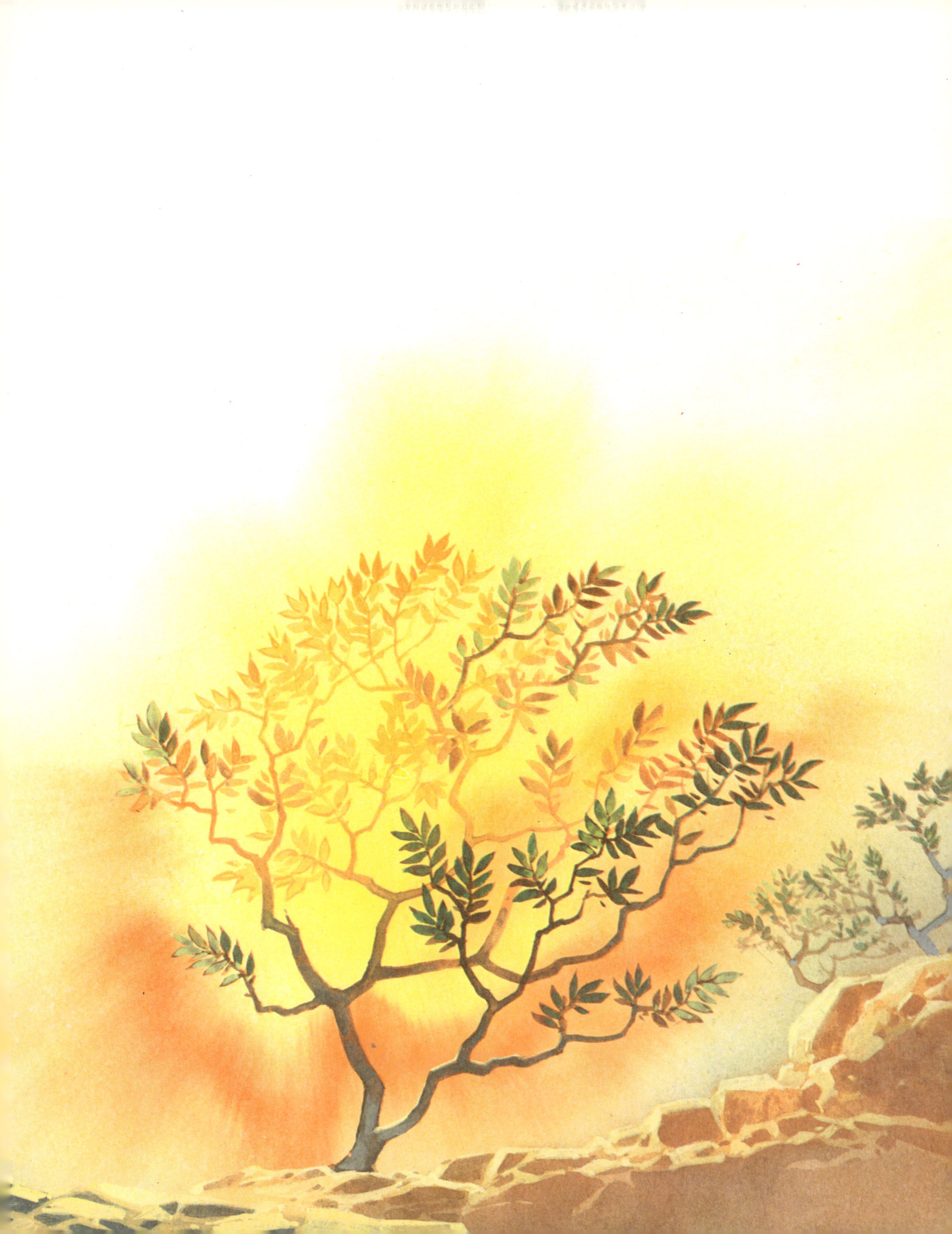

Die zehn Plagen

Moses und Aaron gingen nun zum Pharao und sprachen: „Der Gott Israels läßt dir sagen, du sollst die Hebräer für drei Tage freilassen, damit sie ihrem Gott in der Wüste an heiligem Ort opfern und ein Fest zu seinen Ehren feiern können."

„Wer ist denn euer Gott?" fragte der Pharao hochmütig. „Warum sollte ich wohl tun, was er sagt? Ich kenne ihn nicht. Die Hebräer lasse ich nicht über die Grenze. Sie sollen nur ihre Pflicht tun. Wenn diese Sklaven nicht schwer arbeiten, vermehren sie sich noch mehr. Sie sind jetzt schon zahlreicher als die Ägypter." Und er befahl den Aufsehern und Sklaventreibern, die Israeliten noch länger und schwerer arbeiten zu lassen, damit sie keine Zeit mehr hatten, auf rebellische Gedanken zu kommen.

„Ich bin selber ein Gott und größer als jeder andere", sagte er.

So wurden die Israeliten noch schwerer geknechtet als vorher. Sie gaben Moses und Aaron die Schuld daran. „Mit eurem Gang zum Pharao habt ihr alles nur noch schlimmer gemacht", beschwerten sie sich.

Moses rief zu Gott: „Warum hast du mich hergeschickt? Der Pharao behandelt das Volk noch grausamer, seitdem ich bei ihm war."

„Sag den Israeliten, ich werde sie aus der Sklaverei erlösen und in das Land bringen, das ich ihren Vorvätern versprochen habe", antwortete Gott. Aber die Hebräer waren so verzweifelt, daß sie nichts mehr von Moses hören wollten.

Gott befahl Moses, abermals zum Pharao zu gehen und ihn zu warnen, daß Schreckliches in Ägypten geschehen würde, wenn er die Israeliten nicht ziehen ließe. „Und wenn Pharao einen Beweis will, soll Aaron seinen Stab werfen, daß er zur Schlange wird."

Moses und Aaron taten, was Gott ihnen sagte. Als Aarons Stab zur Schlange wurde, rief der Pharao alle seine Zauberer, und deren Zauberkunst war so groß, daß sich auch ihre Stäbe in Schlangen verwandelten. Aarons Stab aber verschlang sie alle. Die ägyptischen Zauberer waren sehr erschrocken, der Pharao aber gab nicht nach.

Wieder sprach Gott mit Moses: „Der Pharao ist sehr verstockt, doch ich werde ihm meine Macht zeigen. Wenn er morgen früh ans Ufer des Nils geht, tritt ihm entgegen und sage ihm: ‚Du hast bisher nicht hören wollen. Nun sollst du erfahren, wie mächtig der Gott Israels ist.' Dann schlage mit deinem Stab aufs Wasser, und es wird sich in Blut verwandeln. Alle Fische werden darin sterben, und niemand kann davon trinken."

So geschah es. Der Pharao hielt jedoch alles nur für einen Zaubertrick, wandte sich um und ging in seinen Palast zurück. Alsbald mußten tausend Männer am Ufer des Nils nach Trinkwasser graben.

Eine Woche verging, dann begab sich Moses wieder zum Pharao und sagte: „Laß mein Volk frei! Wenn du dich noch länger weigerst, wird mein Gott ganz Ägypten mit Fröschen überziehen."

Der Pharao blieb hart. Da streckte Aaron auf Gottes Geheiß seinen Stab über den Nil, und die Frösche erschienen. In Unmengen hüpften sie an Land, krochen in Pharaos Haus, in sein Bett, in die Backtröge und Vorratskammern. Und so geschah es jedem Ägypter.

Der Pharao konnte es nicht lange ertragen. Er rief Moses und Aaron zu sich und sagte: „Bittet euren Gott,

Die zehn Plagen

daß er die Frösche fortnimmt, dann lasse ich euer Volk gehen." Moses bat Gott, und alle Frösche starben sofort.

Sobald der Pharao merkte, daß die Froschplage vorüber war, änderte er seine Meinung. Er ließ die Hebräer streng bewachen, damit keiner fort konnte.

Da plagte Gott die Ägypter mit Stechmücken. Aller Staub Ägyptens wurde zu Stechmücken. Sie setzten sich an Mensch und Tier und brachten sie mit ihren Stichen bis an den Rand des Wahnsinns. Nur in Gosen gab es keine einzige Stechmücke. Die ägyptischen Zauberer versuchten, ebenfalls Mücken hervorzubringen, aber sie konnten es nicht. Da sagten sie zum Pharao: „Das ist das Werk ihres Gottes." Aber der Pharao blieb unnachgiebig.

Nun kam die Fliegenplage. Stechfliegen füllten die Häuser der Ägypter vom Boden bis zur Decke, so daß die Menschen kaum noch atmen konnten. Nur Gosen blieb frei von Stechfliegen.

Der Pharao ließ Moses und Aaron kommen und sagte, sie dürften ihrem Gott opfern. „Aber ihr müßt es hier in Ägypten tun."

„Nein, das geht nicht", sagte Moses. „Wenn wir vor den Augen der Ägypter opferten, würden sie uns steinigen. Drei Tagereisen weit wollen wir in die Wüste ziehen und am heiligen Berg unserem Gott opfern."

„Also gut", gab der Pharao nach. „Aber versprecht mir, daß ihr nicht weitergeht, und bittet für mich."

Auf Moses Bitten hin hörte die Fliegenplage auf. Und wieder einmal brach der Pharao sein Versprechen und ließ die Israeliten nicht fort.

Da schickte Gott eine Viehpest. Alle Tiere der Ägypter starben an dieser Krankheit. Die Israeliten aber verloren kein einziges Stück Vieh. Der Pharao aber blieb hartnäckig.

Dann kam die Blatternplage, die Beulenpest, die Mensch und Vieh heimsuchte. Und immer noch gab der ägyptische König nicht nach.

Gott befahl Moses: „Gib in ganz Ägypten bekannt, daß ich morgen einen schweren Hagel senden werde. Jeder, der im Freien bleibt und kein festes Dach über sich hat, wird von diesem Hagel erschlagen."

Und mit Donner und Blitz begann tags darauf ein Hagel, wie ihn noch kein Mensch erlebt hatte. In Gosen jedoch schien die Sonne. Viele Ägypter, die den Gott der Hebräer fürchteten, hatten sich und ihr Vieh rechtzeitig in Sicherheit gebracht. Wer sich aber nicht um die Warnung gekümmert hatte und draußen geblieben war, wurde vom Hagel erschlagen.

Den Pharao packte die Furcht. Er rief Moses und sagte: „Ich habe nachgedacht. Dein Gott ist stärker als ich. Ich lasse dein Volk gehen." Auf Moses' Bitten ließ der Hagel nach. Und schon regte sich im Pharao der alte Hochmut. Kein Hebräer durfte das Land verlassen.

Erbittert gingen Moses und Aaron wieder zu ihm. „Wie lange willst du noch unserem Gott Trotz bieten? Wenn du deinen Sinn nicht änderst, wird er morgen eine Heuschreckenplage schicken, und in ganz Ägypten wird es keinen grünen Halm und kein grünes Blatt mehr geben.

„Ihr dürft gehen", sagte der Pharao, den seine Ratgeber davon überzeugt hatten, daß Moses mit Hilfe seines Gottes sonst ganz Ägypten vernichten würde. „Aber nur die Männer", fügte er hinzu. „Die Frauen und Kinder bleiben hier."

Das lehnte Moses ab. Doch der Pharao beharrte auf seinem Willen.

So kamen am nächsten Tag Wolken von Heuschrecken und ließen sich auf den Gärten und Feldern der Ägypter nieder. Als dicke, schwarze Schicht bedeckten sie das Land und fraßen alles kahl.

„Ich war im Unrecht!" schrie der Pharao. „Vergebt mir noch einmal und bittet euren Gott, uns von den Heuschrecken zu befreien!" Gott ließ einen starken Ostwind blasen und alle Heuschrecken vertreiben.

Der Pharao hatte immer noch nicht genug aus seinen Erfahrungen gelernt. Darum legte Gott eine dichte Finsternis über Ägypten. Drei Tage lang waren alle Ägypter wie blind – nur die Israeliten gingen im Licht.

„Ihr könnt gehen, ich schwöre es!" rief der Pharao. „Auch die Frauen und Kinder – nur euer Vieh müßt ihr zurücklassen."

„Kein einziges unserer Tiere soll hierbleiben!" erwiderte Moses.

Da wurde der Pharao wütend. „Hinaus mit dir! Wenn du mir noch einmal vor Augen kommst, lasse ich dich töten!"

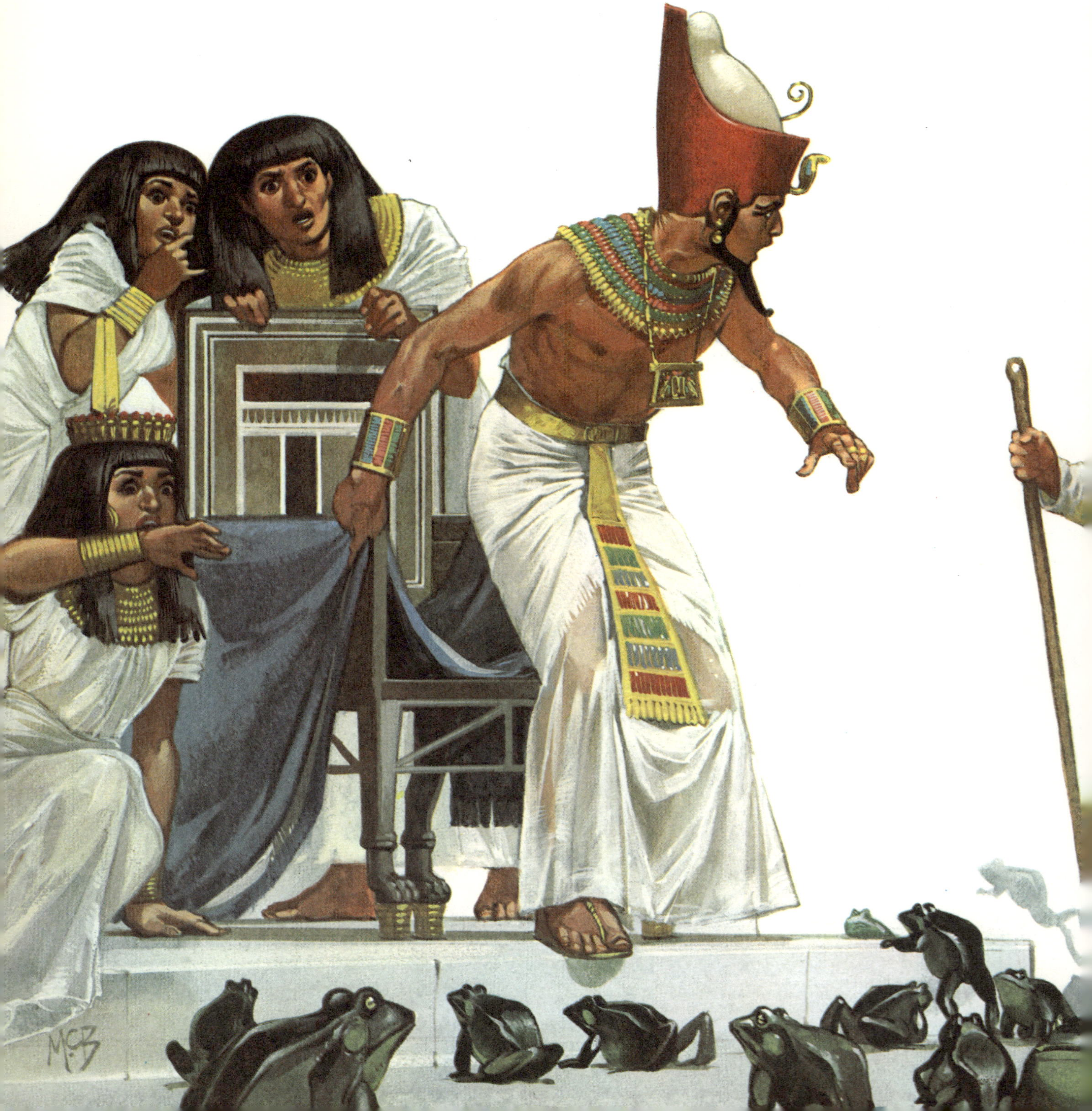

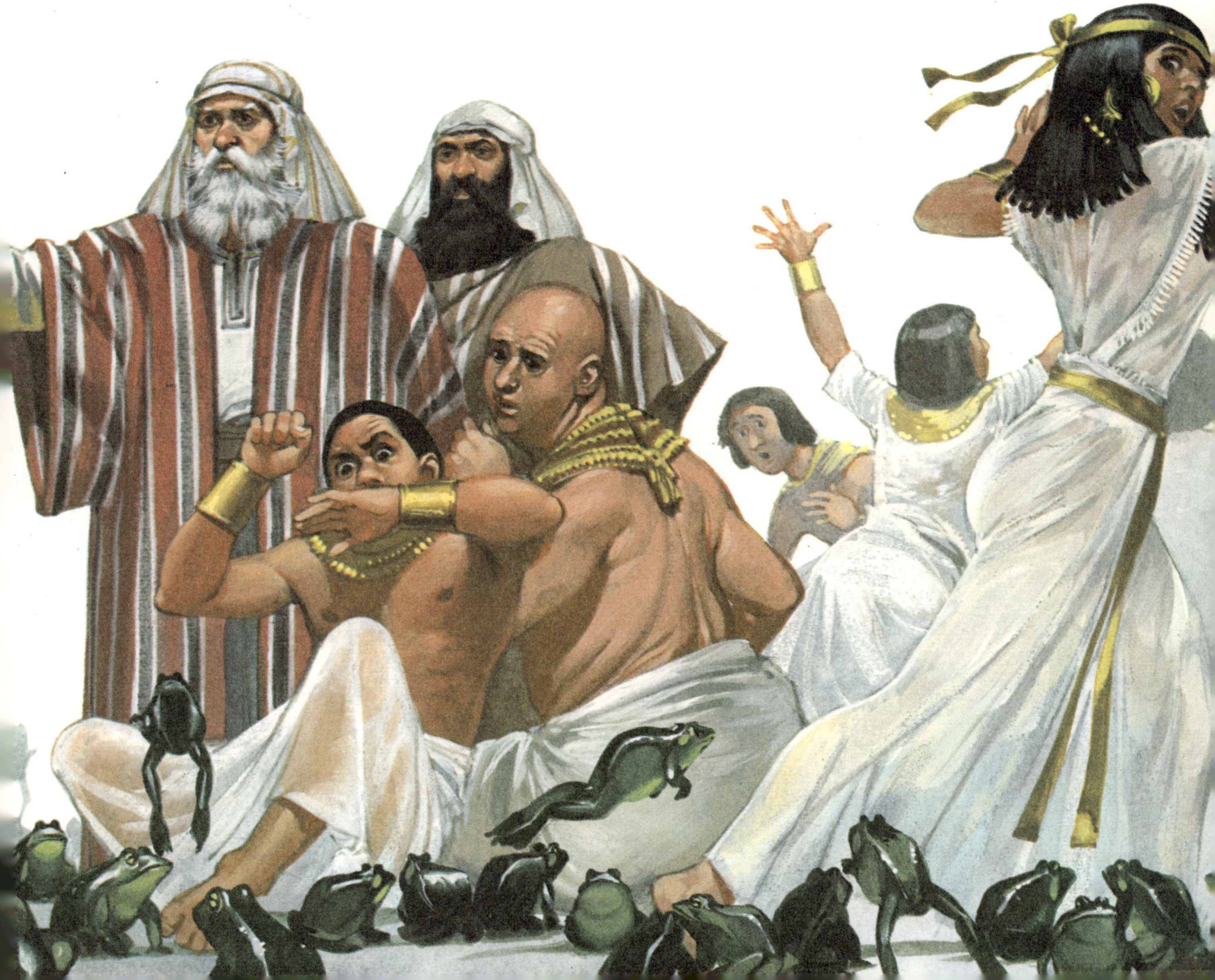

Der Auszug aus Ägypten

Moses war verzweifelt. Neun Plagen hatte Gott dem Pharao geschickt, und dieser hörte immer noch nicht auf Gottes Befehl.

Da ließ Gott den Moses wissen, jetzt werde er die letzte und schwerste Strafe verhängen, und danach werde der Pharao die Israeliten ziehen lassen, ja, er werde es ihnen sogar befehlen, Ägypten so schnell wie möglich zu verlassen. Und Gott sprach weiter:

„Dies ist der letzte Monat, den ihr in Ägypten verbringt. Jede israelitische Familie soll sich ein Lamm beschaffen, nicht älter als ein Jahr und ohne jeden Fehler. Bereitet alles zum Auszug vor! Am Vierzehnten des Monats sollt ihr das Lamm schlachten und mit seinem Blut die Pfosten eurer Haustüren bestreichen. Noch am gleichen Abend müßt ihr das gebratene Lammfleisch essen, mit bitteren Kräutern und ungesäuertem Brot. Vom Fleisch darf nichts übrigbleiben, Reste müßt ihr verbrennen. Eßt schnell und seid zum Aufbruch bereit, den Gürtel gebunden, die Sandalen geschnürt, den Stab in der Hand. Um Mitternacht werde ich durch ganz Ägypten gehen und alle Erstgeborenen töten, vom ersten Sohn des Pharao bis zum Erstgeborenen der niedrigsten Magd und auch alle Erstgeburt unter dem Vieh. In ganz Ägypten wird ein Geschrei sein wie nie zuvor. Israel aber wird kein Leid geschehen. An euren Häusern, die mit Blut gezeichnet sind, wird der Engel des Todes vorübergehen."

Und Moses rief die Ältesten Israels zusammen, berichtete ihnen alles, was Gott gesagt hatte, und trug ihnen auf, dafür zu sorgen, daß jede Familie genau befolgte, was der Herr befohlen hatte.

Moses hätte gewiß wieder den Pharao gewarnt, aber der hatte ihm verboten, noch einmal zu ihm zu kommen.

So geschah alles, wie Gott es gesagt hatte. Um Mitternacht starb in jeder ägyptischen Familie der erstgeborene Sohn, auch der Älteste des Pharao. In ganz Ägypten erhob sich ein Weinen und Wehgeschrei. Das Volk sammelte sich vor dem Königspalast und schüttelte drohend die Fäuste: „Pharao, du bist schuld an unserem Unglück! Laß die Israeliten ziehen, sonst sterben wir alle!"

Da schickte der Pharao Boten zu Moses und Aaron und ließ ihnen sagen: „Zieht fort! Geht und nehmt Frauen und Kinder und all euer Vieh mit! Dient eurem Gott und bittet für mich um Gnade!"

Der Auszug aus Ägypten

Die Ägypter waren sehr erleichtert, als sie sahen, wie sich die Israeliten zum Auszug rüsteten. „Beeilt euch, verlaßt unser Land", sagten sie, „sonst sterben wir noch alle." Sie gaben ihnen Tücher und Gold und Silber mit und auch Waffen, soviel sie nur tragen konnten. Und die Hebräer zogen mit ihrer ganzen Habe davon und verließen Ägypten, so rasch sie konnten. In der Eile hatten sie nicht einmal die Brote fertigbacken können; sie schleppten darum den ungesäuerten Brotteig, in weiße Tücher gewickelt, auf dem Rücken mit. Und obgleich alle schwer zu tragen hatten, waren sie sehr froh.

Es war ein langer Menschenzug, der aus der Sklaverei in die Freiheit zog: Sechshunderttausend Männer, dazu ebenso viele Frauen und noch mehr Kinder, und mit ihnen trippelten zahllose Ziegen und Schafe. Manche Sklaven anderer Rassen schlossen sich ihnen an, auch Ägypter, die durch Heirat mit hebräischen Familien verwandt waren.

Niemand aus dem Volk Israel hatte jemals in Freiheit gelebt, denn ihre Vorfahren waren schon vor 430 Jahren nach Ägypten gekommen.

Auf Gottes Geheiß feierten die Hebräer in jedem Jahr am 15. April das Passah- oder Pessachfest zum Gedenken an ihre Befreiung. Am Gedächtnismahl durften nur Israeliten teilnehmen. An den sieben Tagen vor dem Pessachfest aßen sie nur ungesäuertes Brot (Mazzen). Das Lamm, das am Festtag geschlachtet wurde, mußte in dem Haus verzehrt werden, wo es zubereitet wurde; nichts durfte man nach draußen bringen; kein Knochen des Tieres durfte gebrochen werden. Und die Eltern erzählten ihren Kindern vom Auszug aus Ägypten.

Gott sagte auch zu Moses, daß jeder erstgeborene Sohn eines Israeliten und jedes erstgeborene männliche Tier ihm geweiht werden sollte.

Das geteilte Meer

Kanaan liegt nordöstlich von Ägypten. Man weiß nicht genau, welchen Weg die Israeliten einschlugen. Sie wußten nur, daß sie in das gelobte Land wollten, das Gott ihren Vätern versprochen hatte. Wie sie es finden sollten, wußten sie nicht. Sie folgten einfach Moses, der mit seinem Stab vor ihnen her schritt. Aber auch Moses kannte den Weg nicht; er dachte nur: Gott wird uns schon führen.

Und kaum hatten sie Ägypten hinter sich gelassen, da erschien vor ihnen eine hellglänzende, säulenförmige Wolke, die den ganzen Tag vor ihnen herzog. Als es dunkel wurde, verwandelte sie sich in eine rotglühende Feuersäule und leuchtete ihnen die ganze Nacht voran. So konnten die vielen Menschen Tag und Nacht reisen, ohne sich in der Wüste zu verirren. Die erstaunten Hebräer erkannten, daß Gott sie führte, und sie priesen ihn laut.

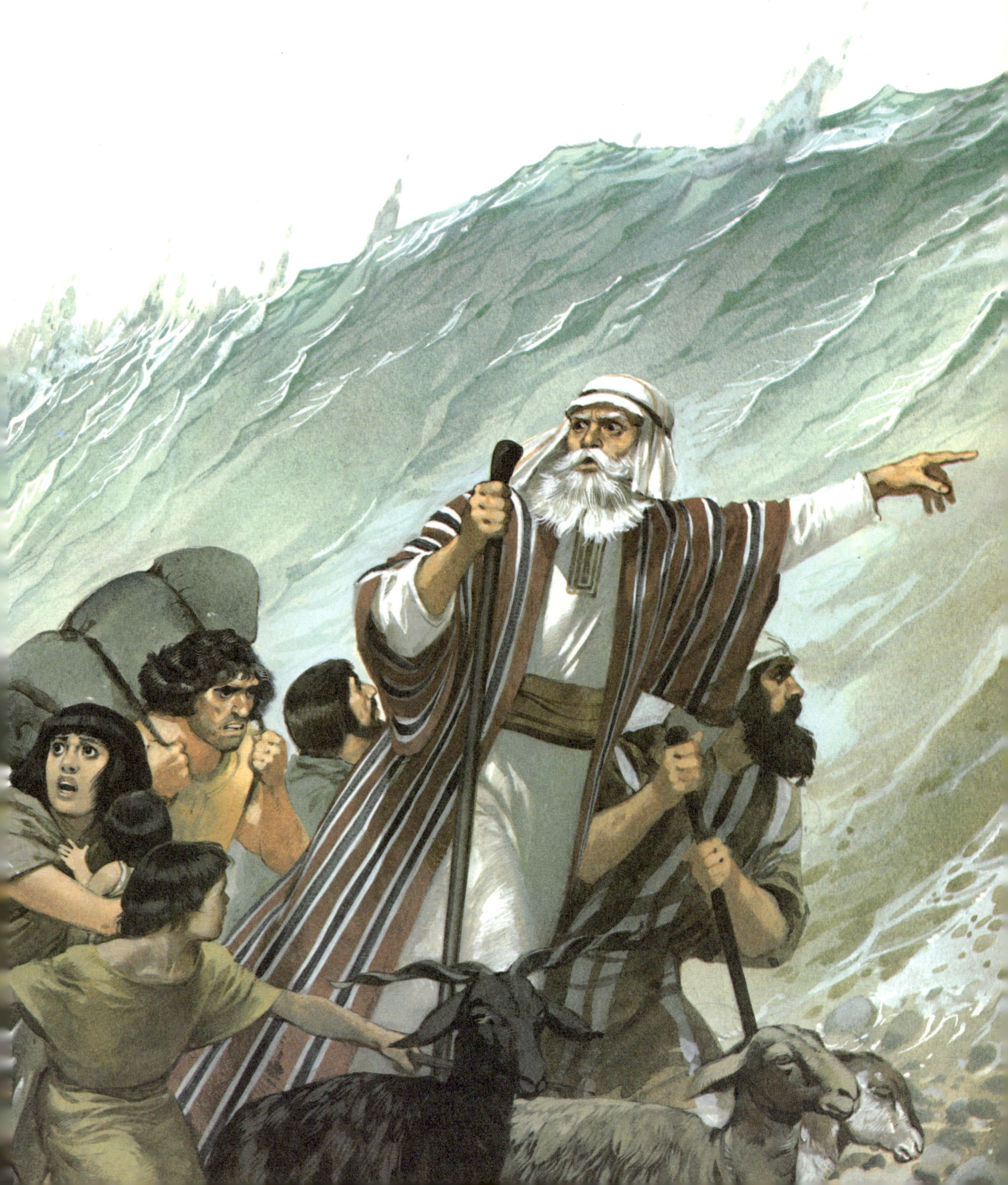

Das geteilte Meer

Nach drei Tagesreisen kamen sie an das Schilfmeer, auch Rotes Meer genannt, das sich zu jener Zeit weiter nach Norden erstreckte als heute. Am Ufer schlugen sie ihre Zelte auf und rasteten.

Inzwischen hatten der Pharao und seine Berater nachgedacht, ob es klug gewesen war, die Hebräer fortzulassen. „Wer wird jetzt die Arbeit tun, die sie bisher verrichtet haben?" fragten sie einander. „Wir haben uns bange machen lassen." Und der Pharao beschloß, den Israeliten nachzusetzen und sie zurückzuholen. Mit seinen Soldaten und sechshundert seiner besten und schnellsten Streitwagen jagte er hinter den Flüchtigen her.

Die Israeliten sahen in der Ferne eine Staubwolke, die näher kam, und bald blitzten auch Rüstungen und Waffen. Entsetzt riefen sie: „Die Ägypter kommen! Sie verfolgen uns!" Die Israeliten fühlten sich in der Falle: Vor ihnen breitete sich das Meer, hinter ihnen brauste der Pharao heran. Sie schrien Moses an: „Hast du uns zum Sterben hierher gebracht? Gibt es in Ägypten nicht genug Erde, uns zu begraben? Was hast du uns angetan!" Und einige sagten, sie hätten lieber als Sklaven in Ägypten bleiben sollen, anstatt hier in der Wüste umzukommen.

„Habt nur keine Furcht", sagte Moses, „Gott wird uns retten. Packt die Zelte zusammen und kommt!" Moses' Vertrauen zu Gott war groß, und er wünschte, das ganze Volk möge auf Gott vertrauen.

Und Gott sprach zu Moses: „Sage dem Volk, daß es weiterziehen soll. Du aber strecke deinen Stab über das Wasser. Das Meer wird sich teilen, und alle können trockenen Fußes hinübergehen."

Die Wolkensäule, die hoch über dem Meer geruht hatte, schwebte rasch rückwärts und senkte sich zwischen den Israeliten und den Ägyptern zu Boden. Den Verfolgern war die Sicht versperrt.

Moses streckte seinen Stab über das Wasser – und das Wunder geschah: Ein mächtiger Sturm trieb das Meer nach rechts und links auseinander und türmte es zu beiden Seiten empor. Und zwischen den beiden Wassermauern erschien trockener Grund.

„Vorwärts! Hindurch!" rief Moses. In größter Eile strebten alle Hebräer dem jenseitigen Ufer zu, und die Wolkensäule blieb hinter ihnen.

Aber dann sahen auch die Ägypter den breiten, trockenen Weg durch das Meer.

„Ihnen nach! Wir kriegen sie schon noch!" schrie der Pharao, und mit Pferden und Wagen stürmten sie den Israeliten nach. Doch die Kriegswagen waren schwer, und die Räder mahlten in dem weichen Meeresgrund, so daß sie nur mühsam und langsam vorankamen.

Als auch der letzte Hebräer und das letzte Lämmchen am anderen Ufer angekommen waren, gebot Gott dem Moses: „Strecke deine Hand über das Meer!" Moses tat es, und sofort stürzten die hohen Wassermauern zusammen und begruben die Ägypter mit ihren Wagen und Pferden. Kein einziger erreichte die andere Seite.

Die Israeliten standen an der Küste und begriffen erst allmählich, was Gott für sie getan hatte. Dann stimmten sie einen Lobgesang zu Gottes Ehren an. Tamburine und Zimbeln ertönten, und sie tanzten vor Freude.

Die zehn Gebote

Auf Gottes Geheiß führte Moses die Israeliten weiter, fort vom Schilfmeer und quer durch die Wüste Schur. Hier war es heiß und trocken. Es gab nichts als Dornbüsche, Sanddünen und Steine – und nirgends eine Quelle. Nach drei Tagesmärschen durch die Wüste waren alle sehr durstig. Wie froh waren sie, als sie dann am Abend einen kleinen See erreichten. Doch die ersten, die einen Schluck nehmen wollten, spuckten das Wasser sofort wieder aus: Es schmeckte zu bitter, man konnte es nicht trinken.

„Wir werden alle verdursten", klagten sie Moses. Moses rief Gott an, und Gott zeigte ihm einen Busch und sagte, er solle etwas von der Rinde in das bittere Wasser werfen. Moses tat es, und das Wasser wurde süß und wohlschmeckend. Nun konnten sich die Israeliten satt trinken, ihre Schläuche füllen und auch die Tiere tränken. Den Ort nannten sie Mara.

Von Mara zogen sie weiter und kamen zur Oase Elim. Hier gab es zwölf Quellen und siebzig Dattelpalmen. Sie schlugen ihre Zelte auf und rasteten.

Dann wanderten sie lange durch die Wüste Sin. Inzwischen war der Brotteig, den sie aus Ägypten mitgenommen hatten, längst verbraucht, und von ihren Herdentieren waren die meisten geschlachtet, denn um so viele hunderttausend Menschen am Leben zu erhalten, war viel Nahrung nötig. Bald schrien die Israeliten Moses und Aaron ihren Hunger in die Ohren. Viele sagten: „In Ägypten hatten wir reichlich zu essen. Habt ihr uns dort herausgeholt, damit wir alle hier vor Hunger sterben?"

Gott sagte zu Moses: „Hab keine Furcht, ich lasse das Volk nicht verhungern. Es soll jeden Tag Brot und Fleisch haben. Sage den Kindern Israels, an sechs Tagen in der Woche sollen sie immer soviel sammeln, wie sie für einen Tag brauchen; nur am sechsten Tag sollen sie die doppelte Menge holen, damit es auch für den Sabbat reicht." Am Abend kamen große Schwärme von dicken fetten Vögeln herangeschwirrt und ließen sich zwischen den Zelten nieder. Es waren Wachteln, und sie ließen sich leicht fangen.

Und am Morgen, als der Tau in der Sonne getrocknet war, fanden die Menschen den Boden und die Dornbüsche bedeckt mit kleinen weißen Flocken. „Was ist das?" fragten sie, und Moses erklärte: „Das ist Manna, das Brot, das Gott euch zu essen gibt. Jeder soll nur soviel davon sammeln, wie er für einen Tag braucht, länger aufbewahren läßt es sich nicht."

Sie probierten das Manna – es schmeckte wie Honigkuchen. Man konnte es roh essen, konnte Brei davon kochen oder auch Brot backen.

Alles Manna, das draußen liegengeblieben war, schmolz in der Mittagshitze. Trotz Moses' Anweisung sammelten manche Leute mehr, als sie essen konnten, und wollten es bis zum andern Tag aufheben. Aber am nächsten Morgen war es verdorben und stank. Nur am sechsten Tag der Woche konnten sie doppelt soviel sammeln wie sonst, und davon verdarb nichts.

Der siebte Tag, der Sabbat, war der geheiligte Ruhetag, an dem sie keine Arbeit verrichten durften. Einige Leute wollten trotzdem am Sabbat Manna sammeln, aber sie fanden kein Körnchen.

Schwer war die Reise des Volkes Israel durch die Wüste. Es brauchte viele Jahre, um nach Kanaan zu kommen; viele Hindernisse lagen auf seinem Weg.

Als sie sich dem Horebgebirge näherten, war wieder einmal jeder Tropfen Wasser verbraucht – sie dürsteten sehr. Sie machten Moses für alles verantwortlich und warfen ihm vor: „Warum bringst du uns in eine so elende Lage? Was sollen wir in dieser schrecklichen Einöde? Schaffe uns Wasser, Moses!" Und es fehlte nicht viel, daß sie mit Steinen nach ihm warfen.

Traurig betete Moses zu Gott: „Was soll ich tun? Herr, hilf mir!" Und Gott sagte: „Nimm einige der Ältesten mit und gehe zu jenem Felsen, den du vor dir siehst. Schlage mit deinem Stab gegen den Fels, es wird Wasser herausfließen." Moses ging. Vor den Augen des ganzen Volkes schlug er den Stab gegen das trockene Gestein, und klares Wasser sprudelte heraus. Da bereuten die Leute ihre Aufsässigkeit und baten Gott und Moses um Verzeihung.

Erfrischt und gestärkt zogen die Israeliten weiter ins Gebirge hinein. Da tauchten auf einem schroffen Gipfel Männer mit braunen Gesichtern auf. Moses kannte sie aus der Zeit, als er noch Jetros Herde

Die zehn Gebote

hütete. Es waren Amalekiter, ein räuberischer Stamm, der oft friedliche Hirten überfiel und die Ziegen und Schafe mit sich forttrieb. Moses rief Josua zu sich und sagte ihm, daß die Amalekiter gewiß bald angreifen würden.

Josua hatte seit dem Auszug aus Ägypten die mutigsten und kräftigsten Männer den Umgang mit Waffen gelehrt und eine Schutztruppe für das Volk ausgebildet. „Wir sind zum Kämpfen bereit", sagte er. Moses fuhr fort: „Wenn es zum Kampf kommt, werde ich mich auf den jenseitigen Hügel stellen, wo jeder mich sehen kann, und den Stab Gottes emporhalten."

Am nächsten Morgen schwirrten plötzlich Pfeile in das Zeltlager. Als die israelitischen Krieger dem Feind beggenen wollten, ging ein Hagel von Steinen auf sie nieder. Die Amalekiter lagen hinter Felsbrocken in guter Deckung. Nur mit großer Mühe gelang es Josua, mit seinen Männern bergan zu klettern. Den ganzen Tag wogte der Kampf hin und her.

Die Amalekiter konnten sich nicht erklären, wie diese schlecht bewaffneten Israeliten standhielten. Auf einmal sahen sie auf dem gegenüberliegenden Berg eine hohe Gestalt mit weißem Bart; neben ihm standen zwei Männer, die seine Arme stützten. Es war Moses. So lange er den Stab hochhielt, siegte Israel; ließ er seine Arme vor Erschöpfung sinken, siegten die Amalekiter. Deshalb stützten sein Bruder Aaron und sein Schwager Chur seine Arme.

Als die Sonne unterging, hatten die Israeliten gesiegt und die Amalekiter verjagt.

Danach kamen die Israeliten an den Fuß des Berges Sinai und lagerten dort. Gott befahl Moses, dem Volk von ihm zu sagen: „Ihr habt gesehen, was ich mit den Ägyptern getan habe und wie ich euch hierher geführt habe. Wollt ihr mir gehorchen und den Bund mit mir halten, so sollt ihr mein auserwähltes Volk sein."

Als die Leute das hörten, riefen sie: „Wir wollen alles tun, was Gott uns sagt." Und Gott sagte zu Moses, das Volk solle sich vorbereiten. „In drei Tagen will ich selbst vom Berg aus mit ihm reden. Ziehe eine Grenze rund um den Berg, die niemand überschreiten darf, ehe nicht das Widderhorn lang ertönt; dann soll man auf den Berg steigen."

Als die Israeliten das von Moses hörten, wuschen sie ihre Kleider, um Gott zu gefallen. Der dritte Tag begann mit Donner und Blitz, eine dichte Wolke lagerte auf dem Gipfel des Sinai, und gewaltig erscholl eine Posaune. Die Israeliten zitterten vor Furcht. Moses führte sie an den Fuß des Berges. Der ganze Sinai rauchte und bebte, als Gott in einer Feuerwolke herabfuhr.

Gott gebot Moses, allein auf den Gipfel steigen. Und Moses verschwand in der Wolke. Vierzig Tage lang sah ihn das Volk nicht mehr. In diesen vierzig Tagen verkündete Gott dem Moses die Gesetze, nach denen sein Volk leben sollte. Die wichtigsten – bekannt als die Zehn Gebote – schrieb Gott selbst auf zwei steinerne Tafeln.

Dies sind die Zehn Gebote:

1. Du sollst keine anderen Götter neben mir haben und dir kein Götzenbild machen.
2. Du sollst meinen Namen nicht mißbrauchen.
3. Du sollst den Feiertag heiligen.
4. Ehre deinen Vater und deine Mutter.
5. Du sollst nicht töten.
6. Du sollst nicht ehebrechen.
7. Du sollst nicht stehlen.
8. Du sollst nicht falsches Zeugnis reden (lügen).
9. Du sollst nicht eines anderen Frau (einer anderen Mann) begehren.
10. Du sollst nicht eines anderen Hab und Gut begehren.

Tag für Tag wartete das Volk auf Moses, der in der Wolke verschwunden war, die auf dem Gipfel lagerte. Als ein Monat vergangen war, wurden die Leute sehr unruhig. Sie umringten Aaron und sagten: „Kommt Moses vielleicht nie mehr zurück? Vielleicht ist er tot. Wer soll uns dann nach Kanaan führen? Wer wird uns beschützen?" Und schließlich wurde Aaron von Tausenden bedrängt: „Der Gott, den Moses anbetete, spricht nicht mehr zu uns. Wir brauchen aber einen Gott, der uns beschützt. Verschaffe du uns einen richtigen, einen Gott, den man anfassen und um den man herumtanzen kann, wie ihn auch die Ägypter haben. Einen solchen Gott wollen wir anbeten und vor uns hertragen auf der Reise nach Kanaan."

Aaron erschrak. Er hatte Angst, man würde ihn erschlagen, wenn er sich weigerte. Er wollte schlau sein und Zeit gewinnen. So sagte er: „Ich will euch einen Gott aus Gold machen. Ihr müßt aber alle euren

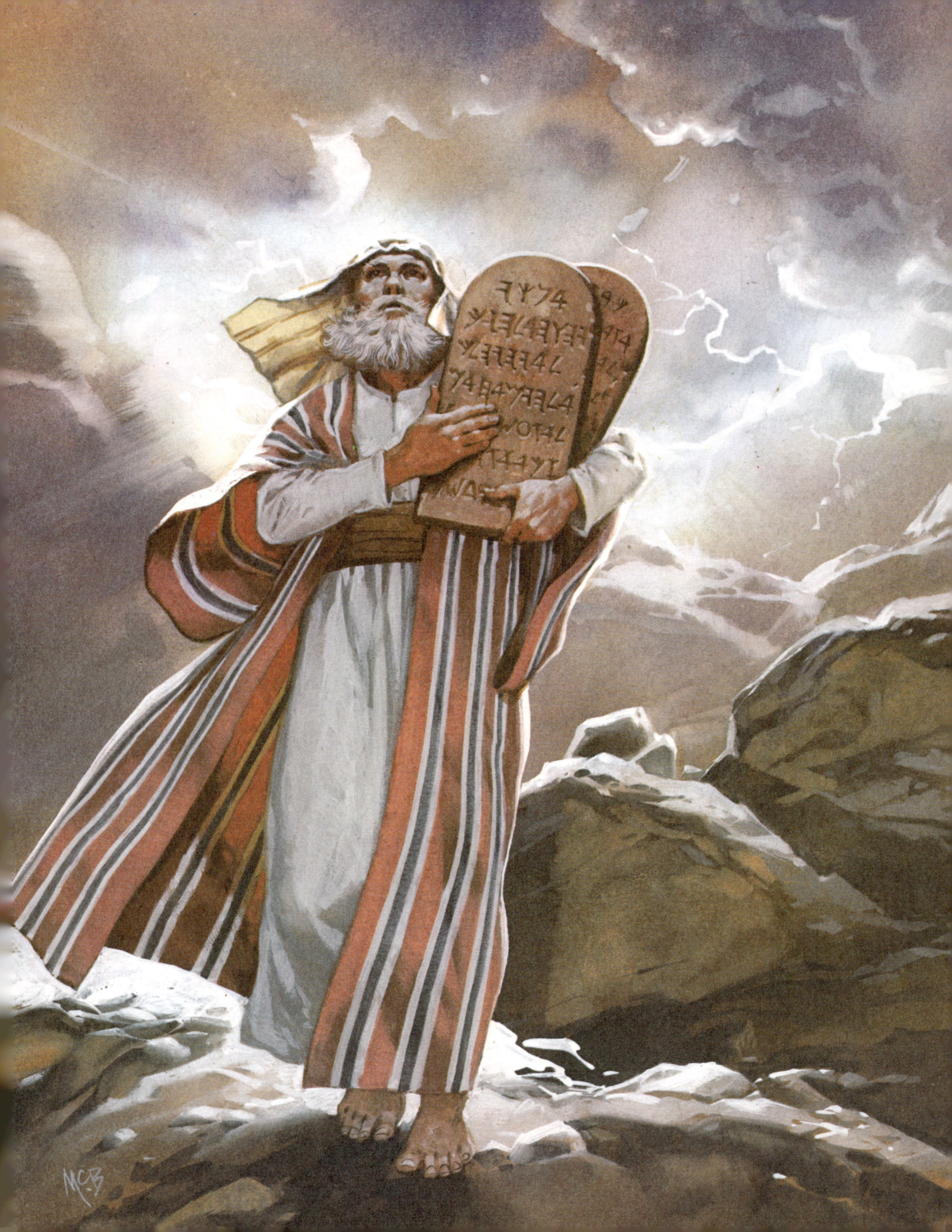

Die zehn Gebote

goldenen und silbernen Schmuck dafür hergeben." Aaron dachte, die Leute würden sich nicht von ihrem Gold trennen. Aber er irrte sich. Sie brachten ihm viele Hände voll Gold. Da wagte er es nicht, sie zurückzuweisen. Er schmolz das Gold und goß es in eine Form, so daß ein goldenes Kalb entstand. Und die Menschen vergaßen alles, was der wahre, ewige Gott für sie getan hatte. Sie jubelten über das Götzenbild.

Aaron wartete mit Bangen auf Moses. „Vielleicht ist er bis morgen früh wieder hier", dachte er und rief den Leuten zu: „Wartet noch, ich muß dem neuen Gott erst einen Altar bauen, dann könnt ihr feiern."

Der Altar war bald fertig, aber Moses war immer noch nicht zurück. Ein großer Teil der Menge kleidete sich festlich und umringte das goldene Kalb. Sie schmückten das Götzenbild mit Blumenkränzen, brachten ihm Opfer dar und sangen und tanzten mit lauter Musik um das goldene Kalb.

Auf dem Gipfel des Sinai hörte Moses immer noch aufmerksam auf alles, was Gott ihm sagte, und gab sich Mühe, jedes Wort im Gedächtnis zu behalten. Plötzlich befahl Gott ihm: „Gehe hinunter zum Volk. Die meisten haben mich vergessen und alles, was ich für sie getan habe. Sie haben sich ein goldenes Kalb gemacht und beten es an. Ich werde die Ungehorsamen vernichten. Nur du und die deinen sollen am Leben bleiben, und nur deine Nachkommen sollen das gelobte Land bewohnen."

Ganz verstört stieg Moses mit den beiden Gesetzestafeln den Berg hinab. Schon von weitem hörte er Geschrei, Musik und Gesang. Und dann sah er die Menschen um das bekränzte goldene Kalb tanzen. Moses wurde furchtbar zornig. Er schleuderte die heiligen Tafeln so heftig zu Boden, daß sie zerbrachen. Dann schlug er mit seinem Stab auf das goldene Kalb ein, und er schlug es so lange, bis es ganz zu Staub geworden war. Den Goldstaub schüttete er ins Wasser und befahl den Israeliten, es zur Strafe für ihre Sünde zu trinken. Und alle schämten sich sehr.

Am anderen Morgen stieg Moses abermals auf den Berg und flehte zu Gott, er möge dem Volk seine Sünde vergeben und es nicht vernichten. Gott ließ sich von Moses' innigen Bitten rühren. Er schrieb auch noch einmal die zehn Gebote auf und erneuerte seinen Bund mit dem Volk Israel. Schließlich befahl er Moses, ein Heiligtum zu errichten, wo er dem Volk Israel immer nahe sein wollte.

Während die Israeliten immer weiter wanderten, hatten sie keinen festen Ort, wo sie Gott verehren und ihm Opfer bringen konnten. Am Fuße des Sinai blieben sie jedoch längere Zeit. Hier ließ Moses nun ein Heiligtum entstehen. Er forderte Gold und Silber, Teppiche, Tuche und Felle von jeder Familie, und alle brachten mehr als genug, um den beleidigten Gott zu versöhnen. Aus edlen Hölzern und kostbaren Teppichen wurde ein zusammenlegbares Zelthaus gebaut; sie nannten es die Stiftshütte, weil jeder einen Teil dafür gestiftet hatte. Innen wurde die Stiftshütte durch einen Vorhang in zwei Räume geteilt. Die Decke bestand aus rotgefärbten Widderfellen. Der innerste Raum war das „Allerheiligste", das nur von Moses, Aaron und dessen Söhnen betreten werden durfte. Es barg eine kunstvoll geschnitzte Truhe aus Akazienholz, mit Gold überzogen. Man nannte sie die Bundeslade. Da hinein legte Moses die beiden Gesetzestafeln. Im Vorraum stand ein vergoldeter Tisch. Jeden Sabbat wurden zwölf ungesäuerte Brote auf den Tisch gelegt; sie erinnerten daran, daß das tägliche Brot ein Geschenk Gottes war. Außerdem gab es dort einen Räucheraltar, auf dem jeden Morgen und Abend duftende Kräuter als Rauchopfer verbrannt wurden. Hier stand auch ein großer siebenarmiger Leuchter, den der beste Goldschmied aus siebzig Pfund Gold angefertigt hatte. Der große, eingezäunte Vorhof, der Versammlungsort für das Volk, erhielt kein Dach.

Die Männer, die den Opferdienst verrichteten, wurden Priester genannt. Aaron wurde der erste Oberpriester. Moses bestimmte, daß der Stamm Levi die Priester und Tempeldiener zu stellen hatte.

Als die Stiftshütte fertig war, feierten die Israeliten ein schönes Einweihungsfest. Voller Ernst lauschten sie den Worten des greisen Moses, der ihnen alles berichtete, was Gott ihm gesagt hatte. Als dann das Opferfeuer emporloderte, geschah etwas Wunderbares: Die Wolkensäule, die das Volk bisher geführt hatte, ließ sich auf der Stiftshütte nieder. Als sie sich eines Tages wieder hob, wußten die Israeliten, daß Gott ihnen damit anzeigte, sie sollten weiterziehen. Auf der ganzen weiteren Wanderung trugen die Tempeldiener die Bundeslade vor der Menge her.

Der Fall von Jericho

Vierzig Jahre lang zog das Volk Israel durch die Wüste, von einem Lagerplatz zum anderen, dann waren sie nicht mehr weit von Kanaan. Viele der älteren Menschen, die die Flucht aus Ägypten mitgemacht hatten, waren gestorben. Doch eine junge Generation war herangewachsen und durch das harte, entbehrungsreiche Leben zäh und kraftvoll geworden. Unablässig hatte Josua die jungen Männer zum Kämpfen geschult.

Moses war nun sehr alt. Im Lande Moab stieg er auf Gottes Geheiß allein auf den Berg Nebo. Dort oben sagte Gott zu ihm: „In der Ferne kannst du das Land Kanaan sehen, das ich dem Volk Israel versprochen habe. Du selbst aber wirst es nicht mehr betreten." Und er befahl Moses, Josua zu seinem Nachfolger zu machen. Josua, der Treueste und Tapferste, solle das Volk nach Kanaan führen.

Moses stieg wieder herab vom Berg, rief Josua zu sich und segnete ihn vor allem Volk. Er befahl den Israeliten, künftig Josua zu gehorchen. Dann starb er. Im Land der Moabiter wurde er begraben. Das Volk trauerte vierzig Tage um ihn, war er doch der erste Mann, der mit Gottes Hilfe die vielen Wunder bewirkt und von Angesicht zu Angesicht mit Gott gesprochen hatte.

Bevor sie unter Josuas Führung weiterzogen, redete Gott mit Josua: „Ich will an deiner Seite sein und dir helfen, wie ich Moses geholfen habe. Sei stark und tapfer und gehorche meinen Geboten, die Moses euch verkündet hat. Solange du mir treu bist, brauchst du dich nie zu fürchten."

Zwei Hindernisse lagen auf dem Weg nach Kanaan: Der Jordanfluß mußte überquert werden, und dann mußten sie an der Stadt Jericho vorbei, die von einer starken Mauer umgeben war. Josua beschloß, erst einmal zu erkunden, ob der König von Jericho ihnen feindlich gesinnt war. Er schickte zwei Späher aus, die sich dort umschauen und umhören sollten. Als sie durch das Stadttor gingen, sahen sie die dicken Befestigungsmauern, auf denen Wächter patrouillierten. Bei einer Frau namens Rahab fanden sie Unterkunft.

Der König von Jericho hörte, daß zwei fremde Späher in seine Stadt gekommen waren. Er schickte bewaffnete Boten zu Rahab und ließ ihr sagen: „Gib die beiden Männer heraus, die in dein Haus gegangen sind, denn es sind feindliche Spione." Rahab hatte die Boten kommen sehen und rasch die beiden Israeliten unter den Flachsbündeln versteckt, die sie auf ihrem flachen Dach zum Trocknen aufgeschichtet hatte. Sie empfing die Boten des Königs und sagte: „Viele Männer kommen zur Rast in mein Haus. Ich habe die beiden nicht gefragt, aus welchem Land sie kommen oder wohin sie gehen. Sie sind wieder gegangen, bevor es dunkelte und die Stadttore geschlossen wurden. Vielleicht holt ihr sie noch ein, wenn ihr euch beeilt." Daraufhin jagten die Soldaten des Königs in Richtung des Jordans davon. Rahab stieg zum Dach hinauf. Die Männer Josuas fragten sie: „Warum tust du das für uns?" Sie antwortete: „Ich kenne die Geschichte von eurem wunderbaren Auszug aus Ägypten, und ich weiß, euer Gott hat euch dieses Land versprochen. Ich glaube, euer Gott ist wirklich der Gott des Himmels und der Erde. Versprecht mir, daß ihr mich und meine Familie ebenso gut behandelt, wenn ihr als Sieger einziehen werdet, wie ich euch behandelt habe."

Das versprachen sie ihr, nachdem sie schwur, sie werde niemandem etwas von den Plänen der Israeliten verraten. Rahabs Haus stand direkt an der Stadtmauer. Ein Fenster führte direkt zu einer Öffnung in der Mauer. Hier ließ sie die beiden Männer mit einem roten Seil hinunter. „Versteckt euch in den Bergen", riet sie ihnen, „bis die Soldaten des Königs ihre Suche aufgegeben haben. Und wenn ihr die Stadt erstürmt, sollt ihr an diesem roten Seil mein Haus erkennen und es verschonen."

Drei Tage lang mußten sich die beiden Israeliten in den Bergen verstecken, dann konnten sie unbehelligt zu Josua zurückkehren und über alles berichten, was sie gesehen hatten.

Am anderen Morgen zogen die Israeliten bis ans Jordanufer. Dort lagerten sie und erwarteten Josuas Anweisungen. Wie sollten sie über den schäumenden Fluß hinüberkommen? Würde Gott ihnen helfen, wie er damals am Roten Meer geholfen hatte? Drei Tage später sprach Josua zum versammelten Volk: „Wenn ihr seht, daß die Priester mit der Bundeslade in den Jordan steigen, so folgt ihnen." Die Priester aber sollten auf Gottes Geheiß mit der Bundeslade im Wasser stehen bleiben.

So geschah es. Und als die Priester mit der Bundeslade in den Jordan schritten, staute sich das Wasser, und der Strom versiegte, bis nur noch ein schmales Rinnsal nachblieb. Auch dieses verschwand, und der lange Zug des Volkes eilte trockenen Fußes ans andere Ufer.

Kaum war der letzte Israelit hinübergelangt, brach die Wassermauer zusammen, und der Fluß strömte wie zuvor.

Nun dankten sie Gott und jubelten, als sie sahen, wieviel Früchte und Getreide das Land trug. Aber noch hatten sie das Land nicht zu eigen. Bedrohlich lag die Stadt Jericho in einigen tausend Metern Entfernung. Sie schlugen ihr Lager auf. Josua hatte auf Gottes Geheiß einem Mann aus jedem der zwölf Stämme befohlen, einen großen Stein vom Jordangrund mitzunehmen. Diese Steine legten sie rings um ihr Lager, wie Gott es gewollt hatte, und fühlten sich in Sicherheit.

Aus Furcht vor dem Angriff der zahlreichen Israeliten hatte der König von Jericho befohlen, die Stadttore fest verschlossen zu halten. Aber Josua hatte gar nicht die Absicht, seine Krieger durch die Tore zu führen. Gott hatte ihm genau gesagt, was er tun müsse, um die Stadt einzunehmen. So marschierten die Israeliten an sechs Tagen nacheinander einmal um die Stadt, nahe der Befestigungsmauer. Sieben Priester mit Widderhörnern gingen voran, hinter ihnen wurde die Bundeslade getragen. Niemand redete. Außer dem Stampfen der Füße waren nur die Hörner zu hören.

Die Bewohner Jerichos waren zuerst verwirrt, dann fingen sie an zu lachen. Bildeten sich die Israeliten etwa ein, auf so komische Art die Stadt erobern zu können?

Am siebten Tag marschierten die Israeliten auf Gottes Geheiß nicht einmal, sondern siebenmal um die Stadt. Nach der siebten Umrundung erhoben sie ein gewaltiges Kriegsgeschrei, die Widderhörner machten einen ohrenbetäubenden Lärm, viele tausend Füße stampften im Gleichschritt. Plötzlich blieben alle wie erstarrt stehen: Die große Mauer zerriß und wankte. Die Wachtürme kippten herunter, und dann stürzte die ganze Mauer ein.

„Hinein! Nehmt die Stadt!" rief Josua. Und die israelitischen Krieger stürmten Jericho und warfen jeden nieder, der sich ihnen widersetzte. Aber der Schreck der Bewohner über das unerklärliche Ereignis war so groß, daß sie kaum Widerstand leisteten. Rahab und ihre Familie wurde von den beiden Spähern in Sicherheit gebracht. Sie blieb für immer bei den Israeliten, und ihr wurde mit Achtung begegnet.

Die Israeliten erbeuteten Unmengen von Gold und Silber, kupfernen Gefäßen und anderen Schätzen. Sie übergaben alles den Priestern, denn Gott hatte Josua gesagt, alle kostbare Kriegsbeute müsse in seinem Heiligtum verwahrt werden.

Die Nachricht vom Sieg der Israeliten über Jericho verbreitete sich im ganzen Land, und der Name Josua war gefürchtet. Welch ein mächtiger Gott mußte das sein, der diesem Mann und seinem Volk beistand!

Unter den Israeliten selbst aber gab es einen Mann namens Achan, dessen Gier größer war als seine Gottesfurcht. Er behielt heimlich etliche Schätze aus Jericho für sich. Josua ahnte nichts davon. Sein Auftrag war, ganz Kanaan für sein Volk einzunehmen. Die nächste Stadt hieß Ai. Josua erfuhr durch seine Späher, daß Ai nur eine kleine Stadt war und wenige tausend Mann genügen würden, sie zu erobern. Er schickte dreitausend Krieger gegen sie. Entgegen allen Erwartungen aber wurden sie geschlagen. Die Männer von Ai verjagten sie von ihren Stadttoren und töteten sechsunddreißig Israeliten; die übrigen flohen.

Josua war tief bestürzt. Verzweifelt warf er sich im

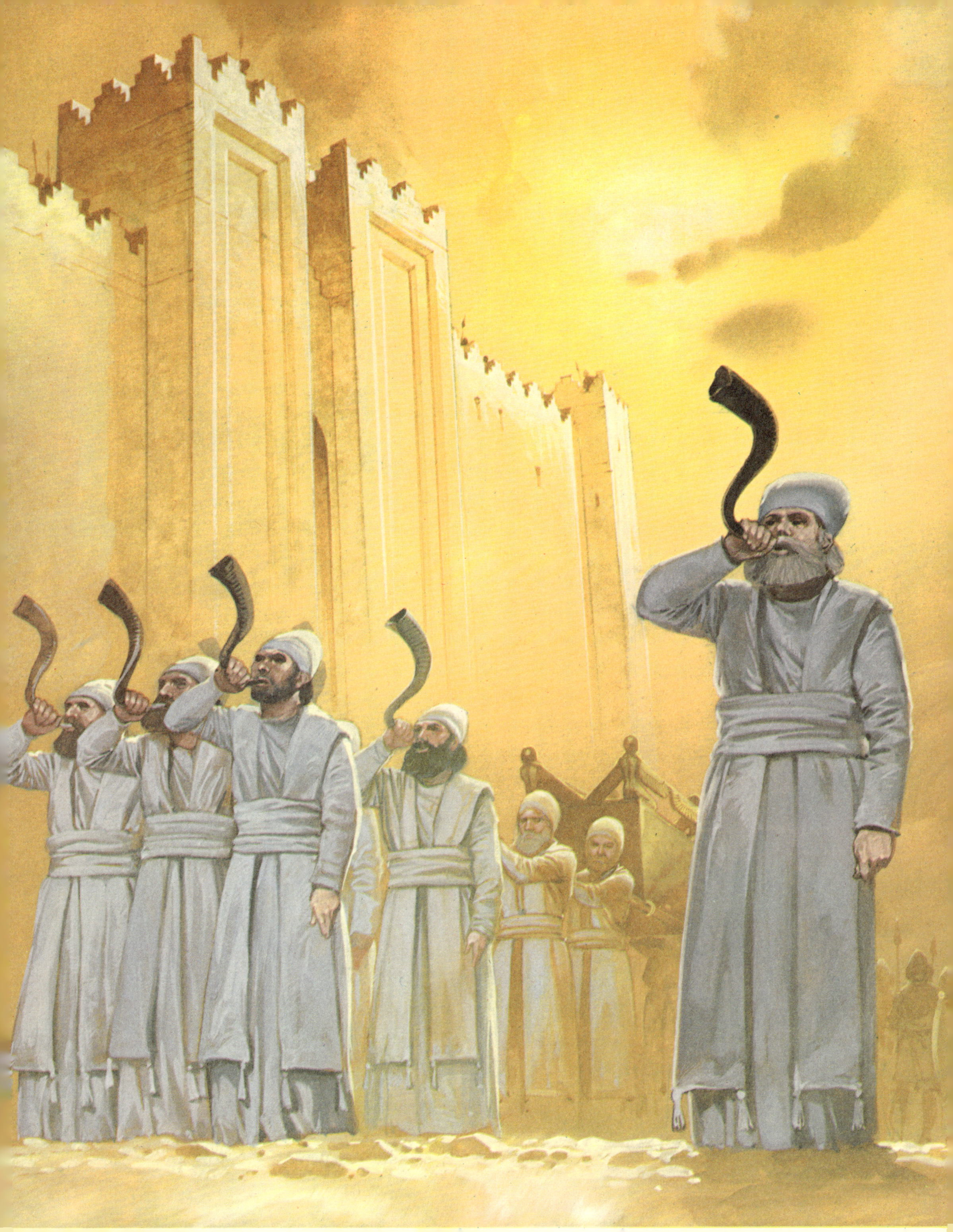

Heiligtum zu Boden und rief Gott an: „Herr, wozu hast du uns über den Jordan gebracht? Sollen wir hier vernichtet werden? Wir könnten doch auf der anderen Seite des Flusses bleiben und dort in Frieden leben. Was soll ich nur dem Volk sagen über diese Niederlage vor einem an Zahl so geringen Feind?"

„Steh auf, Josua", sagte Gott. „Wisse, daß ein Dieb unter euch ist. Einer von euch hat sich versündigt und sich Schätze aus Jericho angeeignet. Deine Krieger können nicht siegen, solange der Dieb nicht bestraft ist."

Obwohl es nur ein einziger war, der gegen Gottes Gebot verstoßen hatte, strafte Gott das ganze Volk dafür, denn es sollte lernen, daß alle verantwortlich waren für das Verhalten eines jeden von ihnen.

Am nächsten Morgen befahl Josua, alle Israeliten sollten sich, getrennt nach den Stämmen, aufstellen. Wie sollte er aus den vielen Tausenden den Missetäter herausfinden? Gott erleuchtete Josua, und sein Blick fiel auf Achan. Der stürzte zitternd vor ihm auf die Knie. „Bekenne vor Gott und dem ganzen Volk, was du getan hast!" befahl Josua. Und Achan stammelte: „Ich habe mich an Israels Gott versündigt. In Jericho sah ich ein Götzenbild mit einem prächtigen Mantel bekleidet. Vor ihm lagen viele Spenden aus Gold und Silber. Ich nahm sie weg und versteckte sie in meinem Zelt."

„Viel Unglück hast du mit deiner üblen Tat über unser Volk gebracht", sagte Josua, „und Gott will, daß du dafür schwere Strafe erleidest." Sie führten Achan in das Tal Achor, und dort wurde er von der Menge zu Tode gesteinigt.

Nun war es für die Israeliten ein Leichtes, die Stadt Ai einzunehmen. Sie mußten aber noch gegen viele andere Volksstämme Krieg führen. Nach und nach eroberten sie fast ganz Kanaan, und es gab nur noch wenige unbesiegte Volksstämme. Die Israeliten konnten sich nun ihres Lebens freuen.

Auf Gottes Geheiß verloste Josua nun das ganze Land unter die zwölf Stämme Israels; jeder Stamm bekam ein etwa gleichgroßes Gebiet. In Sichem wurden die Gebeine Josefs feierlich begraben, auf dem Feld, das einst sein Vater Jakob gekauft hatte und das nun zum Erbteil der Söhne Josefs gehörte.

Josua war nun sehr alt geworden. In Silo, wo die Stiftshütte aufgebaut worden war, rief er das ganze Volk zusammen und redete zu ihm: „Israels Gott hat euch ein Land geschenkt. Er gab euch Städte, die ihr nicht gebaut habt; ihr eßt von Olivenbäumen und Rebstöcken, die ihr nicht gepflanzt habt. Darum dient unserem Gott in Treue und Liebe. Vermischt euch nicht mit den anderen Bewohnern Kanaans und verehrt nicht deren Götter." Und die Israeliten riefen: „Wir wollen nur unserem Gott dienen."

Josua starb, als er 110 Jahre alt war. Man begrub ihn in Timnath-Serach auf dem Gebirge Ephraim.

Gideon

So lange Josua lebte und solange es noch viele Zeugen der Wundertaten Gottes gab, gehorchten die Israeliten noch den Geboten Gottes. Allmählich aber wuchs immer mehr Jugend heran, die nichts davon selbst miterlebt hatte. Viele nahmen es mit den göttlichen Geboten nicht mehr so genau. Sie befreundeten sich mit Angehörigen anderer Volksstämme oder heirateten sogar in deren Familien hinein, und sie lernten deren götzendienerische Gebräuche kennen, die ihnen gefielen.

Gott schickte ihnen schließlich seine Strafen. Benachbarte Völker fielen in Kanaan ein, plünderten und zerstörten Dörfer und Städte und schleppten viele Israeliten als Sklaven fort. Besonders gefürchtet wurden die Midianiter, ein starker Stamm von Wüstennomaden, die Kamele gezähmt hatten und sie als Reittiere benutzten. Sie unternahmen ständig Raubzüge und stahlen alles, was sie haben wollten. Sieben Jahre lang fielen sie regelmäßig zur Erntezeit in Kanaan ein, erschlugen die Menschen, raubten Schafe, Ziegen, Rinder und Esel wie auch Früchte und Getreide, und was sie nicht mitnehmen konnten, verbrannten sie. Die Israeliten waren machtlos. Um ihr Leben zu retten, flüchteten viele in die Berge und lebten dort in Höhlen.

Zum Stamm Manasse, der im mittleren Teil Kanaans westlich des Jordan lebte, gehörte auch ein junger, schmächtiger Mann namens Gideon. Eines Tages drosch er ein wenig Weizen in einer Grube, in der sonst Trauben ausgepreßt wurden. Es war kein guter Platz zum Korndreschen, denn der Wind fehlte, der die Hülsen wegblies. Doch Gideon wollte vermeiden, daß die Midianiter ihn sahen und ihm den Weizen wegnahmen. Er wußte, sie würden ihn umbringen, wenn er ihnen nicht gab, was sie wollten.

Gideon machte seine Arbeit so leise er nur konnte. Ihm wurde sehr heiß dabei. Als er sich wieder einmal aufrichtete und den Schweiß vom Gesicht wischte, sah er einen Mann unter einer nahen Eiche sitzen. Es war ein Engel Gottes, aber das wußte Gideon nicht.

Der Engel sprach ihn an: „Gott ist mit dir, du tapferer Held!"

Gideon war verwirrt. Er fühlte sich durchaus nicht als Held. Und er sagte zu dem Engel: „Du mußt dich irren, Fremdling. Gott ist nicht mehr auf unserer Seite, sonst würde es uns nicht so übel ergehen. Ich weiß, mit welchen Wundern Gott unseren Vorvätern geholfen hat. Aber jetzt hat er uns verstoßen und uns den Midianitern ausgeliefert."

Der Engel antwortete: „So höre Gottes Botschaft: Geh mit der Kraft, die ich dir geben werde, und befreie Israel von den Midianitern."

Gideon traute seinen Ohren nicht. „Ich?" rief er aus. „Wie soll ich Israel retten? Meine Familie ist die geringste im ganzen Stamm, und in ihr bin ich der Jüngste und Unwichtigste."

Der Engel antwortete: „Mit Gottes Hilfe wirst du die Midianiter restlos schlagen."

Gideon fühlte, wie in ihm ungewohnte Kräfte wuchsen. Aber er hätte sich doch gern vergewissert, ob dieser Mann wirklich im Namen Gottes redete. So sagte er: „Gib mir einen Beweis, daß du die Wahrheit sprichst. Aber erst laß mich dich bewirten. Warte einen Augenblick." Er eilte in sein Zelt und brachte Fleisch und ungesäuertes Brot, legte es in Reichweite des Fremden auf eine Felsplatte und stellte eine Schüssel Brühe dazu. Der Engel berührte die Speisen mit seinem Stab – sofort schlug eine Flamme aus dem Felsen und verzehrte das Fleisch, Brot und Brühe. Der Engel aber verschwand sogleich. Gideon aber baute einen Altar dort, wo der Engel ihm erschienen war.

In derselben Nacht hörte Gideon, wie Gott zu ihm sprach: „Zerschlage den Altar des Götzen Baal und die Säule der Göttin Astarte, die daneben steht!" Sofort erhob sich Gideon und weckte einige seiner Freunde. Mit zehn Männern seines Stammes schlich er

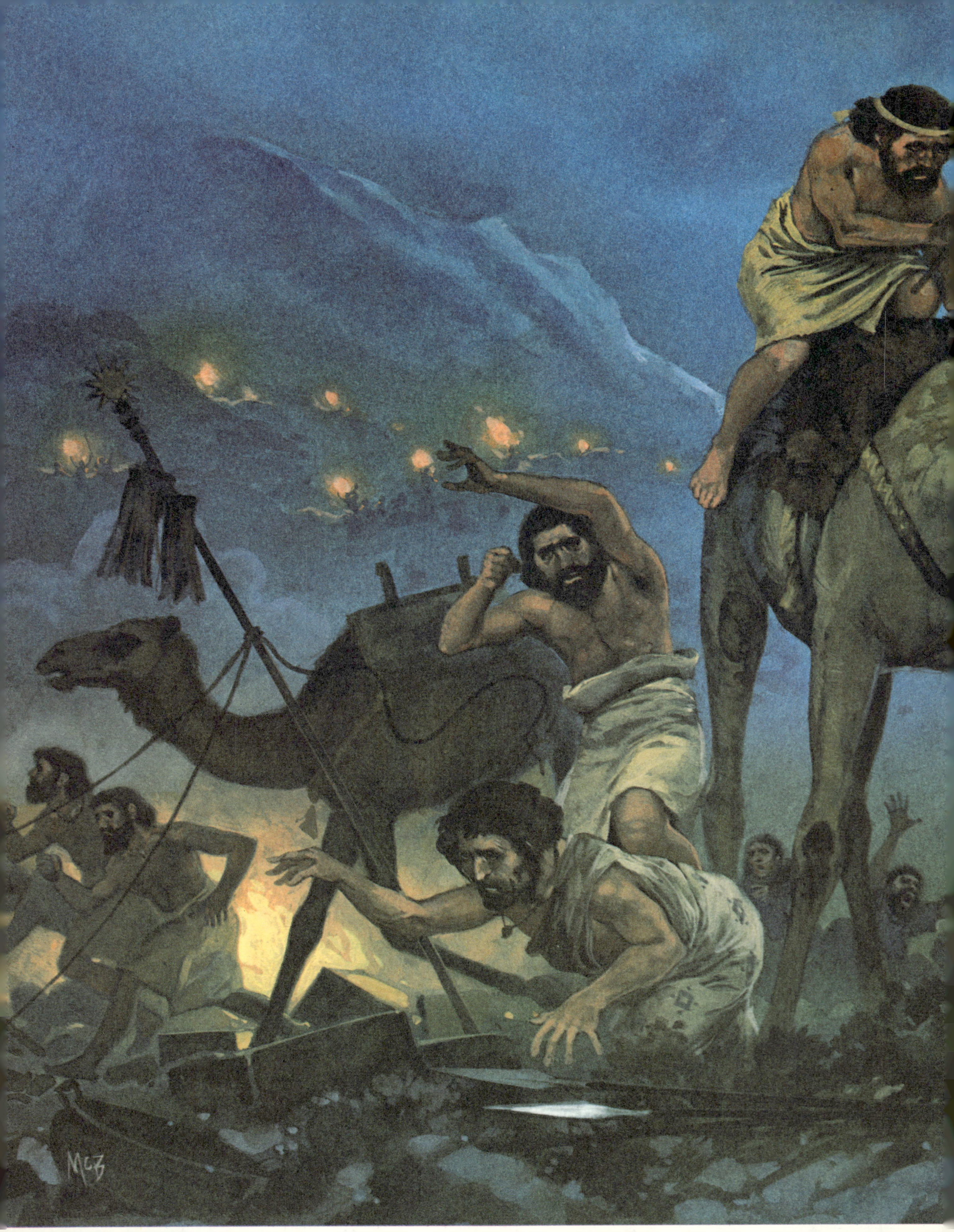

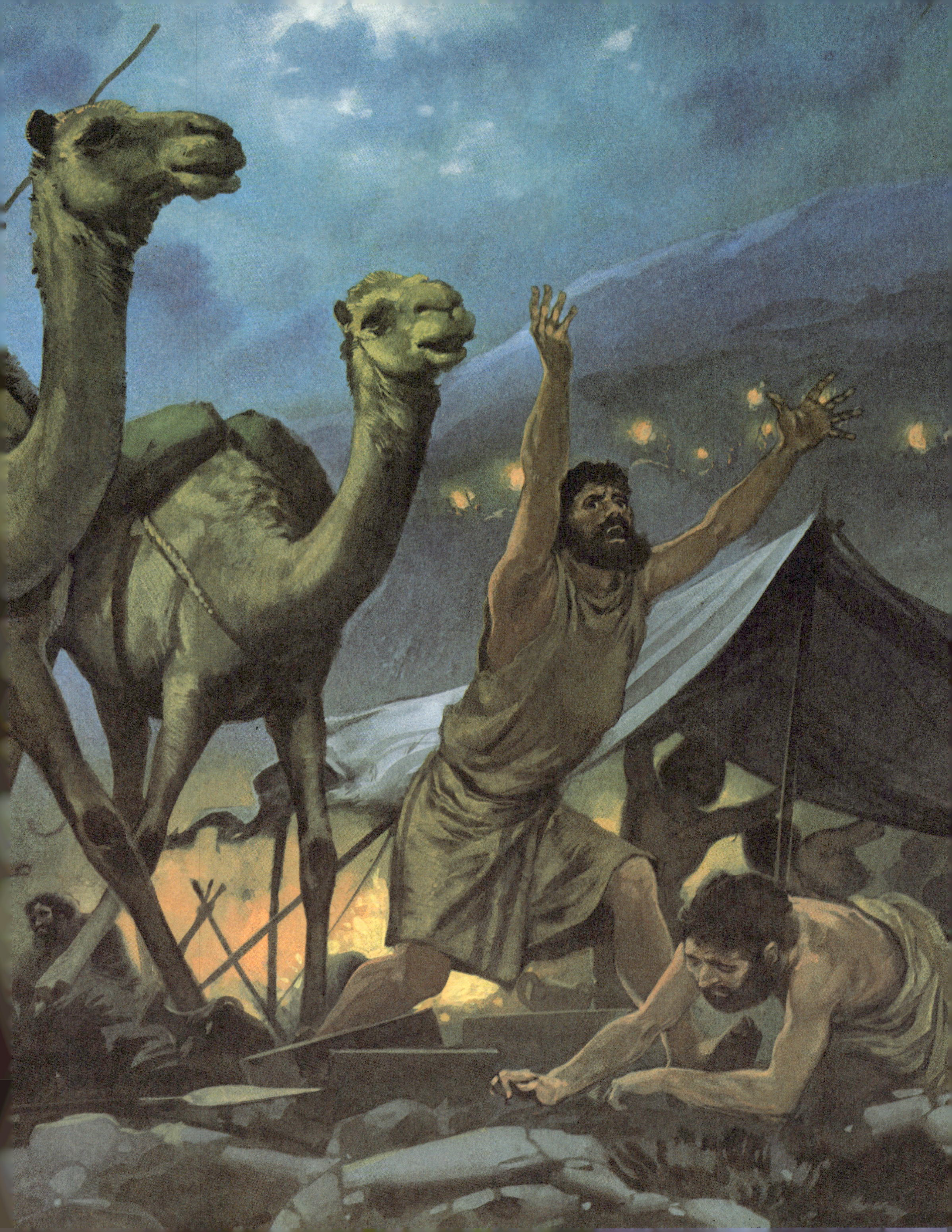

heimlich zum Tempel der Götzenanbeter. Sie schlugen den Götzen Baal in Stücke, rissen den Altar nieder, zerbrachen die Säule der Astarte und verwendeten deren Holz, um darauf dem Gott Israels Brandopfer zu bringen.

Am anderen Morgen erblickten die Baalsdiener die angerichtete Zerstörung. Voller Schrecken und Zorn forschten sie nach den Tätern und hatten bald heraus, daß Gideon dafür verantwortlich war. Eine ganze Schar zog zum Haus des Joas – so hieß Gideons Vater – und schrie: „Gib deinen Sohn Gideon heraus! Er hat unsere Götter zerschlagen."

Joas ließ sich nicht bange machen. Er sagte zu den wütenden Männern: „Wenn euer Baal wirklich ein Gott ist, kann er sich selber an denen rächen, die seinen Altar zerstörten. Wer aber heute für ihn kämpfen will, muß sterben." Da zogen die Leute ab.

Es dauerte nicht lange, bis ganz Israel von Gideons Tat hörte. Sie sammelten sich in großer Zahl um ihn und waren bereit, gegen die Midianiter zu kämpfen, die wieder einmal in Kanaan eingefallen waren und in der Ebene Jesreel lagerten.

Gott sagte zu Gideon: „Deine Armee ist zu groß. Ich will, daß nur wenige Männer die Midianiter besiegen. Die Israeliten sollen sich später nicht rühmen, sie hätten sich aus eigener Kraft befreit. Sie sollen wissen, daß sie es nur meiner Hilfe verdanken. Darum gib bekannt, daß jeder, der sich fürchtet, heimkehren soll."

Das tat Gideon, und zweiundzwanzigtausend Männer gingen, zehntausend aber blieben.

Gott sagte: „Es sind immer noch zu viele. Führe sie den Hügel hinab an das fließende Wasser. Sie werden durstig sein und trinken. Beobachte, wie sie sich dabei verhalten." Gideon gehorchte. Am Bach angekommen, rief er den Männern zu: „Nun trinkt rasch!"

Da knieten viele behaglich nieder, legten Schild und Speer ins Gras, trockneten sich den Schweiß ab und tranken das Wasser aus der hohlen Hand. Andere aber tauchten nur ihren Mund ins Wasser, schlürften rasch und waren sogleich wieder marschbereit. Diese wählte Gideon aus. Es waren nur dreihundert Mann. Allen anderen befahl er, sich in ihre Zelte zu begeben. Und Gott sagte ihm: „Mit diesen dreihundert Männern wirst du die Midianiter besiegen."

Es wurde Abend. Im Schutz der Dunkelheit näherte sich Gideon mit seinen Männern dem feindlichen Lager. Auf Gottes Geheiß kroch er bis an die Vorposten der Feinde heran und lauschte auf ihr Gespräch.

Der eine der Soldaten erzählte dem anderen: „Ich hatte einen Traum. Ein Laib Gerstenbrot rollte in unser Lager und stieß die Zelte um. Was kann das bedeuten?" Der andere antwortete: „Das Brot ist das Schwert Gideons, des Israeliten. Und dein Traum kann nichts anderes bedeuten, als daß Gott unser Lager in seine Hände geben wird."

Das Gehörte ermutigte Gideon. Er schlich zu seinen Männern zurück und teilte sie in drei Hundertschaften ein. Jeder Kämpfer erhielt eine Posaune und einen leeren Krug, der eine brennende Fackel barg, ohne daß deren Schein hinausleuchtete. Dann gab Gideon die letzten Anweisungen. „Ich gehe der ersten Hundertschaft voran. Achtet alle auf uns, macht es ebenso wie wir."

Um Mitternacht hatten die Israeliten das Lager der Midianiter geräuschlos eingekreist. Auf ein Zeichen Gideons begannen alle gleichzeitig, ihre Posaunen zu blasen. Sie zerbrachen die Krüge, so daß die Fackeln hell leuchteten. Jeder blieb so auf seinem Platz stehen. Mit der Linken schwangen sie die lodernden Fackeln, mit der Rechten hielten sie die Posaunen und bliesen, so laut sie konnten. Und immer wieder schrien sie: „Für Gott und Gideon!"

Der unheimliche Lärm weckte jeden Midianiter. Erschrocken schauten sie aus den Zelten und sahen das Lager umringt vom flackernden Feuerschein. In panischer Furcht flohen sie schreiend aus ihrem Lager. Gideon verfolgte sie mit seinen Männern und jagte sie alle aus dem Land.

Die Nachricht vom Sieg Gideons verbreitete sich schnell in ganz Kanaan und auch in den Nachbarländern. So lange Gideon lebte, wagte es kein fremdes Volk mehr, Israel anzugreifen. Vierzig Jahre lebte das Volk in Frieden.

Abgeordnete der israelitischen Stämme kamen zu Gideon und sagten: „Sei du unser König, denn du hast uns von den Midianitern befreit." „Nein", antwortete Gideon, „ich will nicht König sein. Gott allein soll euch regieren."

Samson und die Philister

Nachdem Gideon gestorben war, vergaßen wieder viele Israeliten Gottes Gebote. Der erzürnte Gott ließ vierzig Jahre lang die Philister über sie herrschen. Ein Mann namens Manoah und seine Frau aber waren Gott treu. Lange Zeit blieben sie kinderlos, dann erschien eines Tages ein Engel der Frau und sagte ihr, sie werde einen Sohn bekommen, der ein Gottgeweihter sein solle. Seine Haare dürften niemals geschnitten werden, und er dürfe keinen Wein trinken.

Die Frau gebar einen Sohn, der den Namen Samson bekam. Er wurde einer der stärksten Männer Israels. Als er einmal unterwegs war, wurde er von einem Löwen angegriffen. Samson packte das mächtige Tier und zerriß es mit bloßen Händen.

In Timna hatte Samson ein Philistermädchen gesehen, das ihm sehr gefiel. Er wollte es heiraten. Seine Eltern hätten es lieber gesehen, wenn er sich ein Mädchen aus ihrem eigenen Stamm zur Frau gewählt hätte, aber Samson wollte unbedingt die Tochter des Philisters haben. So gingen die Eltern mit ihm nach Timna, um die Heirat zu besprechen. Samson machte einen kleinen Umweg zu der Stelle, wo er den Löwen zerrissen hatte. Im Leib des toten Löwen entdeckte er einen Bienenschwarm und Honig. Er nahm sich eine Honigwabe und aß davon.

Die Hochzeit wurde eine Woche lang gefeiert. Dreißig junge Philister nahmen an dem Fest teil. Samson sagte, er wolle ihnen ein Rätsel aufgeben. „Wenn ihr es bis zum Ende der sieben Tage erraten könnt, gebe ich jedem von euch ein Feiertagskleid."

„Gib dein Rätsel auf, laß es hören", forderten ihn die jungen Leute auf.

Samson sagte: „Speise ging aus vom Fresser und Süßigkeit vom Starken."

Drei Tage lang überlegten sie vergebens. Am vierten Tag gingen sie zu Samsons Frau und überredeten sie, ihm die Lösung des Rätsels zu entlocken und sie ihnen zu verraten. Erst wollte Samson es ihr nicht sagen, aber die Frau schmeichelte und bedrängte ihn so mit ihren Fragen, daß er am siebten Tag nachgab. Und sie verriet es den Männern ihres Stammes. Noch vor Sonnenuntergang gaben sie Samson die Antwort: „Was kann süßer sein als Honig? Was ist stärker als ein Löwe?"

Samson war kein guter Verlierer und ärgerte sich, daß sie das Rätsel gelöst hatten. Er gab den dreißig Männern die Festkleider, dann aber lief er in hellem Zorn zu seinen Eltern, ohne seine Frau mitzunehmen.

Nach einigen Tagen kam er zurück und wollte zu ihr, aber sein Schwiegervater ließ ihn nicht zu seiner Frau hinein. Er hatte sie inzwischen einem anderen Mann gegeben. Der hitzköpfige Samson sann auf Rache. Er fing dreihundert Füchse, band ihnen Fackeln an die Schwänze und zündete die Fackeln an. Dann jagte er die Füchse in die Kornfelder der Philister, so daß die ganze Ernte verbrannte. Die geschädigten Philister erfuhren bald, wer das getan hatte und warum, und ihr Zorn richtete sich gegen Samsons Schwiegervater. Sie zündeten sein Haus an. Der alte Mann und Samsons Frau verbrannten.

Darüber ergrimmte Samson noch mehr. Er griff die Philister an und schlug viele Männer tot. Dann ging er fort und zog sich in eine Felsenhöhle zurück. Nun fielen die Philister in Juda ein. Als die Bewohner von Juda erfuhren, welche Ursache dieser Angriff hatte, zogen sie mit dreitausend Mann vor Samsons Höhle und sagten zu ihm: „Warum hast du uns das angetan? Wir sind gekommen, um dich gefesselt den Philistern

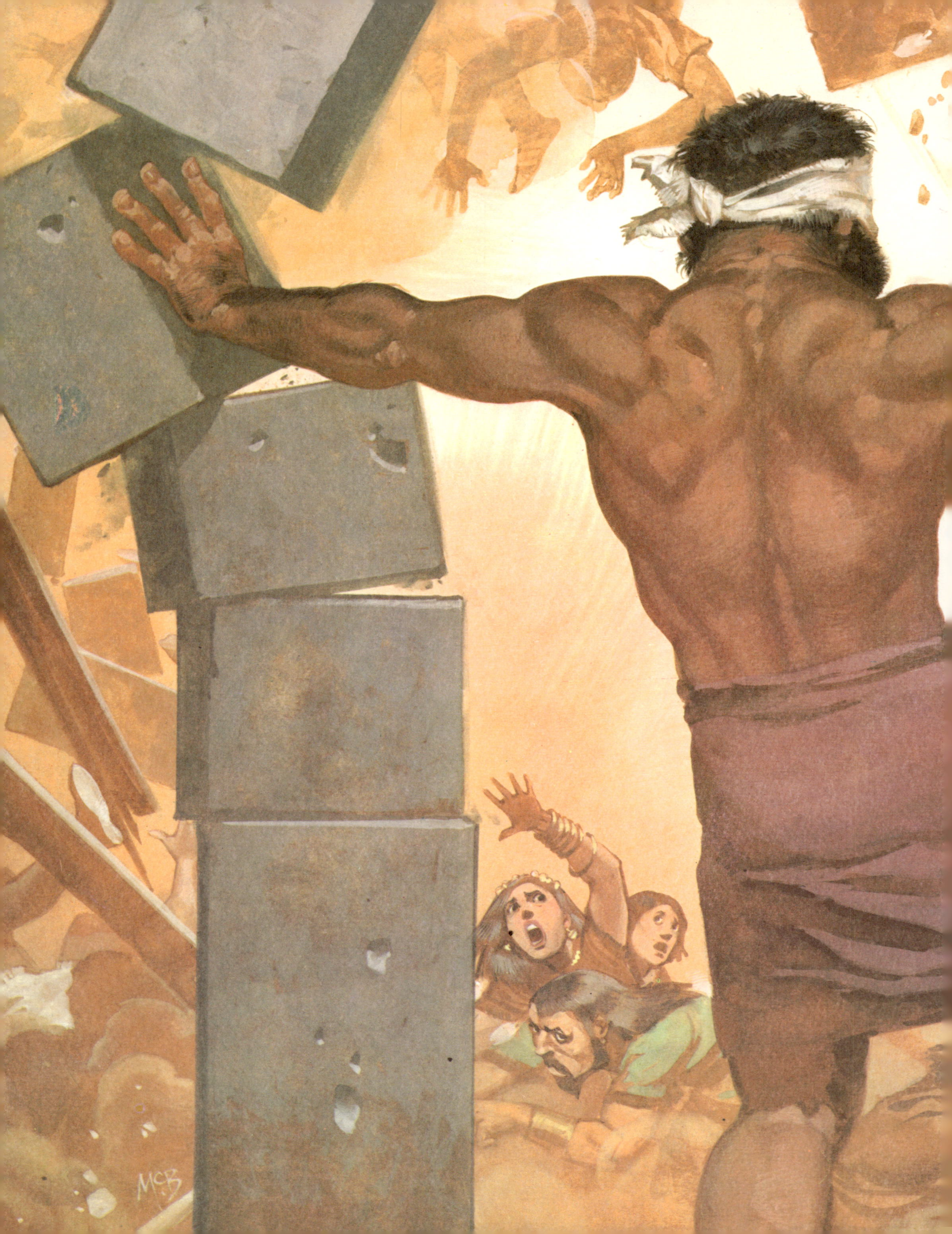
McB

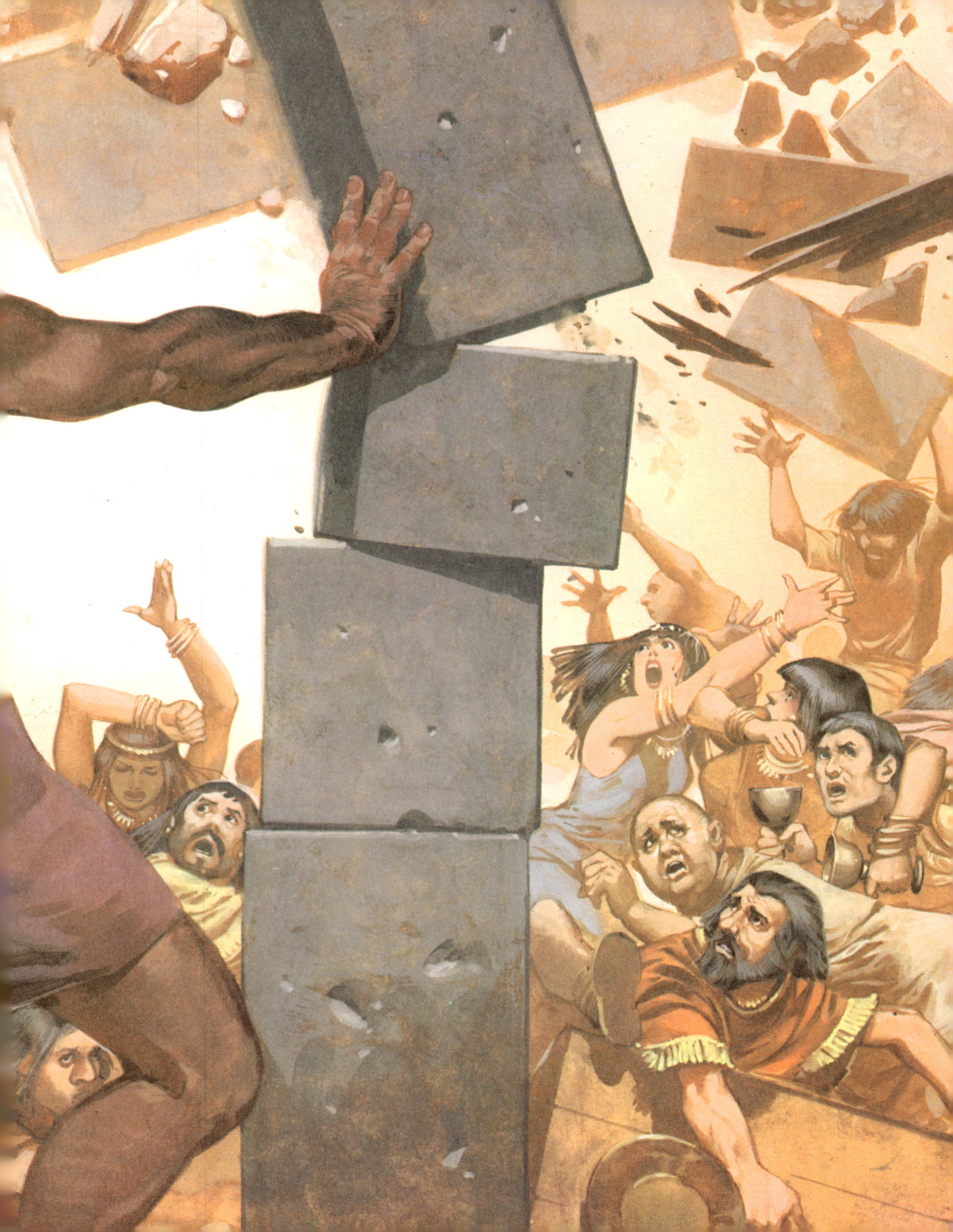

zu übergeben." Samson erwiderte: „Ich habe mich nur gerächt für das, was sie mir angetan haben." Doch ließ er sich von seinen Stammesbrüdern fesseln.

Als die Philister ihn so gebunden kommen sahen, schrien sie vor Freude. Plötzlich überkam Samson die Kraft Gottes und er zerriß die Fesseln, als wären es Bindfäden. Er hob den Kinnbacken eines Esels auf, der auf der Erde lag, und erschlug damit tausend Philister. Dann floh er.

Er ging nach Gaza. Als die Männer von Gaza hörten, daß Samson in der Stadt übernachtete, beschlossen sie, bis zum Morgen zu warten und ihn dann gefangenzunehmen. Aber Samson erhob sich schon um Mitternacht vom Ruhelager und schlich durch die Stadt. Er riß das Stadttor um, legte es sich auf die Schulter und trug es fort bis auf die Höhe des Hebron.

Einige Zeit später kam er ins Tal Sorek. Dort gewann er ein Mädchen lieb, das hieß Delila. Die Fürsten der Philister gingen heimlich zu ihr und überredeten sie: „Frage ihn aus, woher seine große Kraft kommt und wodurch wir ihn bezwingen können. Wir werden dich reichlich belohnen."

Delila versuchte ihn auszuhorchen, aber Samson neckte sie und erzählte, auf welche Weise man ihn binden müsse, damit er schwach werde. Sie versuchte es auf manche Art, aber immer wieder befreite er sich mühelos.

Delila setzte ihm unentwegt zu und sagte: „Wie kann ich glauben, daß du mich lieb hast, wenn du mich nur zum Narren hältst?" Allmählich wurde Samson ihrer ständigen Fragen müde, und eines Tages erzählte er ihr die Wahrheit. „Ich bin ein Gottgeweihter", sagte er. „Mein Haar darf niemals geschnitten werden, sonst verliere ich meine Kraft."

Nun kannte Delila das Geheimnis. Rasch und heimlich benachrichtigte sie die Fürsten der Philister. Sie kamen und brachten Delila viele Silberstücke.

Sobald Samson abends eingeschlafen war, rief Delila einen Mann, der ihm die Locken vom Kopf schnitt. Als Samson erwachte, hänselte sie ihn und sagte, nun sei seine Kraft verschwunden. Er wollte es nicht glauben, aber als die Philister über ihn herfielen und ihn fesselten, merkte er, daß er machtlos geworden war. Sie stachen ihm die Augen aus, legten ihn in Ketten und ließen ihn in einem tiefen Verlies eine Mühle drehen.

Während der Gefangenschaft aber begann Samsons Haar wieder zu wachsen. Nach einiger Zeit veranstalteten die Philister ein großes Opferfest für ihren Gott Dagon. Dazu holten sie auch Samson heraus, um ihn zu verhöhnen. Sie stellten ihn zwischen die beiden mittleren Säulen, die den Tempel des Götzen stützten.

Samson betete zu Gott, er möge ihm noch einmal seine Kraft zurückgeben. Dann legte er seine Hände gegen die beiden Säulen und stemmte sich dagegen. „Gott, laß mich mit den Philistern sterben", rief er laut. Da krachte der ganze Bau zusammen, fiel auf die Fürsten und das Volk der Philister und erschlug sie – und mit ihnen starb auch Samson.

Ruth

In Bethlehem lebte ein Mann namens Elimelech mit seiner Frau Naomi und zwei Söhnen. Sie waren nicht reich, aber sie waren glücklich und zufrieden. Dann aber kam eine Hungersnot über das Land. Es gab immer weniger zu essen, und sie beschlossen, die Heimat zu verlassen und sich anderswo nach Nahrung umzusehen.

Sie zogen ins Land der Moabiter und blieben dort. Elimelech aber starb bald; Naomi blieb mit den Kindern allein zurück.

Als die Söhne zu Männern geworden waren, heirateten sie moabitische Mädchen, die eine hieß Orpa, die andere Ruth. Es waren gute Mädchen, und Naomi war mit der Wahl ihrer Söhne sehr zufrieden. Zehn Jahre lang lebten sie alle glücklich zusammen, dann starben auch die beiden Söhne. Naomi hatte jetzt nur noch die beiden Schwiegertöchter, aber diese waren sehr lieb zu ihr und taten für sie, was sie nur konnten.

Naomi erfuhr, daß die Hungersnot in ihrer Heimat vorüber war. Da machte sie sich auf nach Juda, und ihre Schwiegertöchter begleiteten sie. Unterwegs machte sich Naomi Gedanken darüber, daß die jungen Frauen doch Moabiterinnen waren und nun ihr eigenes Volk verließen. „Kehrt um und geht zurück zu euren Eltern", sagte sie, „und möge Gott euch soviel Gutes tun, wie ihr mir getan habt. In der Heimat könnt ihr euch sicherlich noch wieder verheiraten." Sie umarmte und küßte die Mädchen, die aber weinten und wollten sie nicht verlassen. „Nein", sagten sie, „wir wollen mit dir zu deinem Volk gehen." Naomi drängte sie weiter zur Umkehr. Orpa gab schließlich nach und verabschiedete sich unter Tränen. „Siehst du", sagte Naomi zu Ruth, „deine Schwägerin geht zurück. Warum gehst du nicht mit ihr?"

Ruth erwiderte: „Sprich nicht mehr davon, ich verlasse dich nicht. Wo du hingehst, da will ich auch hingehen. Dein Volk soll mein Volk sein und Gott auch mein Gott. Nur der Tod kann mich von dir trennen."

Als Naomi sah, daß Ruth so fest entschlossen war, bei ihr zu bleiben, sagte sie nichts mehr. Die beiden Frauen kamen nach Bethlehem. Die Leute dort freuten sich sehr, Naomi wiederzusehen, und waren voll Mitleid, als sie hörten, daß sie nicht nur ihren Mann, sondern auch die beiden Söhne durch den Tod verloren hatte.

Es war gerade die Zeit der Gerstenernte. Ruth beschloß, aufs Feld zu gehen und Ähren aufzulesen, damit sie sich Brot backen konnten. Es war eine freundliche Sitte in Juda, daß die Schnitter immer einige Ähren liegenließen, damit die Armen sie sich aufsammeln konnten.

Ruth ging hinter den Schnittern her. Das Feld, auf dem sie sammelte, gehörte einem angesehenen Mann namens Boas. Als er Ruth sah, erkundigte er sich bei seinem Aufseher, wer sie sei. Der erzählte ihm ihre Geschichte. Da rief er Ruth zu sich und sagte: „Ich hörte, wie gut du zu deiner Schwiegermutter bist. Du kannst gern auf meinen Feldern sammeln, bis die Ernte eingebracht ist. Ich sorge dafür, daß dir niemand zu nahe tritt. Wenn du durstig bist, kannst du aus diesen Krügen trinken."

Ruth bedankte sich bei ihm. Als den Arbeitern das Mittagessen gebracht wurde, lud Boas sie zum Mitessen ein. Den Schnittern sagte er, sie sollten sie zwischen den Garben sammeln lassen und eigens für sie mehr Ähren liegen lassen.

Ruth sammelte bis zum Abend, dann kam sie vergnügt bei Naomi an. Sie hatte etwa zwanzig Pfund Gerste.

„Woher hast du soviel?" fragte Naomi. „Wo hast du denn gesammelt?"

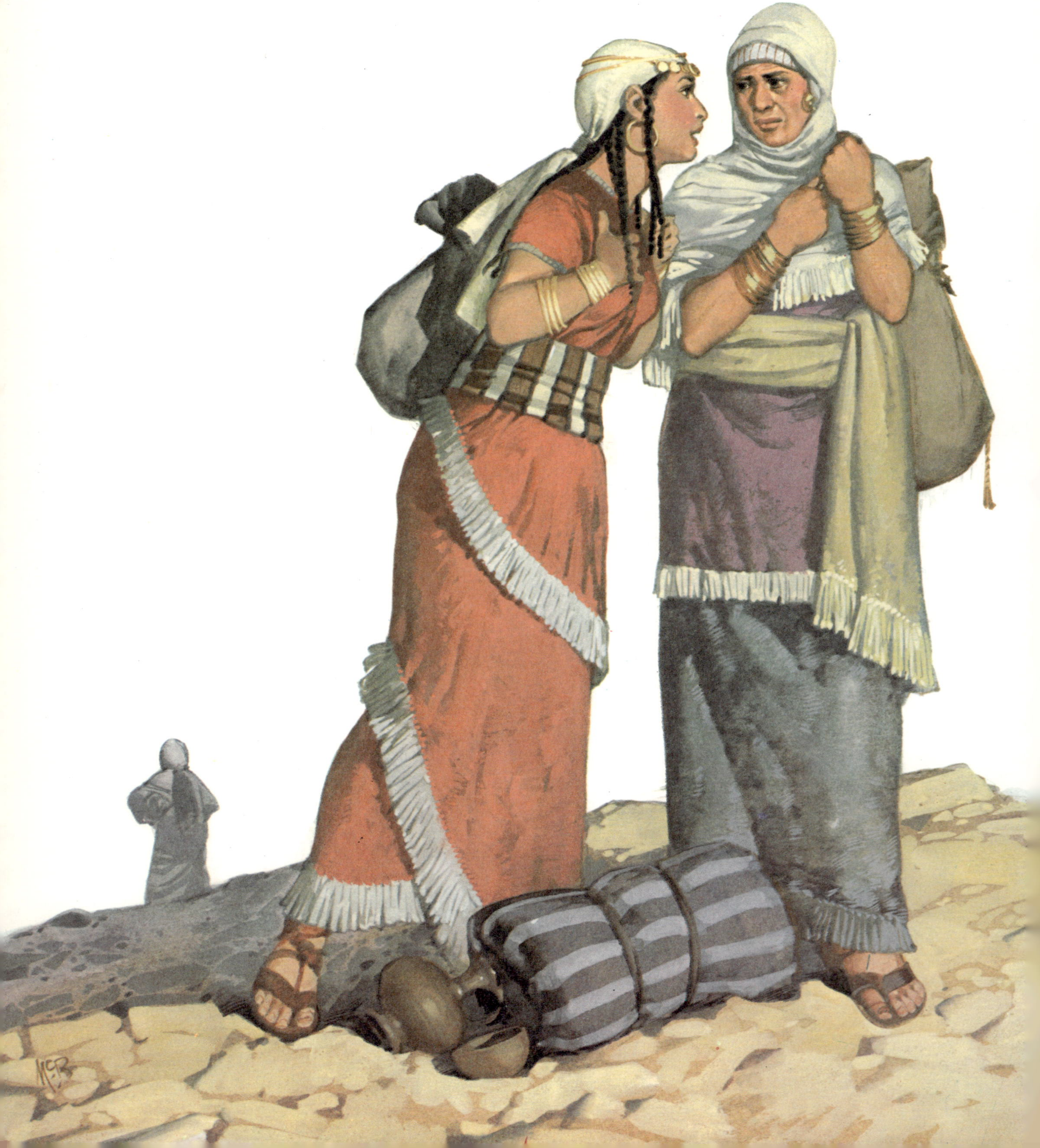

„Auf einem Feld, das einem Mann namens Boas gehört", antwortete Ruth.

„Boas?" sagte Naomi nachdenklich. „Das ist doch unser Verwandter."

„Er hat gesagt, ich darf bis zum Ende der Ernte auf seinen Feldern sammeln", erklärte Ruth.

Jeden Tag ging Ruth nun auf Boas' Felder, bis die Gersten- und Weizenernte eingebracht war.

In jener Zeit war es Brauch, daß der nächste Verwandte eines kinderlos Verstorbenen die Witwe heiratete, und ein Sohn aus dieser Ehe galt als der Erbe des Verstorbenen. Boas war mit Elimelech verwandt und fühlte sich verantwortlich für Ruth; es gab aber noch einen näheren Verwandten. Boas sagte zu Ruth: „Morgen will ich erkunden, ob dein nächster Verwandter sich deiner annehmen will. Wenn er das will, schön und gut. Wenn nicht, möchte ich es selber tun und dich heiraten."

Am nächsten Tag ging Boas zum Stadttor, wo ständig viele Leute hinkamen, die dort ihre Geschäfte betrieben. Bei allen wichtigen Käufen und Verkäufen oder anderen Absprachen dienten immer etliche der anwesenden Männer als Zeugen. Boas traf den Verwandten, ließ sich mit ihm nieder und bat zehn der Stadtältesten, sich dazuzusetzen. Dann sagte er zu dem Verwandten: „Weißt du, daß unsere Verwandte, Elimelechs Witwe Naomi, von Moab zurückgekehrt ist und außer ihrem Mann auch die beiden Söhne verloren hat? Du bist der nächste Verwandte und kannst das Stück Land kaufen, das Elimelech gehört. Wenn du es nicht haben willst, sag es, dann kaufe ich es."

„Ich will es kaufen", sagte der Mann.

„Nach dem Gesetz mußt du dann auch Ruth nehmen, die Witwe von Elimelechs ältestem Sohn, damit das Feld in der Familie des Verstorbenen bleibt."

Der Mann überlegte und sagte dann: „Unter diesen Umständen will ich es nicht kaufen, denn die Erbrechte meiner eigenen Kinder würden geschmälert, wenn ich die Witwe heirate. Du kannst das Land kaufen, wenn du willst."

Zum Handelsbrauch gehörte es auch in Israel, daß derjenige, der einem anderen etwas verkaufte oder überließ, eine seiner Sandalen auszog und sie dem Erwerber übergab, zum Zeichen, daß etwas seinen Besitzer gewechselt hatte. So zog auch der Mann eine Sandale aus und reichte sie Boas.

Boas sagte zu den Ältesten und den umstehenden Männern: „Ihr seid Zeugen, daß mir Elimelechs Land überlassen wird und daß ich Ruth heiraten will."

So wurde Ruth die Frau des Boas. Sie bekamen einen Sohn, den sie Obed nannten. Und Obed war der Großvater des großen Königs David.

Samuel

In Rama, nicht weit von Jerusalem, lebte ein Mann namens Elkana. Er hatte zwei Frauen, was zu jener Zeit nicht ungewöhnlich war. Die eine namens Pennina hatte Kinder, die andere, die Hanna hieß, hatte kein Kind.

Jedes Jahr ging die ganze Familie hinaus nach Silo, um Gott im Vorhof des Heiligtums ein Opfer zu bringen. Jedes Jahr wurde Hanna trauriger, weil sie immer noch kein Kind hatte. Pennina kränkte und verspottete sie wegen ihrer Unfruchtbarkeit, und Hanna weinte oft.

Als sie in einem Jahr wieder das Gotteshaus in Silo aufsuchten und die unglückliche Hanna zu Gott betete, gelobte sie: „Wenn du mir einen Sohn schenkst, mächtiger Gott, soll er sein Leben lang dir geweiht sein und dir in deinem Tempel dienen."

So sprach sie in ihrem Herzen und bewegte die Lippen dazu, ohne daß ein Laut zu hören war. Der alte Priester Eli sah es. Erst hielt er sie für betrunken, doch als er zu ihr ging, erfuhr er von ihrem Kummer. „Geh hin in Frieden", sagte Eli. „Möge Gott dir deine Bitte erfüllen."

Gott erhörte sie, und sie wurde schwanger. Als die Zeit gekommen war, gebar sie einen Sohn und nannte ihn Samuel. Und Hanna erfüllte ihr Versprechen. Nachdem sie Samuel entwöhnt hatte und er sprechen und laufen konnte, brachte sie ihn nach Silo zum Haus Gottes. „Erinnerst du dich?" fragte sie Eli. „Hier ist das Kind, das ich mir von Gott erbeten habe. Es heißt Samuel. Ich übergebe ihn dir, damit er dem Dienst an Gott geweiht wird."

So wurde Samuel der Gehilfe des alten Eli, der viel Freude an ihm hatte. Eli hatte selber zwei Söhne, aber sie taugten nichts und hatten keinen Respekt vor Gott und dem Heiligtum.

Jedes Jahr kam Hanna, sah ihren Sohn wieder und brachte ihm neue Kleidung. Und Gott schenkte ihr noch drei weitere Söhne und zwei Töchter.

Die Zeit verging, Eli wurde alt und fast blind. Er schlief in einem eigenen Zimmer im Gotteshaus, Samuel aber schlief neben der Bundeslade im Heiligtum. Eines Nachts, als Samuel schlief, wurde er von einer Stimme geweckt, die seinen Namen rief: „Samuel! Samuel!" Samuel dachte, es sei Eli, stand auf und lief zu ihm ins Zimmer. „Hier bin ich, du hast mich gerufen." „Nein", sagte Eli. „Ich habe dich nicht gerufen. Geh und leg dich wieder hin."

Samuel gehorchte. Aber nach einer Weile hörte er wieder die Stimme: „Samuel! Samuel!" Wieder sprang er auf und lief zu Eli, aber wieder sagte dieser: „Ich habe dich nicht gerufen, mein Sohn. Schlaf nur weiter."

Samuel ging. Aber zum drittenmal hörte er es rufen: „Samuel!" Verwirrt ging er wieder zu Eli. Der hatte nun begriffen, daß es die Stimme Gottes war, die Samuel rief, und sagte zu dem Jungen: „Geh zurück, und wenn du wieder die Stimme hörst, dann antworte: Sprich zu mir, Gott, dein Diener hört dich."

Als die Stimme nun zum viertenmal „Samuel! Samuel!" rief, antwortete Samuel, wie Eli ihm geraten hatte. Was Gott ihm dann kundtat, betrübte ihn sehr: Elis Familie müsse bestraft werden wegen der Schlechtigkeit der Söhne.

Samuel blieb bis zum Morgen liegen. Er scheute sich, Eli von Gottes Botschaft zu berichten, doch Eli fragte dringlich danach. Da erzählte er ihm alles. Eli wurde sehr traurig, sagte jedoch nur: „Gott der Herr wird wissen, was am besten ist."

Samuel wuchs heran, wurde ein Prophet und verkündete Gottes Wort. Viele hörten auf ihn, aber nicht alle. Es gab noch viele Leute, die Götzenbilder verehrten und nicht nach Gottes Geboten lebten.

Dann überzogen die Philister Israel mit Krieg und töteten viele Tausend, darunter auch die verruchten Söhne Elis. Am schlimmsten aber traf es die meisten Israeliten, daß die Philister sich der Bundeslade bemächtigten und sie mit sich nahmen. Die Menschen zitterten vor Furcht und Entsetzen. Als Eli davon hörte, traf es ihn so, daß er umfiel und starb.

Die Philister stellten die Bundeslade neben ihren Gott Dagon. Sogleich fiel das Götzenbild kopfüber herunter und zerbrach. Dann kamen schlimme Plagen über die Philister. Nach sieben Monaten wünschten sie, sie hätten die Bundeslade nicht mitgenommen. Zusammen mit kostbaren Geschenken luden sie sie auf einen Wagen, spannten zwei Kühe davor und schickten sie den Israeliten zurück. Die waren außer sich vor Freude, als sie die Bundeslade wiederhatten. Den Wagen, auf dem sie gestanden hatte, zerhackten sie zu Feuerholz und feierten ein großes Opferfest.

Samuel wußte, daß Israel nicht gedeihen konnte, solange noch ein Teil seiner Bewohner Götzen anbetete und nicht auf den wahren Gott vertraute. Eines Tages rief er das Volk zusammen und sagte: „Wenn ihr eure Herzen wieder dem Gott Israels öffnet und ihm allein dient, wird er euch von den Philistern befreien." Und er predigte so überzeugend, daß die Israeliten bereuten, gegen Gott gesündigt zu haben.

Währenddessen hatten die Philister zu einem neuen Krieg gerüstet. Als Samuel gerade im Gotteshaus ein Opfer darbrachte, kam ihr Angriff. Gott aber schickte vom Himmel ein gewaltiges Unwetter mit Donner und Blitz auf sie herab. Sie gerieten in Panik und flohen. Die Männer Israels verfolgten sie, und die Philister wurden geschlagen.

Als Samuel ein alter Mann war, kamen die Ältesten Israels eines Tages zu ihm nach Rama und sagten: „Du bist alt, Samuel, und deine beiden Söhne sind untauglich, unsere Richter zu sein. Darum ernenne einen König, der uns führt."

Samuel war der Ansicht, der einzige König solle Gott sein. Er erklärte den Männern, was es bedeutete, wenn ein König über sie herrschte. „Er wird eure Söhne zu seinen Dienern machen und eure Töchter zu Mägden an seinem Hof. Die Männer Israels würden nicht mehr freiwillig kämpfen, sondern nur auf Befehl des Königs; das Volk würde zur Arbeit gezwungen und müßte Steuern zahlen. Der König würde sich eure besten Äcker und Weinberge nehmen. Ihr hättet nicht halb soviel Freiheiten wie jetzt."

Aber die Israeliten blieben dabei: Sie wollten einen König haben. Samuel bat Gott um Hilfe in dieser Entscheidung. Und Gott sagte: „Tu, was sie wollen, und gib ihnen einen König."

Es gab dort einen reichen Mann namens Kis, aus dem Stamm Benjamin. Er hatte einen schönen Sohn, der hieß Saul. Saul war einen Kopf größer als die anderen jungen Männer Israels und fiel in jeder Menge auf. Nun hatten sich Kis' Eselinnen verlaufen, und Kis sagte zu seinem Sohn: „Nimm einen Knecht mit und suche die Eselinnen."

Saul und der Knecht wanderten drei Tage lang, doch sie konnten die Tiere nicht finden. Am vierten Tag sagte Saul: „Laß uns heimkehren, sonst sorgt sich mein Vater nicht nur um die Eselinnen, sondern auch um uns."

„Weißt du, daß in dieser Gegend ein heiliger Mann lebt?" fragte der Knecht. „Laß uns zu ihm gehen, vielleicht kann er uns helfen." Sie gingen also in die Stadt, um den heiligen Mann, den Seher, aufzusuchen. (Damals nannte man einen Propheten ‚Seher'.)

Der Seher war niemand anders als Samuel. Tags zuvor hatte Gott ihm gesagt: „Morgen um diese Zeit wird ein junger Mann aus dem Land Benjamin zu dir kommen. Ihn sollst du zum König salben."

Als Samuel nun Saul herankommen sah, sagte Gott: „Der ist es." Saul trat auf Samuel zu und sagte, er wüßte gern, wo er den Seher finden könne. Samuel antwortete: „Ich bin es. Kommt mit, ihr sollt heute mit mir essen. Und sorge dich nicht wegen der Eselinnen, sie wurden schon gefunden. Du bist der Mann, den sich das Volk Israel so sehr gewünscht hat."

„Aber ich bin aus dem kleinsten Stamm Israels, dem Stamm Benjamin" sagte Saul, „und meine Familie ist unbedeutend."

Samuel nahm Saul und seinen Knecht mit ins Haus, wo er etwa dreißig Gäste versammelt hatte, und sie setzten sich zu Tisch. Später machte man für Saul ein Lager auf dem Dach, wo es kühl war. Saul war ganz verwirrt.

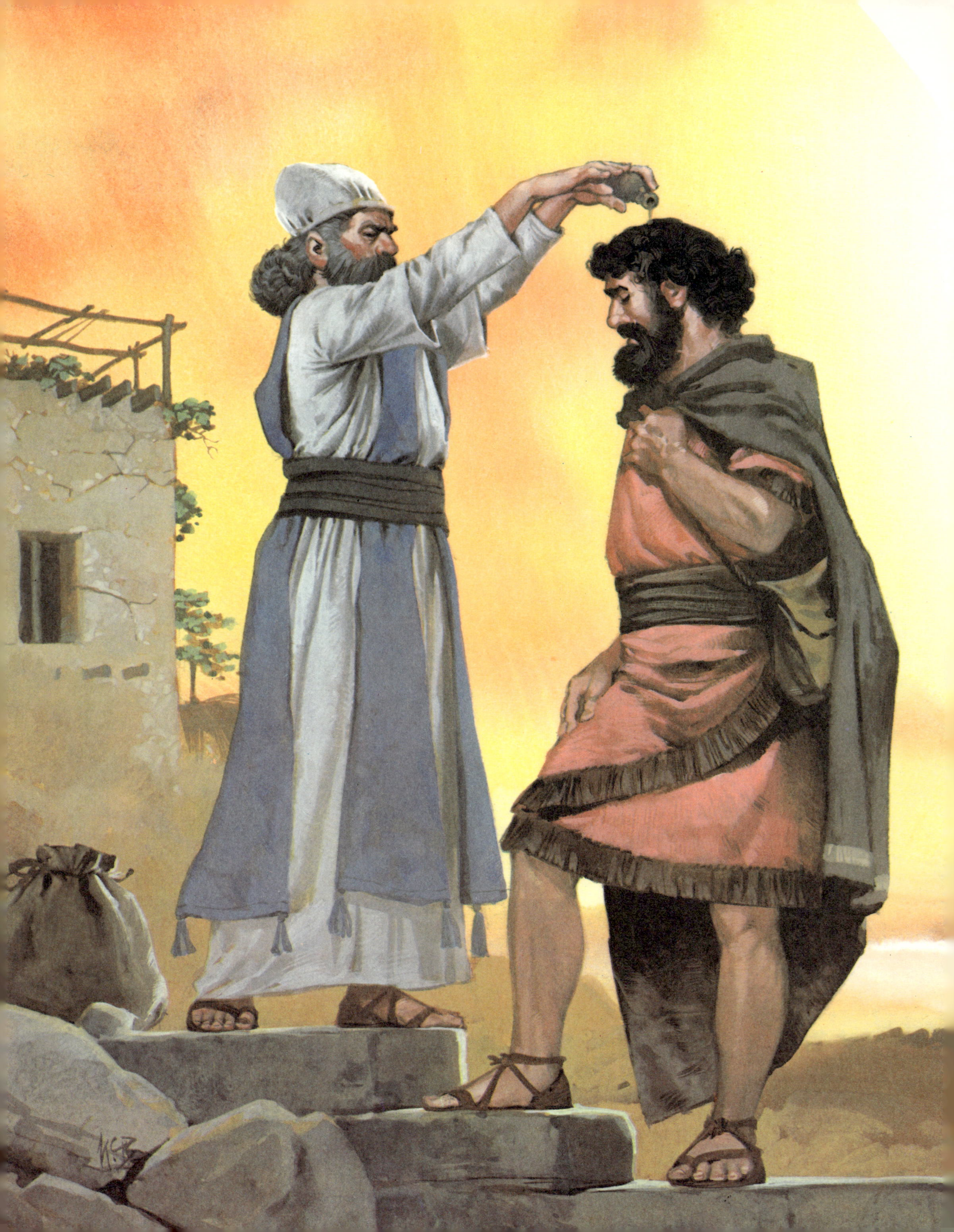

Samuel

Früh am anderen Morgen standen Saul und sein Knecht auf. Samuel ging mit ihnen durch die Stadt. Am Stadtrand nahm Samuel den Ölkrug und goß Öl auf Sauls Kopf, küßte ihn und sagte: „Der Gott Israels hat dich zum Herrscher über sein Volk gesalbt." Und er sagte ihm voraus, was ihm in den nächsten Tagen begegnen werde, damit Saul nicht an seiner Berufung zweifelte.

Samuel aber rief alle Stämme in Mizpa zusammen, um ihm den gewünschten König zu geben. Er ließ das Los werfen, und es fiel auf den Stamm Benjamin. Er ließ alle Benjaminiten vortreten, und das Los fiel auf die Familie des Kis und auf dessen Sohn Saul. Das Volk jubelte, als es den hochgewachsenen schönen Saul erblickte, und rief: „Es lebe der König!"

König Saul begann zu regieren. Anfangs wollten ihn manche Leute nicht respektieren, aber er überzeugte sie von seiner guten Führung. Und als er bald darauf die Ammoniter schlug, gehorchten sie ihm alle. Später wurde Saul jedoch hoffärtig und erfüllte nicht die großen Hoffnungen, die das Volk in ihn gesetzt hatte.

Es dauerte nicht lange, da rüsteten sich die Philister wiederum zum Kampf gegen Israel. Mit dreitausend Wagen, sechstausend Gespannen und zahllosem Fußvolk zogen sie über die Grenze. Vielen Männern Israels erschien der Kampf aussichtslos; sie desertierten, verkrochen sich in Höhlen oder flohen über den Jordan.

Samuel hatte Saul gesagt, er solle sieben Tage auf ihn warten, dann wollten sie Gott mit einem Opfer gnädig stimmen. Als Saul aber sah, wie das Volk von ihm abfiel, brachte er ein Brandopfer, bevor Samuel angekommen war. Er hatte es eben beendet, als der Seher eintraf. Samuel war sehr erzürnt und sagte zu Saul, dieser Ungehorsam werde ihn das Königtum kosten; Gott werde einen anderen Mann zum Herrscher über Israel wählen.

Als die Philister angriffen, hatte Saul nur wenige hundert Männer, um Israel zu verteidigen. Seine Macht war zerbrochen.

Da sagte Gott zu Samuel: „Nimm Salböl mit und geh nach Bethlehem zu einem Mann namens Isai. Einen seiner Söhne habe ich zum neuen König erwählt."

Samuel war besorgt um sein Leben. „Wenn Saul das erfährt, wird er mich töten", sagte er.

„Nimm ein Kalb mit, um es zu opfern", sagte Gott. „Ich werde dir schon sagen, was du zu tun hast."

Samuel gehorchte und ging nach Bethlehem. Die Ältesten der Stadt kamen ihm entgegen, und er lud sie ein, am Brandopfer teilzunehmen.

Als er bei Isai und seiner Familie eintraf, fiel ihm besonders der Sohn Eliab auf, und er dachte: „Der ist es gewiß, den Gott gewählt hat." Aber Gott sagte ihm: „Blicke nicht auf sein Aussehen und seine Größe. Das ist nicht der Mann. Ich, euer Gott, schaue nicht so wie ihr schaut. Die Menschen sehen nur die äußere Erscheinung, ich aber blicke den Menschen ins Herz."

Nun stellte Isai seinen Sohn Abinadab vor, aber das war auch nicht der Rechte. Sieben Söhne Isais traten vor Samuel hin, aber Gott hatte keinen von ihnen erwählt.

„Sind das alle deine Söhne?" fragte Samuel.

„Da ist nur noch der Jüngste", erwiderte Isai, „er hütet die Schafe."

„Laß ihn holen", sagte Samuel. „Wir beginnen erst mit dem Opfer, wenn er dabei ist."

Sogleich wurde Isais jüngster Sohn, David, vom Feld geholt. Er war ein hübscher junger Mann mit schönen Augen. Und Gott sagte zu Samuel: „Diesen habe ich erwählt, ihn sollst du salben."

Samuel nahm das mit Öl gefüllte Horn und salbte David vor den Augen seiner Brüder und vor den Ältesten. Die Brüder meinten, David werde wohl gesalbt, um auch ein Seher zu werden wie Samuel. Seit jenem Tag aber war David vom Geist Gottes erfüllt. Nach dem Opfer machte Samuel sich auf und ging zurück nach Rama.

Der Geist Gottes aber war von Saul gewichen, und ein böser Geist quälte ihn. Er ängstigte sich sehr und schwankte zwischen Niedergeschlagenheit und Wutausbrüchen. Seine Diener dachten, er könne vielleicht mit Musik besänftigt werden. Sie sagten zu ihm: „Herr, laß uns jemanden suchen, der dir auf der Harfe vorspielt, wenn der böse Geist dich peinigt. Das wird dich beruhigen." Saul war einverstanden. „Kennt ihr denn jemanden?" fragte er.

Einer der Diener antwortete: „In Bethlehem hat ein Mann namens Isai einen Sohn, der sehr schön die Harfe spielt. Er ist auch hübsch und mutig und hat ein angenehmes Wesen."

„Geht und bringt ihn mir", sagte Saul.

Die Boten des Königs kamen zu Isai, und er schickte David an den Königshof. Als Geschenk gab er ihm eine junge Ziege mit, belud einen Esel mit Brot und füllte einen Schlauch mit Wein.

David gefiel dem König sehr, und Saul sandte Dankgeschenke an Isai. Von nun an rief er immer nach David, sobald der böse Geist ihn plagte, und wenn David die Harfe spielte, fühlte Saul sich besser.

David und Goliath

Die heftigen Kämpfe mit den Philistern dauerten an. Bei Socho in Juda lagerten die Philister oberhalb des Tales Ela, die Israeliten am jenseitigen Hang; nur das Tal war zwischen ihnen.

Eines Morgens kamen aus dem Lager der Philister zwei Männer. Der erste trug nur einen großen Schild, der Anblick des Mannes hinter ihm aber ließ die Israeliten nach Luft schnappen. Es war ein Riese, fast drei Meter groß, am ganzen Körper schwer bepanzert. Er trug einen Bronzehelm, Bronzepanzer schützten Brust und Rücken, Bronzeschienen die Beine. Auf seiner Schulter hatte er einen schweren Wurfspieß mit eiserner Spitze. Der Name des Riesen war Goliath, und sein bloßer Anblick versetzte die Israeliten in Furcht und Schrecken.

Er stand und starrte drohend auf ihre Reihen. Dann brüllte er ihnen zu: „Was habt ihr euch dabei gedacht, daß ihr euch in Reihen aufstellt, mit uns zu kämpfen? Ihr seid Sauls Sklaven, ich aber bin ein Philister. Wer von euch wagt es, mit mir zu kämpfen?

Die Israeliten blieben stumm und rührten sich nicht; sie waren vor Furcht wie gelähmt. Wer konnte es mit solchem Mann aufnehmen? Es gab keine Hoffnung, ihn zu schlagen.

Vierzig Tage vergingen. Jeden Morgen und Abend brüllte Goliath ihnen seine Herausforderung entgegen und verhöhnte die Israeliten. Saul und sein Heer waren völlig entmutigt.

Isai war schon zu alt, um sich am Krieg zu beteiligen, doch seine drei ältesten Söhne – Eliab, Abinadab und Schamma – waren beim Heer. David hütete immer noch die Schafe seines Vaters.

Isai sagte zu David: „Geh und bringe deinen Brüdern diese Brote und gerösteten Körner, damit sie zu essen haben, und sieh nach, wie es ihnen geht. Den Käse gib dem Hauptmann."

David machte sich reisefertig. Die Aufsicht über die Schafe überließ er einem Hüteknecht. Er lud sich die Verpflegung für die Brüder auf und zog los. Als er den Kriegsschauplatz erreichte, waren beide Heere eben dabei, sich für einen Angriff vorzubereiten. David gab sein Gepäck beim Troß in Verwahrung, lief zu den Kriegern und suchte seine Brüder. Während er mit ihnen redete, trat Goliath heraus und begann mit seiner täglichen Schmähung. Seine Rüstung klirrte, und mit gewaltiger Stimme brüllte er seine Beleidigungen. Die Israeliten zitterten.

David fragte einen Krieger, der neben ihm stand, was eigentlich los sei. Dieser antwortete: „Demjenigen, der diesen Riesen tötet, hat König Saul eine große Belohnung versprochen. Er will ihm auch seine Tochter zur Frau geben, und sein Haus soll steuerfrei sein."

„Wie kann dieser ekelhafte Philister es wagen, das Heer des wahren Gottes zu beleidigen?" sagte David zornig.

Saul erfuhr, was David gesagt hatte, und ließ ihn zu sich rufen. Und David sagte: „Ich will hingehen und mit diesem Riesen kämpfen. Niemand soll sich mehr vor ihm fürchten."

„Nein", sagte König Saul, „du bist noch viel zu jung und unerfahren; er aber ist ein Kriegsmann von Jugend auf."

David aber antwortete Saul: „Während ich die Schafe meines Vaters hütete, kam manchmal ein Löwe oder ein Bär und wollte ein Lamm rauben. Ich tötete den Löwen oder den Bären und entriß ihnen das Lamm. Gott hat mich vor Löwen und Bären gerettet,

David und Goliath

er wird mich auch vor diesem Philister retten, der Gottes Heer verhöhnt."

Saul war beeindruckt und sagte: „So geh und versuche es, Gott sei mit dir. Du kannst meinen Helm und meinen Panzer tragen."

David legte die Rüstung des Königs an und gürtete Sauls Schwert. Aber er konnte damit nicht laufen, denn er war es nicht gewohnt, einen schweren Panzer zu tragen. So legte er alles wieder ab und ging Goliath entgegen, in der Hand nur seinen Stab und seine Schleuder. Im Tal holte er sich aus dem Bach fünf glatte Steine und steckte sie in seine Hirtentasche.

Als Goliath sah, wer ihm da entgegenkam, lachte er verächtlich. „Was willst du mit dem Stock?" schrie er. „Hältst du mich für einen Hund?"

David erwiderte: „Du kommst mit Schwert und Spieß und Schild, ich aber komme im Namen des lebendigen Gottes, den du beleidigt hast. Ich werde

David und Goliath

dich schlagen, und die ganze Welt wird wissen, daß Israels Gott der wahre Gott ist."

Goliath trabte los und näherte sich David. Der nahm einen Stein aus seiner Tasche, legte ihn in die Schleuder und zielte. Der Stein traf Goliath an der Stirn, und er stürzte zu Boden. Rasch lief David zu ihm, nahm Goliaths Schwert und hieb ihm damit den Kopf ab.

Die entsetzten Philister sahen, daß ihr stärkster Mann tot war, und begannen zu fliehen. Mit lautem Kampfgeschrei jagten die Israeliten hinter ihnen her, und sie errangen einen großen Sieg.

David und Jonathan

Nach dem großen Sieg über die Philister nahm König Saul David zu sich. David lernte Sauls Sohn Jonathan kennen, und die beiden jungen Männer fanden großen Gefallen aneinander. Sie hatten sich sehr gern und schworen sich ewige Freundschaft. Saul behandelte David anfangs fast wie einen eigenen Sohn, und David erwies sich als so geschickt und nützlich in allen Dingen, daß der König ihm das ganze Heer unterstellte. Darüber freute sich ganz Juda.

Als aber der Sieg über die Philister gefeiert wurde und Frauen aus allen Ständen vor dem König tanzten und sangen, hörte Saul sie rufen: „Saul hat tausend Philister erschlagen, David aber zehntausend." Das verdroß König Saul, und er wurde eifersüchtig auf David. Er begann sogar um sein Königtum zu fürchten, weil David beim Volk so beliebt war.

Nach einiger Zeit heiratete David Sauls jüngere Tochter Michal, die ihn sehr liebgewann. Aber Saul blieb verstimmt und ließ seine schlechte Laune an David aus.

Jonathan erfuhr eines Tages, daß Saul tatsächlich vorhatte, David zu töten. Er warnte David und riet ihm, sich zu verstecken. „Ich rede mit meinem Vater", sagte er, „und wenn ich etwas Wichtiges erfahre, komme ich und erzähle es dir." Und er sprach mit Saul und erinnerte ihn an alle großen Taten Davids. Saul hörte auf seinen Sohn und sah ein, daß er Übles geplant hatte. David kam aus seinem Versteck und diente dem König wie bisher.

Es dauerte jedoch nicht lange, da wurde Saul wieder von Eifersucht geplagt. Als David eines Tages, wie üblich, die Harfe für ihn spielte, warf er einen Spieß nach ihm. Der Spieß aber wich vor David aus und fuhr in die Wand. Da fürchtete sich Saul um so mehr. In der Nacht schickte er einige Männer in Davids Haus; sie sollten ihn töten. Davids Frau Michal hörte sie rechtzeitig und ließ David aus dem Fenster hinab – er entkam. Dann legte sie ein hölzernes Götzenbild in sein Bett. So täuschte sie die abgesandten Mörder.

Die wiederholten Versuche, ihn umzubringen, ängstigten David. Er traf sich mit Jonathan und sagte: „Was habe ich getan? Warum trachtet mir dein Vater nach dem Leben? Welches Verbrechen habe ich begangen? Jonathan versprach, sein Möglichstes zu tun, um David zu helfen. Er meinte, wenn wieder etwas gegen David geplant werde, würde er es wohl von seinem Vater erfahren. Aber David wandte ein, Saul wisse von ihrer Freundschaft und werde Jonathan nichts erzählen.

Am nächsten Tag war das Fest des Neumonds. Saul ließ David sagen, er erwarte ihn zum Essen an der Königstafel. David ging jedoch nicht hin, sondern versteckte sich in den Feldern. Zu Jonathan sagte er: „Wenn dein Vater merkt, daß ich nicht da bin, sag ihm, ich sei nach Bethlehem gegangen, um dort mit meiner ganzen Familie zu opfern. Wenn er dann sagt, ‚Es ist gut', bin ich in Sicherheit. Wenn er sich aber darüber ärgert, weiß ich, daß er Übles plant." Sie verabredeten, daß Jonathan ihm Bescheid geben werde.

Saul suchte mit den Augen vergebens nach David und fragte Jonathan nach ihm. Als dieser sagte, David sei nach Bethlehem gegangen, bekam Saul einen Wutanfall und befahl Jonathan: „Geh und hole ihn her! Er soll sterben."

„Aber warum?" fragte Jonathan. „Was hat er verbrochen?"

Anstatt einer Antwort warf Saul zornig seinen Spieß nach Jonathan, ohne ihn zu treffen. Erregt und

David und Jonathan

beschämt über das häßliche Verhalten seines Vaters, verließ Jonathan den Saal. Sogleich suchte er David auf und riet ihm zur Flucht.

David nahm schweren Herzens Abschied von seinem Freund und wanderte durch Dörfer und Städte. Viele Männer, die mit Saul unzufrieden waren, sammelten sich um ihn, und auch viele Priester standen zu ihm. Als Saul davon erfuhr, ließ er fünfundachtzig der Priester erschlagen. Krieg brach aus zwischen Saul mit seinen Soldaten und David mit seinem Gefolge. Zweimal hatte David die Gelegenheit, Saul zu töten, doch er verschonte ihn. Er dachte daran, daß Saul von Samuel zum König geweiht worden war.

Saul fiel in einem Krieg gegen die Philister. In dieser Schlacht wurden auch seine drei Söhne getötet – einer davon war Jonathan.

Danach wurde David König von Juda und später König des vereinigten Reiches Israel und Juda. Er regierte vierzig Jahre lang.

In seinen späteren Jahren ließ David erkunden, ob noch Mitglieder von Sauls Familie am Leben waren. Ein früherer Knecht Sauls, der Ziba hieß, erzählte ihm, daß es noch einen Sohn Jonathans gebe, Mephiboscheth, der einen verkrüppelten Fuß habe. Er war noch klein, als sein Vater im Krieg getötet wurde, und als seine Amme das hörte, war sie mit Mephiboscheth auf den Armen geflohen. In ihrer Hast hatte sie das Kind fallen lassen. Dabei wurde sein Fuß verletzt, und seitdem hinkte er.

David dachte an seinen lieben Freund Jonathan und war froh, daß er nun dessen Sohn helfen konnte. Er ließ ihn holen. Mephiboscheth kam nicht ohne Bangen in den Königspalast. Tief verneigte er sich vor David. „Ich bin dein Knecht, Herr", sagte er.

„Hab keine Angst", sagte David. „Dein Vater war einst mein liebster Freund. Um seinetwillen tue ich alles für dich. Du sollst den ganzen Besitz deines Großvaters Saul zurückhaben und sollst täglich an meinem Tisch essen."

Mephiboscheth konnte nur stammeln: „Aber ich bin zu nichts zu gebrauchen, Herr."

David fiel ein, daß Mephiboscheth verkrüppelt war und kaum arbeiten konnte. Darum sagte er zu Ziba: „Du und deine fünfzehn Söhne, ihr sollt Mephiboscheths Acker bearbeiten und die Ernte für ihn einbringen. So dienst du dem Nachkommen deines Herrn."

Und Ziba antwortete: „Ich werde alles tun, was mein König mir befiehlt."

David war ein kluger Herrscher und ein tapferer Heerführer. Aber er war auch nur ein Mensch und tat auch manches Schlechte. Für immer mit seinem Namen verbunden aber bleibt: Jesus stammte aus dem Hause David.

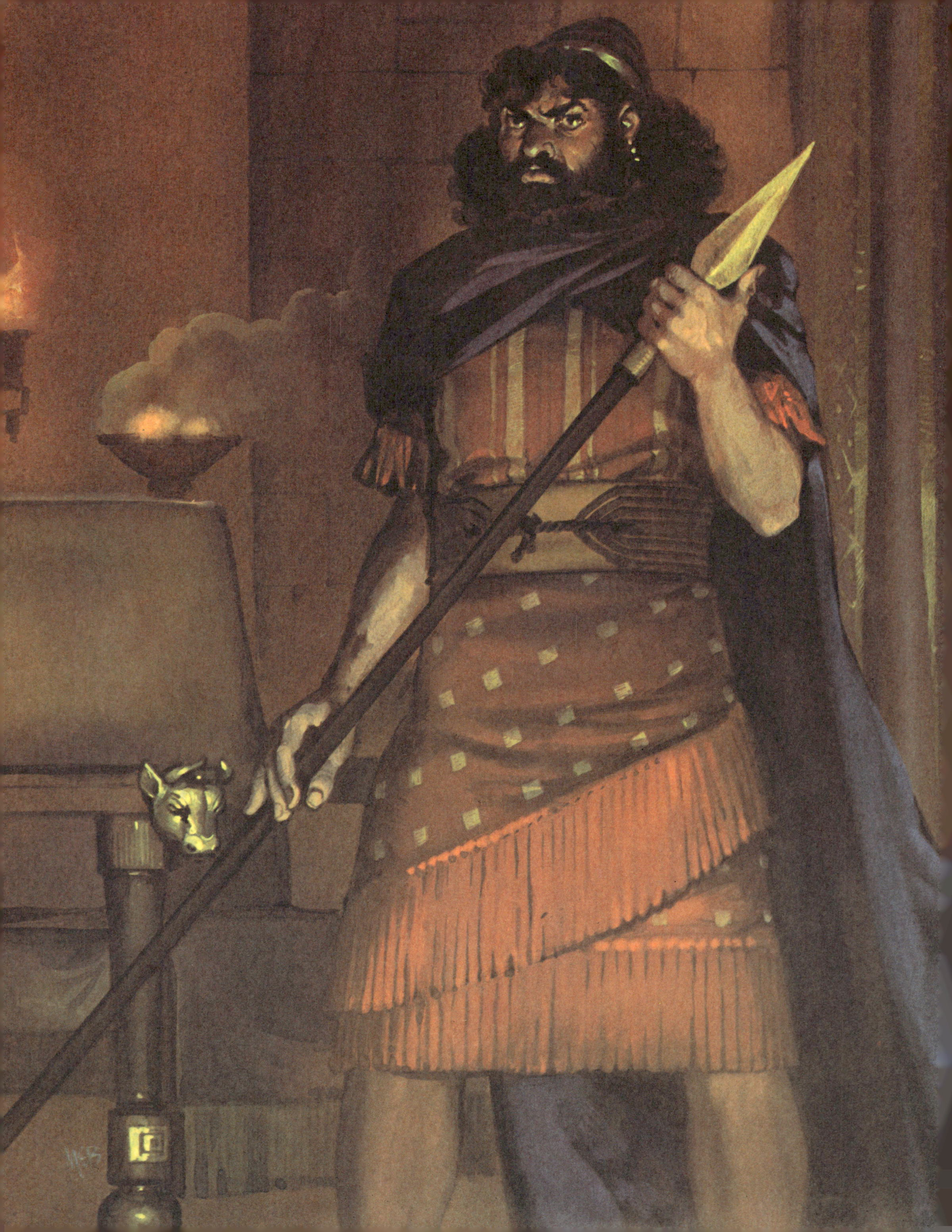

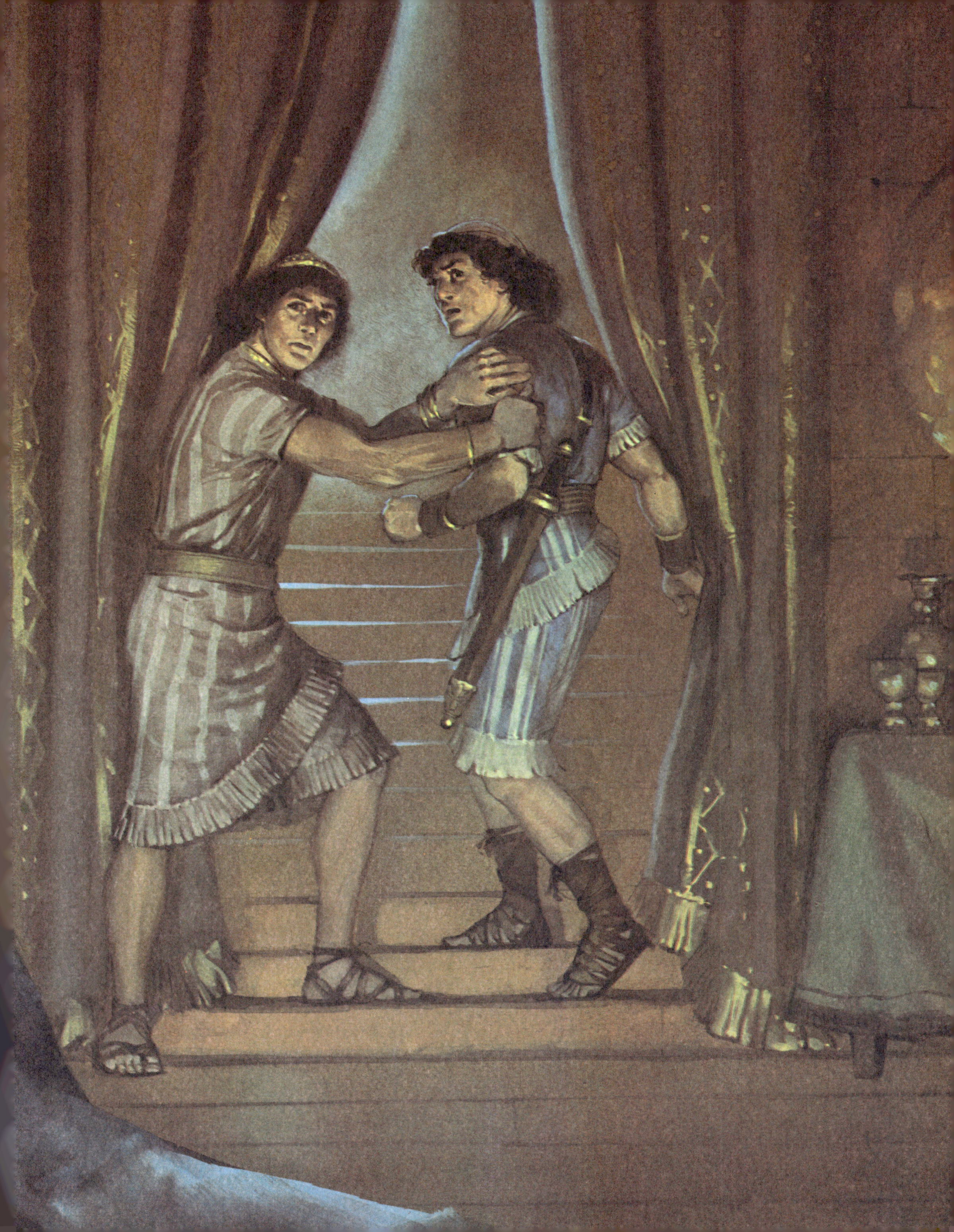

Die Weisheit Salomos

König David war nun sehr alt geworden, und das Volk fragte sich, wer wohl nach ihm König werden sollte. Sein Sohn Absalom war tot. Der Nächstgeborene war Adonia, und manche hielten ihn für den Nachfolger, zumal er alles versuchte, den Thron zu gewinnen, und sich schon als König ausrufen ließ.

Zwei führende Männer des Königreichs waren aber nicht für Adonia. Es waren der Priester Zadok und der Prophet Nathan.

Nathan sprach mit Davids Frau Bathseba und erfuhr, daß David ihr geschworen hatte, ihren Sohn Salomo zu seinem Nachfolger zu machen. Sie gingen beide zu David und erinnerten ihn daran und berichteten ihm von dem Treiben Adonias. Da gab David den Befehl, Salomo auf das Maultier des Königs zu setzen und mit ihm nach Gihon vor Jerusalem zu reiten; dort sollten ihn Zadok und Nathan zum König salben.

Und es geschah nach seinem Willen. Als sie mit dem Gesalbten nach Jerusalem zurückkehrten, bliesen die Posaunen, und das Volk schrie: „Es lebe König Salomo!"

Adonia und sein Gefolge zitterten, als sie das hörten. Salomo aber ließ Adonia sagen, wenn er nichts Unredliches im Schilde führe, werde ihm kein Haar gekrümmt.

Der Tag kam, an dem David sterben sollte. Er rief Salomo an sein Lager und gab ihm viele Ratschläge. Er sagte: „Sei stark und gehorche Gottes Geboten, dann wird dir alles gelingen, was du tun willst."

Und Salomo befolgte die Ratschläge seines Vaters David.

Eines Tages war Salomo in Gibeon, wo zu der Zeit die Bundeslade stand, und brachte Gott vor dem Altar große Brandopfer dar. In dieser Nacht hatte er einen Traum. Gott erschien ihm und fragte: „Was willst du, das ich dir geben soll?"

Nun war Salomo noch ein recht junger Mann und erst so kurze Zeit König. Nach einem Mann wie David war es nicht leicht, König zu sein, und er wußte, daß er noch vieles lernen mußte. Darum antwortete Salomo: „Herr, ich weiß noch so vieles nicht, und dein erwähltes Volk hat so viele Menschen, daß niemand sie zählen kann. So schenke mir Weisheit, damit ich gut regieren und verstehen kann, was gut und was böse ist, so daß ich deinem Volk ein gerechter Richter sein kann."

Es gefiel Gott, daß Salomo nicht um ein langes Leben, um Reichtum oder um den Tod seiner Feinde gebetet hatte, sondern um Verstand zum rechten Urteil. Er sagte zu ihm: „Ich gebe dir ein weises und verständiges Herz, mehr als je ein Mensch besessen hat, und dazu auch, um was du nicht gebeten hast: Reichtum und Ehre, so daß sich zu deinen Lebzeiten kein anderer König mit dir vergleichen kann. Und wenn du meine Gebote befolgst, schenke ich dir auch ein langes Leben."

Nicht lange danach wurde Salomos Weisheit auf die Probe gestellt. Zwei Frauen kamen vor seinen Richterstuhl, damit er ihren Streit schlichte. Eine der Frauen trug ein kleines Kind auf dem Arm. Die andere begann: „Herr, ich und diese Frau wohnen im gleichen Haus. Eines Tages gebar ich einen Sohn, und drei Tage später brachte auch sie einen Sohn zur Welt. Niemand außer uns war im Hause. In der Nacht starb der Sohn dieser Frau; sie hatte ihn im Schlaf erdrückt. Während ich schlief, stand sie auf und legte ihr totes Kind in mein Bett, sie aber nahm meinen Sohn an sich. Als ich morgens erwachte, sah ich das tote Kind und dachte erst, es sei meines. Dann aber betrachtete ich es genau und erkannte, es war nicht das Kind, das ich geboren hatte."

„Nein, nein", rief die andere Frau, „mein Sohn lebt, dein Sohn ist tot."

„Nein", sagte die erste, „das tote Kind ist dein Sohn, das lebende meiner!"

So stritten sie aufgeregt vor dem König. Die Behauptung der einen Frau stand gegen die der anderen. Wie sollte der König die Wahrheit finden?

Salomo sagte: „Jede von euch erklärt, daß der lebende Junge ihr gehört und das tote Kind der anderen. Man soll mir ein Schwert bringen." Das Schwert wurde gebracht, und der König sagte: „Teilt das lebende Kind in zwei Teile und gebt jeder Frau eine Hälfte."

„Nein, nein", schrie die erste Frau, die ihr Kind viel zu sehr liebte, als daß sie solches mitansehen konnte. „Laßt ihr das lebende Kind, aber bitte, tötet es nicht!"

Die andere Frau aber war ganz einverstanden mit dem Spruch des Königs. „Das ist recht", sagte sie. „So ist es weder mein noch dein."

Da wußte Salomo, wer die richtige Mutter war – diejenige, die lieber auf ihr Kind verzichtete, als es tot zu sehen.

„Gebt das lebende Kind der ersten Frau und tötet es nicht", sagte er. „Sie ist seine Mutter."

Die Geschichte von diesem Richterspruch verbreitete sich im ganzen Land, und die Menschen erkannten, wie weise Salomo diesen schwierigen Fall entschieden hatte. Sie blickten voller Ehrfurcht auf ihren König, dem Gott so viel Weisheit verliehen hatte.

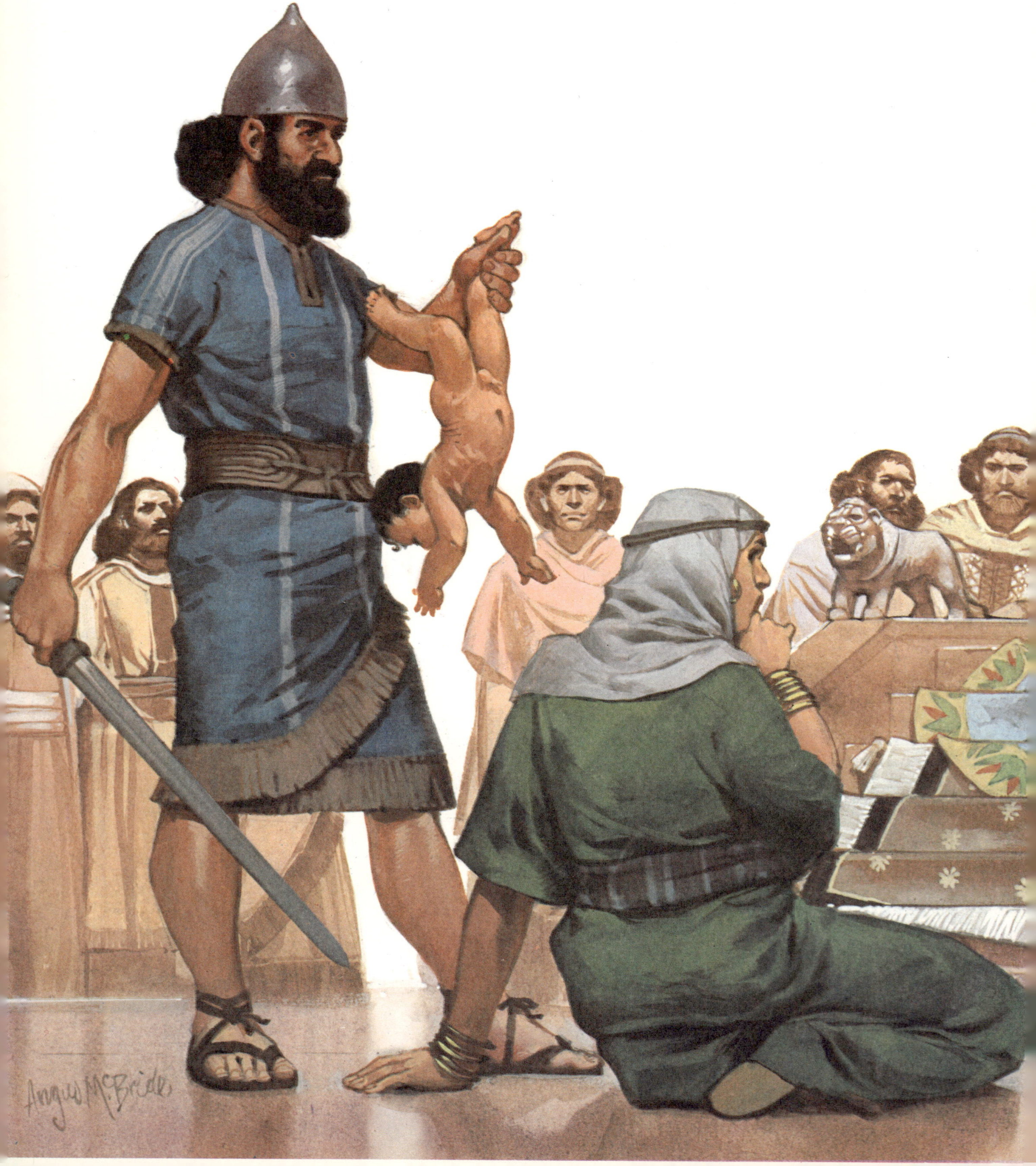
Angus McBride

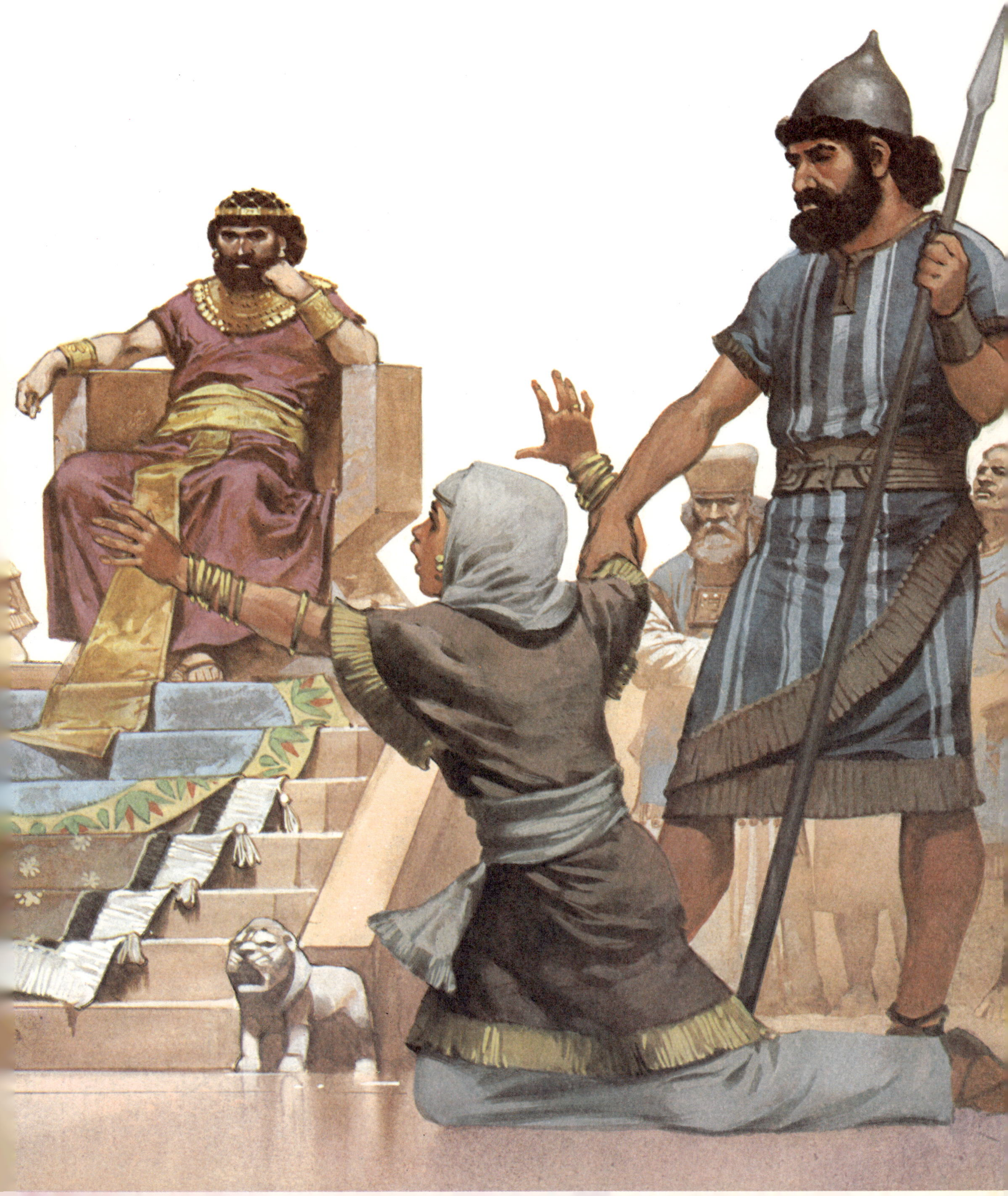

Der Tempelbau

Fast fünfhundert Jahre waren seit dem Auszug der Israeliten aus Ägypten vergangen, und immer noch hatten sie keinen festen Platz für ihren Gottesdienst. Ihre „Zeltkirche" hatten sie immer dort errichtet, wo sie sich längere Zeit aufhielten, und sie zusammengelegt und mitgetragen, wenn sie weiterzogen.

König David hatte schon lange gewünscht, ein festes Gotteshaus zu bauen. Durch die ständigen Kriege gegen feindliche Volksstämme war er nicht dazu gekommen. Außerdem hatte Gott ihm gesagt, der Bau eines Tempels sei eine Aufgabe, die sein Sohn vollbringen werde.

Jetzt unter König Salomo war das große Reich befriedet. Vom Euphrat bis zur ägyptischen Grenze konnten die Israeliten in Sicherheit unter ihren Weinstöcken und Feigenbäumen sitzen. Salomo war nicht auf kriegerische Eroberungen aus. Er sicherte die Grenzen durch Festungen, und er ließ neue Städte und Straßen bauen. In großen Speichern lagerten Vorräte für Jahre der Mißernte. An den Küsten des Roten Meeres wurden Schiffe gebaut, und der Handel blühte. Unter Salomo herrschte Wohlstand im Land.

Salomo fand es an der Zeit, mit dem Tempelbau zu beginnen. Als geeignetste Stelle wählte er eine große Fläche am Berg Morija, von der aus man die Stadt Jerusalem, den Ölberg, das Kidrontal und die Türme der Davidsburg überblicken konnte.

Es sollte ein Prachtbau werden, aus dem besten Material, das zu finden war. Was das eigene Land nicht liefern konnte, wollte er sich aus dem Ausland kommen lassen, und er wußte auch schon, woher. Als erstes schickte Salomo Botschaft an Hiram, den König von Tyrus, der ein alter Freund König Davids war. In diesem phönizischen Teil des Libanongebirges wuchsen große Zedernwälder. Salomo bat Hiram, ihm Zedern- und Zypressenholz zu liefern, und versprach ihm dafür einige Städte sowie Weizen und Olivenöl. König Hiram ging freudig auf den Handel ein.

Salomo ließ dreißigtausend Fronarbeiter aus besiegten Volksstämmen aufbieten und in drei Gruppen einteilen. Immer zehntausend Mann arbeiteten abwechselnd einen Monat lang auf dem Libanon und zwei Monate daheim. Im Libanon wurden Bäume geschlagen, zu Flößen zusammengebunden, über das Mittelländische Meer nach Israel gebracht und zum Tempelbau verwendet. Phönizische Handwerker, für ihre Tüchtigkeit berühmt, halfen dabei.

Achtzigtausend Steinhauer schlugen Quadern aus den Felsen des Gebirges Juda; siebzigtausend Lastträger brachten die behauenen Steine zum Bauplatz. Zusammen waren hundertachtzigtausend Männer mit dem Tempelbau beschäftigt. Alle Steine, Balken und

Der Tempelbau

Bretter wurden so gut bearbeitet herangetragen, daß am Tempel selbst weder Hammer- noch Beilschläge ertönten – die Stille des heiligen Ortes sollte nicht gestört werden.

Der eigentliche Tempel war sechzig Ellen lang, zwanzig Ellen breit und dreißig Ellen hoch. Ebenso wie die „Zeltkirche" bestand er aus zwei Haupträumen, dem „Heiligen" und dem „Allerheiligsten". Wände und Decken der beiden Räume waren mit Zedernholz getäfelt, der Fußboden mit Zypressenholz gedeckt, so daß kein Stein zu sehen war. Die Wände waren mit vergoldetem Schnitzwerk geschmückt; es stellte Engel, Pflanzen und Blumen dar.

Das Allerheiligste enthielt die Bundeslade, in der sich die beiden Steintafeln mit den zehn Geboten befanden. Der Deckel der Bundeslade galt als der Thron Gottes. Rechts und links davon stand je ein zehn Ellen hoher vergoldeter Cherub von gleicher Gestalt. Sie breiteten ihre Flügel aus, von denen jeder von einem Ende bis zum anderen fünf Ellen lang war. Über der Bundeslade aber berührten sich ihre Flügel. Nur der Hohepriester durfte das Allerheiligste betreten.

Im Heiligen standen ein goldener Räucheraltar, ein goldener Tisch für die Schaubrote und zehn goldene siebenarmige Leuchter.

Zwei große Vorhöfe umgaben das Gotteshaus, ein innerer für die Priester und ein äußerer für das Volk. Im Vorhof der Priester standen ein großer kupferner Brandopferaltar und ein großes rundes Kupferbecken, das siebzigtausend Liter Wasser fassen konnte. Es ruhte auf zwölf aus Kupfer geformten Rindern.

Salomo hatte alle Kupfer- und Bronzearbeiten von einem Künstler machen lassen, der auch Hiram hieß. Unter vielen anderen Herrlichkeiten schuf er auch zwei verzierte Bronzesäulen für den Eingang des Tempels. Goldschmiede fertigten viele wunderbare Geräte für die heiligen Handlungen, und alles aus feinstem Gold.

Sieben Jahre lang wurde am Bau und an der Einrichtung des Tempels gearbeitet. Alles geschah nach den Anweisungen, die König David seinem Sohn Salomo gegeben hatte, und Salomo beaufsichtigte Tag für Tag selbst den Fortgang der Arbeiten. Die besten Künstler, Architekten und Handwerker aus dem In- und Ausland arbeiteten für ihn. Und es entstand ein wahres Wunderwerk. Von weither kamen Könige und Fürsten und bewunderten den goldenen Tempel auf dem Berg Morija.

Endlich war der Tempel vollendet und sollte feierlich eingeweiht werden. König Salomo lud alle Ältesten und Stammesführer aus dem ganzen Reich ein, nach Jerusalem zu kommen. Am Tage der Einweihung wurde die Bundeslade in feierlichem Zug von der Stiftshütte auf dem Zionsberg in den Tempel gebracht. Salomo schritt voran, hinter ihm die Ältesten Israels; dann folgten die Priester und die Leviten mit der Bundeslade, und eine zahllose Menge schloß sich an. Hundertzwanzig Priester bliesen die Posaunen. Im Vorhof des Tempels blieb der Zug stehen, und Priester brachten die Bundeslade ins Allerheiligste.

Und während die Leviten auf Harfen, Zithern und Zimbeln musizierten, geschah etwas Wunderbares: Eine dichte Wolke erfüllte plötzlich den ganzen Tempel. Das war ein Zeichen, daß Gott selbst durch seine Anwesenheit die heilige Stätte geweiht hatte.

Salomo trat vor das Volk und sagte: „Gott hat die Sonne an den Himmel gesetzt, doch er wohnt in den Wolken." Er trat vor den Altar und betete. Dann brachte man Gott viele Opfer dar.

Sieben Tage feierte das Volk die Tempelweihe. Fröhlich und gestärkt kehrten dann alle heim und dankten Gott und Salomo für all das Gute, das ihnen erwiesen worden war.

In der Nähe des Tempels ließ sich Salomo dann einen prächtigen Königspalast bauen, noch viel größer als der Tempel. Dreizehn Jahre wurde daran gearbeitet. Im größten Saal stand der Königsthron aus Elfenbein, mit Gold überzogen. Zu beiden Seiten der sechs Stufen, die zu ihm hinaufführten, standen goldene Löwen. In diesem Saal brachte das Volk seine Angelegenheiten vor den König, und jedem stand der Weg zu Salomos Thron offen.

Der Ruhm Salomos und seiner herrlichen Bauten verbreitete sich im ganzen Orient. Auch die Königin von Saba in Südarabien, eine kluge und berühmte Frau, hörte davon und beschloß, Salomo in Jerusalem zu besuchen, um sich selbst zu überzeugen, ob man nicht übertrieben hatte. In fürstlicher Pracht und mit großem Gefolge unternahm sie die weite Reise.

Salomo empfing sie feierlich. Die Königin, selbst sehr reich, bestaunte die Pracht Salomos und den künstlerischen Geschmack, mit dem alles ausgestattet war. Noch mehr als die Bauten aber interessierte sie, ob Salomo wirklich so klug war, wie man von ihm behauptete. So gab sie ihm viele schwierige Fragen und Rätsel auf. Er löste sie alle und überraschte sie mit geistreichen Worten. Bewundernd sagte sie: „Ich sehe, daß du noch mehr Weisheit besitzt, als man mir gesagt hat. Lob sei deinem Gott, der dich zum König über Israel gesetzt hat."

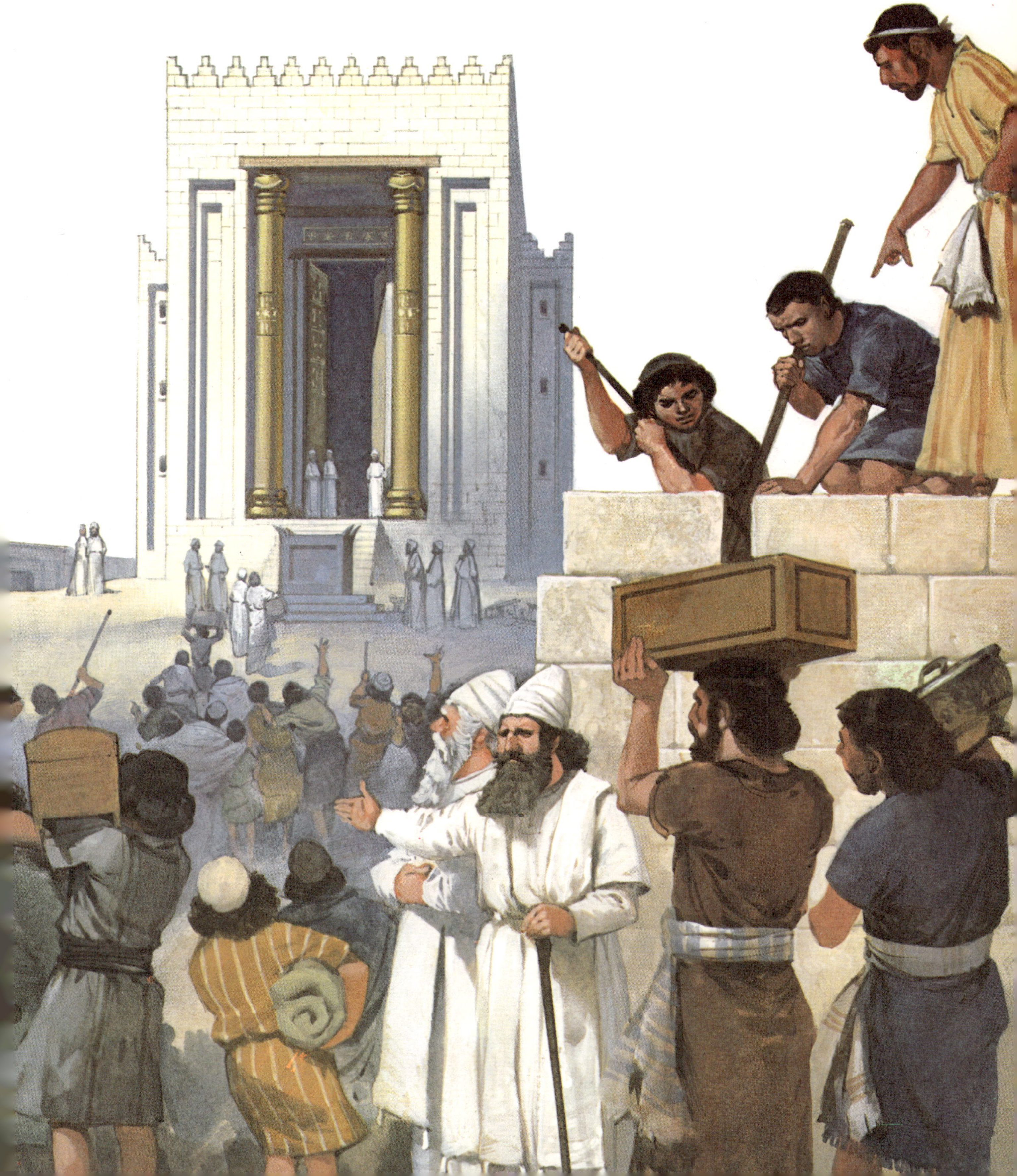

Der Prophet Elia

Nach Salomos Tod wurde das Land wieder geteilt: Im Süden bildeten die Stämme Juda und Benjamin das Königreich Juda, die nördlichen zehn Stämme bildeten das Königreich Israel. Keiner der nachfolgenden Könige Israels lebte nach Gottes Geboten. Zu den Übelsten gehörte Ahab, und seine Frau Isebel war noch schlechter als er. Sie beteten beide Baal an, der als Wettergott galt, und errichteten den Götzen Altäre und ließen Bildnisse von ihnen machen.

Wieder einmal erwählte Gott einen Mann, der versuchte, das Volk Israel auf den rechten Weg zu bringen. Es war der Prophet Elia, der seine Stimme furchtlos gegen die Götzendienerei erhob. Er ging auch zu Ahab selbst und sagte ihm, es werde jahrelang weder Tau noch Regen geben, bis der wahre Gott versöhnt sei.

Regenlose Jahre waren ein großes Unglück, besonders in einem Land mit heißem, trockenem Klima. Gott hatte jedoch beschlossen, Ahab und allen Götzendienern zu zeigen, daß nur er über Sonne und Regen Macht hatte – und nicht Baal.

Auf Gottes Geheiß wandte Elia sich ostwärts in Richtung zum Jordan und verbarg sich am Bache Krith. Gott hatte ihm gesagt, jeden Tag würden ihm Raben Brot und Fleisch bringen, und Wasser könne er aus dem Bach trinken. Elia hielt sich lange Zeit dort auf. Weil es aber nicht mehr regnete, trocknete der Bach aus.

Gott hatte Elia nicht vergessen. Er sagte ihm, er solle sich nach Zarpath bei Sidon begeben, wo eine Witwe ihn versorgen werde. Als Elia nach langer Reise an das Stadttor kam, sah er eine Frau, die Holz sammelte. Er wußte sofort: Das war die Frau, zu der Gott ihn geschickt hatte. Er bat sie: „Bringe mir etwas Wasser und ein wenig Brot, denn ich bin durstig und hungrig."

„Gott weiß es, ich habe nichts Gebackenes", erwiderte sie. „Alles, was ich habe, ist eine Handvoll Mehl im Topf und ein wenig Öl im Krug. Das Holz habe ich gesammelt, um für mich und meinen Sohn ein letztes Mahl zu bereiten, dann haben wir gar nichts mehr und müssen wohl Hungers sterben."

„Hab keine Angst", sagte Elia. „Geh und bereite das Mahl und bringe mir ein wenig davon. Der Gott Israels hat gesagt, das Mehl in deinem Topf und das Öl im Krug sollen nicht weniger werden, bis er es wieder regnen lassen wird."

Sie ging und tat, was Elia gesagt hatte. Und danach hatte sie lange Zeit genug zu essen. Immer wenn es aussah, als wären das Mehl und das Öl aufgebraucht, füllten sich Topf und Ölkrug wieder. Die Witwe räumte Elia oben in ihrem Haus ein Zimmer ein und versorgte ihn.

Eines Tages wurde der Sohn der Witwe sehr krank und starb. Die Frau war ganz außer sich und dachte, Elias Anwesenheit in ihrem Haus könne daran schuld sein. Sie machte Elia bittere Vorwürfe und wollte nichts mehr mit ihm zu tun haben.

„Gib mir den Jungen", sagte der Prophet. Er nahm das tote Kind auf den Arm, stieg mit ihm die Treppe hinauf und legte es auf sein Bett. Dann betete er zu Gott, er möge den Jungen wieder lebendig werden lassen, war doch die Mutter so gut zu Elia gewesen. Dreimal streckte Elia die Arme über den Jungen aus und rief Gott an. Da begann das Kind wieder zu atmen. Elia brachte ihn hinunter zu seiner Mutter und sagte: „Nun sieh hier, dein Kind lebt."

„Jetzt weiß ich, daß du ein Mann Gottes bist", rief die Frau voller Freude, „und daß Gott wirklich durch deinen Mund spricht."

Drei Jahre lang fiel im ganzen Land kein Regen. Dürre und Hungersnot lasteten schwer auf den Menschen. Da sagte Gott zu Elia: „Geh zu Ahab, ich will es regnen lassen."

Ahab hatte seinen Hofmeister Obadja rufen lassen und beriet mit ihm, was zu tun sei. Obadja war ein treuer Diener Gottes; als die grausame Königin Isebel die Propheten Gottes ausrotten wollte, hatte er einhundert von ihnen heimlich in Höhlen versteckt und sie mit Brot und Wasser versorgt, so daß sie überlebten. Es fiel ihm gewiß nicht leicht, einem König wie Ahab zu dienen.

Ahab befahl Obadja: „Mach dich auf und suche im ganzen Land nach Quellen und Wasserläufen und sieh zu, ob du irgendwo ein wenig Gras findest, damit nicht alles Vieh umkommt."

Obadja machte sich auf den Weg. Unterwegs begegnete ihm Elia. Der Prophet sagte zu ihm: „Geh zu deinem Herrn und sag ihm, daß ich hier bin."

Obadja fürchtete sich und sagte: „Der König hat dich überall suchen lassen. Wenn ich ihm nun sage, daß du hier bist, wird er befehlen, daß ich dich hole. Und wenn ich komme und du bist nicht mehr da, wird Ahab mich töten."

„Geh nur", erwiderte Elia. „So wahr Gott lebt, ich werde heute noch mit Ahab sprechen."

Da ging Obadja zurück zum Königspalast und berichtete es Ahab. Ahab ging Elia entgegen. Und als er Elia sah, rief er: „Da bist du ja, der Israel ins Unglück gestürzt hat."

„Nicht ich habe Israel ins Unglück gestürzt", antwortete Elia, „sondern du und deine Leute, weil ihr Gottes Gebote nicht befolgt habt und Götzen verehrt."

Ahab gab es weder zu noch stritt er es ab. Elia fuhr fort: „Befiehl allen Israeliten, auf den Berg Karmel zu kommen, wo ich sie erwarte. Bringe auch die Baalpriester und die Priester der Astarte mit."

Ahab dachte, vielleicht sei es doch möglich, daß Elias Gott es regnen lassen werde. Und Regen war jetzt das Wichtigste. Also tat er, was Elia gesagt hatte.

Die Menge versammelte sich am Berg Karmel. Elia blickte in die Runde, und mit donnernder Stimme rief er: „Wie lange wollt ihr noch auf zwei Schultern tragen? Ist Gott euer Herr, so folgt ihm, ist aber Baal euer Herr, so folgt diesem." Lautlose Stille herrschte. Das Volk wußte nicht, was es sagen sollte.

„Ich bin hier als einziger Prophet Gottes", fuhr Elia fort, „gegen 450 Propheten Baals. Bringt uns zwei junge Stiere, laßt sie einen wählen und gebt mir den anderen. Wir werden sie als Opfer auf das Holz legen, aber kein Feuer anzünden. Dann sollen sie ihren Baal und ich meinen Gott um Feuer bitten. Wir werden sehen, wer Feuer sendet und der wahre Gott ist."

Die Menge stimmte zu, und man brachte die beiden Opfertiere. Elia ließ die Baalspriester mit dem Opfer beginnen. Sie nahmen einen Stier, richteten ihn zu und legten ihn auf das Holz. Dann riefen sie Baal an. Vom Morgen bis zum Mittag riefen sie: „Baal, erhöre uns! Baal, sende uns Feuer!" Sie schrien und tanzten um den Altar, aber es kam weder Antwort noch Feuer.

„Ruft doch lauter", spottete Elia. „Vielleicht ist euer Gott verreist, oder er schläft und ihr müßt ihn wecken." Und die Priester Baals schrien noch lauter, tanzten wie besessen und ritzten sich mit Messern und Spießen, bis ihr Blut floß. Baal aber gab keine Antwort.

Als sie alle völlig erschöpft waren, sagte Elia zum Volk: „Nun kommt her zu mir." Die Israeliten umringten ihn und sahen zu, wie er den Altar Gottes, der zerstört war, wieder aufbaute. Dazu nahm er zwölf Steine, für jeden der zwölf Stämme Israels einen, und schichtete sie aufeinander. Dann zog er einen Graben ringsum. Er sammelte Holz für den Altar und legte den Stier auf das Holz. Dann forderte er die Leute auf, vier Eimer voll Wasser auf das Opfertier zu gießen. Das ließ er dreimal wiederholen, bis der ganze Graben mit Wasser gefüllt und das Holz völlig naß war.

Dann trat Elia an den Altar und betete: „Gott Israels, zeige, daß du der wahre Gott bist, damit dein Volk es erkennt und sein Herz wieder dir zuwendet."

Sogleich fiel Feuer vom Himmel, verbrannte den Stier, das Holz und die Steine und ließ selbst das Wasser im Graben verdunsten. Als die Menschen das sahen, fielen sie nieder, legten die Stirn auf die Erde und riefen: „Der Herr ist Gott, der Herr ist Gott."

Elia befahl dann: „Ergreift die Baalspriester! Sie haben euch in die Irre geführt." Man packte sie und führte sie auf Elias Geheiß hinab an den Bach Kison. Elia tötete sie alle, und kein Gott half ihnen. Da war das Volk erst recht überzeugt, daß Elias Gott der wahre Gott Israels war.

Der Prophet Elia

Elia wandte sich an Ahab und sagte: „Warte ein wenig. Ich höre es rauschen, als wollte es regnen." Er stieg mit einem Diener zum Karmel empor. Er bückte sich bis zur Erde. Dem Diener sagte er: „Schau zum Meer hin." „Ich sehe nichts", sagte der Mann. „Schau noch einmal", sagte Elia. Erst beim siebten Mal sagte der Diener: „Ich sehe eine kleine Wolke, nicht größer als eine Hand, die aus dem Meer aufsteigt." „Dann geh und sage Ahab, er solle in seinen Wagen steigen und heimfahren, bevor der Regen die Erde aufweicht."

Und ehe man sich versah, bedeckte sich der Himmel mit schwarzen Wolken, Wind kam auf, und mit großen, schweren Tropfen begann der Regen zu fallen. Elia raffte seine Kleider, lief los und überholte Ahab. Den ganzen Weg bis zum Königspalast in Jesreel lief er vor Ahabs Wagen her.

Ahab erzählte alles seiner Frau. Als sie hörte, daß Elia die Götzenpriester getötet hatte, raste sie vor Wut und beschloß, Elia zu töten. Elia floh in die Wüste. Hungrig und müde setzte er sich unter einen Wacholderbaum und schlief ein.

Da berührte ein Engel den Schlafenden und sagte: „Wach auf und iß!" Elia öffnete die Augen und fand neben sich einen Laib Brot und einen Krug Wasser. Er aß und trank und legte sich wieder schlafen. Nach einiger Zeit kam der Engel des Herrn zum zweiten Mal. „Iß und trink", sagte er. „Du hast noch einen weiten Weg vor dir." Elia aß und trank, und die Speise gab ihm Kraft für die nächsten vierzig Tage. Er wanderte zum Berg Gottes, zum Sinai, und verbrachte dort die Nacht in einer Höhle.

Plötzlich hörte er Gottes Stimme: „Was machst du hier, Elia?" Elia, der sich recht niedergedrückt fühlte, antwortete, er habe sein Bestes getan, dem Volk zu zeigen, wer der wahre Gott sei. Nun aber trachte man ihm nach dem Leben. „Ich bin dein einziger Prophet in Israel, Herr, und nun suchen sie nach mir und wollen mich töten."

„Tritt vor die Höhle, ich werde vorübergehen", sagte Gott. Elia gehorchte. Zuerst kam ein Sturm, der die Felsen zerbrach; aber Gott war nicht in dem Wind. Dann gab es ein Erdbeben; aber Gott war nicht im Erdbeben. Dann kam ein Feuer; aber Gott war nicht im Feuer. Dann hörte Elia ein leises, sanftes Sausen und wußte, darin war Gott. Und er bedeckte seine Augen. Nun sprach Gott mit Elia und enthüllte ihm seine Pläne für die Zukunft. Er befahl ihm, weiter durch die Wüste nach Damaskus zu wandern; dort werde er auch einem jungen Mann namens Elisa begegnen, der ein Prophet werden und Elias Nachfolger sein solle.

Nun fühlte sich Elia nicht mehr verlassen. Er wußte, daß Gott bei ihm war.

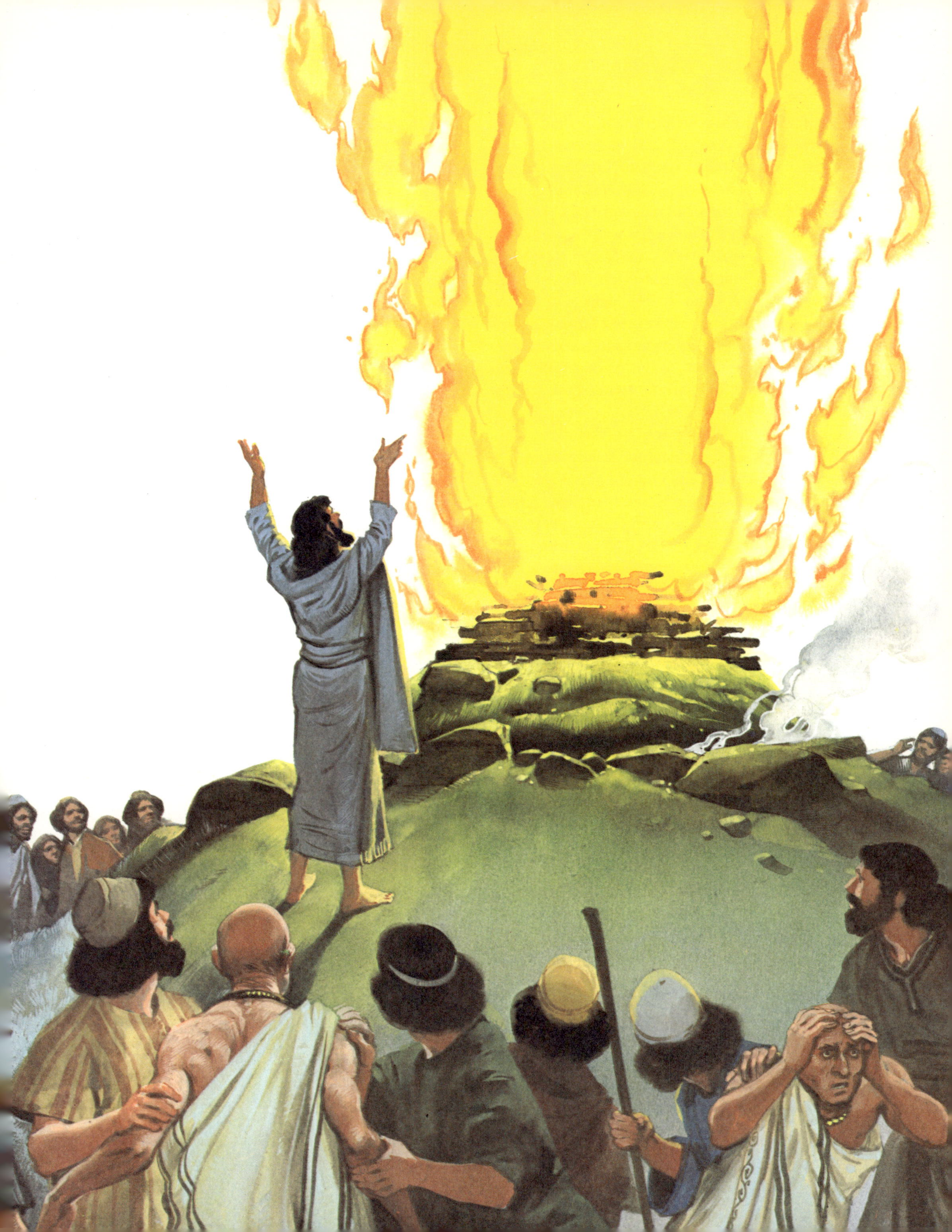

Ahab und Isebel aber hielten nicht ein mit ihren bösen Taten. Neben Ahabs Palast in Jesreel lag ein Weinberg, der einem Mann namens Naboth gehörte. Zu ihm ging Ahab und sagte: „Überlaß mir deinen Weinberg, er liegt so nahe bei meinem Haus. Ich will dir dafür einen besseren geben oder, wenn es dir lieber ist, bekommst du seinen Wert in Silber." Naboth erwiderte: „Den Weinberg habe ich von meinen Vorfahren geerbt. Ich kann ihn dir nicht geben." Es war Gesetz, daß der Landbesitz eines Mannes immer an die nächste Generation überging, und Naboth hätte gegen das Gesetz verstoßen, wenn er den Weinberg verkauft hätte. Seine Weigerung war also durchaus berechtigt.

Ahab, der es nicht vertrug, wenn etwas nicht nach seinem Kopf ging, kehrte schlechter Laune heim. Er legte sich ins Bett, drehte das Gesicht zur Wand und weigerte sich zu essen – ganz wie ein trotziges Kind. Seine Frau Isebel kam zu ihm und fragte: „Was ist? Warum willst du nicht essen?" „Weil Naboth mir nicht seinen Weinberg geben will", antwortete Ahab. „Bist du König oder nicht?" sagte Isebel ärgerlich. „Steh auf und iß, und hör auf zu schmollen. Ich werde dir den Weinberg verschaffen."

Sie schrieb Briefe, unterschrieb sie mit Ahabs Namen, setzte sein Siegel darunter und schickte sie an die Oberen der Stadt. In den Briefen stand, man solle einen Fastentag verordnen und zwei zuverlässige Männer beauftragen, die vor dem versammelten Volk schworen, Naboth habe Gott und den König gelästert. Dann solle man Naboth vor die Stadt führen und ihn steinigen.

Alles geschah, wie sie es geplant hatte. Die niederträchtigen Männer verleumdeten Naboth, und er wurde zu Tode gesteinigt. Sobald Isebel hörte, daß Naboth tot war, sagte sie zu Ahab: „Nun kannst du dir den Weinberg aneignen." Ahab ging sofort hin und nahm ihn in Besitz.

Gott aber beauftragte Elia: „Geh in Naboths Weinberg. Dort wirst du Ahab begegnen. Sage ihm, weil er gemordet und fremdes Erbe geraubt hat, soll er an der gleichen Stätte sterben wie Naboth, und seine ganze Familie soll ausgerottet werden."

Als Ahab den Propheten kommen sah, zitterte er und sagte: „Hast du mich gefunden, mein Feind?" Er wußte genau, daß er Unrecht getan hatte.

„Ja", erwiderte Elia. „Ich habe dich gefunden." Und er wiederholte ihm, was Gott gesagt hatte.

Ahab verging vor Angst. Er zerriß seine kostbaren Kleider und zog sich einen Sack über, streute Asche auf seinen Kopf und aß nichts mehr. Als Gott sah, daß Ahab wirklich bereute, was er getan hatte, schonte er sein Leben noch für einige Zeit.

Später führte Ahab dann Krieg mit Syrien. Er ging verkleidet in die Schlacht, doch das rettete ihn nicht. Der Pfeil eines feindlichen Bogenschützen, aufs Geratewohl abgeschossen, traf ihn und drang durch die Lücken seiner Rüstung. „Ich bin verwundet!" schrie Ahab seinem Wagenlenker zu. „Kehr um und bringe mich vom Schlachtfeld!" Weil die Syrer seinen Zustand nicht sehen sollten, blieb er im Wagen stehen und verlor viel Blut. Am Abend des Tages starb Ahab. Auch Isebel erlitt einen gewaltsamen Tod: Sie wurde aus einem Fenster ihres Palastes geworfen.

Elisa

Als Elia dem jungen Elisa, der sein Nachfolger werden sollte, zum erstenmal begegnete, war dieser dabei, mit zwölf Ochsen vor sich einen Acker zu pflügen. Elia legte seinen Mantel auf Elisas Schultern – als Zeichen, daß Elisa seine Aufgaben übernehmen solle. Elisa sagte seinen Eltern und Geschwistern Lebewohl und ging mit Elia fort.

Eines Tages gingen beide hinab zum Jordan. Elia wußte, seine Tage waren gezählt. Fünfzig Prophetenjünger folgten ihnen von ferne, um zu sehen, was geschehen werde. Elia nahm seinen Mantel, wickelte ihn zusammen und schlug ihn in den Fluß. Das Wasser teilte sich, und die beiden gingen trockenen Fußes ans andere Ufer. Als sie drüben waren, sagte Elia: „Wünsche dir etwas, das ich für dich tun soll, ehe ich von dir genommen werde."

Elisa antwortete: „Ich hätte gern den doppelten Teil deiner Geisteskraft."

„Du hast um Schweres gebeten", sagte Elia. „Wenn du sehen kannst, wie ich von dir genommen werde, wird dein Wunsch erfüllt; kannst du es nicht sehen, so wird er es nicht."

So gingen sie und redeten miteinander. Da erschien plötzlich ein feuriger Wagen mit feurigen Pferden, der fuhr zwischen die beiden und trennte sie voneinander, und ein starker Wirbelwind kam und hob Elia gen Himmel. „Mein Vater, mein Vater!" schrie Elisa. Er zerriß seine Kleider und hob den Mantel auf, der Elia entfallen war. Dann wandte er sich um und schlug mit dem Mantel auf das Jordanwasser, das sich abermals teilte und Elisa hindurchgehen ließ. Als das die Prophetenjünger sahen, verneigten sie sich tief und sagten: „Die Kraft Elias ist auf Elisa übergegangen."

Elisa, der Nachfolger Elias, wirkte fünfzig Jahre lang im Dienste Gottes und vollbrachte viele Wunder im Namen des Herrn.

Eines dieser Wunder vollzog sich an Naëman, einem Feldhauptmann im syrischen Heer. Sein König schätzte ihn sehr, denn er war ein guter Heerführer und hatte viele Schlachten gewonnen. Syrien hatte mit Israel manchen Krieg geführt, und von hüben und drüben gab es häufig Grenzüberfälle. Bei einem dieser Überfälle hatten die Syrer ein junges israelitisches Mädchen mitgenommen; es war als Dienerin für Naëmans Frau in sein Haus gekommen.

Das Haus war groß und prächtig, aber das Mädchen spürte, daß die Bewohner nicht glücklich waren. Sie erfuhr auch die Ursache: Der große Naëman war vom Aussatz befallen. Niemand kannte ein Heilmittel, die Krankheit konnte sich nur verschlimmern.

Eines Tages sagte das Mädchen zu ihrer Herrin: „Wenn der Herr doch nur zu dem Propheten gehen würde, der in Samaria lebt. Der würde ihn gewiß von seiner Krankheit heilen."

Als Naëman erfuhr, was das Mädchen gesagt hatte, schöpfte er etwas Hoffnung. Er berichtete seinem König davon. „Mach dich sofort auf", sagte der König. „Ich gebe dir einen Brief mit für den König von Israel."

Naëman reiste nach Israel und nahm reiche Geschenke mit, Gold, Silber und kostbare Kleider. Er überreichte dem König von Israel den Brief, in dem

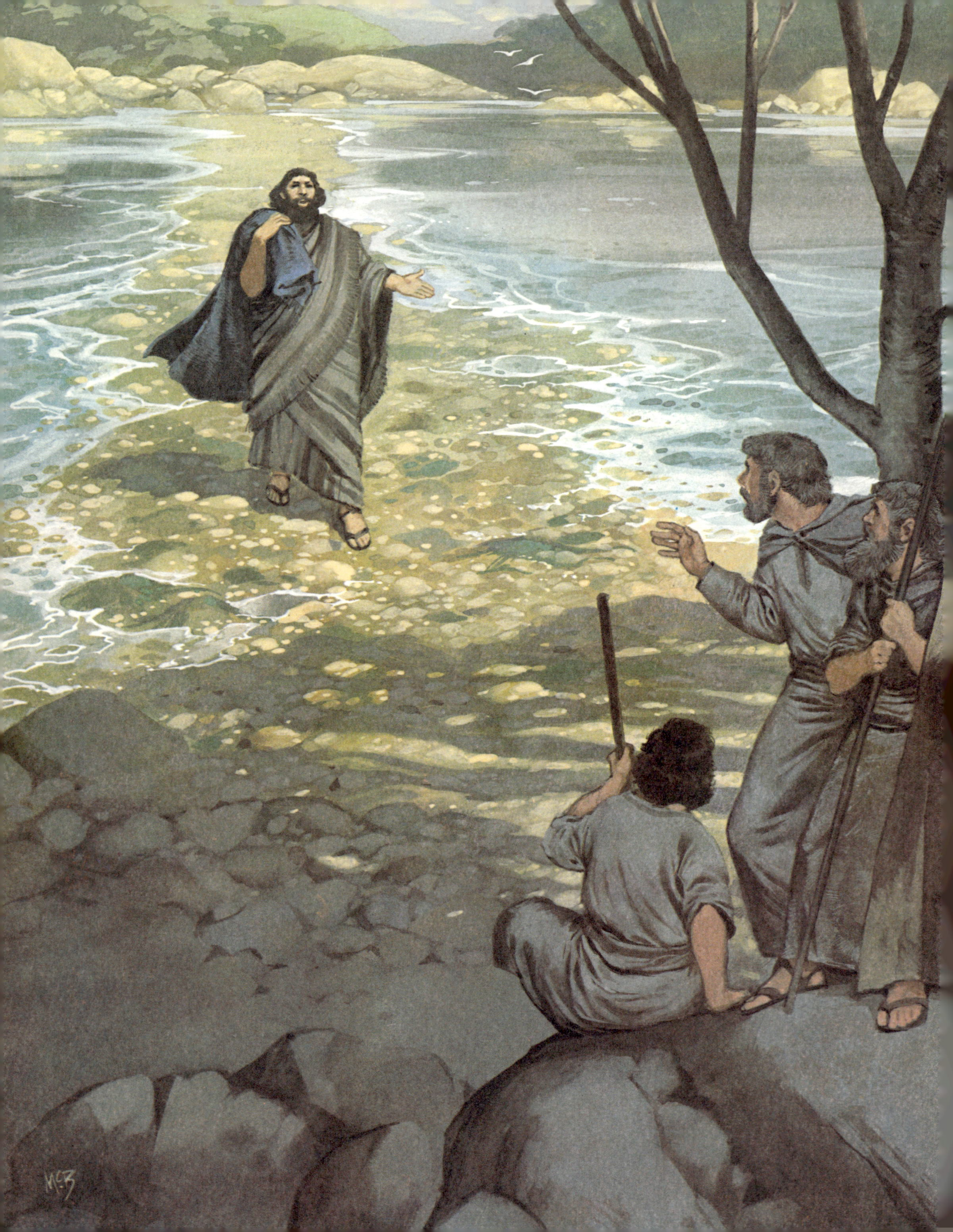

gebeten wurde, man möge Naëmans Aussatz heilen. Als der König von Israel den Brief gelesen hatte, wurde er schrecklich zornig.

„Wie kann der König von Syrien erwarten, daß ich deinen Aussatz heile?" schrie er. „Glaubt er, ich sei ein Gott? Vermutlich will er doch nur einen Streit mit mir vom Zaun brechen."

Elisa hörte von dem Wutausbruch des Königs und schickte sofort eine Botschaft in den Palast. „Warum regst du dich so auf? Sende Naëman zu mir. Jeder weiß doch, daß es in Israel einen Propheten gibt."

So wendete Naëman Wagen und Pferde und fuhr bis vor Elisas Haus. Vor der Tür wartete er darauf, daß Elisa herauskommen und ihn begrüßen werde. Doch Elisa kam nicht, sondern schickte einen Diener und ließ Naëman sagen: „Wasche dich siebenmal im Jordan, und du wirst geheilt sein."

Naëman fühlte sich durch diese Behandlung gekränkt und war sehr ärgerlich. Er wendete seinen Wagen und murrte: „Ich dachte, er würde wenigstens herauskommen, seine Hand auf mich legen und seinen Gott anrufen. Warum soll ich mich im Jordan waschen? Die Flüsse in Syrien sind sauberer als die in Israel. Ich könnte mich doch in unseren Flüssen waschen, wenn es nur darum geht." Und er fuhr verbittert davon.

Einige Männer in seinem Gefolge versuchten, ihn zu beruhigen. „Herr", sagten sie, „warum versuchst du es nicht mit dem Rat des Propheten? Hätte er dir etwas Schwieriges aufgetragen, würdest du es tun. Warum willst du dich nicht im Jordan waschen?"

Naëman hörte auf sie und lenkte seine Pferde zum Jordan. Dann tauchte er siebenmal in das Wasser. Nach dem siebten Mal war seine Haut glatt und rein wie die eines Kindes, und vom Aussatz war keine Spur mehr zu sehen. Überglücklich kehrte Naëman mit seinen Begleitern zu Elisa zurück. Er ging ins Haus und sagte zu ihm: „Jetzt weiß ich, daß es keinen Gott gibt als den Gott Israels. Bitte, nimm von mir ein Geschenk an." „Nein", erwiderte Elisa, „bei dem Gott, dem ich diene – ich nehme nichts an. Nicht ich habe dich geheilt, sondern Gott." So sehr Naëman ihn zu überreden versuchte, Elisa blieb bei seiner Weigerung.

Schließlich sagte Naëman: „Wenn du auch kein Geschenk annehmen willst, so erlaube mir doch, zwei Maultierladungen Erde von Israel mitzunehmen, denn von nun an werde ich keinem anderen Gott mehr opfern als dem Gott Israels." In jenen Tagen glaubte man nämlich, Gott gehöre nur seinem erwählten Volk und dessen Land und würde irgendwo anders keine Opfer annehmen. Darum bat Naëman um Erde von Israel.

„Geh in Frieden", sagte Elisa. Und Naëman kehrte nach Syrien zurück.

Elisa hatte einen Diener namens Gehasi, der habgierig war. Er sah, wie Elisa die Geschenke zurückwies, und hätte gern selbst etwas davon ergattert. Er rannte hinter Naëman her und holte ihn ein. Naëman sah ihn kommen und fragte: „Ist irgend etwas nicht in Ordnung?"

„Doch", antwortete Gehasi. „Mein Herr schickt mich, um dir zu sagen, daß er doch ein paar Geschenke nehmen würde. Zwei Propheten haben sich gerade in ihrer Armut an ihn um Hilfe gewendet, und er würde ihnen gern etwas Silber und Kleidung geben."

„Natürlich, gern", sagte Naëman. Er belud zwei seiner Diener mit viel mehr Geschenken, als Gehasi verlangt hatte, und ließ sie mit ihm gehen. Als sie Elisas Haus erreichten, nahm Gehasi ihnen die Geschenke ab und brachte sie in seine Kammer. Elisa hörte ihn und rief ihn zu sich.

„Wo bist du gewesen, Gehasi?" fragte Elisa.

„Nirgends", log Gehasi.

Doch Elisa wußte, was geschehen war. „Du hast gelogen und gestohlen", sagte er. „Du wirst nun reich sein. Aber da du von Naëmans Besitz genommen hast, wirst du auch seinen Aussatz bekommen."

Gehasi ging hinaus, und der Aussatz lag weiß wie Schnee auf seiner Haut.

Im Feuerofen

Lange nach Elisas Tod eroberten die Assyrer Jerusalem, und später wurden die Assyrer von den Babyloniern geschlagen. Die Babylonier zerstörten Jerusalem und führten die Juden in die Gefangenschaft nach Babylon. Unter den Gefangenen waren auch vier befreundete junge Männer, die wegen ihrer vornehmen Geburt dazu auserwählt wurden, im Königspalast Dienst zu tun. Sie hießen Daniel, Hamanja, Misael und Asarja.

Der König Nebukadnezar, der damals in Babylonien herrschte, verlangte, daß die am Hof tätigen Juden die Speisen der Babylonier aßen und ihren Wein tranken. Daniel beschloß, die den Juden verbotenen Speisen nicht zu essen, obgleich es der König befahl – er wollte nicht gegen die Gesetze Israels verstoßen. Seine drei Freunde wollten sich ebenso verhalten.

Einige Zeit später hatte der König einen aufregenden Traum. Als er erwachte, konnte er sich nicht erinnern, wie der Traum gewesen war, doch war er so beunruhigt, daß er alle seine Stern- und Traumdeuter rufen ließ. Sie waren hilflos und sagten: „Es gibt keinen Menschen, der dem König sagen kann, was er geträumt hat. Du verlangst Unmögliches von uns."

Da trat Daniel vor den König und bat: „Warte bis morgen, dann will ich dir deinen Traum erzählen und was er bedeutet." Nebukadnezar blieb nichts übrig, als sich zu gedulden.

In derselben Nacht hatte Daniel den gleichen Traum wie vor ihm der König, und Gott offenbarte ihm auch dessen Bedeutung. Früh am Morgen begab sich Daniel in den Palast.

„Kannst du mir wirklich meinen Traum erzählen und deuten?" fragte Nebukadnezar.

„Kein Weiser vermag deine Geheimnisse zu erraten", antwortete Daniel, „aber es gibt einen Gott im Himmel, der mir deinen Traum kundtat, damit du weißt, was in künftigen Zeiten mit deinem Reich geschehen wird." Und er fuhr fort: „In deinem Traum sahst du eine gewaltige Bildsäule, sie hatte die Gestalt eines Menschen. Der Kopf war aus Gold, Brust und Arme aus Silber, Leib und Hüften aus Erz, die Schenkel aus Eisen, die Füße aber aus Ton. Während du die Bildsäule anschautest, rollte ein Felsstück von einem Berg herab und zertrümmerte sie, so daß nur Staub übrigblieb. Dann kam ein starker Wind auf und verwehte alles. Das, großer König, war dein Traum."

Staunend saß der König da. Ja, das war sein Traum gewesen. Nun forderte er von Daniel die Deutung, und dieser sprach weiter: „Du, König, bist der Kopf aus Gold; aber die nach dir kommen, werden nicht so mächtig sein wie du. Sie sind durch Silber, Erz, Eisen und Ton gekennzeichnet. Gott wird sie alle vernichten, sein Reich aber wird ewig bestehen."

Nebukadnezar bückte sich bis zur Erde und sagte: „Es ist wahr, euer Gott steht über allen Göttern." Und er beschenkte Daniel reich und ernannte ihn zum Statthalter der Provinz Babylon; außerdem blieb Daniel als Ratgeber am Königshof. Auch seine drei Freunde bekamen hohe Staatsämter.

Allmählich vergaß Nebukadnezar jedoch seinen Traum und dessen Bedeutung. Er fühlte sich wieder unendlich groß und mächtig. Viele Völker hatte er besiegt, die ihm tributpflichtig waren. Er ließ eine

Im Feuerofen

kolossale goldene Statue machen und vor dem Palast aufstellen; sie war siebenundzwanzig Meter hoch. Zu ihrer Einweihung veranstaltete er ein großes Fest, zu dem er alle Fürsten und hohen Beamten seines Reiches einlud, darunter auch die Vertreter der besiegten Völker – Menschen mit verschiedenen Sitten und verschiedenem Glauben.

Daniel war nicht anwesend, denn der König hatte ihn mit einem wichtigen Auftrag in ein fernes Land geschickt. Die einzigen Juden waren Daniels Freunde.

Als alle versammelt waren, verkündete ein Herold mit lauter Stimme: „Der große König Nebukadnezar befiehlt, daß ihr alle, sobald die Musik erschallt, auf die Knie fallen und den goldenen Gott Bel anbeten sollt. Wer dies nicht tut, wird in einen Ofen mit glühendem Feuer geworfen."

Daniels Freunde berieten sich leise und beschlossen, daß keiner von ihnen Bel anbeten werde. Als nun die Hörner und Harfen, Pfeifen und Zithern ertönten, fielen die tausend Eingeladenen vor dem Götzenbild nieder. Nur drei blieben stehen. Daniels Freunde ließen sich durch die Drohung mit dem Feuertod nicht zur Untreue gegen Gott bewegen.

Nebukadnezar rief ihnen zu: „Was ist mit euch dreien? Seid ihr schwerhörig und könnt die Musik nicht hören? Oder seid ihr absichtlich ungehorsam?" Hamanja, Misael und Asarja erwiderten dem König: „Wir beten nur unseren Gott an und keinen anderen. Unser Gott hat die Macht, uns aus dem Feuerofen zu retten, wenn er es will. Doch selbst wenn er es nicht tut – wir werden unsere Knie nicht vor deinem goldenen Götzen beugen."

Der König wurde wütend, als er das hörte, zumal die drei jungen Männer in ruhiger Entschlossenheit gesprochen hatten. „Heizt den Ofen, und macht ihn siebenmal heißer als sonst", befahl er seinen Dienern. Dann brüllte er nach seiner Leibwache, damit sie die drei Juden fesselten. Sie sollten in voller Kleidung in den Ofen geworfen werden. Als die Glut so heiß war, daß sich die Diener dem Ofen kaum nähern mochten, warf man die Gefangenen ins Feuer.

Es war ein großer Brennofen, oben offen, mit einer Tür an der Seite, durch welche man ins Innere sehen konnte. Der König beobachtete das Geschehen aus sicherer Entfernung. Plötzlich blickte er sich ärgerlich um. „Habt ihr nicht drei Gefangene ins Feuer geworfen?" fragte er seine Offiziere. „Gewiß, großer König", erwiderten sie. „Ich sehe aber vier Männer!" sagte Nebukadnezar. „Sie spazieren darin herum und sind nicht gefesselt, und man sieht nichts davon, daß sie unter dem Feuer leiden. Der vierte sieht aus wie einer der Götter."

Nebukadnezar trat näher zum Ofen. „Hamanja, Misael, Asarja", rief er, „ihr Diener des höchsten Gottes, kommt heraus zu mir."

Die drei jungen Männer kamen aus dem Ofen heraus, der Engel Gottes aber, der bei ihnen gewesen war, verschwand. Der König und seine Bediensteten sahen staunend, daß den dreien nicht ein Haar auf dem Kopf versengt war, und von ihren unversehrten Kleidern ging nicht einmal Brandgeruch aus.

Da wußte Nebukadnezar, daß ein Stärkerer ihn besiegt hatte. Ganz überwältigt sagte er: „Diese jungen Männer haben ihr Leben gewagt, um ihrem Gott zu gehorchen. Und ihr Gott hat seinen Engel gesandt und sie gerettet. Darum befehle ich, daß niemand in meinem Reich etwas gegen diesen Gott sagen darf, denn es gibt keinen anderen Gott, der seine Diener auf solche Weise retten kann."

Hamanja, Misael und Asarja bekamen noch höhere, wichtigere Ämter in der Provinz Babylonien.

Als Nebukadnezar alt und schwach geworden war, schlief er schlecht und hatte häufig beängstigende Träume. Einen Traum, an den er sich erinnern konnte, erzählte er Daniel und bat, ihn zu deuten. Daniel brauchte all seinen Mut, um es dem König zu sagen. Der Traum bedeutete nämlich, daß Nebukadnezar wahnsinnig werden und schließlich selber glauben würde, er sei ein Tier, das sich mit Gras ernährt. Daniel riet dem entsetzten König, mehr Barmherzigkeit zu üben und ein rechtschaffenes Leben zu führen; vielleicht würde sich der Traum dann nicht erfüllen.

Verzweifelt stieg Nebukadnezar auf die Zinne seines Palastes. Als er von dort die Stadt Babylon mit ihren herrlichen Bauten überblickte, überkam ihn der Größenwahn noch stärker als bisher. Er verlor völlig den Verstand und benahm sich wie ein merkwürdiges Tier, irrte auf den Feldern umher, brummte wie ein Bär und aß Gras. So endete der mächtige Mann, der den Tempel in Jerusalem hatte niederbrennen lassen.

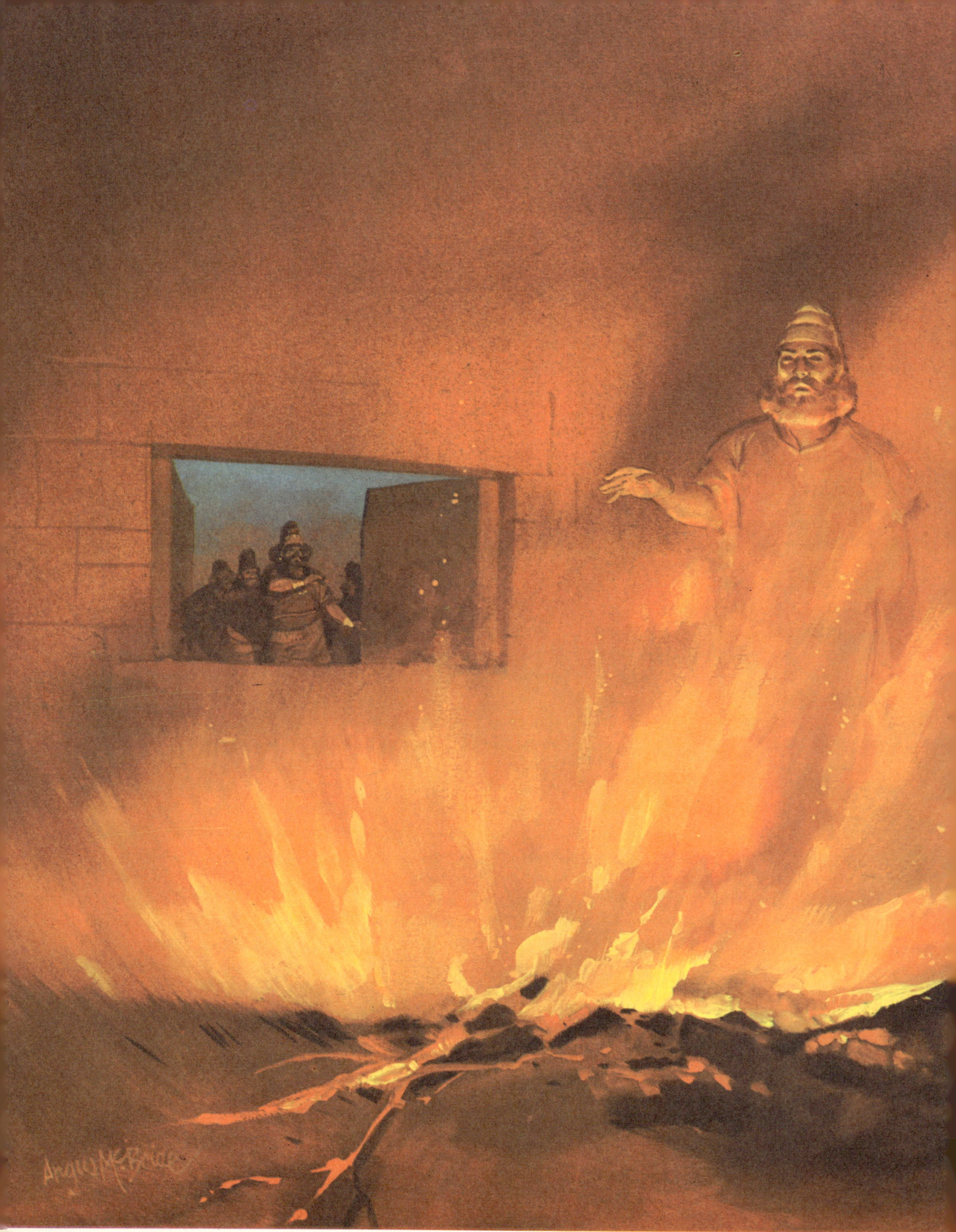
Angus McBride

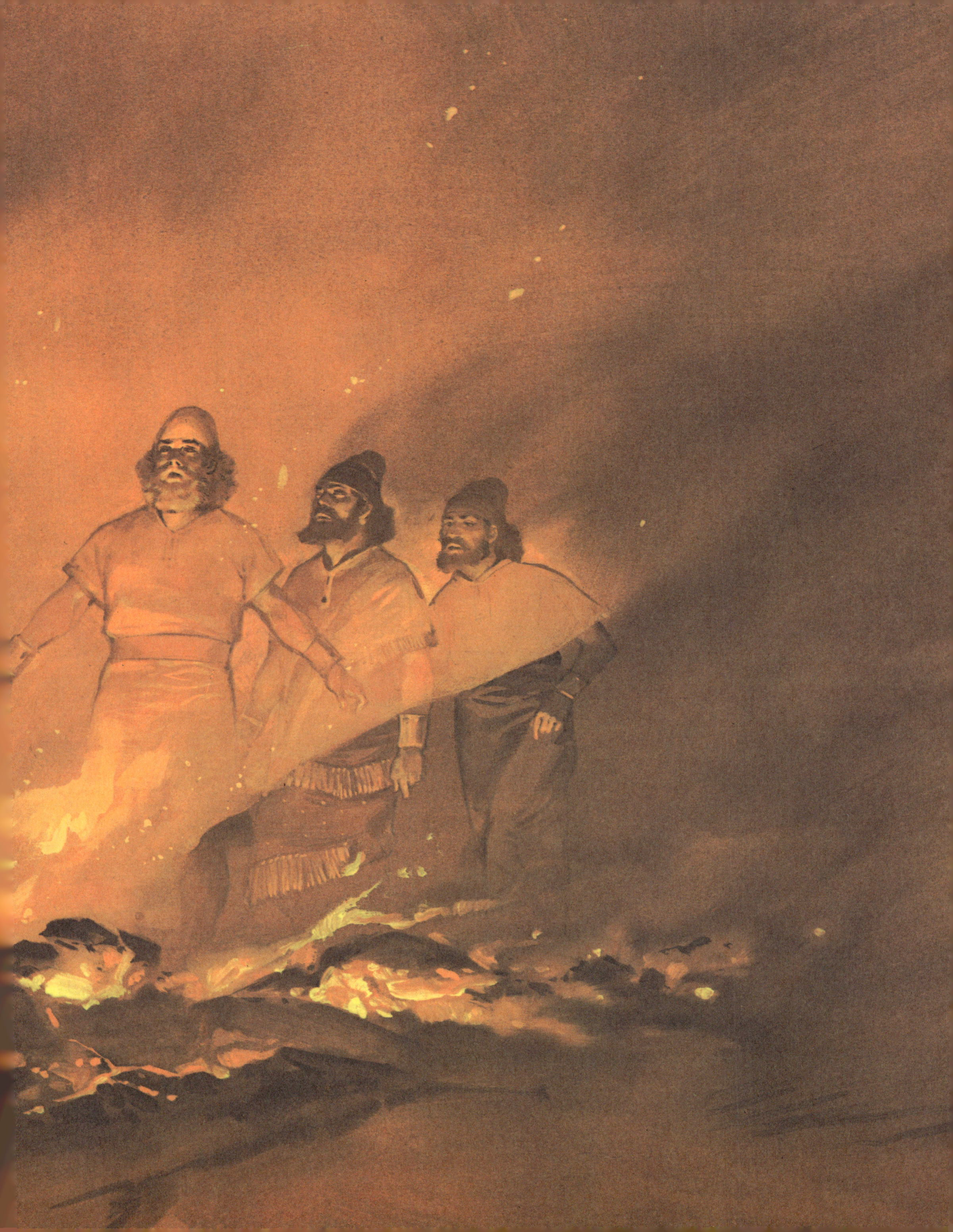

Belsazar

Einige Jahre nach Nebukadnezar herrschte König Belsazar in Babylonien. Eines Abends gab er in seinem Palast für seine tausend Fürsten ein Fest. Es wurde gegessen, getrunken und getanzt, und die Gäste vergnügten sich bis in die späte Nacht. Vom Wein berauscht, trieb es den König, seine Gäste mit etwas ganz Besonderem zu überraschen. Er befahl, die goldenen und silbernen Gefäße zu holen, die Nebukadnezar einst aus dem Tempel in Jerusalem geraubt hatte. Die Fürsten und Frauen bestaunten die Schönheit der sakralen Becher und Schalen, die Belsazar mit Wein füllen ließ. Sie tranken daraus und sangen dazu Loblieder auf ihre Götzen.

Plötzlich legte sich eine bleierne Stille über den Saal. Etwas Unheimliches geschah: Eine Hand ohne Arm erschien und begann, seltsame Zeichen auf die Wand zu schreiben.

Der König erbleichte vor Schreck, seine Knie schlotterten. Im Nu war der Rausch verflogen. Alle blickten entsetzt auf die schreibende Hand; plötzlich war sie wieder verschwunden, die geheimnisvollen Zeichen aber blieben auf der Wand zurück. Was mochten sie bedeuten?

Belsazar schrie nach seinen weisen Männern, den Sterndeutern und Zauberern. „Wer mir sagen kann, was diese Schrift bedeutet, dem schenke ich ein Gewand aus königlichem Purpur, lege ihm eine goldene Kette um den Hals und mache ihn zum Mitregenten in meinem Reich", verkündete er.

Die weisen Männer sahen einander an und flüsterten zusammen; doch schließlich mußten sie bekennen, daß sie die fremdartige Schrift nicht lesen konnten. Nun war Belsazar noch mehr verwirrt und aufgeregt als zuvor.

Da erinnerte sich die Mutter des Königs, was sie einst von Nebukadnezar erfahren hatte. „Beruhige dich doch, mein königlicher Sohn", sagte sie. „Es gibt einen Mann in deinem Reich, der dir vermutlich helfen kann. Unter Nebukadnezar hatte er eine hohe Stellung. Er kann Träume deuten und Rätselhaftes erklären. Sein Name ist Daniel. Laß ihn herkommen, vielleicht kann er die Schrift deuten."

Sofort schickte Belsazar seine Boten aus, um Daniel aufzusuchen. Seit Daniel kein Staatsamt mehr hatte, lebte er zurückgezogen auf seinem Landgut im Kreise einiger befreundeter Familien.

Sie führten ihn in den Palast, und der König versprach ihm eine große Belohnung, wenn er die Zeichen an der Wand deuten könne.

„Behalte deine Geschenke, Belsazar", sagte Daniel. „Ich will dir die Schrift schon deuten. Aber höre noch dies: Du weißt, wie es deinem Großvater Nebukadnezar wegen seines Hochmuts ergangen ist. Die Menschen haben vor ihm gezittert, aber Gott hat ihn besiegt. Du weißt, wie er geendet hat, Gras essend wie ein Tier. Du aber hast aus diesem warnenden Beispiel nichts gelernt, sondern es noch schlimmer getrieben als er. Nun hast du dich gegen Gott erhoben und die heiligen Gefäße, die dein Großvater aus dem Tempel Gottes raubte, entweiht. Mit deinen Fürsten und Frauen hast du Wein daraus getrunken. Darum hat Gott die Hand gesendet und ließ sie vier Worte an die Wand schreiben. Sie lauten:

Mene Mene Tekel Ufarsin.

Das heißt in eurer Sprache: Gezählt, gezählt, gewogen, zerteilt. Und das bedeutet: Gezählt hat Gott die Tage deines Königtums, und er wird ihm noch heute ein Ende machen; gewogen wurdest du auf der Waage der Gerechtigkeit, gewogen und zu leicht befunden; zerteilt wird dein Reich und den Medern und Persern gegeben."

Voller Angst bat Belsazar, Daniel möge doch bei Gott um Gnade für ihn bitten, und trotz seines Protestes versuchte er, ihn mit reichen Geschenken für sich zu gewinnen. Er ließ ihn auch sofort zum Mitregenten in Babylonien ausrufen.

Doch Daniels Deutung der Schrift wurde nur allzuschnell wahr. Noch in derselben Nacht wurde König Belsazar ermordet. Die Meder fielen ein und eroberten Babylonien.

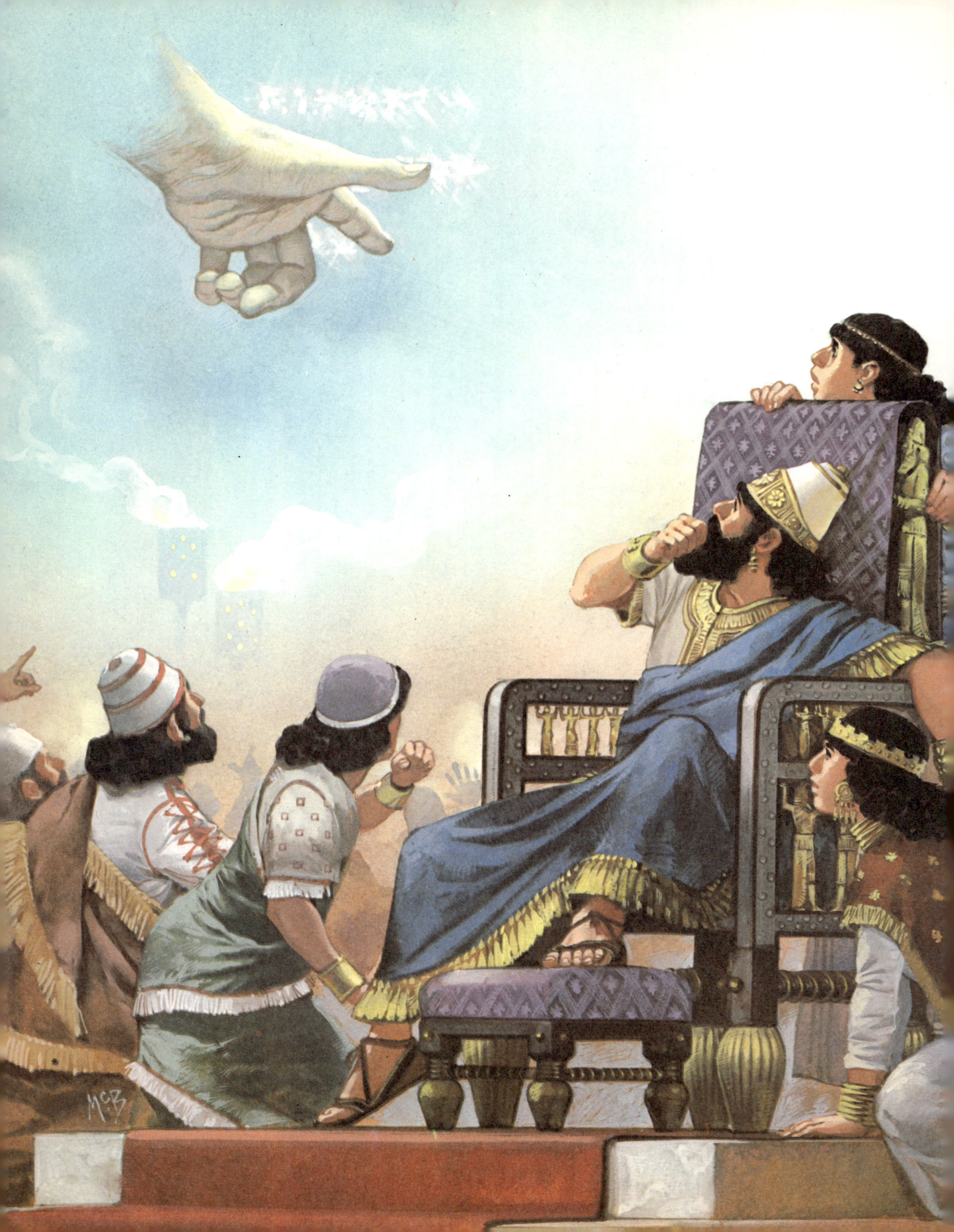

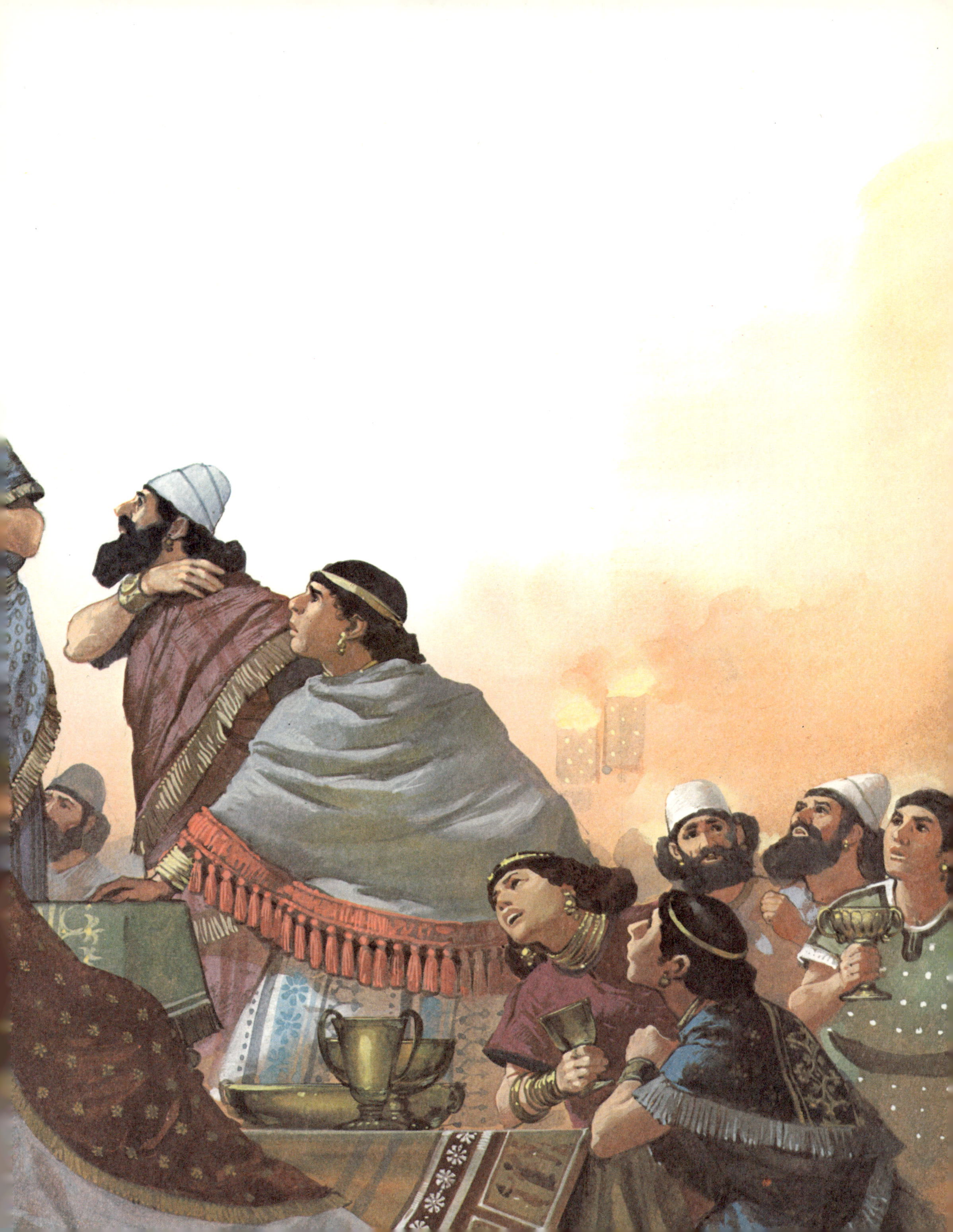

Daniel in der Löwengrube

König Darius von Medien teilte Babylonien in hundertzwanzig Bezirke ein und setzte über jeden einen Statthalter. Über diesen Statthaltern standen drei Fürsten, und einer von ihnen war Daniel.

Daniel war nun schon ein alter Mann, aber es zeigte sich bald, daß er seine Aufgaben besser bewältigte als die anderen beiden Fürsten und die Statthalter. König Darius schätzte ihn bald sehr und überlegte, ob er Daniel nicht zum Vizekönig über ganz Babylonien machen sollte – so wie der Pharao tausend Jahre zuvor Josef über Ägypten gesetzt hatte.

Die anderen Fürsten und Statthalter wurden sehr eifersüchtig auf Daniel. Sie hätten ihn gern wegen irgendeines Vergehens beim König verklagt, doch fanden sie nichts, was ihm vorzuwerfen war, denn er verwaltete sein Amt treu und ehrlich.

Wieder einmal kamen die Verschwörer zusammen und beratschlagten, wie sie Daniel stürzen könnten. „In seiner Arbeit und Lebensführung gibt es nichts, was dem König mißfallen würde", sagte einer. „Unsere einzige Möglichkeit wäre, ihn mit einer Sache hereinzulegen, die mit den Gesetzen seines Gottes und seines Glaubens zu tun hat." Da hatte ein anderer einen Einfall. Es war bekannt, daß Daniel dreimal täglich zu seinem Gott betete. Daran würde er festhalten, auch wenn ein königlicher Befehl es ihm verbieten sollte. Konnte man nicht seinen Gehorsam zu Gott nutzen, um ihn ins Verderben zu stürzen? Sie schmiedeten einen hinterhältigen Plan und gingen gemeinsam zum König.

„Mögest du ewig leben, großer König", sagten sie. „Wir, deine Statthalter, möchten dir beweisen, wie treu und gehorsam deine Untertanen sind. Darum schlagen wir dir vor, einen Befehl zu erlassen, daß niemand während der nächsten dreißig Tage von einem Gott oder Menschen irgend etwas erbitten darf, es sei denn, von dir allein. Wer dieses Gebot nicht befolgt, soll in die Löwengrube geworfen werden. Mögest du, großer König, diese Anordnung besiegeln, so wollen wir sie dem Volk bekanntmachen."

Jede Anordnung, die im Namen des Königs veröffentlicht wurde, mußte mit dem Ring des Königs besiegelt werden.

König Darius fühlte sich geschmeichelt durch den Vorschlag der Statthalter. Ohne viel darüber nachzudenken, ließ er den Befehl schreiben und setzte sein Siegel darunter.

Als David von der neuen Anordnung erfuhr, vermutete er gleich, daß seine Neider dahintersteckten und ihn mit ihrem Plan verderben wollten. Aber er fürchtete Gott mehr als die Menschen und dachte nicht daran, wegen seiner eigenen Sicherheit die Gebete aufzugeben. Daniel hatte trotz seiner hohen Stellung sein Heimatland und seine armen Landsleute nie vergessen. Darum bat er Gott dreimal am Tage um Erbarmen für sein Land und für das verbannte Volk. Beim Beten hatte er immer ein Fenster in Richtung Jerusalem geöffnet, und da er laut betete, konnte ihn jeder hören, der an seinem Haus vorüberging. So hielt er es auch weiterhin in den Tagen nach dem königlichen Befehl.

Damit hatten seine Feinde den Vorwand, den sie brauchten. Sie eilten zum König.

„Großer Darius", sagten sie, „gilt dein Befehl, dreißig Tage lang von keinem Gott oder Menschen etwas zu erbitten, für alle Bewohner Babyloniens?"

„Gewiß", sagte der König – zur großen Freude der Statthalter.

„Aber Daniel, einer der Gefangenen aus Juda, gehorcht dir nicht", berichteten hämisch die Verschwörer. „Er betet dreimal am Tag zu seinem Gott, wie er es immer getan hat, bevor du die Anordnung erlassen hast. Er mißachtet offenbar deine Befehle und tut nur, was ihm gefällt."

König Darius war sehr betrübt, als er das hörte. Er hatte Daniel sehr gern, und ihm wurde jetzt klar, daß seine listigen Statthalter eine Falle gestellt hatten, in der er sich selbst verfangen hatte. Hätte er doch nur nicht die neue Anordnung besiegelt! Er sann darüber nach, wie er Daniel vor dem sicheren Tod retten könnte. Aber die Statthalter beharrten darauf, daß nach den Gesetzen Mediens eine einmal vom König besiegelte Anordnung nicht geändert werden durfte. Tag für Tag kamen die Neider zu ihm und forderten, daß Daniel bestraft werden müsse.

„Wenn du ihn unbestraft läßt, wird dir bald niemand mehr gehorchen", sagten sie.

Schließlich wußte Darius nicht mehr, wie er sich weiterhin weigern könnte. So leid es ihm tat, er mußte gegen seinen Günstling nach dem Gesetz verfahren. So gab er seine Zustimmung, Daniel den Löwen vorzuwerfen.

Bei Sonnenuntergang wurde Daniel zur Löwengrube geführt. Kurz bevor man ihn hinabwarf, sagte der König traurig zu ihm: „Möge dein Gott, dem du so treu dienst, dich erretten."

Daniels Gesicht war voller Frieden, als man ihn hinabwarf. Ein großer Stein wurde über die Grubenöffnung gelegt, damit er nicht befreit werden konnte.

Während Daniels Feinde triumphierten, kehrte der König kummervoll in seinen Palast zurück. In Trauer um den geschätzten Mann verbrachte er eine schlaflose Nacht und konnte nichts essen. Sobald es am nächsten Morgen hell wurde, stand er auf und eilte zur Löwengrube. Er hegte die leise Hoffnung, Daniel könnte noch am Leben sein – gerettet von seinem Gott. Zugleich aber sagte er sich, es sei doch wohl eher zu befürchten, daß Daniel längst von den Löwen zerrissen worden war – ein entsetzlicher Gedanke.

Bei der Löwengrube angekommen, blickte er zitternd herab. Kaum traute er seinen Augen: Mitten zwischen den Löwen schlief Daniel ruhig und unversehrt. Beglückt rief der König: „Daniel, du Diener eines lebendigen Gottes, hat dich dein Gott vor den Raubtieren gerettet?"

Da erhob sich Daniel und antwortete freudig: „Ja, König Darius, die Löwen haben mir nichts zuleide getan. Gott weiß, daß ich nicht schuldig geworden bin, weder vor ihm noch vor dir."

Da wurde der König sehr froh und gab Befehl, Daniel sofort aus der Grube herauszuziehen. Nun konnte jeder sehen, daß Daniel ganz unverletzt war. Dann ließ Darius die Männer, die Daniel angeschuldigt hatten, zu den Löwen hinabwerfen. Und die Raubtiere stürzten sich auf sie und zermalmten sie.

König Darius aber ließ bei allen Völkern seines riesigen Reiches die Geschichte von Daniels Errettung verbreiten – für jedes Volk in seiner Sprache – und pries in seiner Bekanntmachung den Gott Daniels als den ewigen, lebendigen Gott.

Daniel konnte nicht nur die Träume anderer deuten, er hatte auch selber große Träume. In einem seiner Traumgesichte sah er vier Tiere aus dem wildbewegten Meer steigen. Das erste Tier glich einem Löwen, hatte aber Adlerschwingen; das zweite sah aus wie ein Bär, das dritte wie ein Panther. Das vierte Tier sah furchterregend aus; es war sehr stark, hatte eiserne Zähne und zehn Hörner, von denen eines Menschenaugen und ein Maul zeigte. Dann erschien Gott auf seinem Richterthron, und die vier Tiere wurden getötet.

In seinem Traum fragte Daniel nach der Bedeutung dessen, was er sah. Man erklärte ihm, die vier Tiere seien vier Königreiche, die auf Erden kommen und wieder vergehen würden. Das vierte Tier werde alle anderen zertreten und vernichten; die zehn Hörner bedeuteten, daß zehn Könige aus diesem Reich hervorgehen würden. Danach aber werde Gericht gehalten, und das Königreich Gottes werde kommen und ewig dauern.

Ein andermal erschien Daniel ein Traumgesicht, in dem ein Widder mit zwei Hörnern von einem Ziegenbock angegriffen wurde, welcher nur ein großes Horn zwischen den Augen trug. Ein Engel erklärte Daniel die Bedeutung: Der Widder stellte Medien und Persien dar, der Ziegenbock Griechenland und dessen einziges Horn seinen größten König (Alexander den Großen), der die Meder und Perser besiegen werde.

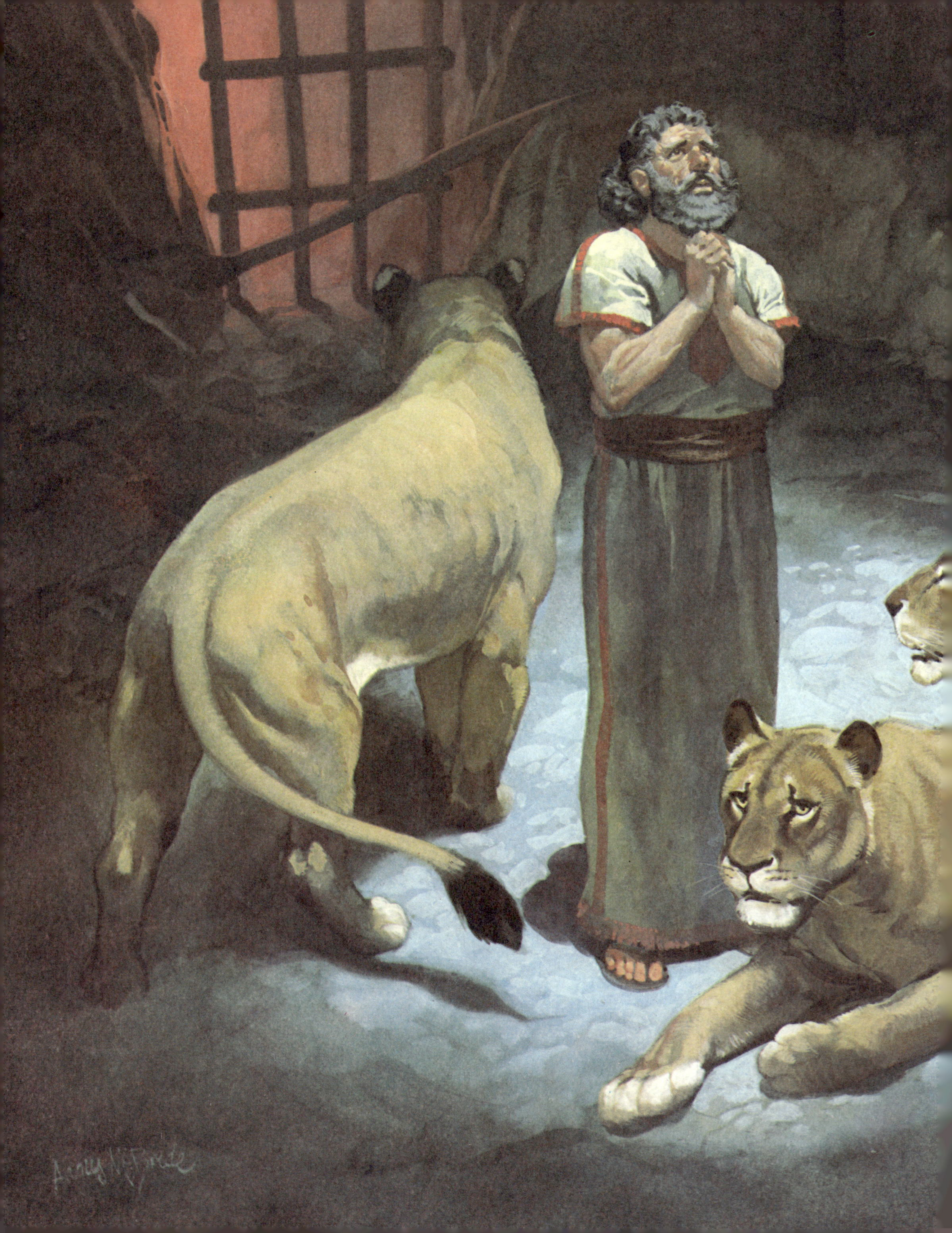

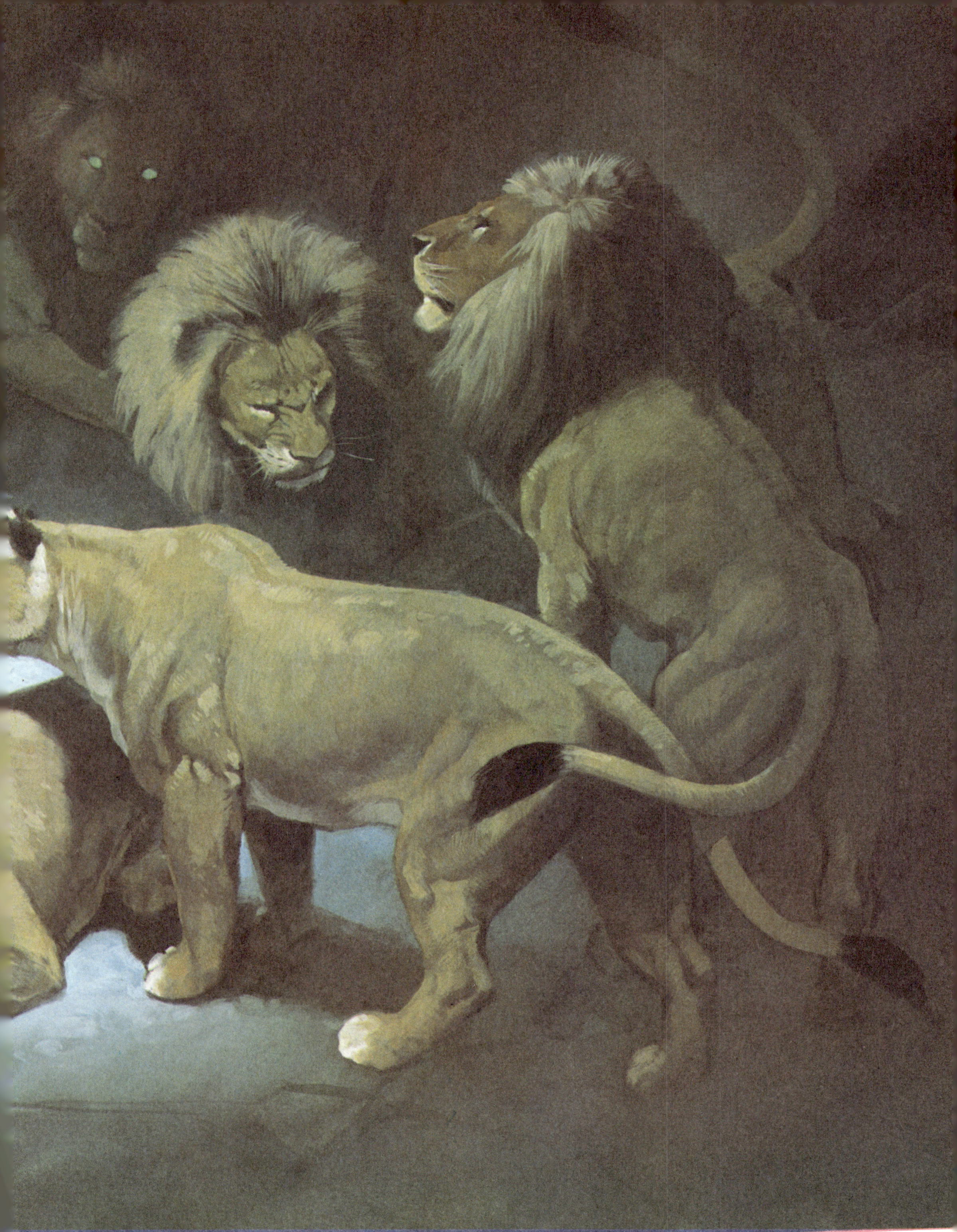

Der Prophet Jona

Jona war ein Prophet, aber von anderer Art als Elia und Elisa. Er lebte etwa um die Mitte des achten Jahrhunderts vor Christus.

Eines Tages befahl Gott dem Jona: „Geh nach Ninive. Die Bewohner tun sehr viel Schlechtes. Sage ihnen, wenn sie sich nicht bessern, will ich die Stadt zerstören."

Ninive war die berühmte Hauptstadt des Assyrischen Reiches. Kein einziger Israelit lebte dort, denn die Assyrer waren Israels Feinde. Jona wollte nicht nach Ninive. Er dachte, wenn sich die Leute dort wirklich durch seine Predigten besserten, würde Gott ihnen vergeben und die Stadt verschonen. Jona aber wünschte, daß die Feinde Israels vernichtet würden. Darum beschloß er, Gottes Befehl nicht auszuführen, sondern zu fliehen.

Anstatt nach Ninive begab er sich in die Hafenstadt Jaffa und fand dort ein Schiff, das nach Tarschisch in Spanien fahren sollte. „So weit weg wird Gott mich nicht finden", dachte er. Er bestieg das Schiff und glaubte, nun brauche er Gottes Botschaft nicht mehr zu verkünden. Im untersten Schiffsraum legte er sich nieder und schlief ein.

Die Segel wurden gehißt, und das Schiff fuhr aufs Meer hinaus. Draußen auf offener See aber erhob sich ein gewaltiger Sturm. Haushohe Wellen schlugen auf das Deck, und der Mast drohte zu brechen. Die Seeleute holten sofort die Segel ein, doch der Sturm wurde immer schlimmer. Von Schrecken erfüllt, betete jeder zu seinem Gott und schrie um Hilfe. Dann begannen sie, die Ladung über Bord zu werfen, um das Schiff leichter zu machen.

Als der Kapitän einmal nach unten gehen mußte, fand er dort den schlafenden Jona. „Steh auf! Steh auf!" rief er. „Wir haben schweren Sturm! Wie kannst du nur schlafen? Bitte deinen Gott um Hilfe, wie sie es alle tun. Vielleicht rettet er uns."

Jona ahnte, daß Gott den Sturm wegen seines Ungehorsams geschickt hatte. Er erzählte den Seeleuten, daß er mit ihrem Schiff fahren wollte, um vor Gottes Gegenwart zu flüchten.

„Dann bist du also an diesem Sturm schuld?" schrien sie. „Was bist du für ein Landsmann? Womit verdienst du dein Brot?"

„Ich bin ein Hebräer", erwiderte Jona, „und ich bin ein Diener des Gottes, der das Meer und das feste Land geschaffen hat."

Da ängstigten sich die Männer noch mehr. „Was sollen wir nur mit dir machen, damit das Meer wieder ruhig wird?" fragten sie. Der Sturm aber war noch stärker geworden.

„Ihr solltet mich über Bord werfen", sagte Jona mit kläglicher Stimme, „denn ich bin an allem schuld."

Den Männern war so ein Gedanke nicht angenehm. Sie ruderten mit aller Kraft und versuchten, das Schiff zur Küste zu bringen, doch es gelang nicht. Die Wellen stiegen immer höher und schlugen dermaßen gegen den Schiffsrumpf, daß er gewiß nicht mehr lange halten würde. Sollten sie alle wegen der Verfehlung eines einzelnen Mannes ihr Leben verlieren? Nein, es war klar: Sie mußten sich von Jona befreien. Sie packten ihn und warfen ihn über Bord.

Sofort legte sich der Sturm, und das Meer beruhigte sich. Das ließ die Männer den Gott Jonas so fürchten, daß sie ihm Opfer brachten und gelobten, künftig nur noch ihm zu dienen.

Inzwischen war Jona vom Schiff abgetrieben worden und war überzeugt, er werde ertrinken. Das Wasser drang ihm in die Lunge, sein Kopf verwickelte sich im Seetang. Er begann zu sinken und glaubte, sein

Ende sei gekommen. Die Wellen rollten über ihn hin, das Bewußtsein verließ ihn.

Da kam auf Gottes Befehl ein großer Fisch herangeschwommen und verschluckte Jona in einem Stück. Drei Tage und drei Nächte blieb Jona im Bauch des Fisches. Er starb nicht, aber er fühlte sich sehr, sehr elend und begann nachzudenken. Er erkannte, wie dumm es von ihm gewesen war, daß er Gott nicht gehorcht, sondern versucht hatte, vor Gottes Gegenwart zu fliehen. Und obwohl man ihn über Bord geworfen hatte, hatte Gott ihn nicht ertrinken lassen. Dafür war er sehr dankbar.

Gott befahl dem Fisch, zur Küste zu schwimmen und Jona dort ans Ufer zu setzen. Sofort wechselte der Fisch die Richtung und spuckte Jona auf den Sand. Und wieder hörte Jona die Stimme Gottes: „Geh nach Ninive und verkünde den Bewohnern der Stadt die Botschaft, die ich dir gegeben habe." Jona dachte an keinen Widerspruch mehr. Er gehorchte sofort und machte sich auf nach Ninive.

Ninive war damals eine sehr große Stadt – so groß, daß man drei Tage brauchte, um sie zu durchwandern. Jona ging durch die Straßen, und nachdem er einen ganzen Tag gelaufen war, hielt er es für an der Zeit, Gottes Botschaft zu verkünden.

„In vierzig Tagen wird Ninive untergehen!" rief er. Die Nachricht hatte große Wirkung, denn die Menschen, die Jona hörten, glaubten ihm und erkannten, daß sie Böses getan hatten. Sie fingen an zu fasten und gingen in Sack und Asche, als Zeichen, daß sie ihre Sünden bereuten.

Die Nachricht erreichte auch den König von Ninive. Er erhob sich von seinem Thron, zog seine königlichen Kleider aus und kleidete sich ebenfalls in Sackleinen. Dann gab er allen Bewohnern Ninives bekannt: „Es ist der Wille des Königs und aller seiner Fürsten, daß in Ninive niemand mehr essen oder trinken soll, weder Mensch noch Tier. Alle sollen in Sack und Asche gehen und zu Gott beten. Jeder soll seine Bosheit ablegen. Wenn wir ernstlich bereuen, läßt Gott vielleicht unsere Stadt nicht untergehen."

Als Gott sah, daß die Bewohner Ninives bereuten, vergab er ihnen. Die Stadt war gerettet. Alle Menschen waren glücklich, nur einer nicht – das war Jona. Jona wurde sehr mißmutig, als er entdeckte, daß Ninive nicht unterging. Er rief Gott an und sagte: „Das ist genau das, was ich meinte, als ich noch in meiner Heimat war. Genau darum wollte ich nach Tarschisch flüchten. Ich weiß, du bist ein gütiger Gott, gnädig, freundlich und geduldig und immer bereit, den Menschen zu vergeben, wenn ihnen ihre bösen Taten leid tun. Nun laß mich sterben, denn mir ist der Tod lieber als das Leben."

Jonas Stolz war verwundet bei dem Gedanken, daß seine Prophezeiung nicht eingetroffen war. Er hatte auch nicht erwartet, daß der Gott Israels gegen die Leute in Ninive so gnädig sein würde. Gott sollte nach Jonas Meinung nur gnädig und liebevoll gegen Israel sein.

„Findest du es berechtigt, so ärgerlich zu sein?" fragte Gott. Jona antwortete nicht. Er verließ die Stadt und baute sich außerhalb der Mauer eine kleine Hütte. Dort blieb er wohnen und wollte niemand mehr sehen. Er fühlte sich elend und enttäuscht und wartete ab, ob der Stadt nicht doch noch etwas Schlimmes passierte.

In der Nacht ließ Gott eine mächtige Rizinuspflanze neben der Hütte wachsen. Jona freute sich dazu, denn sie gab ihm Schatten. Doch schon am nächsten Morgen war die Pflanze verdorrt, und alle Blätter waren herabgefallen. Das tat Jona sehr leid.

Als die Sonne dann hoch am Himmel stand, wehte von der Wüste her ein heißer Wind. Die Sonne versengte Jona fast den Kopf, ihm wurde ganz schwindelig.

„Laß mich sterben, Gott", sagte er wieder. „Ich bin des Lebens müde." Als er wieder zu sich kam, fiel sein Blick auf die vertrocknete Rizinuspflanze, die einen traurigen Anblick bot. Und wieder ärgerte er sich darüber, daß die Pflanze verdorrt war.

„Meinst du, dein Ärger über die Pflanze ist berechtigt?" fragte Gott.

„Ich habe jedes Recht, mich zu ärgern", antwortete Jona. „Ich bin so ärgerlich, daß ich sterben möchte."

„Diese Pflanze ist in einer Nacht gewachsen, und am nächsten Tag ist sie ebenso schnell vertrocknet, und das bedauerst du. Du hast aber nichts dazu getan, daß sie wachsen konnte", sagte Gott. „Wieviel mehr Mitleid sollte ich nicht haben für die Menschen, die in jahrelanger harter Arbeit die große Stadt Ninive aufgebaut haben!"

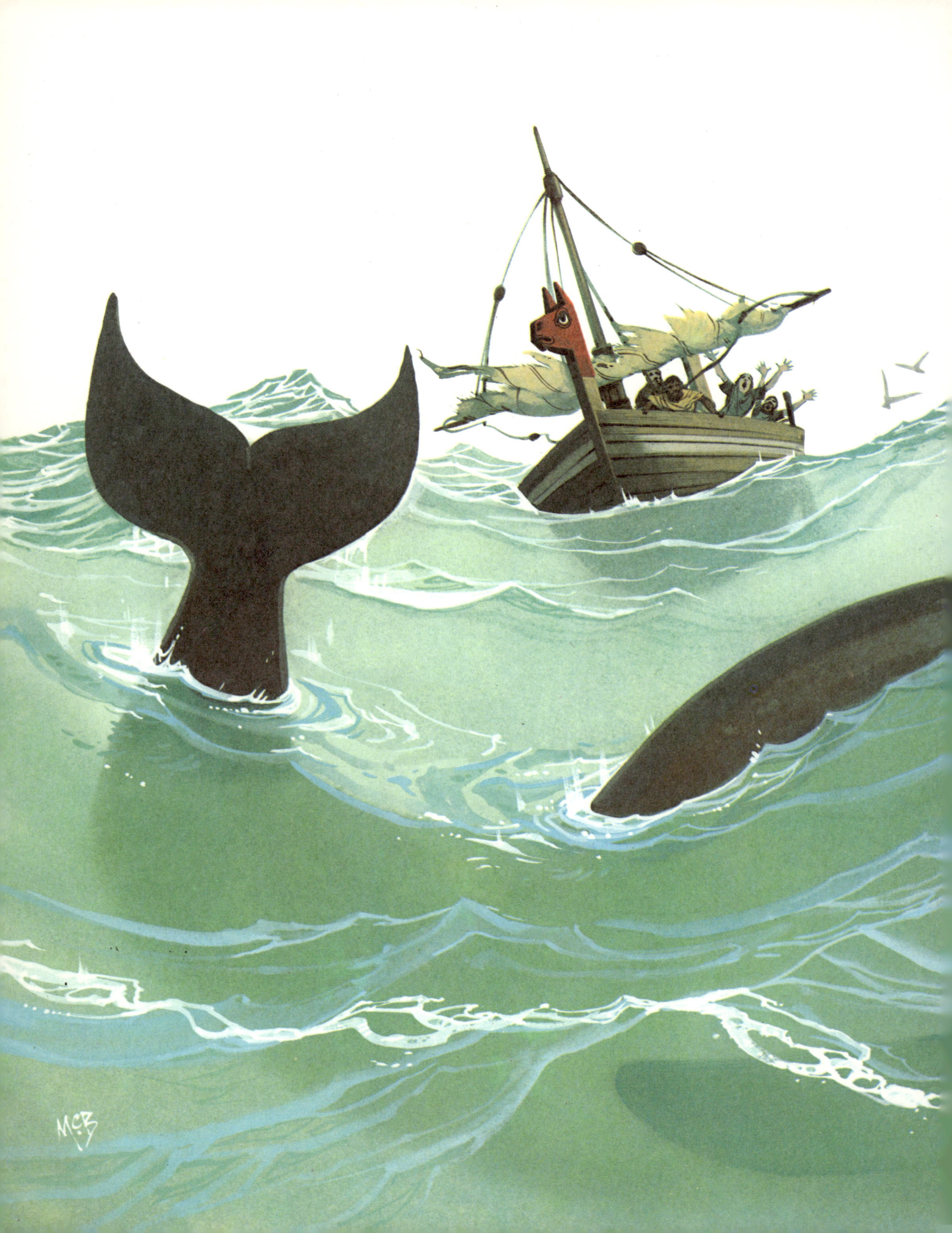
MCB

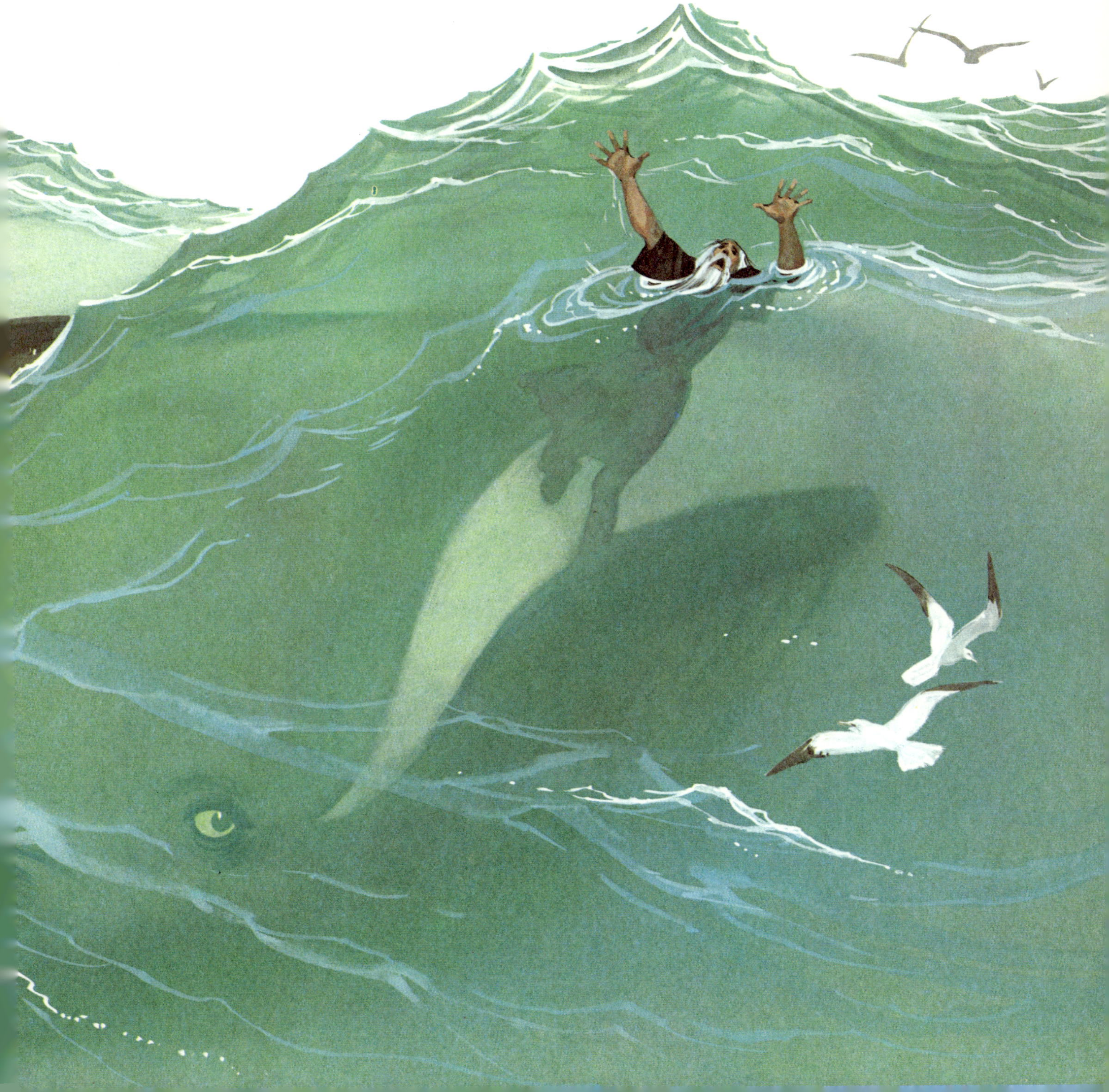

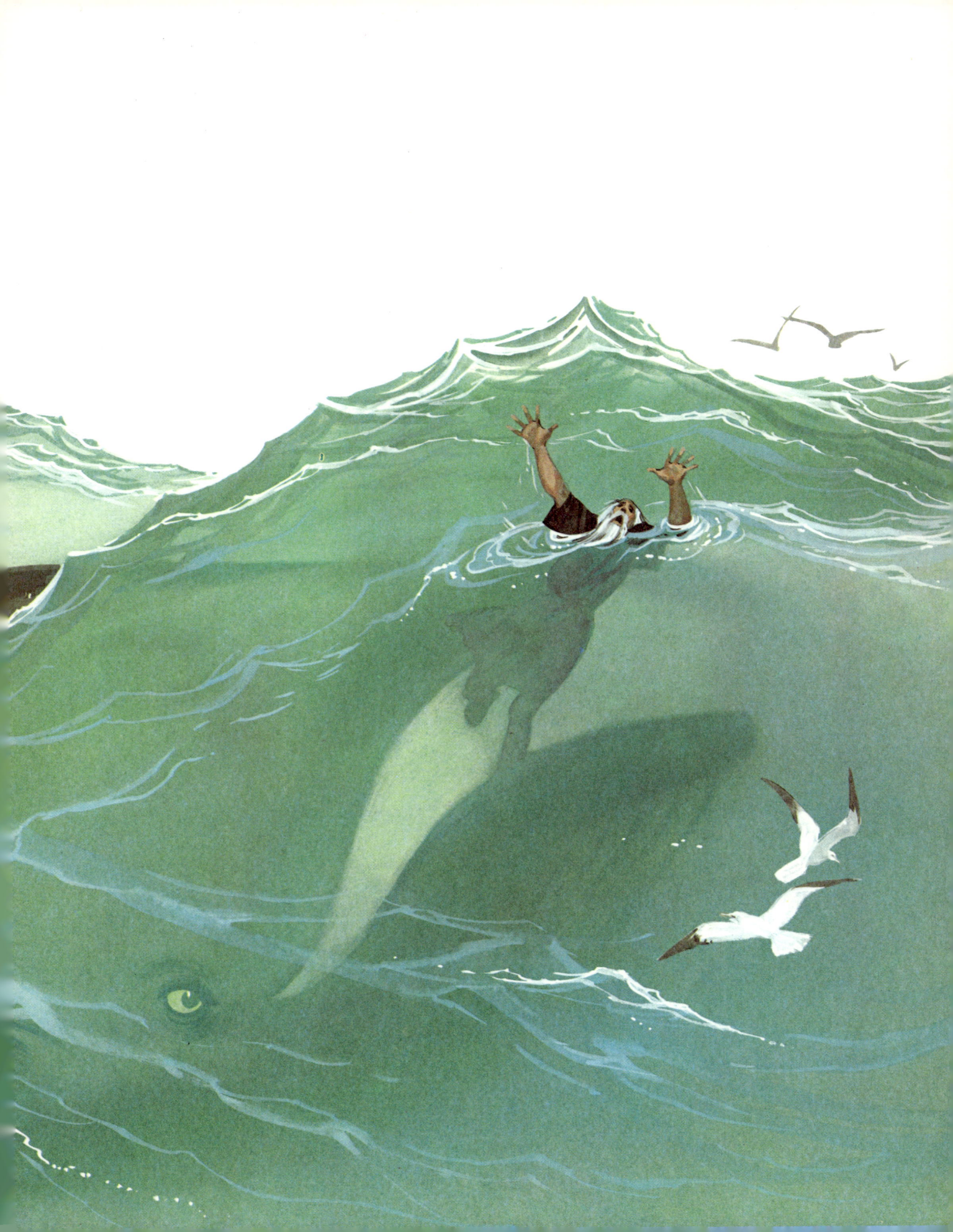

DAS NEUE TESTAMENT

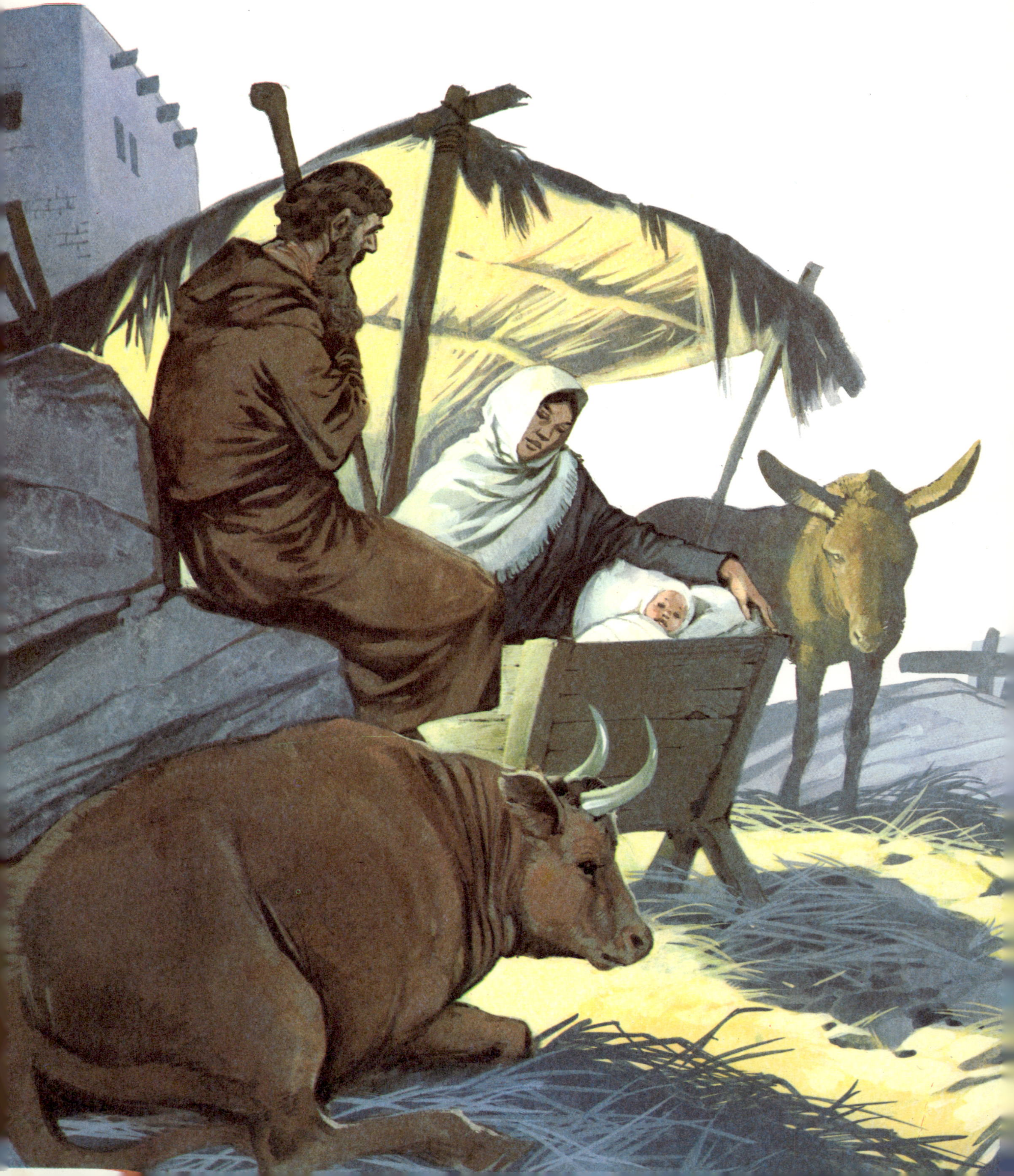

Die Geburt Jesu

In der kleinen Stadt Nazareth in Galiläa lebte ein gutes, sanftes Mädchen, das hieß Maria. Maria war verlobt mit einem Tischler namens Josef, einem vortrefflichen, gütigen Mann, dessen Familie von König David abstammte.

Eines Tages, als Maria mit häuslicher Arbeit beschäftigt war, bekam sie überraschend Besuch. Der Engel Gabriel stand plötzlich in der Tür. „Sei gegrüßt, Maria", sagte er. „Der Herr ist mit dir."

Maria erschrak. Sie wußte nicht, warum der Engel zu ihr kam und sie so begrüßte.

„Fürchte dich nicht", sagte der Engel. „Du wirst einen Sohn bekommen, und sein Name wird Jesus sein. Er ist der Sohn des Allerhöchsten und wird ein

König sein, dessen Reich niemals endet."

„Aber wie kann das sein?" fragte Maria verwirrt. „Der Heilige Geist wird zu dir kommen", antwortete der Engel, „und die Kraft Gottes wird über dir sein. Du wirst Gottes Sohn gebären." Und der Engel Gabriel fuhr fort: „Auch deine Verwandte, Elisabeth, wird einen Sohn zur Welt bringen, obgleich sie schon alt ist und keine Hoffnung mehr hatte, noch ein Kind zu bekommen. Für Gott ist nichts unmöglich."

„Ich bin Gottes Dienerin", sagte Maria leise. „Möge alles geschehen, wie du es gesagt hast."

Und der Engel Gabriel verließ sie.

Bald darauf machte Maria sich auf, um ihre Cousine Elisabeth zu besuchen. Sie erzählte ihr alles, was geschehen war und was der Engel gesagt hatte.

„Du bist die Gesegnetste unter allen Frauen", sagte Elisabeth. „Wie wunderbar, daß mich die Mutter Gottes besucht."

Josef aber hörte es gar nicht gern, daß Maria schwanger war, schon bevor er sie in sein Haus geholt hatte. Er überlegte, ob er sie überhaupt noch heiraten sollte. Da erschien ihm eines Nachts im Traum der Engel und beruhigte ihn: „Zögere nicht, Maria zur Frau zu nehmen. Der Heilige Geist ist zu ihr gekommen, und sie wird Gottes Sohn gebären. Er soll Jesus heißen, und er wird die Menschen von ihren Sünden befreien." (Der Name Jesus bedeutet ‚Retter' oder ‚Erlöser'.)

Staunend vernahm Josef die Botschaft. Bald wurde die Hochzeit gefeiert, und er begegnete Maria in Ehrfurcht.

Palästina war zu jener Zeit ein Teil des Römischen Reiches. Etliche Monate, nachdem der Engel Maria erschienen war, befahl der römische Kaiser Augustus, eine Volkszählung durchzuführen. Dazu hatte sich jeder an den Ort zu begeben, aus dem seine Vorfahren stammten, um sich dort in die Namenslisten eintragen zu lassen.

Für Josef bedeutete das eine lange Reise. Von Nazareth in Galiläa bis nach Bethlehem in Judäa waren es einhundertfünfzehn Kilometer. Bethlehem war die Heimat von Ruth und Boas und auch der Geburtsort König Davids.

Die Reise war sehr mühselig. Sie hatten nur einen Esel, auf dem Maria saß. Josef ging nebenher. Er hatte, so gut er konnte, für alles Nötige gesorgt. Maria war hochschwanger.

Erschöpft und müde erreichten sie endlich Bethlehem. Die Stadt war von Menschen überfüllt; die Menge drängte sich in den Straßen, denn viel Volk war gekommen, um sich einschreiben zu lassen. Nirgends war noch ein Zimmer frei, wo die ermatteten Reisenden aus Nazareth die Nacht verbringen konnten.

Josef sorgte sich um Maria, und er wurde ganz unruhig, als auch der letzte Rasthausbesitzer, den er um einen Schlafplatz bat, ihn abwies – es war nichts mehr frei. Sogar im Hof hatten schon Leute ihre Matten ausgelegt, um im Freien zu schlafen.

Josef blickte Maria mitleidig an. „Dort hinten gibt es einen Stall", sagte er. „Wenn du willst, könnten wir dort für eine Nacht Schutz suchen." Josef war nun jedes Lager recht, wenn sich Maria nur ausruhen konnte, denn er sah, wie erschöpft sie war. Im Stall hatten sie es wenigstens warm, und dort gab es auch Stroh, auf das man sich niederlegen konnte.

So gingen sie in den Stall, und dort wurde in der Nacht Jesus geboren. Sie wickelten ihn in Windeln, und anstatt in eine Wiege legten sie ihn in eine Krippe auf das Heu, das als Futter für die Tiere gedacht war.

Es war ein seltsamer Ankunftsort für einen Sohn Gottes und künftigen König. Könige werden in der Regel nicht in einem Stall geboren, sondern in prächtigen Palästen.

Gott aber ließ Jesus in einem Stall zur Welt kommen und zeigte damit, daß seine Liebe den Armen galt und daß Jesus der König aller Menschen, nicht nur der Reichen und Mächtigen war.

In der Nacht, als Jesus geboren wurde, hüteten auf den Feldern vor der Stadt Bethlehem Schafhirten ihre Herden. Die Arbeit der Hirten war wichtig und nicht ungefährlich; sie hatten nicht nur ihre Schafe auf gute Weiden zu führen, sie mußten sie auch vor wilden Tieren beschützen, die gerade bei Nacht umherschweiften und auf Beute lauerten. Die Schafe wurden zwar nachts in einem Pferch eingesperrt, aber man durfte sie nicht unbewacht lassen. Darum ließen sich die Hirten neben dem Gehege nieder, so daß kein Räuber ungesehen eindringen konnte.

In dieser klaren Nacht, die recht kalt war, hatten sich die Schafhirten in ihre Decken gewickelt, saßen

Die Geburt Jesu

beieinander und unterhielten sich mit Gesprächen. Der Himmel war übersät mit Sternen. Plötzlich wurde es heller, und dann war das ganze Feld von Strahlen erleuchtet. Das hellste Licht ging von einem Engel aus, der ohne die Erde zu berühren vor den Hirten erschien. Die Männer erschraken und bedeckten ihre Augen.

„Fürchtet euch nicht", sagte der Engel, „denn ich habe gute Nachricht für euch, die alle Menschen erfreuen wird. Heute nacht wurde in Bethlehem, der Stadt Davids, der Retter der Welt geboren. Es ist Christus, unser Herr."

Die Schäfer waren stumm vor Staunen. Sie wagten kaum, den Blick zu heben. Wie sollten sie diese Verkündigung verstehen? Und sie fragten sich, warum der Engel damit gerade zu ihnen kam. Der Engel aber fuhr fort: „Überzeugt euch selbst und sucht nach dem neugeborenen Kind. Ihr werdet es in Windeln gewickelt in einer Krippe finden."

Kaum hatte der himmlische Bote geendet, da war der ganze Himmel erfüllt von einer Engelschar, die sang: „Ehre sei Gott in der Höhe, und Friede auf Erden den Menschen, die guten Willens sind." Dann verschwanden die Engel, und Dunkel und Stille herrschte in der Nacht. Nur die Sterne leuchteten noch am Himmel.

Ergriffen flüsterten die Schäfer miteinander. War es Wirklichkeit oder Traum gewesen? Der Messias, der Retter der Welt, hier in Bethlehem? Und in einem Stall? Es schien unmöglich.

Dann sagte einer der Hirten: „Kommt und laßt uns das Kind suchen, damit wir das Wunder erblicken, das Gott uns durch den Mund seines Engels verkündet hat."

Sie eilten davon über Tal und Hügel, nach Bethlehem zu. Sie vergaßen die Schafe, die sie beschützen sollten – doch in dieser Nacht blieben alle wilden Tiere in ihren Höhlen.

Aber wo in Bethlehem würden sie das Kind finden? Durch den Engel wußten sie, daß es sinnlos war, es in den Häusern der Reichen zu suchen, denn das Kind sollte in einer Krippe liegen, und Krippen waren nur in Ställen zu finden. Die Kinder der Reichen aber schliefen in richtigen Betten oder in Wiegen.

Sie mußten also nach einem Stall Ausschau halten. Und in einem Stall fanden sie dann auch das Neugeborene. Die Hirten knieten nieder und beteten es an. Maria, seine Mutter, und ihr Mann Josef standen neben der Krippe und blickten zärtlich auf das Kind. Die Hirten erzählten ihnen, was der Engel gesagt hatte. Maria aber wußte schon alles durch den Engel Gabriel. Sie lächelte still; das wunderbare Geschehen erfüllte sie mit Glück.

Die Schafhirten waren sehr aufgeregt über ihr großes Erlebnis. Als sie zu ihren Schafen zurückkehrten, sangen sie laut und priesen Gott. Mochten andere Leute auch bezweifeln, daß Gottes Sohn in einem Stall geboren worden war – sie hatten den Engel mit eigenen Ohren sprechen hören, mit eigenen Augen ihn und das Gotteskind gesehen!

Nach der vorgeschriebenen Zeit brachten Maria und Josef das Kind in den Tempel von Jerusalem. Sie taten alles, wie es das Gesetz befahl, und weihten das Kind Gott. Es war üblich, bei dieser Gelegenheit ein Brandopfer zu bringen. Meistens war es ein Lamm. Arme Leute aber durften auch zwei Tauben als Opfertiere darbringen, und das taten auch Maria und Josef.

Nun lebte damals in Jerusalem ein guter, gottesfürchtiger Mann namens Simeon. Ihm war geweissagt worden, daß er nicht sterben werde, ohne den wahren Christus gesehen zu haben. (Christus und Messias bedeutet dasselbe, nämlich ‚der Gesalbte'.) Simeon befand sich gerade im Tempel, als Maria und Josef mit Jesus hereinkamen. Sobald Simeon das Kind sah, erkannte er in ihm den Messias. Er nahm Jesus in seine Arme und sagte: „Gott, nun laß deinen Diener in Frieden gehen, denn ich habe den Retter mit eigenen Augen gesehen."

Maria und Josef hörten verwundert, was der alte Mann sagte. Simeon segnete sie und sagte zu Maria: „Für viele Menschen in Israel wird Jesus der Erlöser sein, andere aber werden ihm feindlich begegnen, und daraus wird dir viel Leid widerfahren."

Die Weisen aus dem Morgenland

Kurze Zeit nach Jesu Geburt kamen drei vornehme Männer nach Jerusalem und begannen merkwürdige Fragen zu stellen. Es waren Gelehrte, welche die Sterne beobachteten; man nannte sie Astrologen oder Magier oder auch einfach ‚Weise'.

Sie kamen von Osten und hatten eine lange Reise hinter sich. Aufgebrochen waren sie, weil sie einen sehr hell leuchtenden neuen Stern am Himmel erblickt hatten. Dieser Stern – so glaubten sie zu wissen – zeigte an, daß der langerwartete neue König der Juden geboren worden war. Um mehr darüber zu erfahren, hatten sie ihre Kamele bestiegen und waren der Bahn des Sterns gefolgt.

Der Stern hatte sie bis nach Jerusalem geführt. Darum fragten die weisen Männer die Bewohner der Stadt, ob hier der Ort sei, wo sie den neugeborenen König finden könnten. Jerusalem erschien ihnen als eine durchaus passende Stadt für die Ankunft des Königs der Juden.

„Wo ist er?" fragten sie. „Wir kommen aus dem Osten und haben seinen Stern gesehen, der uns hierher geführt hat. Wo finden wir ihn, um ihn anzubeten?"

Aber niemand in Jerusalem wußte etwas von einem neugeborenen König. Der einzige König, den sie kannten, war Herodes.

Die Nachricht von den vornehmen Männern, die das Volk ausfragten, erreichte das Ohr des Königs Herodes. Und er hörte das gar nicht gern. Er war eifersüchtig auf seine Alleinherrschaft bedacht und sah ständig seinen Thron bedroht.

„Ein neuer König?" dachte er, von Mißtrauen erfüllt. Und nicht nur Herodes war beunruhigt; alle Bewohner Jerusalems ängstigten sich, denn wenn Herodes aufgebracht war, konnte man nie wissen, wozu er imstande war. Erst vor kurzem hatte er etliche der führenden Männer der Stadt auf bloßen Verdacht hin zum Tode verurteilt, nur von der Furcht um seinen Thron getrieben.

Herodes rief alle Oberpriester und Gesetzeslehrer zu sich und fragte sie, was sie von der Sache wüßten. „Wo soll dieser Messias, dieser ‚König der Juden', geboren werden?" fragte er.

Sie wußten die Antwort wohl. Der Prophet Micha hatte es vor Jahrhunderten geweissagt. Er hatte geschrieben: „Und du, Bethlehem, die du klein bist unter den Städten in Juda, aus dir soll mir der kommen, der in Israel Herr sei." Damit konnte nur der Messias gemeint sein. Sie sagten es dem König.

„Also in Bethlehem", dachte Herodes. „Da muß sofort etwas getan werden."

Er lud die weisen Männer aus dem Morgenland zu sich ein. Von ihnen erfuhr er, an welchem Tag der Stern erschienen war. Dann schickte er sie nach Bethlehem; dort sollten sie nach dem neugeborenen König der Juden suchen.

„Geht und forscht sehr sorgfältig nach dem Kind", sagte er ihnen. „Und sobald ihr es gefunden habt, kommt hierher zurück und laßt es mich wissen, damit auch ich hingehen und es anbeten kann."

Natürlich hatte Herodes keineswegs die Absicht, einen Rivalen für seinen Thron anzubeten, im Gegenteil! Er wollte nur erfahren, wo dieses Kind sich befand, damit er es so schnell wie möglich unschädlich machen konnte.

Die drei Weisen verließen Jerusalem. Erfreut sahen sie, daß der Stern wieder erschienen war und vor ihnen herzog. Sie folgten ihm, bis er über einem Haus in Bethlehem stillstand. Inzwischen war die Volkszählung beendet, und Bethlehem war nicht mehr von

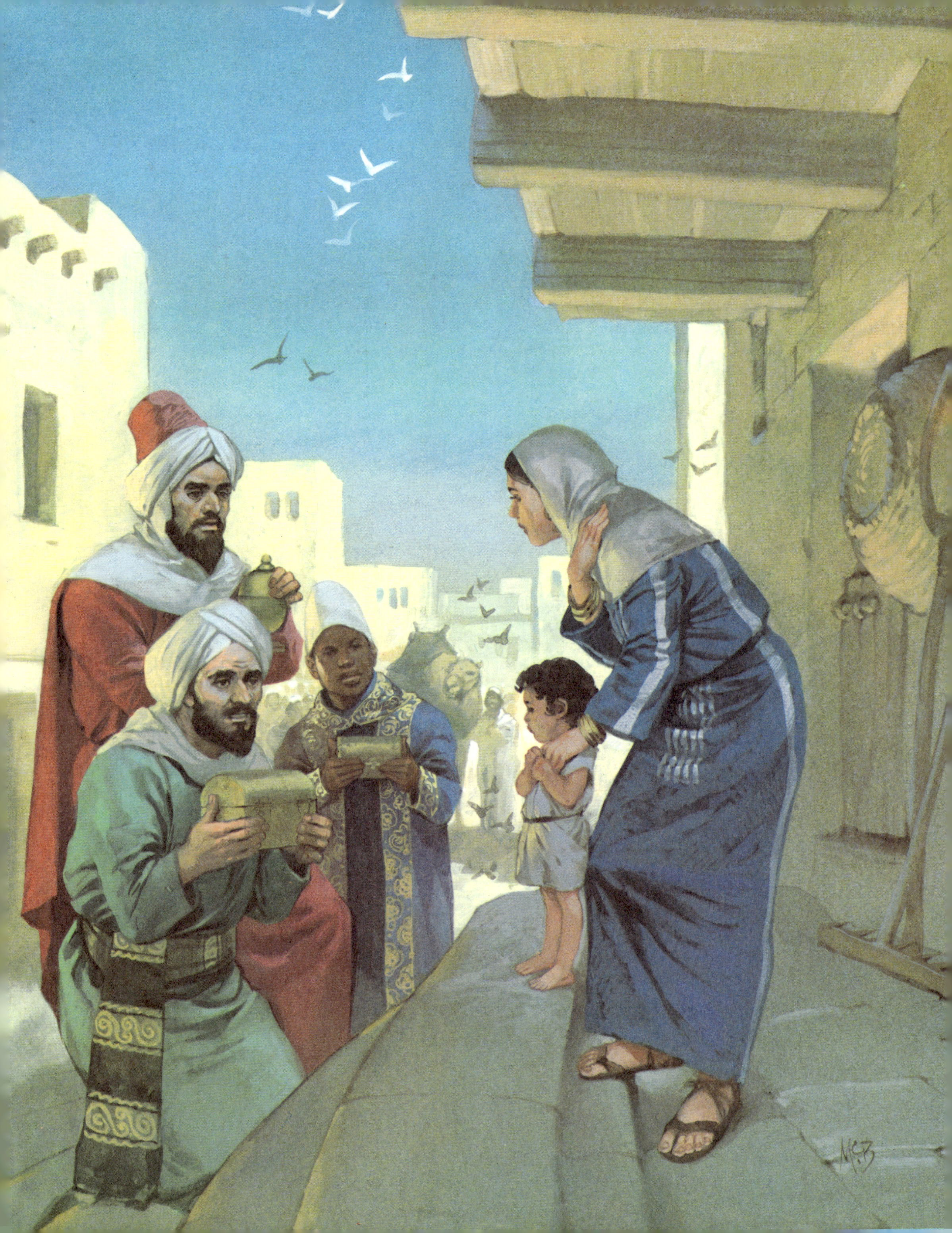

Die Weisen aus dem Morgenland

Besuchern überfüllt. So hatten Maria und Josef leicht eine bessere Unterkunft gefunden als es der Stall war.

Voller Freude betraten die weisen Männer das Haus und fanden darin das Jesuskind und seine Mutter. Sie knieten nieder und beteten das Kind an.

Zu einem König ging man damals nie, ohne ihm Geschenke mitzubringen. Darum überreichten sie ihre Gaben für den neuen König der Juden. Es waren königliche Geschenke – Gold, Weihrauch und Myrrhe, kostbare Erzeugnisse der Länder, aus denen die Männer kamen. Weihrauch ist das Harz aus der Rinde des Terebinthenbaums (einer Pistazienart); es duftet gut und wurde von den Tempelpriestern benutzt, um Wohlgeruch um den Altar zu verbreiten. Auch Myrrhe ist ein Pflanzenharz, das süß duftet und als Parfüm, in der Medizin und für Salböl verwendet wurde.

Noch in Bethlehem schickte Gott den drei Weisen einen Traum, in dem er ihnen sagte, sie sollten nicht zu König Herodes zurückkehren. Darum wählten die Weisen bei der Heimreise ins Morgenland einen anderen Weg.

Als die weisen Männer nicht nach Jerusalem zurückkamen, merkte Herodes, daß seine List mißglückt war, und er bekam einen schrecklichen Wutanfall. Er befahl, daß alle kleinen Kinder in Bethlehem, die weniger als zwei Jahre alt waren, sofort getötet werden sollten. Auf diese Weise, so glaubte er, hätte er sich bestimmt des ‚neuen Königs' entledigt.

Gott aber ließ es nicht zu, daß sein Sohn so früh aus der Welt ging. Sobald die drei Weisen abgereist waren, erschien ein Engel dem Josef im Traum und sagte: „Steh auf, Josef, nimm das Kind und seine Mutter und fliehe nach Ägypten, denn König Herodes sucht nach dem Kind; er will es töten."

Noch in derselben Nacht tat Josef, was der Engel ihm geboten hatte. Im Schutz der Dunkelheit floh er mit Maria und Jesus in die Wüste. Bis Ägypten reichte Herodes' Macht nicht. Sie blieben in Ägypten, bis Herodes gestorben war.

Dann erschien Josef der Engel wiederum und sagte: „Jetzt kannst du ohne Furcht mit dem Kind und seiner Mutter nach Israel zurückkehren. Jener, der Jesus gesucht hat und ihn töten wollte, ist nun selber tot."

Erst wollte Josef nach Judäa zurück, vielleicht nach Bethlehem. Doch als er hörte, daß dort nun Herodes' Sohn Archelaus König war, fürchtete er sich, denn Archelaus war fast ebenso grausam wie sein Vater gewesen war. Darum zog Josef nach Galiläa und wohnte mit Maria und Jesus in Nazareth, zu Füßen des Libanongebirges.

Nazareth war, genau wie Bethlehem, eine stille kleine Stadt; aber beide Städte wurden weltbekannt, weil Jesus in ihnen gelebt hatte.

Der zwölfjährige Jesus im Tempel

Die Bibel erzählt uns, daß das Kind Jesus wuchs und stark wurde, an Verstand und Wissen zunahm und Gott und den Menschen wohl gefiel. Daheim half er Maria bei ihrer täglichen Hausarbeit, und in Josefs Tischlerwerkstatt lernte er, Holz zu bearbeiten. Bald war er ein geschickter Handwerker und konnte Türen, Betten, Truhen, Tische und Stühle und manches andere anfertigen. Tischler machten damals auch Geräte für die Bauern – Ochsenjoche, Pflüge und Dreschflegel. Es gab also genug zu tun für Jesus. Außerdem wurde er von einem Rabbi unterwiesen und lernte die Gesetze Israels. Bücher gab es damals für das einfache Volk nicht. Der Unterricht erfolgte in der Form, daß die Schüler jeden Satz des Lehrers nachsprachen und auswendig lernten. Die Schriftrollen, auf denen die Gesetze und die Geschichte Israels niedergeschrieben waren, wurden im Tempel aufbewahrt. Jeden Sabbath ging Jesus zum Gottesdienst in den Tempel, und als er größer wurde, las er oft laut aus den Schriftrollen vor.

In seiner Freizeit wanderte Jesus aus Nazareth hinaus und betrachtete das Leben auf dem Land. Er beobachtete vieles, und alles blieb ihm im Gedächtnis. Als er später die Menschen belehrte, erzählte er ihnen viele Geschichten aus dem Leben, das sie kannten – vom Schäfer und seiner Herde, vom Kornfeld und dem Sämann, vom Weinberg. Es waren Gleichnisse, mit denen er dem Volk deutlich machte, was er lehren wollte. Seine eigenen Erfahrungen mit dem ländlichen Leben machten seine Geschichten sehr wirklichkeitsnahe, so daß seine Zuhörer ihn leicht verstanden.

Einmal in jedem Jahr reisten Maria und Josef nach Jerusalem und versammelten sich dort mit Hunderten anderer Pilger, die zusammenströmten, um das Passahfest zu feiern.

Wenn ein jüdischer Junge zwölf Jahre alt war, mußte er sich bestimmten Kulthandlungen unterziehen; dann galt er als ein Erwachsener in der Glaubensgemeinschaft und konnte als vollwertiges Mitglied am religiösen Leben seines Dorfes oder seiner Stadt teilnehmen. Er wurde zum „Sohn des Gesetzes" und dessen Regeln verpflichtet. Man betrachtete ihn nicht mehr als Kind.

Als nun Jesus zwölf Jahre alt geworden war, beschlossen Maria und Josef, ihn zum Passahfest nach Jerusalem mitzunehmen, damit er dort die Weihe bekäme. Jesus wußte, es würde für ihn eine ganz besondere Reise werden.

Leute aus dem gleichen Ort machten die Reise nach Jerusalem häufig zusammen, denn für eine einzige Familie war sie nicht ungefährlich. In den einsamen Gegenden, die sie durchwandern mußten, konnte es passieren, daß sie von Räubern überfallen wurden oder einem großen Raubtier begegneten. Der Weg war rauh, es ging über viele Hügel, hinauf und hinab, und die Reise dauerte mehrere Tage. Nachts schliefen sie im Freien, und ein oder zwei Männer hielten Wache.

Für einen Zwölfjährigen war alles ein aufregendes Erlebnis. Jesus hatte Jerusalem noch nie gesehen. Als die Stadt endlich vor ihren Augen lag, war er innerlich so aufgeführt, daß ihn ein Schauer überlief.

Als sie beim Tempel ankamen, begann schon das Passahfest. Seit vielen Jahrhunderten begingen die Israeliten den Jahrestag, der sie daran erinnerte, wie ihre Vorväter in Ägypten gelebt hatten und wie der Todesengel alle Erstgeborenen der Ägypter schlug, aber an den Türen der Gläubigen vorüberging.

Der Vorhof des Tempels war mit Menschen überfüllt. Die Zwölfjährigen betraten mit ihren Eltern den

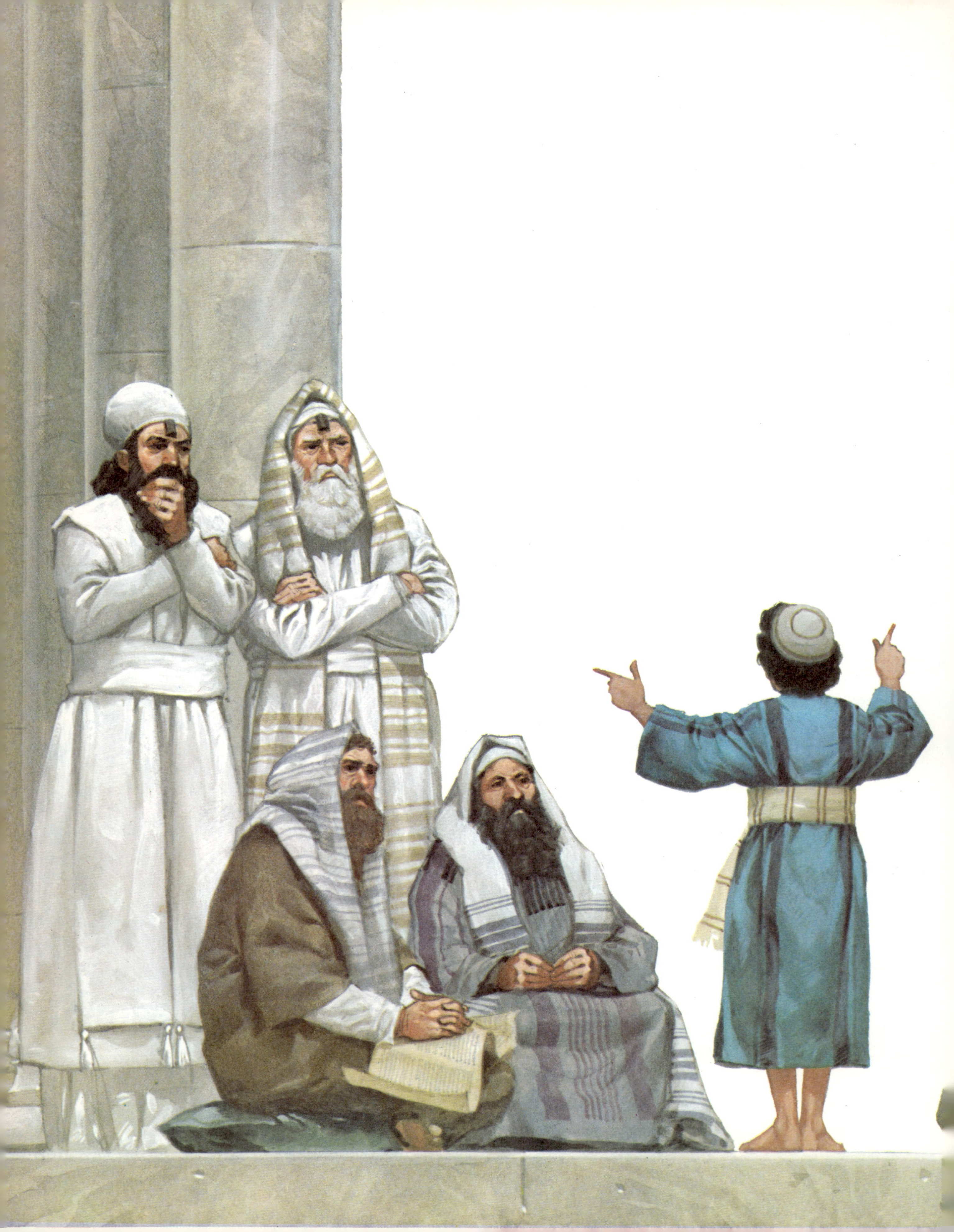

Der zwölfjährige Jesus im Tempel

Tempel und wurden feierlich in die Glaubensgemeinschaft aufgenommen.

Als die Feier vorüber war, begann die Menge sich zu zerstreuen. Die meisten machten sich bald auf den Heimweg, auch Maria und Josef. Sie trafen ihre Nachbarn wieder, und im Gespräch über das wohltuende Erlebnis des Festes hatten sie sich schon ein ganzes Stück von Jerusalem entfernt, als sie merkten, daß Jesus nicht bei ihnen war.

„Hat jemand Jesus gesehen?" fragte Maria. Man beruhigte sie: „Er ist gewiß schon mit den anderen Jungen vorausgelaufen." „So wird es wohl sein", dachte sie. Sie gingen weiter, bis es Abend wurde und jeder an Nachtruhe dachte. Da schauten Maria und Josef vergeblich nach Jesus aus. Er war nicht unter den Nazarenern, und den ganzen Tag hatte ihn niemand gesehen. Nun wurden sie ernstlich besorgt. Was sollten sie tun? Sie beschlossen, am nächsten Morgen umzukehren und Jesus, falls sie ihn nicht vorher trafen, in Jerusalem zu suchen.

In aller Frühe machten sie sich tags darauf auf den Weg und fragten jeden Menschen, dem sie begegneten, ob er Jesus gesehen habe. Doch niemand konnte ihnen helfen. In ganz Jerusalem suchten sie nach ihm. Nach vielen ermüdenden Stunden fanden sie ihn endlich im Tempel. Dort saß er inmitten einer Gruppe von Gesetzeslehrern, hörte ihnen zu und stellte ihnen Fragen. Die Lehrer staunten über Jesu Verständnis und über seine klugen Fragen und Antworten.

Auch Maria und Josef staunten, als sie Jesus dort sahen und ihn reden hörten. Maria sagte zu ihm: „Mein Sohn, warum bist du nicht mit uns gegangen? Wußtest du nicht, welche Sorgen wir uns deinetwegen gemacht haben?"

Jesus war verwundert – nicht weil sie zu ihm gekommen waren, sondern weil sie nicht gewußt hatten, daß er sich im Tempel befand.

„Warum mußtet ihr denn nach mir suchen?" fragte er. „Wo anders konnte ich sein als im Hause meines Vaters?"

Maria und Josef verstanden nicht ganz, daß Jesus auf solche Weise mit ihnen redete. „Komm jetzt mit uns", sagte Josef. Und Jesus gehorchte sofort. Nie ließ er es daran fehlen, den beiden seine Liebe und seine Achtung zu bezeugen.

Maria sann tief über alles nach, was geschehen war. Sie erinnerte sich daran, daß der Engel Gabriel ihr vor Jesu Geburt gesagt hatte, sie werde den Sohn Gottes gebären, und daß der alte Simeon im Tempel Jesus den ‚Messias' genannt hatte.

Johannes der Täufer

Zacharias war ein Tempelpriester. Elisabeth, seine Frau, war eine Cousine von Maria, die den Gottessohn gebar. Zacharias und Elisabeth waren gute Menschen und gehorchten Gottes Geboten. Zu ihrem Leidwesen hatten sie keine Kinder, und hätten doch so gern wenigstens ein einziges gehabt. Immer wieder hatten sie Gott um ein Kind gebeten, doch nun hielten sie sich für zu alt und hatten die Hoffnung auf Nachwuchs aufgegeben.

Einmal im Jahr mußte Zacharias zwei Wochen im Tempel von Jerusalem verbringen; das gehörte zu seinen Pflichten als Priester. In dem Jahr, bevor Jesus geboren wurde, widerfuhr ihm eine große Ehre: Er wurde von allen anderen dazu gewählt, das Räucheropfer im Tempel darzubringen. Das war der feierlichste Teil des täglichen Gottesdienstes und geschah jeden Morgen und Abend am goldenen Räucheraltar, der vor dem Vorhang zum Allerheiligsten stand.

Der Priester, dessen Vorrecht und Pflicht es war, das Rauchopfer zu vollziehen, ging allein in den Tempel hinein. Während der Stunde, in der das duftende Weihrauch verbrannte, hielten die anderen Priester und das Volk im Vorhof des Tempels ihren Gottesdienst.

Als nun Zacharias während des Rauchopfers den Blick hob, sah er plötzlich einen Engel zur Rechten des Altars stehen. Zacharias erschrak.

„Hab keine Angst, Zacharias", sagte der Engel. „Gott hat euer Gebet erhört. Elisabeth wird einen Sohn gebären. Du sollst ihn Johannes nennen. Der Heilige Geist wird ihn mit Kraft erfüllen, und er wird dem kommenden Messias den Weg bereiten."

„Aber ich bin doch schon ein alter Mann", sagte Zacharias, „und auch meine Frau ist zu alt, um noch Mutter zu werden. Ich kann es nicht glauben, was du mir sagst."

„Ich bin Gabriel", erwiderte der Engel. „Gott hat mich über viele Engel gestellt. Er ist es, der mich gesandt hat, dir diese frohe Botschaft zu verkünden. Doch weil du an meinen Worten zweifelst, sollst du stumm sein, unfähig, ein Wort zu sprechen, bis der Tag kommt, an dem Gottes Versprechen sich erfüllt."

Inzwischen warteten die Menschen draußen darauf, daß Zacharias aus dem Tempel kam und ihnen den priesterlichen Segen gab. Sie wunderten sich, daß er so lange blieb.

Als er endlich herauskam und die Gläubigen segnen wollte, brachte er kein Wort heraus. Er konnte ihnen nur Zeichen geben. Und die Menschen erkannte, daß etwas ganz Besonderes im Tempel geschehen sein mußte.

Elisabeth aber wurde schwanger, und als die Zeit gekommen war, gebar sie einen Sohn, wie es der Engel gesagt hatte. Alle Verwandten und Freunde freuten sich mit ihr und lobten Gott, der ihr in ihrem Alter noch ein Kind geschenkt hatte.

Dann sollte der Junge einen Namen bekommen. Jeder meinte, er müsse nach seinem Vater Zacharias heißen. Elisabeth aber schüttelte den Kopf und sagte: „Nein, er soll Johannes genannt werden."

„Johannes?" wunderten sich die Verwandten und Freunde. „Aber warum? Es gibt niemanden in eurer Familie, der so heißt." Sie fragten Zacharias, der immer noch stumm war, was er dazu meinte.

Zacharias nahm eine Schreibtafel und schrieb darauf: „Sein Name ist Johannes." Und dann wiederholte er laut und deutlich: „Sein Name ist Johannes!" Die Stummheit war plötzlich von ihm genommen.

Erstaunt hörten die Anwesenden, daß er wieder reden konnte. Aufgeregt liefen sie fort und berichteten allen Bekannten von diesem wunderbaren Ereignis. In ganz Judäa verbreitete sich die Neuigkeit; man sprach fast von nichts anderem mehr. „Was wird aus diesem Kind, wenn es groß ist?" sagte einer zum andern. „Es ist klar, daß Gott etwas Besonderes mit ihm vorhat."

Als Johannes herangewachsen war, zog er in die Wüste und lebte dort, bis für ihn die Zeit gekommen war, seine göttliche Bestimmung zu erfüllen: Er wurde zum Propheten für das Volk Israel.

Johannes war ein rauh aussehender Mann, mit einem Kleid aus Kamelhaaren angetan und einem ledernen Gürtel um die Lenden. In der dürren Wüste ernährte er sich von Heuschrecken und wildem Honig. (Von einigen Naturvölkern werden heute noch Heuschrecken gegessen; nachdem Flügel und Beine entfernt sind, wird das übrige gekocht oder geröstet.)

Als ein ernster, leidenschaftlicher Prophet kam Johannes aus der Wüste zurück. Er rief die Menschen auf, ihre Sünden zu bereuen und ein neues, besseres Leben zu beginnen, weil das Königreich Gottes nahe sei.

Bald hörten alle Leute von dem neuen Propheten, der am Jordan predigte. Aus Jerusalem und aus ganz Judäa pilgerten die Menschen zu ihm.

„Bereitet den Weg des Herrn", rief Johannes. „Füllt eure Täler, ebnet die Hügel ein; macht die krummen Plätze gerade und die rauhen Plätze glatt, dann werdet ihr den Messias sehen." Mit diesen Worten sagte er ihnen: Tut das Gute, das ihr bisher unterlassen habt (die Täler füllen); legt euren Stolz und euren Hochmut ab (die Hügel einebnen); macht euch frei von Betrug und Lüge (krumme Plätze) und von Ärger, Haß und Groll (rauhe Plätze).

„Bekennt eure Sünden, bereut aus tiefem Herzen, kommt und laßt euch taufen!" rief Johannes. Viele

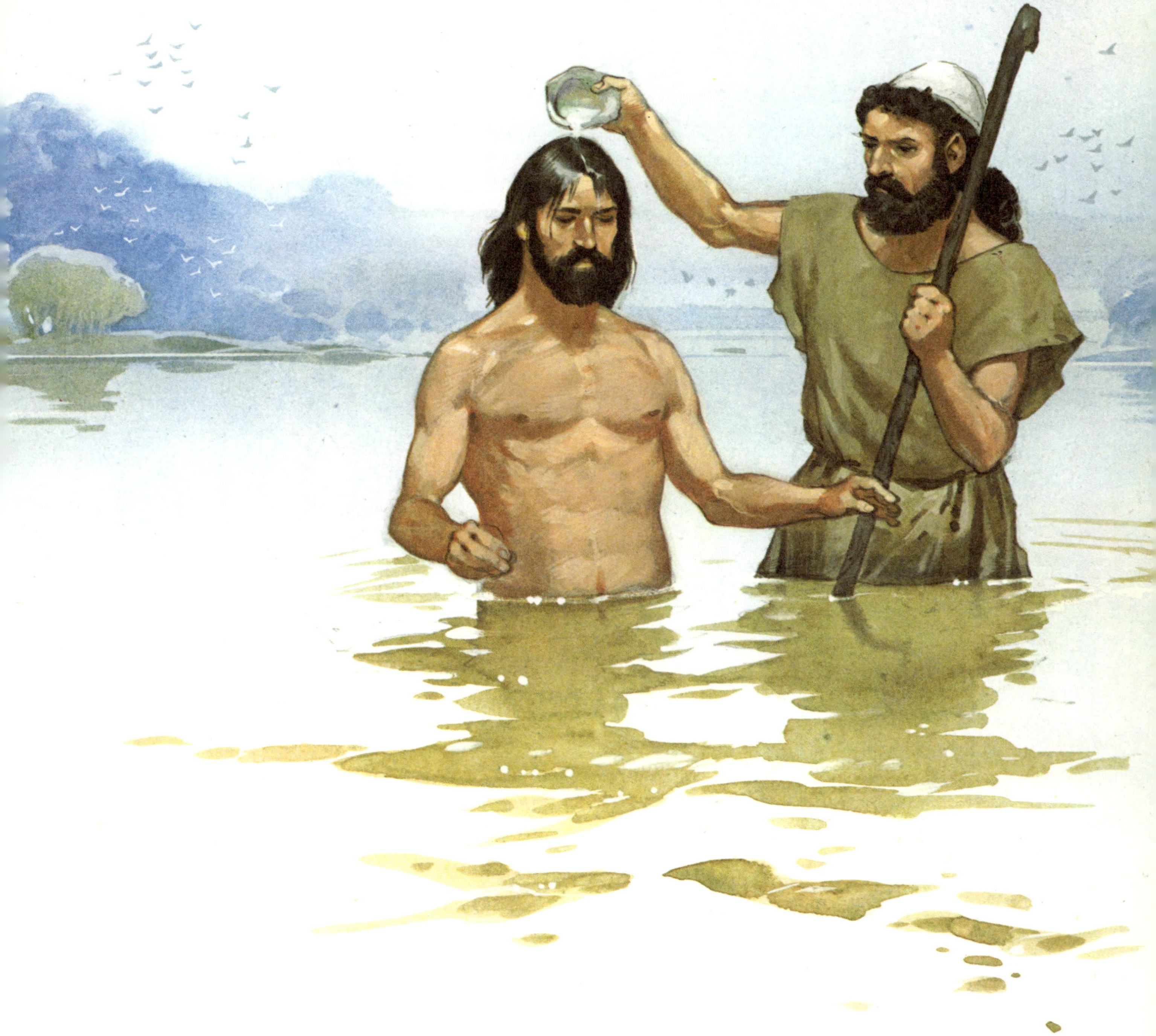

Johannes der Täufer

Hundert kamen zu ihm und ließen sich im Jordan taufen. Die Taufe bedeutete ‚Reinwaschen' und war ein Symbol der Reinigung von Sünden, ein Zeichen, daß alles Schlechte fortgespült und ein neues, besseres Leben beginnen konnte. Bald wurde Johannes nur noch ‚Johannes der Täufer' genannt.

Es gab Israeliten, die glaubten, das jüdische Volk sei besser als andere Völker, weil Gott es erwählt hatte. Johannes aber sprach dagegen. Er sagte ihnen, sie seien genauso sündig wie andere Völker und hätten es genauso nötig, ihre Sünden zu bekennen und zu bereuen.

„Handelt so, daß jeder sieht, ihr habt euch vom Weg der Sünde abgewendet", sagte er.

„Was sollen wir denn tun?" fragten sie ihn.

„Zeigt euren guten Willen", antwortete er. „Wer zwei Röcke hat, gebe einen davon dem, der keinen besitzt. Wer Brot hat, teile es mit den Hungrigen."

„Und was kannst du uns sagen?" fragten einige Zöllner.

„Nehmt nicht mehr Steuern von den Menschen als das Gesetz es befiehlt", erwiderte Johannes. „Und laßt den Armen genug zum Leben."

„Und was ist mit uns?" fragten einige Soldaten.

„Ihr sollt niemanden gewaltsam berauben", entgegnete Johannes. „Und beschuldigt keinen Unschuldigen um eures Vorteils willen. Begnügt euch mit eurem Sold."

Das Volk staunte über diesen neuen Propheten. War er vielleicht der erwartete Messias? Sie fragten ihn danach, und auch Priester und Leviten aus Jerusalem kamen und wollten es wissen.

„Nein", antwortete Johannes, „ich bin nicht der Messias. Aber es wird einer kommen, der ist größer als ich. Ich bin nicht wert, ihm die Schuhriemen zu lösen. Ich taufe nur mit Wasser. Er aber wird mit dem Heiligen Geist und mit Feuer taufen." (Mit ‚Feuer' meinte Johannes die heilige Glut und Begeisterung im göttlichen Dienst.)

Am nächsten Tag sah Johannes, wie Jesus auf ihn zukam. Er streckte die Hand aus und rief dem Volk zu: „Seht, da kommt er! Er ist es, der die Sünden der Welt hinwegnimmt. Ich habe euch mit Wasser getauft, um ihm den Weg zu bereiten, damit das Volk Israel ihn erkennt."

Und Johannes nannte Jesus ‚das Lamm Gottes'. Dieser Ausdruck stammt aus dem Alten Testament und meint das Lamm, das zur Opferung geschlachtet wurde. Das Opfertier starb nach altem Glauben stellvertretend für den Menschen, der wegen seiner Sünden den Tod verdient hatte. Jesus, der kam, um die Menschen zu retten, nahm mit seinem Tod die Strafe für alle Sünder auf sich – wie ein Lamm, das wegen menschlicher Sünde geopfert wurde.

Johannes sah verwundert, daß Jesus zu ihm in das Jordanwasser stieg und getauft werden wollte. „Wie kann ich mich vermessen und den sündenlosen Gottessohn taufen?" sagte er. Jesus aber sagte ihm, es sei Gottes Wille. Da taufte Johannes den Messias im Jordan. (Damals war es üblich, daß die Menschen zur Taufe ganz ins Wasser gingen; in warmen Ländern wird es mancherorts noch heute so gemacht.)

Als Jesus nun getauft war und aus dem Wasser stieg, schien sich der Himmel zu öffnen, und Johannes sah eine Taube herabkommen und schwebend über Jesus verharren. Zugleich rief eine Stimme vom Himmel: „Dies ist mein geliebter Sohn, an dem ich Wohlgefallen habe."

Da wußten die Menschen, die staunend dieses Wunder miterlebten, daß Jesus mit der Taufe keine eigenen Sünden abzuwaschen hatte. Die Stimme Gottes sagte ihnen, daß er kein Sünder war. Selber ohne Fehl, nahm Jesus die Last aller Fehlhandlungen der Menschen auf sich.

Die Versuchung in der Wüste

Nachdem Jesus von Johannes getauft worden war, führte Gott ihn in die Wüste. Dort suchte der Teufel, ihn zu verführen.

In tiefe Gedanken versunken, bereitete sich Jesus auf seine Bestimmung vor. Wie sollte er die ihm gegebenen göttlichen Kräfte gebrauchen? Sollte er unwiderstehlich die Menschen dazu bringen, ihm willenlos zu folgen? Nein, das wäre nicht richtig. Mit seinen Kräften wollte er den Menschen dienen. Wer ihm folgte, mußte es aus freiem Willen tun. Niemand kann ins Reich Gottes hineingezwungen werden.

Als er vierzig Tage und Nächte, ohne einen Bissen zu essen, in der Wüste verbracht hatte, hungerte ihn. Da erschien der Teufel und versuchte ihn zu verführen. „Wenn du wirklich Gottes Sohn bist", sagte er, „verwandle diese Steine in Brot."

Jesus erwiderte: „Es steht geschrieben, der Mensch lebt nicht von Brot allein, aber von jedem Wort, das von Gott kommt." Dabei dachte Jesus: ‚Durch Gottes Willen bin ich hier; Gott wird mich auch ohne Brot am Leben erhalten.'

Da versuchte es der Teufel auf andere Weise. Er nahm Jesus mit sich nach Jerusalem, stellte ihn auf die Zinne des Tempels und sagte: „Bist du Gottes Sohn, so stürze dich herab. Es kann dir nichts geschehen, denn es steht geschrieben: ‚Gottes Engel werden dich auf Händen tragen, und dein Fuß wird an keinen Stein stoßen'." Damit zeigte der Teufel Jesus eine leichte und imposante Möglichkeit, als Messias erkannt zu werden. Welches Aufsehen würde es erregen, wenn er sich aus so großer Höhe herabstürzte und unverletzt auf dem Boden landete!

Jesus aber lehnte den teuflischen Vorschlag ab und sagte: „Es steht auch geschrieben: ‚Du sollst Gott, deinen Herrn, nicht versuchen'." Jesus wollte nicht, daß Menschen ihm nur deshalb folgten, weil sie von seinen Wundertaten beeindruckt waren; sie sollten sich von seinem Leben und seiner Lehre angezogen fühlen und durch die Liebe Gottes, die sich in allem zeigte, was er sagte und tat. Das war der einzige Weg zu einem festen, beständigen Glauben.

Noch ein drittes Mal versuchte es der Teufel. Er brachte Jesus auf den Gipfel eines sehr hohen Berges und zeigte ihm alle Königreiche der Welt und deren Schätze. „Alles dies will ich dir geben", sagte er, „wenn du niederfällst und mich anbetest."

Da antwortete Jesus mit strenger Stimme: „Verschwinde, Satan! Es steht geschrieben: ‚Du sollst nur Gott den Herrn anbeten und nur ihm dienen'."

Da gab der Teufel seine Versuche auf und verließ Jesus.

Jesus war nun darauf vorbereitet, mit seinem Werk zu beginnen. Er zog durch Galiläa und begann zu predigen: „Tut Buße, denn das Himmelreich ist nahe."

In Kapernaum am See Genezareth (auch Galiläisches Meer oder See von Tiberias genannt) blieb er einstweilen wohnen. Eines Tages ging er am See entlang. Da sah er zwei Brüder – sie hießen Andreas und Simon –, die von einem kleinen Boot aus ihre Netze ins Wasser warfen, denn sie waren Fischer. Jesus rief sie, und als sie ans Ufer kamen, sagte er: „Kommt mit mir, ich will euch zu Menschenfischern machen."

Die Versuchung in der Wüste

„Wo wohnst du, Meister?" fragten sie.
Er antwortete: „Kommt und seht!" Da verließen sie ihre Netze und gingen mit ihm. Sie sahen, wie er lebte, und hörten, was er sprach, und waren so beeindruckt, daß sie sich entschlossen, bei ihm zu bleiben.
Jesus blickte Simon an und sah, daß er ein großer Menschenführer werden könnte. Er sagte zu ihm: „Von nun an soll dein Name Petrus sein, das heißt Fels."

Die Versuchung in der Wüste

Andreas und Simon Petrus arbeiteten mit zwei anderen Fischern zusammen, die ebenfalls Brüder waren. Sie hießen Jakobus und Johannes, ihr Vater hieß Zebedäus. Auch diese beiden wurden Jesu ständige Begleiter (oder ‚Jünger'). Johannes, der Jüngste, kam Jesus besonders nahe und galt als sein Lieblingsjünger.

Immer mehr Menschen folgten Jesus, wohin er auch ging, und sammelten sich ständig um ihn. Sie glaubten an ihn als an den wahren Messias und hatten ihr Haus, ihre Familie und alles sonst verlassen, um immer in seiner Nähe zu sein.

Der See Genezareth ist ein Süßwassersee, etwas mehr als zwanzig Kilometer lang und elf Kilometer breit. Wieder einmal hatte sich Jesus an das Seeufer begeben, wo ein paar Fischer damit beschäftigt waren, ihre Netze zu waschen. In den Städten und Dörfern rings um den See hatte Jesus viele Anhänger gewonnen. Nun hatte sich eine große Menge Menschen um ihn geschart, die hören wollte, was er von Gott und seinem Reich zu sagen hatte. Jesus ging zu einem der Boote, welches Petrus gehörte. Er zog es an Land, stieg ein und bat Petrus, es ein wenig vom Ufer abzustoßen. Im Boot sitzend, redete er zu den Menschen am Ufer, die ihn nun alle besser sehen und hören konnten.

Nachdem er lange gesprochen hatte, sagte er zu Petrus: „Fahrt hinaus und werft eure Netze aus." Petrus erwiderte: „Aber Meister, wir haben die ganze Nacht gearbeitet und nichts gefangen. Doch wenn du es sagst, will ich es tun."

Und als die Fischer die Netze wieder einzogen, waren sie bis obenhin voller Fische, so daß sie schon fürchteten, sie würden unter dem Gewicht zerreißen.

Sie winkten den Fischern im anderen Boot zu, ihnen zu helfen. Und es waren so viele Fische, daß sie beide Boote damit füllten, und unter der Last drohten sie zu versinken.

Als Simon Petrus auf so überwältigende Weise offenbar wurde, über welche Kräfte Jesus verfügte, fühlte er sich unwert, immer in seiner Nähe zu bleiben. Darum sagte er zu Jesus: „Herr, gehe von mir, denn ich bin ein sündiger Mensch."

Jesus aber erwiderte: „Fürchte dich nicht, Petrus. Von nun an sollst du nicht Fische, sondern Menschen fangen."

Ein andermal, als Jesus in Galiläa war, forderte er einen Mann namens Philippus auf, ihm zu folgen. Philippus war aus Bethsaida, wo auch Andreas und Simon Petrus zu Hause waren. Er holte noch einen anderen Mann namens Bartholomäus, dem er von Jesus erzählte.

„Wir haben den gefunden, den Moses und die Propheten verkündet haben", sagte er. „Es ist Jesus, der Sohn von Josef aus Nazareth."

Bartholomäus zweifelte. „Was kann aus Nazareth Gutes kommen?" meinte er. Philippus antwortete einfach: „Komm und sieh."

Als Jesus Bartholomäus kommen sah, sagte er, hier komme ein ehrlicher und treuer Israelit. Bartholomäus hörte das und fragte: „Woher kennst du mich?" Jesus antwortete, er habe ihn unter einem Feigenbaum sitzen sehen, ehe Philippus mit ihm gesprochen habe. Auch Bartholomäus wurde ein Jünger Jesu.

Eines Tages sah Jesus einen Zöllner, der in seinem Zollbüro saß. „Folge mir", sagte er zu ihm, und der Mann, der Matthäus hieß, folgte ihm. Zöllner und Steuereinnehmer, die im Auftrag der Römer die Steuern eintreiben mußten, waren im Volk sehr verachtet, weil viele von ihnen mehr Geld forderten als berechtigt war und es in ihre eigene Tasche steckten.

Jesus aber sah den Menschen ins Herz. Er verachtete niemanden und kümmerte sich immer ganz besonders um jene, die von anderen verachtet und verstoßen wurden.

Bald darauf wählte Jesus aus der Jüngerschar zwölf heraus, die immer bei ihm sein sollten und die er so unterwies, daß sie dann auch allein auszogen und dem Volk predigten. Ihnen verlieh Jesus auch die Macht, Kranke zu heilen. Diese zwölf, die Apostel genannt wurden, heißen: Petrus und sein Bruder Andreas, Jakobus und Johannes, Philippus, Bartholomäus, Matthäus, Thomas, Jakobus, des Alphäus Sohn, Simon, genannt Zelote, und Judas, des Jakobus Sohn, und Judas Ischarioth, der ihn dann verriet.

Die Hochzeit in Kana

Diese Geschichte steht im Johannes-Evangelium und berichtet von dem ersten der vielen Wunder, die Jesus vollbracht hat.

In der kleinen Stadt Kana, wenige Kilometer nördlich von Nazareth, wurde eine Hochzeit gefeiert. Jesus und seine Mutter Maria wurden als Gäste auf dem Fest erwartet.

Jesus hatte auch seine Jünger Petrus, Andreas, Jakobus und Johannes bewogen, mit ihnen zu gehen. Sie machten sich auf den Weg. Jesus ging mit seiner Mutter voran, die anderen folgten. Unterwegs aber kamen den Jüngern Bedenken.

„Wir haben gar kein Geschenk, wir kommen mit leeren Händen", sagte Philippus und sah die anderen fragend an.

„Das ist wahr", sagte Petrus. „Können wir uns denn einfach ohne ein Hochzeitsgeschenk mit an den Tisch setzen und essen und trinken? Das geht doch nicht."

„Und wir sind nicht einmal eingeladen!" meinte Andreas.

Johannes aber war zuversichtlich. „Der Meister wird es wohl überlegt haben", sagte er, „seid nur ruhig. Er weiß immer, was er tut."

Die Braut war von ihren Schwestern und Freundinnen geschmückt worden und erwartete den Bräutigam, der sie mit seinen Freunden aus dem Haus seiner Schwiegereltern zu holen hatte. Das eigentliche Fest wurde in der Regel im Haus des Bräutigams gefeiert, und alle Verwandten und Freunde kamen dorthin. Eine Einladung abzulehnen, galt als Beleidigung. Die Hochzeit dauerte mehrere Tage lang und war ein fröhliches Ereignis mit viel Musik, Lachen und lustigen Späßen.

So war es auch bei der Hochzeit in Kana. Doch dann sahen die Jünger, wie der Bräutigam aufgeregt mit seinen Dienern sprach und ein hilfloses Gesicht machte. Irgend etwas war ihm offenbar schrecklich peinlich. Sie erkundigten sich beim Festordner, was die Aufregung bedeutete. Er flüsterte ihnen zu: „Der Wein ist uns ausgegangen." Da fühlten sich die Jünger recht unbehaglich und dachten: ‚Wären wir nicht mitgekommen, hätte der Wein vielleicht ausgereicht.' Sie hätten dem Bräutigam gern aus der Verlegenheit geholfen, aber was konnten sie tun? Sie erzählten es Mutter Maria, daß das Weinfaß leer geworden war. Da ging Maria zu Jesus und flüsterte ihm zu: „Sie haben keinen Wein mehr."

Jesus hatte bisher noch kein Wunder bewirkt. Niemand erwartete eines von ihm – bis auf seine Mutter. Sie ahnte, ihr Sohn könnte helfen, wenn er es wollte.

Jesus antwortete ihr sanft: „Sorge dich nicht um das,

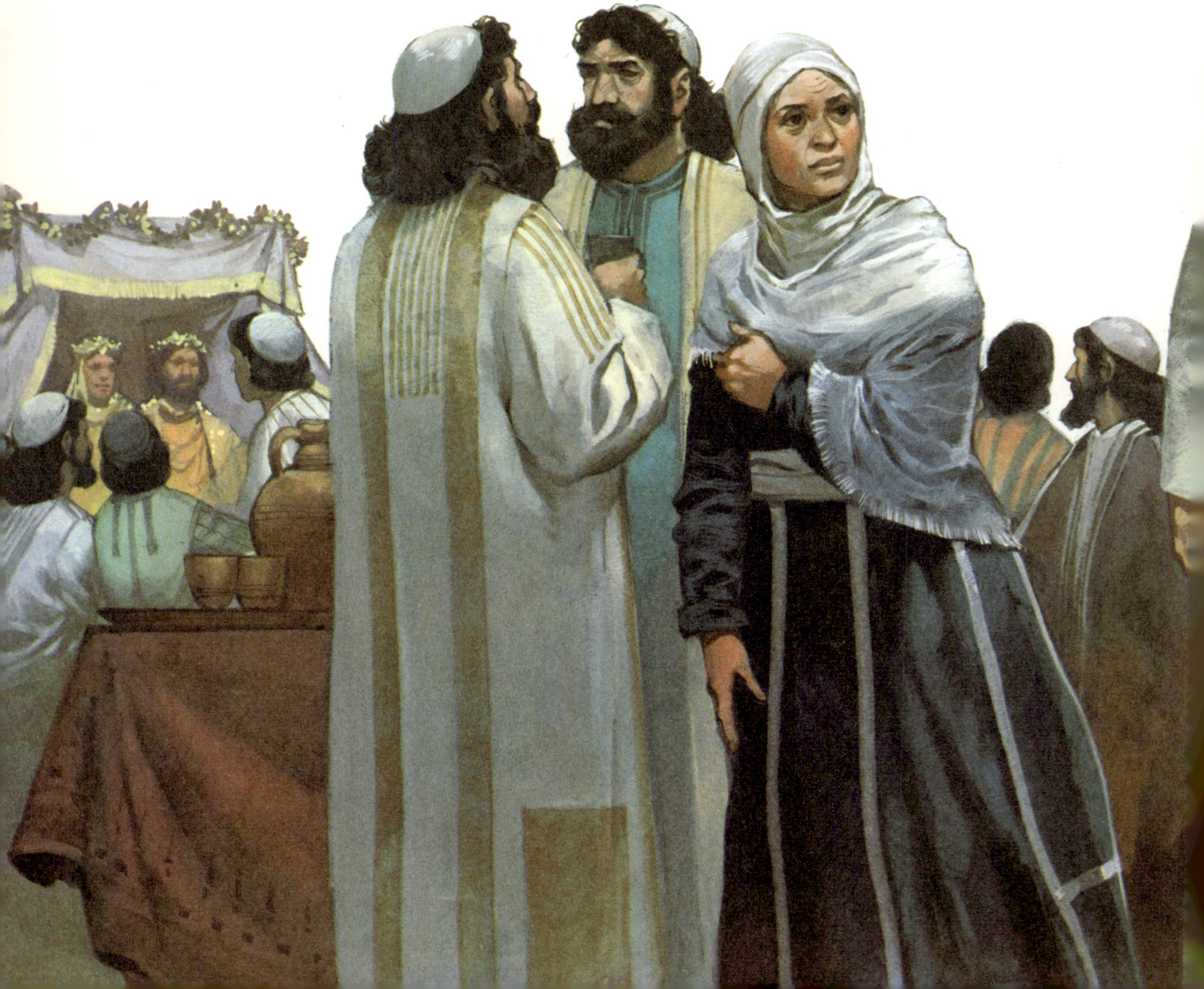

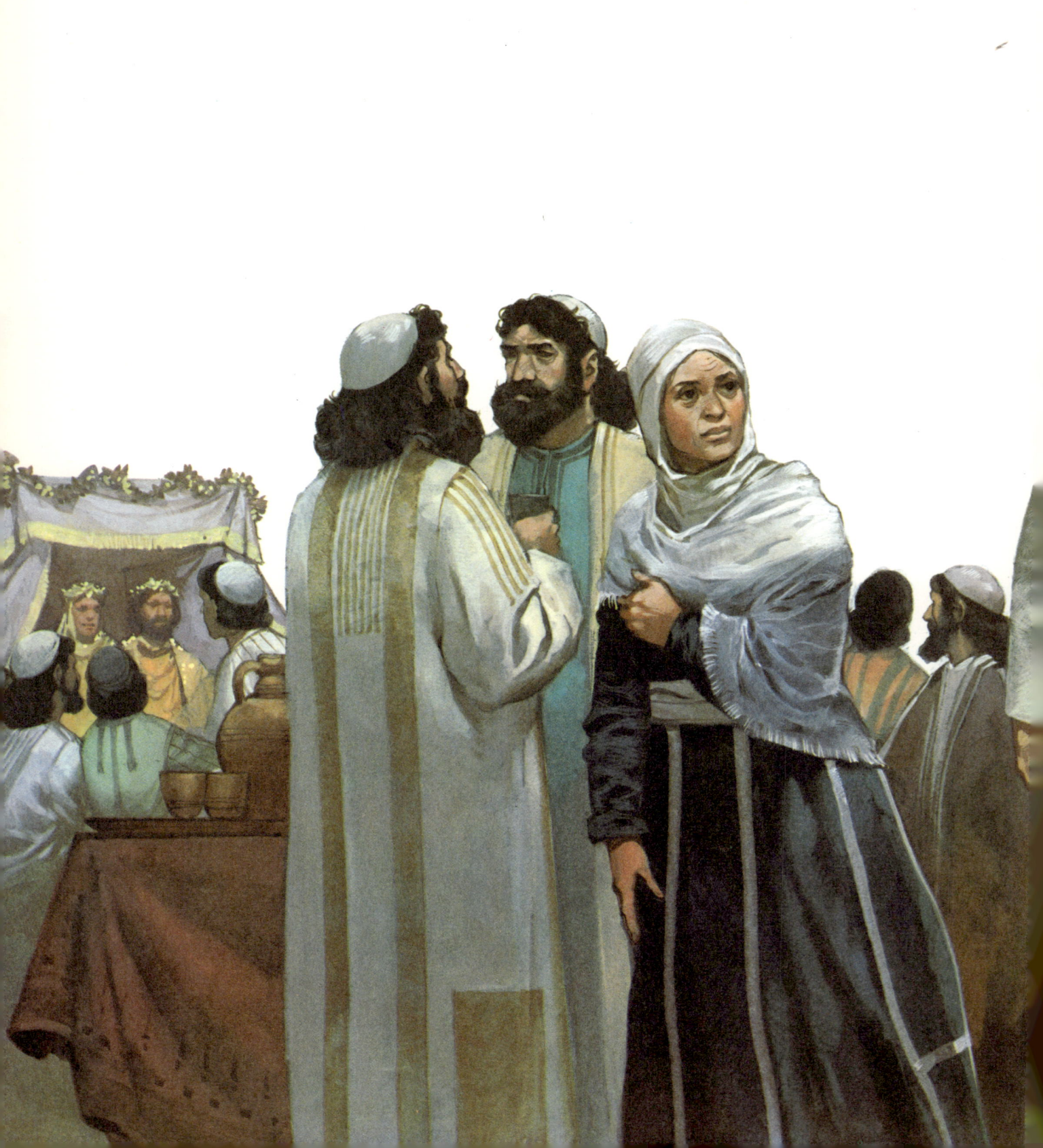

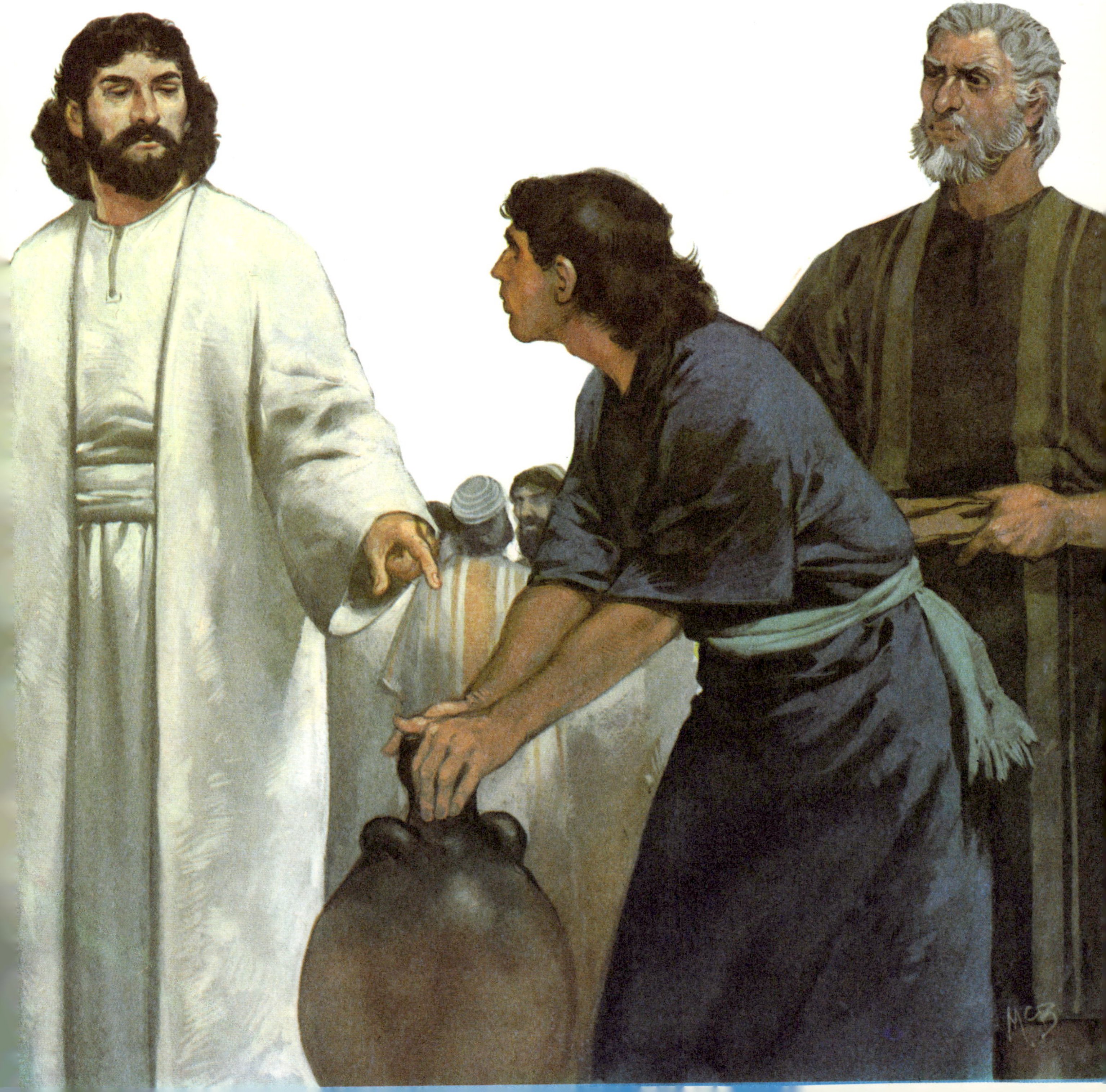

was ich tue. Meine Stunde ist noch nicht gekommen."

Maria ging hinüber zu den Dienern und sagte ihnen: „Tut alles, was Jesus euch sagt."

Nun war es Sitte bei den Juden, daß sie sich vor jedem Essen die Hände wuschen. Deshalb standen in dem Raum, wo gegessen wurde, immer große Steinkrüge, die Wasser enthielten. In dem Hochzeitshaus in Kana standen sechs solcher großen Krüge im Eßsaal; jeder konnte etwa einhundert Liter fassen.

Jesus ging zu den Dienern und sagte: „Füllt die Krüge mit Wasser." Die Diener fanden es sonderbar – sollten die Gäste etwa Wasser trinken anstatt Wein? Sie dachten aber daran, was Maria ihnen gesagt hatte, gehorchten und füllten die Krüge bis zum Rand.

Dann sagte Jesus: „Schöpft nun davon und bringt es dem Festordner."

Der Festordner, gewöhnlich ein Freund des Bräutigams, hatte dafür zu sorgen, daß bei der Feier alles gut verlief. Er fühlte sich sehr unglücklich darüber, daß der Wein zur Neige gegangen war, und wußte nicht, was tun.

Als die Diener mit kleineren Krügen zu ihm kamen und ihn baten, doch einen Schluck zu probieren, wunderte er sich, warum er Wasser trinken sollte. Doch er kostete – und schmeckte vorzüglichen Wein. Er hatte keine Ahnung, woher dieser gute Wein gekommen war. Da ging er zum Bräutigam und sagte: „Hör mal, jedermann bietet zuerst den besten Wein an und dann, wenn die Gäste schon viel getrunken haben und noch mehr Wein gebraucht wird, wird der geringere eingeschenkt. Du aber hast den besten Wein bis zuletzt aufbewahrt."

Verwundert kostete nun auch der Bräutigam, und alle Gäste lobten den wunderbaren Wein. Die festliche Hochstimmung erlitt keine Trübung, jeder war fröhlich und zufrieden. Erst am Schluß erfuhr es nach und nach jeder Gast, wem man den guten Wein verdankte – und alle staunten über das Wunder, das Jesus bewirkt hatte.

Jesus aber und seine Mutter, seine Brüder und seine Jünger waren schon fortgegangen. Sie begaben sich nach Kapernaum und blieben dort einige Tage.

Der Tod des Täufers Johannes

Jesus ging mit seinen Jüngern nach Judäa und taufte dort viele Menschen. Johannes taufte zu Änon, nahe bei Salim, wo es viel Wasser gab. Die Menschen kamen von fern und nah zu Johannes und zu Jesus; doch zu Jesus kamen mehr Leute als zu Johannes. Da wurden einige von Johannes' Jüngern eifersüchtig. Sie gingen zu Johannes und sagten: „Erinnerst du dich an den Mann, den du uns damals am Jordan gezeigt hast? Jetzt tauft auch er, und alle laufen zu ihm hin."

Johannes fühlte weder Bitterkeit noch Eifersucht, als er diese Neuigkeit hörte. Es überraschte ihn auch nicht, daß Jesus großen Zulauf hatte. Er sagte zu seinen Jüngern:

„Der Mensch kann nicht haben, was ihm der Himmel nicht gibt. Ihr seid meine Zeugen, daß ich gesagt habe: Ich bin nicht der Messias, sondern vor ihm hergesandt, um ihm den Weg zu ebnen. Es ist wie bei einer Hochzeit: Wer die Braut hat, ist der Bräutigam, und die Freunde des Bräutigams stehen daneben und freuen sich über seinen Erfolg. So wollen auch wir uns freuen. Jesus muß groß werden, ich aber werde weniger wichtig."

Und Johannes fuhr fort zu predigen und zu lehren und prangerte furchtlos alles Schlechte an. Nach seinem Aufenthalt in Änon kehrte er in das Gebiet zurück, wo Herodes Antipas herrschte. Dieser war ein Sohn des Herodes, der einst den Befehl gegeben hatte, alle kleinen Kinder in Bethlehem zu ermorden, weil er Jesus töten wollte.

Herodes Antipas hatte sich von seiner ersten Frau getrennt und Herodia geheiratet, die Frau seines Bruders Philippus. Johannes hatte ihm vor allen Höflingen gesagt, daß er damit etwas Ungesetzliches getan hatte. „Es war schlecht von dir, daß du die Frau deines Bruders geheiratet hast", hatte er gesagt. Seitdem haßte die Königin Herodia Johannes und wünschte seinen Tod. Doch Herodes war dagegen. Er fürchtete den starken Einfluß, den Johannes auf viele Juden hatte, die ihn für einen großen Propheten hielten.

Außerdem wußte Herodes im Grunde ganz genau, daß Johannes ein gerechter und heiliger Mann war, und er hörte ihm sogar gern zu – wenn ihn auch die harten Worte des Täufers oft aufregten. So machte er einen Kompromiß und ließ Johannes ins Gefängnis werfen.

Jesus fuhr inzwischen fort zu lehren, zu predigen und Kranke zu heilen. Seine zwölf erwählten Jünger waren ständig bei ihm und halfen, so gut sie konnten. Johannes hörte davon, während er geschwächt im Gefängnis lag. Er fühlte sich sehr elend und niedergeschlagen. Einige seiner Jünger, die ihn besuchen durften, waren immer noch etwas eifersüchtig auf Jesus und voller Zweifel, wer er denn wirklich war.

Johannes schickte sie zu Jesus und hoffte, dieser werde sie überzeugen, daß er der wahre Messias war.

Sie kamen zu Jesus, der die verschiedensten Leiden und Krankheiten heilte. Sie fragten ihn: „Bist du der, von dem Johannes sagte, daß er kommen werde, oder sollen wir einen anderen erwarten?"

Jesus erwiderte: „Geht zurück zu Johannes und berichtet ihm alles, was ihr gehört und gesehen habt: daß Blinde wieder sehen, Taube wieder hören, Lahme wieder gehen und Tote wieder lebendig sind."

Die Jünger des Täufers konnten das nicht leugnen, und sie kehrten zu Johannes zurück. Als sie fort waren, sprach Jesus zum Volk über Johannes.

„Wozu seid ihr zu ihm in die Wüste gegangen?" fragte er.

„Wolltet ihr ein Rohr sehen, das sich im Wind beugt? Wolltet ihr einen Menschen in feinen Kleidern sehen? Wolltet ihr einen Propheten sehen? Ich sage euch, Johannes ist mehr als ein Prophet. Er ist es, der vor mir herging und meine Botschaft verbreitete. Nie gab es vor ihm einen Menschen, der größer war als er."

Kurze Zeit darauf hatte Herodes Geburtstag und veranstaltete ein großes Fest. Alle Oberen aus Regierung und Verwaltung waren geladen, alle Armeeführer und die wichtigen Männer Galiläas. Während des Festes kam Herodias Tochter Salome in den Saal und tanzte vor Herodes und den Gästen. Alle waren entzückt. Vor allem Herodes war ganz hingerissen und sagte zu ihr: „Wünsche dir etwas! Sprich einen Wunsch aus, und ich verspreche, daß ich ihn dir erfülle – selbst wenn du mein halbes Königreich verlangst."

Salome wußte nicht, was sie sich wünschen sollte. Sie ging zu ihrer Mutter und bat sie um Rat. „Was soll ich verlangen, Mutter?"

„Verlange den Kopf Johannes' des Täufers", erwiderte Herodia böse.

Salome ging zurück zu Herodes und sagte: „Ich wünsche, daß mir der Kopf Johannes' des Täufers sogleich in einer goldenen Schüssel überreicht wird."

Herodes wurde bleich, als er das hörte. Das hatte er nicht erwartet! Aber er hatte vor den Ohren so vieler Menschen ein königliches Versprechen gegeben – er durfte sein Wort nicht brechen. So schickte er einen Soldaten zur Gefängniswache mit dem Befehl, Johannes sofort den Kopf abzuschlagen und diesen zu bringen.

Johannes wurde enthauptet. Man brachte Salome seinen Kopf, und diese gab ihn ihrer Mutter.

Sein Gewissen ließ Herodes keine Ruhe. Bald nach dem Fest hörte er von dem Wirken Jesu und von den Wundern, die er vollbrachte. Manche Leute hielten Jesus für den wiedergekommenen Propheten Elia; aber König Herodes, aufs höchste beunruhigt, sagte: „Es ist Johannes der Täufer, den ich enthaupten ließ. Er ist wieder auferstanden."

Der barmherzige Samariter

Eines Tages kam ein Schriftgelehrter zu Jesus. Mit einer schlauen Frage wollte er ihm eine Falle stellen. Er fragte: „Was muß ich tun, um das ewige Leben zu gewinnen?"

Jesus antwortete: „Was sagt das Gesetz darüber? Wie legst du es aus?"

Der Schriftgelehrte erwiderte: „Du sollst Gott lieben von ganzem Herzen, von ganzer Seele, mit ganzem Gemüt und mit all deinen Kräften, und deinen Nächsten sollst du lieben wie dich selbst."

„Sehr richtig", sagte Jesus. „Tu das und du wirst leben."

Der Schriftgelehrte war verblüfft. Vielleicht plagte ihn auch sein Gewissen, weil es ihm selbst an solcher Liebe fehlte, und er hätte sich gern gerechtfertigt gefühlt. Darum versuchte er es mit der weiteren Frage: „Aber wer ist denn mein Nächster?"

Statt einer direkten Antwort erzählte Jesus eine Geschichte, wie er es oft tat, wenn er lehrte. Durch eine Geschichte können die Menschen besser verstehen, worauf es ankommt, und sie können sich auch leichter daran erinnern. Jede Geschichte, die Jesus erzählte, hatte eine tiefere Bedeutung; es waren Gleichnisse.

Auf die Frage nach dem ‚Nächsten' erzählte Jesus also:

Ein Mann war unterwegs von Jerusalem nach Jericho. Sein Weg führte ihn durch eine felsige, einsame Gegend, in der Straßenräuber ihr Unwesen trieben.

Plötzlich sprang eine Räuberbande hinter den Felsen hervor und überfiel den Mann. Sie schlugen auf ihn ein, zogen ihm seine Kleider aus und ließen ihn halbtot neben der Straße liegen. Seine Wunden schmerzten ihn sehr, die Sonne brannte auf ihn herab, Fliegen plagten ihn, und er wurde sehr durstig. Doch er war so zerschlagen, daß er sich kaum bewegen konnte.

Eine Weile später kam ein Priester denselben Weg entlang. Als der Verletzte die sich nähernden Schritte hörte, öffnete er die Augen und sah, daß es ein Priester war. Da füllte sich sein Herz mit Hoffnung. Da kam jemand, der ihm gewiß helfen würde.

Der Priester sah den Mann, doch er blickte rasch wieder weg, ging auf die andere Seite der Straße und eilte weiter. Vielleicht redete er sich ein, er habe keine Zeit, sich um den Mann zu kümmern, denn er war in wichtigen Angelegenheiten seines Tempels unterwegs; vielleicht fürchtete er, die Räuber würden auch ihn überfallen, wenn er stehen bliebe.

Traurig hörte der Verwundete, wie sich der Priester immer weiter entfernte.

Bald darauf hörte er wieder näherkommende Schritte, und als er sah, daß es ein Levit war, hoffte er abermals auf Rettung. Von einem Leviten, einem Tempeldiener, konnte man wohl erwarten, daß er ein hilfreicher Mensch war.

Aber nein – kaum hatte der Levit den zerschundenen Mann erblickt, beeilte er sich, aus dessen Nähe zu kommen. Und abermals hörte der Überfallene, wie

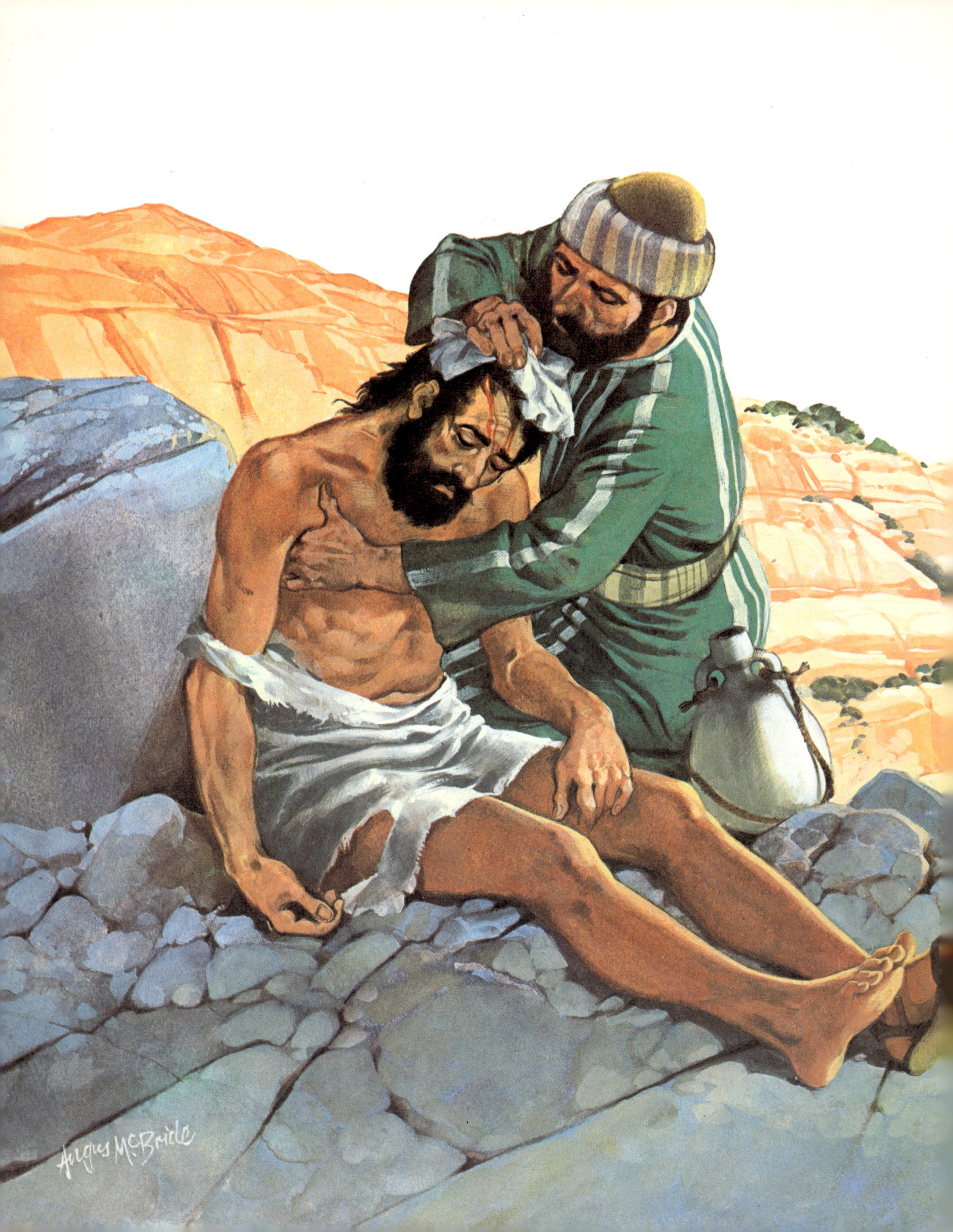
Angus McBride

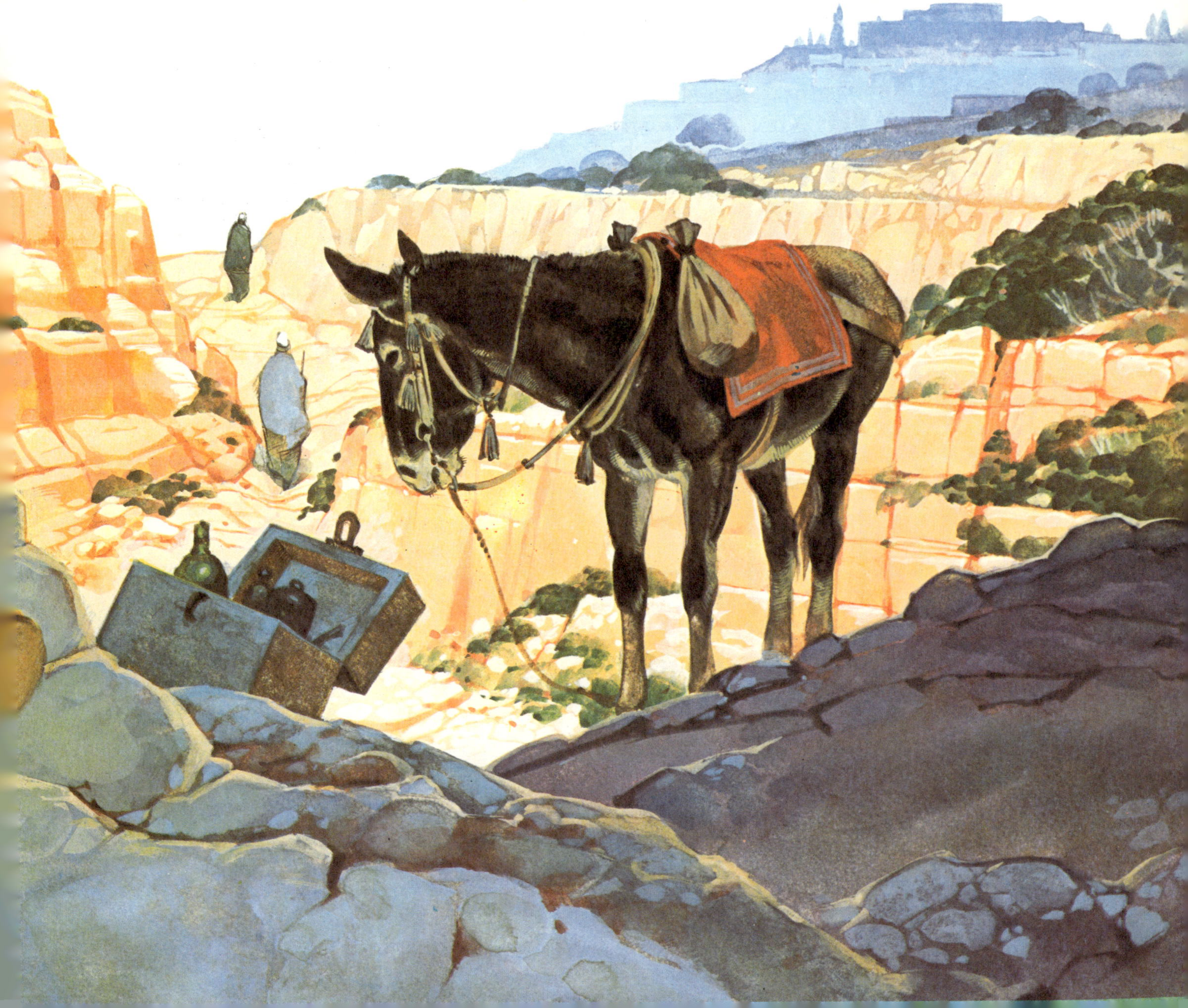

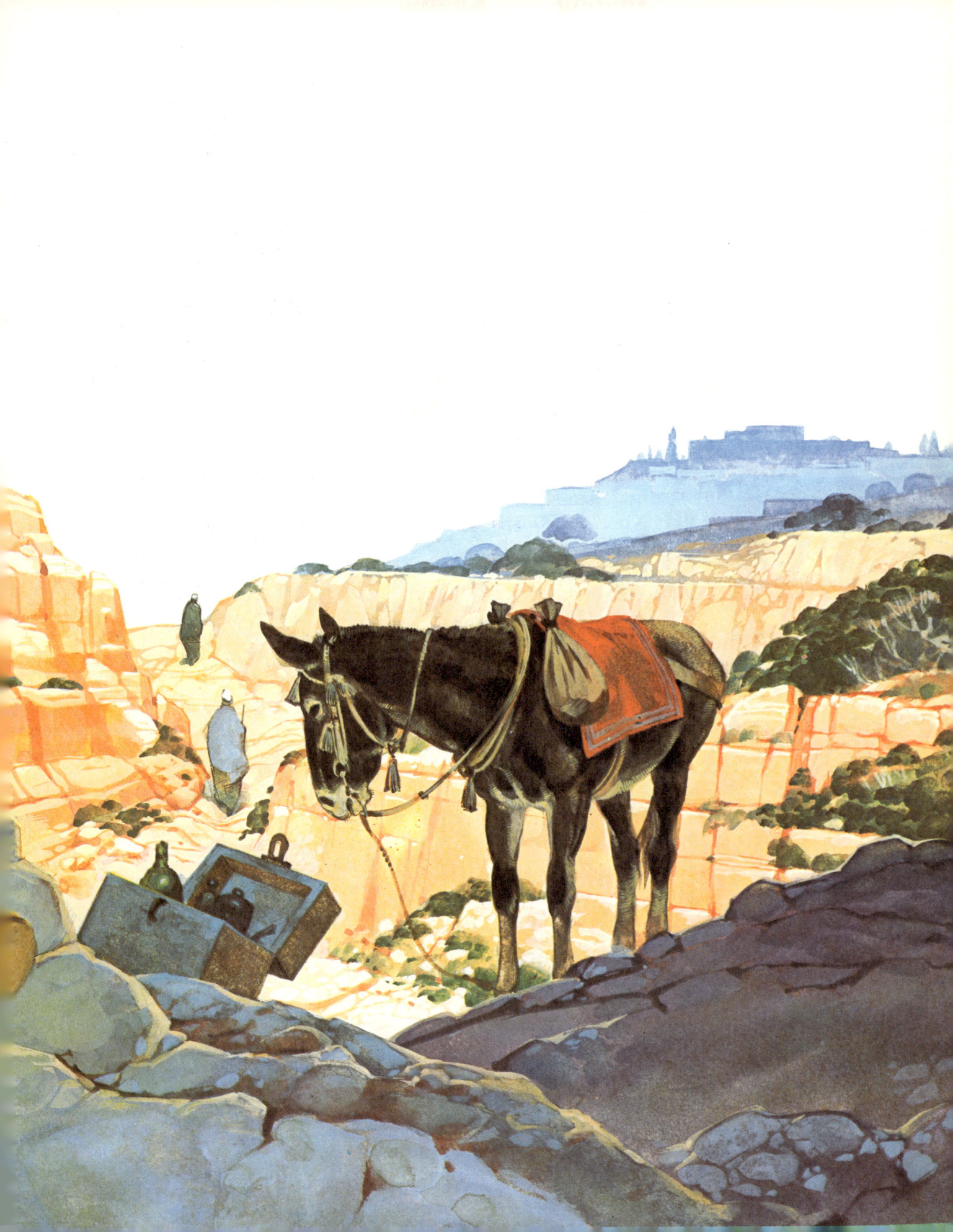

sich die Schritte entfernten. Allein und voller Schmerzen mußte er am Wegrand liegenbleiben.

Es dauerte eine Zeitlang, da hörte er Hufgetrappel. Er sah einen Esel mit einem Mann auf dem Rücken. Doch mit Enttäuschung erkannte der Verletzte, daß der Reiter ein Samariter war. (Die Bewohner Judas verachteten die Samariter, weil diese keine reinblütigen Juden waren, sondern sich vor Jahrhunderten mit Assyrern vermischt hatten; auch stimmte ihr Glaube nicht völlig mit dem der Juden überein.)

Der Überfallene hielt es für ziemlich sicher, daß er von einem Samariter keine Hilfe erwarten konnte. Zu seiner großen Überraschung aber blieb der Esel neben ihm stehen, und der Reiter stieg ab. Mitleidig blickte er auf den Verwundeten. Dann holte er aus den Tragetaschen seines Esels Öl und Wein und goß es auf die Wunden des Mannes – den Wein gegen Entzündungen, das Öl als Salbe. Dann verband er die Wunden. Sanft hob er nun den Verletzten auf den Rücken des Esels und hielt ihn dort fest, während der Esel langsam weiterging, bis sie das nächste Rasthaus erreichten. Hier bat der Samariter um ein Zimmer, legte den Verwundeten ins Bett, verband ihn frisch und versorgte ihn mit Essen und Trinken.

Am nächsten Tag mußte der Samariter seine Reise fortsetzen. Bevor er ging, überlegte er, was er für den Kranken tun könne, der noch einige Tage liegen bleiben mußte. Er gab dem Rasthausbesitzer zwei Goldstücke und sagte: „Versorge ihn gut. Sollte es dich noch mehr kosten, bezahle ich es, sobald ich wieder vorbeikomme."

Als Jesus diese Geschichte erzählt hatte, wandte er sich an den Schriftgelehrten und fragte ihn: „Wer von den drei Männern ist nun der Nächste für den, der unter die Räuber fiel?"

Der Schriftgelehrte erwiderte: „Jener, der barmherzig war und ihm geholfen hat."

„Dann geh und tu das gleiche", sagte Jesus.

Die Geschichte vom verlorenen Sohn

Ein Mann hatte zwei Söhne, die nach seinem Tod alles erben sollten, was er besaß. Eines Tages kam der jüngere Sohn zu ihm und sagte: „Vater, gib mir meinen Teil des Besitzes schon heute."

Er wollte fort und sich ein schönes Leben machen und nicht so lange warten, bis sein Vater gestorben war. Sein Vater liebte ihn und wollte nicht gern, daß er wegging; aber er wußte, daß der Sohn alt genug war, sich in der Welt umzusehen. Darum teilte er sein Gut und gab dem Jüngsten die Hälfte.

Der junge Mann verkaufte Land und Vieh, und mit dem Geld, das er dafür bekam, machte er sich auf die Reise in ein fernes Land. Bald hatte er eine Menge Freunde, denn es sprach sich rasch herum, daß hier einer war, der viel Geld auszugeben hatte. Er machte ihnen Geschenke, feierte mit ihnen Feste und hatte das, was er für ein gutes Leben hielt. Nach Arbeit sah er sich nicht um, das hielt er für unnötig, da er doch soviel Geld besaß. Statt dessen verschwendete er seine Zeit und Gesundheit mit dummen, närrischen Vergnügungen.

Der Tag kam, an dem er mit Schrecken entdeckte: er hatte sein ganzes Geld ausgegeben. Und nun schienen die Leute, die er für seine Freunde gehalten hatte, ihn nicht mehr zu kennen. Ihm wurde bitter klar, daß sie nicht ihn, sondern nur sein Geld geschätzt hatten. Arm geworden, hatte er keinen einzigen wirklichen Freund.

Nun saß er da, ohne Geld, ohne Freunde, einsam in einem fremden Land. Hinzu kam, daß es in dieser Gegend eine Mißernte gab, so daß die ärmeren Leute die teuer gewordenen Lebensmittel nicht mehr bezahlen konnten. Auch der junge Mann hatte nichts mehr zu essen und hungerte. Jetzt wollte er sich um Arbeit bemühen, aber das war nicht leicht. Er hatte kein Handwerk gelernt und verstand auch nichts von Geschäften. Schließlich ließ ihn jemand die Schweine hüten. Er mußte die Tiere auch füttern, und da ihm niemand etwas zu essen gab, stillte er seinen ärgsten Hunger mit Schweinefutter.

Immer mehr wurde ihm bewußt, welch ein Narr er doch gewesen war. Er dachte an seinen Vater und an sein Zuhause und daran, wie gut er es dort gehabt hatte und wie liebevoll er behandelt worden war. „Selbst die Knechte meines Vaters haben gut zu essen und sind besser daran als ich", dachte er. „Und ich bin doch der Sohn des Hauses."

Da trieb es ihn, nach Hause zurückzukehren und demütig um Aufnahme zu bitten. Er wollte seinem Vater sagen, wie leid es ihm tue und wie er sich schämte über das, was er getan hatte. Vielleicht weigerte sich ja sein Vater, ihn wieder aufzunehmen – doch versuchen mußte er es.

Inzwischen hatte der Vater seinen Jüngsten jedoch nicht vergessen. Er liebte ihn immer noch. Und obgleich ihm sein Verhalten nicht gefallen hatte, sehnte er sich nach ihm. Von Zeit zu Zeit ging er hinaus und schaute in die Ferne, als könne er den Sohn mit seinen Blicken heranziehen.

Als er eines Tages wiederum Ausschau hielt, sah er weit hinten auf der Straße eine schmächtige Gestalt herankommen. Trotz der großen Entfernung erkannte er sofort seinen Sohn und war überglücklich.

Trüben Sinnes schleppte sich der junge Mann dem heimatlichen Haus entgegen, bereit, sich vor dem Vater in den Staub zu werfen. Doch der Vater lief ihm entgegen, schloß ihn in die Arme und küßte ihn.

„Vater", begann der Sohn, „ich habe gesündigt vor Gott und vor dir. Ich bin nicht wert, dein Sohn zu sein. Mache mich zu einem deiner Knechte."

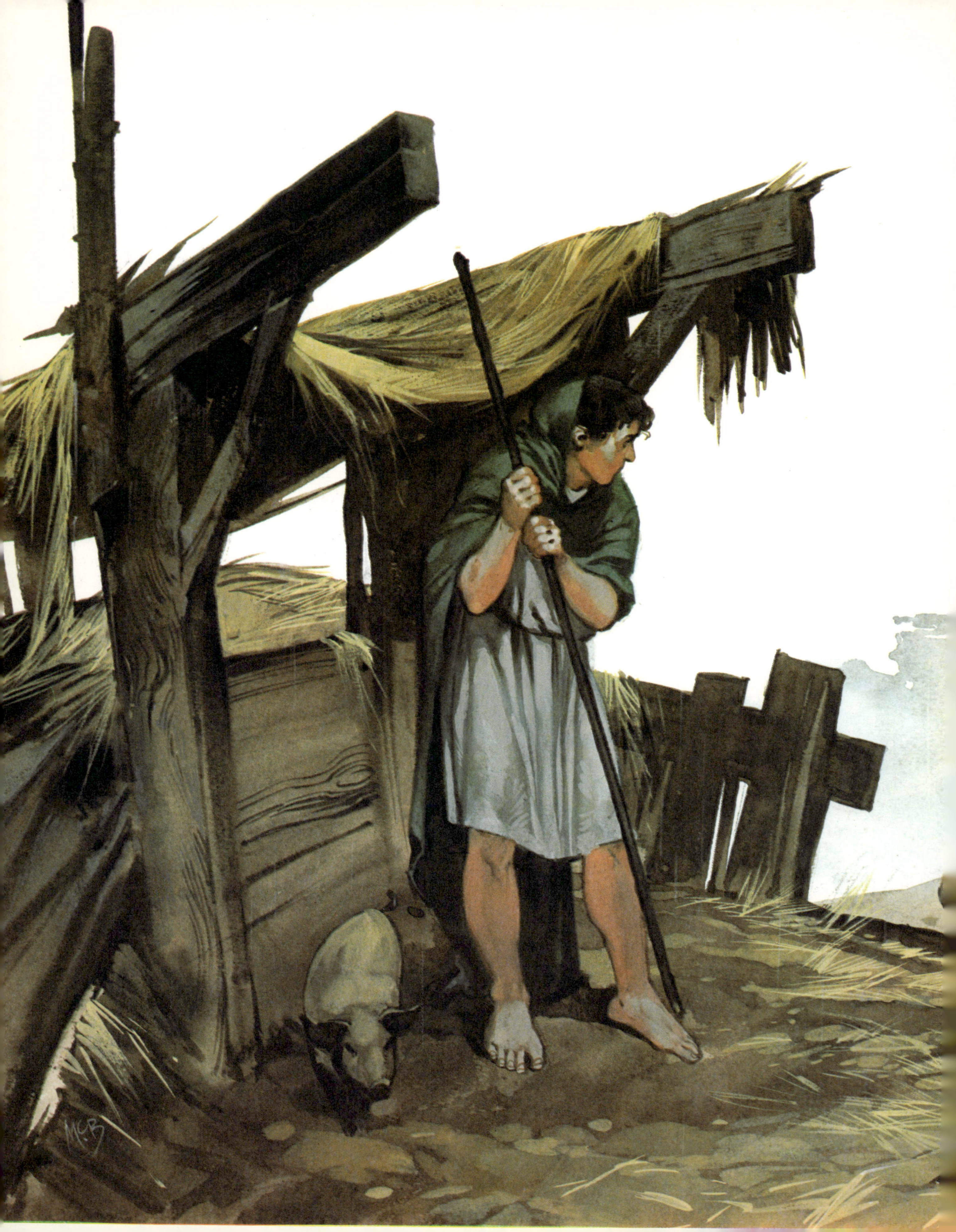

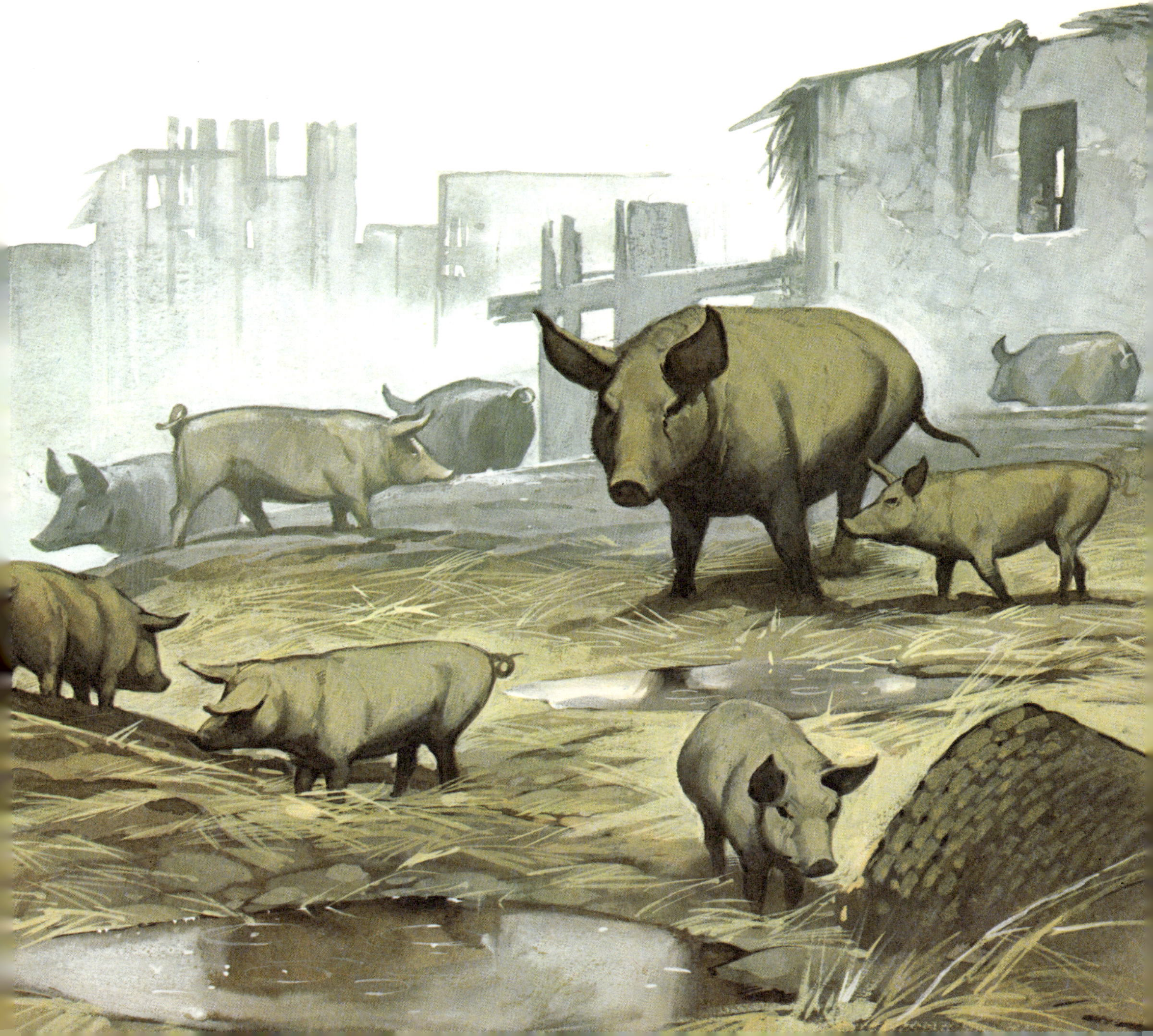

Die Geschichte vom verlorenen Sohn

Der Vater schien ihm gar nicht zuzuhören. Er rief seinen Dienern zu: „Bringt schnell das beste Kleid und zieht es ihm an. Streift ihm einen Ring auf den Finger und zieht ihm Schuhe an. Bringt das Kalb, das wir gemästet haben, und schlachtet es. Wir wollen essen und fröhlich sein, denn hier ist mein Sohn, den ich für tot gehalten habe, aber er lebt. Er war verloren und ist gefunden worden." Und bald begann ein fröhliches Fest mit Musik und Tanz, mit Wein und gutem Essen. Jeder sollte teilhaben an der Freude, daß der Jüngste wieder daheim war.

Der ältere Sohn aber wußte noch von nichts, denn er arbeitete auf dem Feld. Als er heim wollte und sich dem Haus näherte, hörte er die Musik und den fröhlichen Lärm. Verwundert fragte er einen Diener, der eben aus dem Haus kam: „Was ist los? Was bedeutet das?"

„Dein Bruder ist heimgekommen", berichtete der Diener, „und dein Vater hat das gemästete Kalb geschlachtet und gibt ein Fest, weil er so glücklich ist, daß er ihn wiederhat."

Anstatt sich wie die anderen zu freuen, wurde der Ältere zornig und eifersüchtig und wollte nicht ins Haus gehen. Sein Vater kam heraus und bat ihn darum. Aber der Sohn sagte:

„So viele Jahre habe ich für dich gearbeitet und dir immer gehorcht. Aber du hast mir niemals auch nur eine Ziege gegeben, damit ich mit meinen Freunden fröhlich sein konnte. Aber für diesen Taugenichts, der alles verpraßt hat, schlachtest du das gemästete Kalb und gibst ein großes Fest."

Der Vater war betrübt über die kleinliche Eifersucht des Ältesten und sagte zu ihm:

„Mein Sohn, du bist immer bei mir gewesen, und alles, was ich habe, gehört dir. Du solltest mit uns fröhlich sein, denn dein Bruder, den wir für tot gehalten haben, lebt. Er war verloren und wurde wiedergefunden."

Dies ist eine der Geschichten, die Jesus erzählte. Mit dem Vater meinte er Gott, und die Geschichte sollte zeigen, wie großmütig Gott vergibt, wenn einer ehrlich bereut, was er Schlechtes getan hat.

Die Geschichte vom verlorenen Schaf

Jesus erzählte noch viele andere Gleichnisse von der Güte Gottes, Geschichten, die ebenso wie die vom verlorenen Sohn aufzeigten, wie bereit Gott ist, reuigen Sündern zu vergeben, wenn sie zu Gott zurückfinden.

Ein Anlaß zu einer solchen Geschichte ergab sich häufig. Eines Tages hatten sich in der Menge viele Zöllner und andere Leute, die in schlechtem Ansehen standen, um Jesus versammelt, um seinen Lehren zu lauschen. Auch etliche Pharisäer und Schriftgelehrte waren gekommen. Pharisäer waren besonders fromme Männer, die sich um die genaueste Auslegung und Befolgung der mosaischen Gesetze bemühten. Weil sie selbst diese Gebote streng befolgten, waren viele von ihnen dünkelhaft und selbstgerecht geworden und urteilten hart über jeden, der es mit den Gesetzen nicht so genau nahm und den sie als Sünder bezeichneten.

Als sie nun sahen, wie freundlich Jesus mit denen sprach, die von der „guten Gesellschaft" verachtet wurden, murrten sie und sprachen zueinander: „Er nimmt alle Sünder an und ißt sogar mit ihnen."

Jesus kannte ihre Einstellung. Nach seiner Meinung klammerten sie sich zu eng an den Wortlaut der alten geschriebenen Gesetze und ließen in ihrer Auslegung zu wenig Raum für menschliche Bedürfnisse und Nächstenliebe. Darum erzählte er folgende Geschichte:

Stellt euch einen Schafhirten vor, der hundert Schafe hatte. Als er sie eines Abends in den Pferch trieb, zählte er sie und fand, daß ihm eines fehlte. Was sollte er tun? Dachte er, ‚auf ein Schaf allein kommt es nicht an, ich habe ja immer noch neunundneunzig, und das eine ist es nicht wert, daß ich mich deswegen gräme'? Nein, er läßt die neunundneunzig Schafe in der Sicherheit der Einfriedung und geht hinaus in die Wüste, um das eine Schaf zu suchen, das sich verlaufen hat. Er sucht und sucht es, und er sucht solange, bis er es gefunden hat.

Da ist er sehr glücklich, hebt das wiedergefundene Schaf hoch, legt es sich auf die Schulter und trägt es heim zu den anderen. Dann ruft er seine Freunde und Nachbarn und sagt zu ihnen: ‚Freut euch mit mir. Ich habe mein Schaf wiedergefunden, das sich verlaufen hatte'."

„Seid gewiß", sagte Jesus zu seinen Zuhörern, „so herrscht auch im Himmel mehr Freude über einen Menschen, der seine Sünden bereut, als über hundert Gerechte, die nichts zu bereuen haben."

Der gute Hirte

„Ich bin der gute Hirte", sagte Jesus. „Der gute Hirte gibt sein Leben für seine Schafe. Der gemietete Mann, dem die Schafe nicht gehören, sorgt nicht auf gleiche Weise für sie. Sieht er den Wolf kommen, verläßt er die Schafe und flieht, und der Wolf stürzt sich auf die Herde. Wie Gott der Vater mich kennt und ich ihn, so kenne ich meine Schafe und sie kennen mich.

Ich habe noch andere Schafe, die nicht aus diesem Stall sind; auch sie muß ich hierherbringen, sie werden meine Stimme hören, und es wird eine Herde und einen Hirten geben."

Das Gleichnis vom Sämann

Wenn Jesus in Gleichnissen erzählte, konnte er es den Zuhörern ansehen, wer von ihnen nur gekommen war, weil er Geschichten hören wollte, und wer sich wirklich bemühte, den Sinn dessen zu verstehen, was Jesus sie lehren wollte. Selbst seine Jünger hatten oft Schwierigkeiten, zu begreifen, was Jesus eigentlich meinte. Sie waren sich zum Beispiel nicht darüber klar, ob das Gottesreich, von dem er oft sprach, irdischer oder himmlischer Natur war. Jesus gab ihnen viele Erklärungen; zum Volk aber sprach er fast nur in

Das Gleichnis vom Sämann

Gleichnissen. Eines der bekanntesten ist das Gleichnis vom Sämann.

Jesus befand sich an jenem Tage unten am See Genezareth. Die Menge, die ihn umringte, war so groß, daß er wieder einmal in ein Boot stieg und vom Wasser aus zu den Menschen am Ufer sprach, die ihn auf diese Weise besser sehen und hören konnten. Von den Hügeln, die den See umgaben, zog sich Ackerland bis zum Ufer hinab. Man konnte darauf Bauern sehen, die Getreide aussäten. Das war für alle ein vertrauter Anblick. Vermutlich hat Jesus deshalb das Gleichnis vom Sämann gewählt.

„Eines Tages ging ein Mann hinaus zum Säen. Eine Handvoll Körner nach der anderen streute er aus. Etliches fiel auf den Fußweg. Dessen Boden war hart, und die Saat wurde von Pferden, Mauleseln und Menschen zertreten und konnte keine Wurzeln treiben. Bald kamen Vögel herbeigeflogen und pickten sie auf.

Manche der Saatkörner fielen auf felsigen Grund. Da waren zu viele Steine und zu wenig Erdreich. Als die Saat aufging, verdorrte sie rasch in der Sonne.

Etliche Körner fielen in Dornbüsche. Sie begannen zu wachsen, aber das Dorngesträuch hatte sie bald erstickt.

Doch einige Saatkörner fielen auf guten Boden. Sie gingen auf und wuchsen und gediehen, und jeder Halm trug hundert Körner."

Die Jünger waren ziemlich verwirrt und wußten nicht, wie sie dies Gleichnis deuten sollten. Als sie wieder mit Jesus allein waren, baten sie ihn, er möge ihnen den Sinn des Gleichnisses erklären.

Jesus sagte ihnen: „Die Saat ist das Wort Gottes. Der Fußweg, auf den ein Teil der Saat fällt, ist gleich den Menschen, die das Wort hören, aber sich nicht genug Mühe geben, es zu verstehen. Die Vögel sind wie der Teufel, der ihnen entreißt, was Gott in ihre Herzen gesät hat; weil sie zuviel an andere, unwichtige Dinge denken, kann die göttliche Saat keine Wurzeln schlagen, und es ist für den Satan leicht, ihnen die Botschaft zu rauben.

Der felsige Grund, auf den die Saat fällt, gleicht den Menschen, die das Wort Gottes mit Freude aufnehmen, aber sie sind nicht standhaft genug, es tief in sich zu verankern. Eine Weile glauben sie daran, doch wenn eine Zeit der Prüfung kommt, verleugnen sie es.

Die Dornbüsche sind gleich solchen Menschen, die das Wort zwar in ihr Herz aufnehmen, aber den Sorgen und Vergnügungen der Welt zuviel Raum geben, so daß die göttliche Saat bald erstickt. Diese Menschen scheitern, weil sie versuchen, Gott und der Welt zugleich zu dienen, und das ist unmöglich.

Der gute Boden, auf den die Saat fällt, gleicht jenen, die das Wort hören und annehmen und es tief in ihr Herz versenken."

Gleichnisse vom Reich Gottes

Jesus lag viel daran, daß sich seine Anhänger das Reich Gottes nicht als ein irdisches Königreich vorstellten. Das Reich, von dem Jesus sprach, kannte keine Grenzen; in ihm regierten die Liebe und der Friede für alle. Man konnte hier auf Erden daran arbeiten; doch das göttliche Reich konnte erst vollendet sein, wenn jeder Gottes Geboten gehorchte. Als Jesus einmal gefragt wurde: „Wann kommt das Reich Gottes?", antwortete er: „Es kommt nicht so, daß man es sehen und sagen kann: Sieh, hier ist es, oder da ist es. Das Reich Gottes ist mitten unter euch."

Damit das Volk und die Jünger dies begriffen, erzählte Jesus ihnen viele Gleichnisse.

Das Gleichnis vom Unkraut
Eines Tages säte ein Mann guten Samen in seinen Acker. Während der Nacht, als alles schlief, kam ein böser Feind und säte Unkraut zwischen die Weizenkörner. Dieses Unkraut sah anfangs dem Weizen recht ähnlich; erst als sich die Ähren bildeten, konnte man es unterscheiden.

Die Knechte des Bauern kamen zu ihm und fragten: „Hast du nicht guten Samen auf deinen Acker gesät? Woher kommt dann all das Unkraut?"

„Das hat ein Feind getan", erwiderte er.

„Sollen wir hingehen und das Unkraut ausjäten?" fragten ihn die Knechte.

„Nein", antwortete der Mann. „Wenn ihr schon jetzt das Unkraut jätet, würdet ihr zugleich den Weizen mit ausreißen. Laßt beides miteinander wachsen bis zur Ernte. Dann will ich den Schnittern sagen, sie sollen zuerst das Unkraut sammeln, es zusammenbinden und verbrennen. Den Weizen aber sollen sie in meine Scheune bringen."

Als Jesus mit den Jüngern heimgekommen war, baten sie ihn: „Deute uns doch das Gleichnis vom Unkraut auf dem Acker."

Und er antwortete: „Ich bin es, der die gute Saat ausstreut. Der Feind aber ist der Teufel. Der Acker ist die Welt. Die Ernte ist das Ende der Welt. Die Schnitter sind die Engel. Gleich dem Unkraut, das verbrannt wird, wird es auch solchen Menschen ergehen, die Unrecht taten. Die Gerechten aber werden leuchten in ihres himmlischen Vaters Licht."

Vom Senfkorn und vom Sauerteig
Jesus verglich das Reich Gottes mit einem Senfkorn, einem winzigen Samen, der jedoch in warmen Ländern sehr groß werden und sich zu einem Baum entwickeln kann, in dessen schattenspendenden Zweigen die Vögel ihr Nest bauen.

Das Reich Gottes ist wie ein Sauerteig, den eine Frau mit Mehl vermengte, um Brot daraus zu backen. Als der Teig ganz durchsäuert war, hatte er sich um ein Vielfaches vermehrt.

So kann sich das Innere eines Menschen durch den Geist Gottes verwandeln.

Das Gleichnis vom Schatz im Acker
Und Jesus sagte weiter: Das Reich Gottes ist gleich einem verborgenen Schatz im Acker. Ein Mensch ging über den Acker und stolperte über den Schatz. Überglücklich ging er nach Hause, verkaufte alles, was er besaß, und kaufte dafür den Acker.

Als seine Jünger ihn wiederum baten, das Gleichnis zu deuten, sprach Jesus:

Alles verkaufen, was einer hat – das bedeutet: sich von Sünde und Selbstsucht befreien, die den Menschen daran hindern, ein gottgefälliges Leben zu führen.

Das Gleichnis von der kostbaren Perle
Ein Kaufmann war auf der Suche nach guten Perlen. Eines Tages fand er eine Perle von außerordentlichem Wert. Sie war sehr teuer, aber er war froh, daß er sie gefunden hatte, verkaufte alles, was er hatte, und erwarb die kostbare Perle, die er schon so lange gesucht hatte.

Eine teure, kostbare Perle ist auch das Reich Gottes.

Das Gleichnis vom Schleppnetz
Ein Schleppnetz ist ein langes Netz, das die Fischer im Flachwasser nahe der Küste benutzen. Das untere Ende wird beschwert und schleift über den Meeresboden, während es an der Oberfläche durch Korken offengehalten wird. Durch die weite Öffnung gelangen Fische jeder Art hinein.

Jesus nahm auch das Schleppnetz als Gleichnis. Er erzählte von den Fischern, die das gefüllte Schleppnetz ans Ufer bringen und dort die guten Fische von den ungenießbaren scheiden. Die guten Fische werden in Fässer gelegt, die unnützen weggeworfen.

So werde es auch am Ende der Welt sein. Die Guten werden von den Schlechten geschieden und leben in ewigem Glück; die Schlechten aber werden verworfen und verdammt.

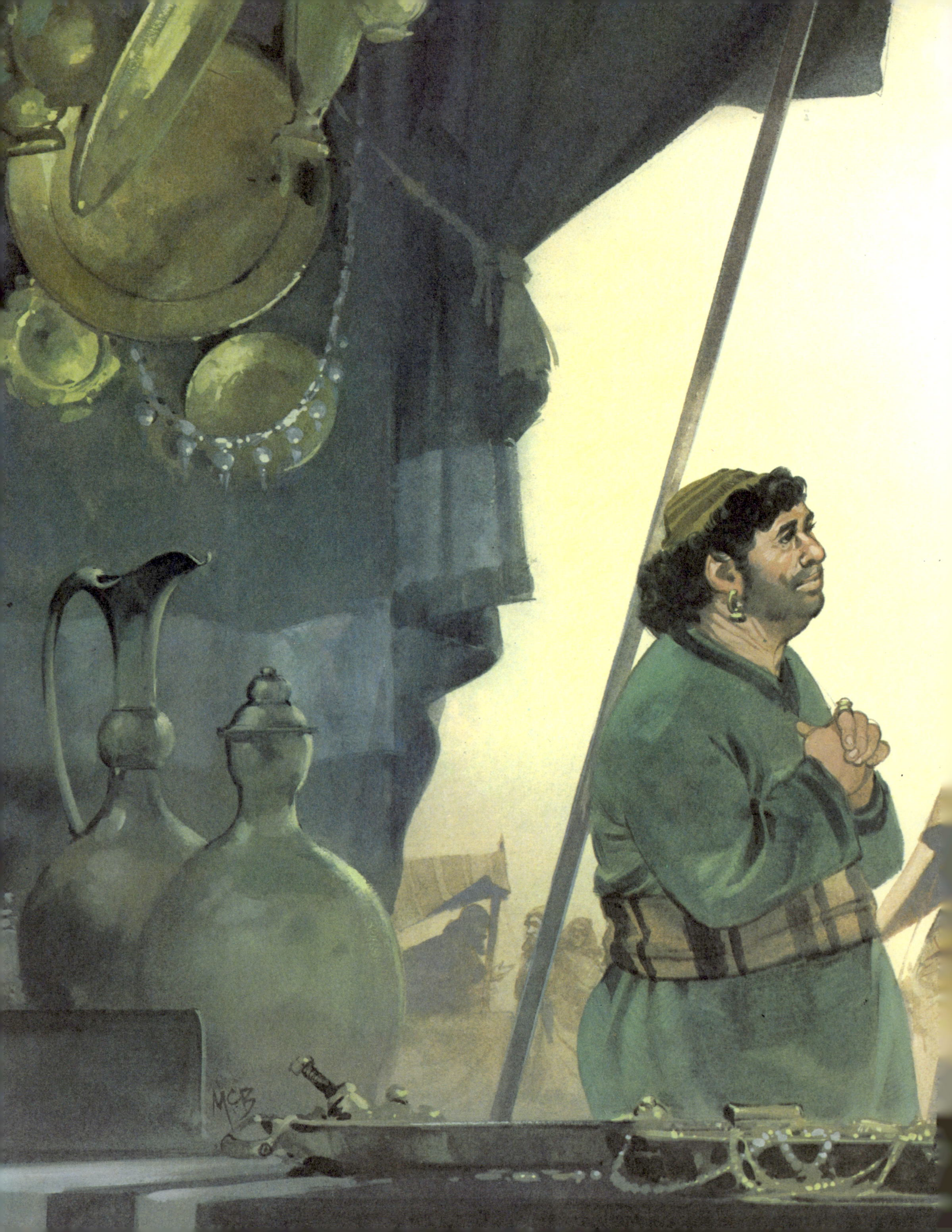

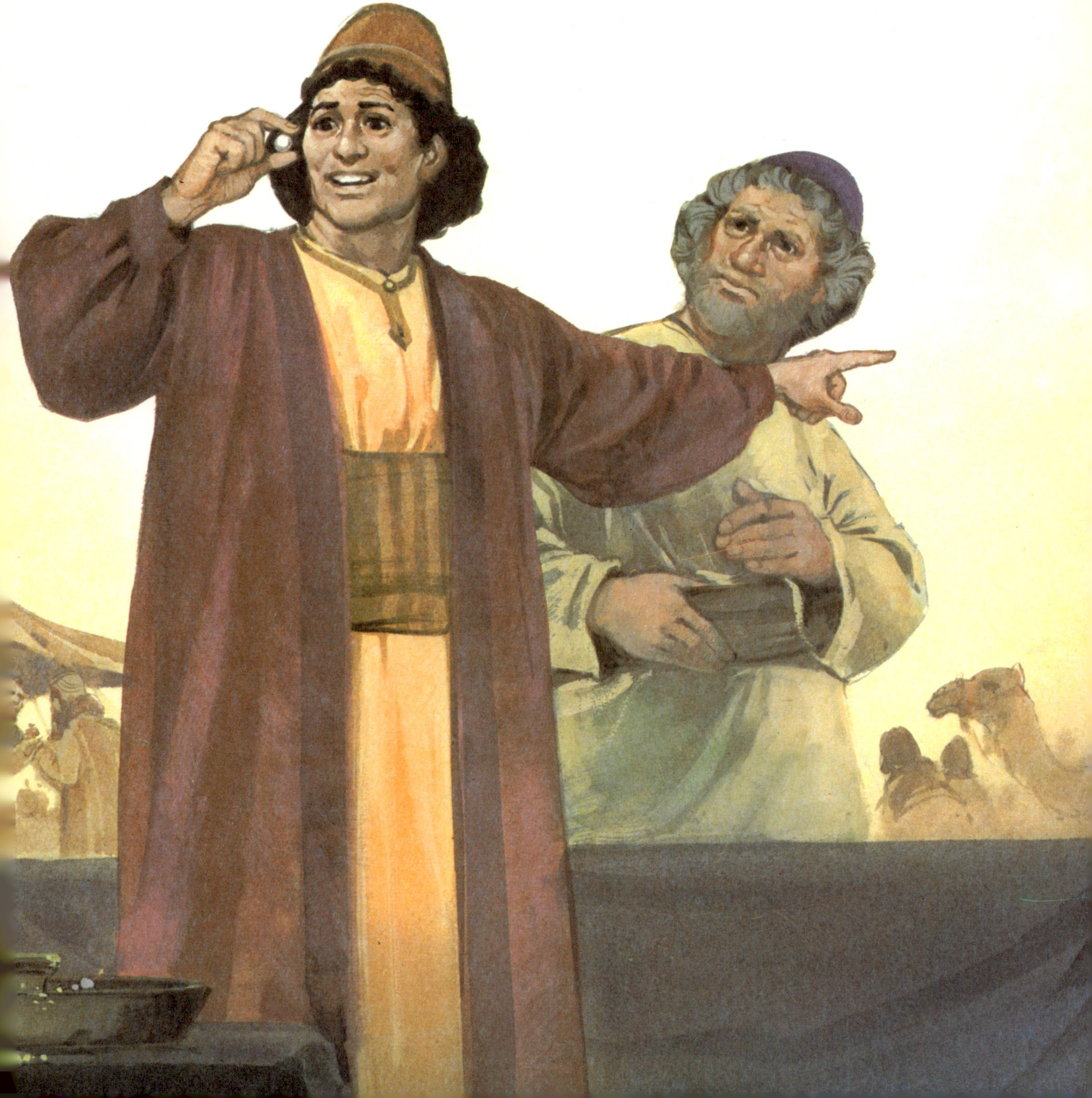

Das Gleichnis von den Talenten

Heutzutage bedeutet das Wort „Talent" eine besondere Begabung oder Befähigung. Wir sprechen von einer talentierten Person, wenn jemand etwas ganz besonders gut kann. Zur Zeit Jesu war ein „Talent" eine bestimmte Menge Geld, eine Summe von großem Wert.

Jesus erzählte folgende Geschichte:

Ein Mann mußte sich eines Tages auf eine lange Reise begeben. Bevor er sein Haus verließ, rief er seine Diener zusammen und vertraute ihnen seinen Besitz an. Er machte jeden für einen Teil seines Geldes verantwortlich, doch übergab er nicht jedem den gleichen Betrag, denn er kannte seine Diener und deren Fähigkeiten. Dem einen vertraute er fünf Talente an, einem anderen zwei und dem dritten Diener gab er nur eines.

Nachdem er sein Geld so verteilt hatte, ging der Mann auf Reisen.

Der Diener, der die fünf Talente erhalten hatte, ging damit auf den Markt und handelte. Er kaufte Dinge, die ihm gut und nützlich erschienen, und verkaufte sie anderswo mit Gewinn. Nach etlicher Zeit hatte er aus den fünf Talenten zehn gemacht.

Der Diener, der zwei Talente bekommen hatte, machte es ebenso. Er handelte, und schließlich hatte er zwei Talente hinzugewonnen.

Aber der Diener, der nur ein Talent empfangen hatte, war gar nicht unternehmungslustig. Er dachte bei sich, es hätte doch wenig Sinn, mit nur einem Talent ein Geschäft machen zu wollen. Darum bemühte er sich nicht, seine Fähigkeiten zu nutzen, um sein Talent zu vermehren. Statt dessen grub er im Garten ein Loch in die Erde und versteckte dort das Geld seines Herrn. So nützte es niemandem, nicht einmal ihm selbst.

Dann kehrte eines Tages der Herr des Hauses zurück. Er forderte von seinen Dienern Rechenschaft.

Der, welcher fünf Talente bekommen hatte, kam mit dem Geld und sagte: „Herr, du hast mir fünf Talente anvertraut. Sieh her, hier sind weitere fünf, die ich damit erworben habe."

„Gut gemacht", sagte der Herr. „Du bist ein guter und treuer Diener. Darum will ich dir von nun an viel Größeres anvertrauen. Glück und Freude sollst du mit mir teilen."

Dann trat der Diener vor, dem zwei Talente übergeben worden waren. Er konnte seinem Herrn vier Talente bieten und sagte: „Du hast mir zwei Talente gegeben – sieh nur, ich habe sie verdoppelt."

„Gut gemacht", sagte der Herr. „Du bist ein guter und treuer Diener. Darum will ich dir von nun an viel Größeres anvertrauen. Glück und Freude sollst du mit mir teilen."

Nun kam die Reihe an den Diener, der nur ein Talent erhalten hatte. Er trat vor, stammelte viele Entschuldigungen und sagte: „Herr, ich wußte, daß du ein harter Mann bist. Du erntest, wo du nicht gesät hast. Darum habe ich mich gefürchtet und dein Geld in der Erde vergraben. Hier ist das eine Talent, ich gebe es dir zurück."

Natürlich war sein Herr nicht zufrieden mit ihm. „Du nichtsnutziger, fauler Knecht", sagte er. „Wenn du schon glaubtest, daß ich ernte, wo ich nicht gesät habe – warum hast du dann mein Geld nicht an die Wechsler verliehen? Dann hätte es mir wenigstens noch Zinsen eingebracht."

Daran hatte der Diener nicht gedacht.

Der Herr befahl den anderen:

„Nehmt ihm das Talent ab und gebt es dem, der zehn hat. Denn wer sich bemüht hat, dem wird mehr gegeben, und er wird mehr als genug haben. Wer aber nichts getan hat, dem wird auch noch das Wenige, das er hat, genommen. Und den unnützen Knecht werft aus dem Hause."

Mit dem Herrn in dieser Geschichte meinte Jesus sich selbst, mit den Dienern seine Anhänger. Als Jesus die Erde verließ, betraute er seine Jünger mit der Aufgabe, das Reich Gottes auf Erden zu festigen und zu vergrößern, indem sie ihre verschiedenen Begabungen oder Talente nutzten.

Jedem Menschen ist irgendein Talent gegeben, die Fähigkeit, etwas zu tun, sei es als Lehrer oder Priester, als Musiker, als Schreiber oder als Handwerker. Wer ein liebevolles Herz hat, kann anderen Menschen auf vielfältige Weise helfen. Wer wohlhabend ist, kann mit seinem Geld Menschen unterstützen, die in Not sind. Zahllos sind die Möglichkeiten, Gutes zu tun.

Wie klein es auch sein mag, jeder hat ein Talent, das er pflegen und zum Nutzen aller verwenden kann. Niemand sollte sagen wie der Diener mit dem einen Talent, seine Begabung sei so gering, daß es sich nicht lohnt, daran zu arbeiten. Denn das Gleichnis sagt uns auch, was passiert, wenn wir unsere Fähigkeiten, Talente oder Begabungen nicht nutzen: Wir werden sie bald ganz verlieren. Wenn wir sie aber recht gebrauchen, werden sie sich immer besser entwickeln.

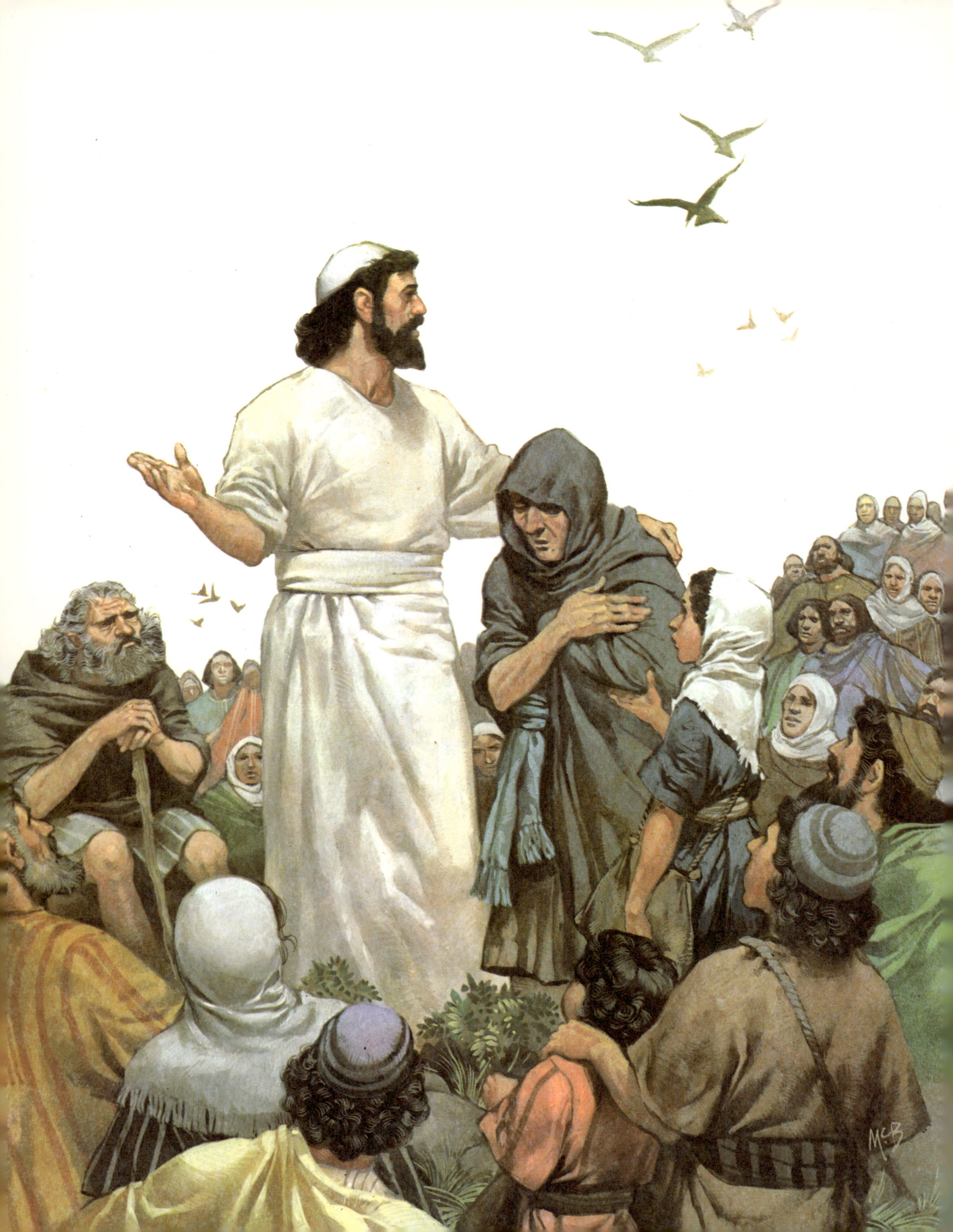
McB

Die Bergpredigt

In der Bergpredigt sind etliche Lehren Jesu zusammengefaßt. Die einzelnen Lehren haben seine Jünger vermutlich zu verschiedenen Zeiten gehört.

Meistens lehrte und predigte Jesus im Freien. Oft mag er dabei auf einem kleinen Hügel gesessen haben, und das Volk in seiner vielfarbigen Kleidung versammelte sich um ihn und lauschte seinen Worten.

Mit seinem eigenen Leben entsprach Jesus selbst dem, was er – meistens in Gleichnissen – über das rechte Verhalten im Leben sagte. Er zeigte, daß der Mensch nicht nach starren Regeln und nach äußerlichen Maßstäben leben sollte, sondern so, daß der allmächtige, allwissende und gütige Gott an ihm Gefallen fand.

Die Seligpreisungen
Viele Menschen meinen, sie müßten reich oder mächtig sein, um sich glücklich zu fühlen. Jesus sagte, daß ein wirklich glücklicher Mensch nichts davon brauche. Er lehrte, die wahrhaft Glücklichen seien jene, die wüßten, daß sie geistig arm sind und die sich auf Gott verlassen; es seien jene, die sich erniedrigten und sich Gottes Willen beugten; seien jene, die barmherzig und versöhnlich sowie jene, die reinen Herzens und die friedfertig sind.

Vom Wirken der Jünger in der Welt
Jesus bezeichnete seine Jünger als das „Salz" (die Würze) des Lebens und als diejenigen, die den anderen mit ihrem Licht den rechten Weg erhellten. Mit Wort und Tat sollten sie ihr Wissen weitergeben und anderen helfen, den Willen Gottes zu erkennen.

Wörtlich sagte er: „Ihr seid das Salz der Erde" und „Ihr seid das Licht der Welt".

Jesus lehrt beten
Wer beten will, sollte es nicht so machen wie die Heuchler, die dabei gesehen sein wollen, damit die Leute denken, sie seien fromm. Wer betet, soll es im Verborgenen tun. Und er soll nicht so viele sinnlose Worte plappern.

Jesus lehrte die Menschen ein Gebet, mit dem er ein Beispiel geben wollte:

> Unser Vater im Himmel,
> geheiligt sei dein Name.
> Dein Reich komme,
> dein Wille geschehe auf Erden wie im Himmel.
> Gib uns unser tägliches Brot;
> und vergib uns unsere Schuld,
> wie wir unseren Schuldnern vergeben.
> Führe uns nicht in Versuchung,
> sondern erlöse uns vom Bösen.

Lehre über Reichtum und Besitz
Ihr könnt wählen, ob Geld und irdischer Besitz oder Gott und geistige Dinge Hauptziel eures Lebens sein sollen, sagte Jesus. Und er riet seinen Zuhörern, keine irdischen Güter anzuhäufen; Rost und Motten können sie zerstören, Diebe können sie stehlen. Sie sollten auf Gott vertrauen, der weiß, wessen sie bedürfen, und es ihnen geben wird.

Man kann nicht Gott und irdisches Gut für gleichwertig erachten, sondern muß seine Wahl treffen. Der wahre Reichtum eines Menschen liegt in ihm selbst.

Über das Richten

Verurteile nicht andere, denn es gibt in eurem eigenen Leben so vieles, was zu verurteilen ist. Das ist so, sagte Jesus einmal, als ob sich jemand über einen Splitter im Auge eines anderen ärgert, aber gar nicht merkt, daß er selbst einen ganzen Balken im Auge hat.

Von den Gesetzen

Jesus sagte, er sei nicht gekommen, um die alten Gesetze – die Gott Moses auf dem Berg Sinai gegeben hatte – abzuschaffen, sondern um sie zu erfüllen und zu erweitern. Er wollte zeigen, daß sie nicht nur für Taten gelten, sondern auch für die bösen Gedanken, die zu schlechten Taten führen können.

Schlecht sei zum Beispiel nicht nur der Mord, sondern auch die zornigen Gedanken, aus denen ein Mord werden könnte.

Zwar lautete ein altes Gesetz: ‚Auge um Auge, Zahn um Zahn'; doch Jesus war dagegen, daß man sich an jemandem rächte, der einem Übles angetan hatte. Das würde eine schlimme Sache nur noch verschlimmern. Er hielt es für viel besser, einem solchen Menschen freundlich zu begegnen.

Jesus sagte dem Volk: „Liebt eure Feinde und betet für die, die euch Gewalt antun." Oft wird gesagt: Du sollst deine Freunde lieben und deine Feinde hassen. Aber es ist nichts Besonderes, seine Freunde zu lieben, das tut jeder. Man soll auch zu denen freundlich sein, die nicht unsere Freunde sind. Wie in der Geschichte vom barmherzigen Samariter zeigt sich wahre Nächstenliebe nicht nur im Empfinden, sondern im Verhalten.

Warnung vor Prahlerei

Wie immer auch eure Taten den Menschen erscheinen mögen, worauf es ankommt, ist das, was wirklich in eurem Herzen vor sich geht, so sagte Jesus. Mancher macht ein großes Aufheben davon, wenn er den Notleidenden etwas gibt, damit alle Leute wissen, wie großmütig er ist.

Wenn ihr helft, tut es auf solche Art, daß nicht einmal eure engsten Freunde davon wissen.

Warnung vor den Verführern

Nehmt euch in acht vor falschen Propheten, die ehrlich aussehen können, es aber nicht sind. Einen Baum kann man am besten an seinen Früchten erkennen. Wie ein Mensch wirklich ist, könnt ihr nicht an seinen Reden, sondern an seinem Tun ermessen.

Worauf man sein Leben gründen soll

„Wer meine Worte hört und danach lebt", sagte Jesus, „ist wie der Mann, der sein Haus auf Felsen errichtet. Der Regen mag in Strömen fließen, die Stürme mögen es umtoben, die Flüsse über die Ufer treten – das Haus wird nicht einstürzen, denn es steht auf festem Grund.

Wer meine Worte hört und nicht danach lebt, gleicht einem Narren, der sein Haus auf Sand baut. Wenn der Regen in Strömen fließt, wenn der Sturm tobt und die Flüsse über die Ufer treten, bricht das Haus zusammen, weil es auf Sand gebaut ist, der nichts hält."

Jesus meinte damit: Wer ein Leben im Sinne Gottes führt, den können Fehlschläge und Unglück nicht besiegen.

Jesus segnet die Kinder

Eines Tages ging Jesus mit seinen Jüngern wieder nach Kapernaum. Unterwegs stritten die Jünger miteinander darüber, wer von ihnen der Größte und Bedeutendste sei.

Nachdem sie am Ziel angekommen waren, fragte Jesus sie: „Worüber habt ihr euch unterwegs gestritten?" Keiner der Jünger wollte antworten, denn sie schämten sich nun vor Jesus und vor sich selbst. Aber Jesus brauchte ihre Antwort nicht. Er hieß sie sich niedersetzen und sprach mit ihnen.

„Wer der Erste und Größte sein möchte", sagte er, „der muß sich selbst an die letzte Stelle setzen. Er muß bereit sein, der Diener jedes anderen zu sein. Von solcher Art sind die Menschen, die wirkliche Größe besitzen."

Ein kleines Kind, das sich zu ihnen gesellt hatte, hörte aufmerksam zu, was Jesus sagte. Vermutlich war es eines der Kinder, die in dem Haus wohnten. Jesus legte seinen Arm um das Kind und sagte: „Der Größte im Reiche Gottes ist, wer so bescheiden ist wie dieses Kind. Jeder, der ein Kind freundlich aufnimmt, nimmt mich auf. Denn wer der Geringste unter euch ist, der ist der Größte."

Jesus versuchte seinen Jüngern zu erklären, daß im Reich Gottes ganz andere Maßstäbe gelten als in irdischen Reichen. Reiche und Arme seien vor Gottes Augen gleich. Liebevoll, großzügig, bescheiden und versöhnlich zu sein sei das Wichtigste, und Menschen mit diesen Eigenschaften seien wirklich groß, auch wenn sie der Welt so unwissend und machtlos erscheinen wie ein Kind.

Jesus liebte die Kinder und beobachtete, wie sie spielten. Wie auch heute noch, spielten die Kinder gern, sie seien Erwachsene und führten eine Hochzeit auf oder ein Begräbnis, als spielten sie Theater. Und natürlich machten sie sich bei ihrem Spiel schmutzig.

Da die Mütter wußten, daß Jesus die Kinder liebte, war es vorgekommen, daß sie ihre Kinder zu ihm brachten mit der Bitte, er möge ihnen die Hand auflegen und sie segnen.

Als die Jünger das sahen, hatten sie die Mütter gescholten und versucht, die Kinder wegzuscheuchen. Sie hatten nicht gewollt, daß Jesus von ihnen gestört wurde. Zweifellos hatten sie gedacht, Kinder seien nicht wichtig genug, seine Zeit und Aufmerksamkeit zu beanspruchen.

Jesus jedoch war ganz anderer Meinung. Er fühlte sich niemals gestört, wenn Menschen zu ihm kamen, wie jung oder wie alt sie auch sein mochten. Er würde nie jemanden wegschicken. So hatte er die Kinder zurückgerufen, sie in die Arme genommen und gesegnet.

Und zu seinen Jüngern hatte er gesagt: „Laßt die Kinder zu mir kommen, verwehrt es ihnen nicht, denn das Reich Gottes gehört den Kindern. Ich sage euch: Wer nicht das Reich Gottes annimmt wie ein Kind, der wird nicht hineinkommen."

Jesus meinte damit nicht, daß die Menschen kindisch sein und sich nie wie richtig Erwachsene benehmen sollten. Er meinte, sie sollten das Reich Gottes so bescheiden und vertrauensvoll annehmen wie Kinder es tun – und das ist in jedem Alter möglich.

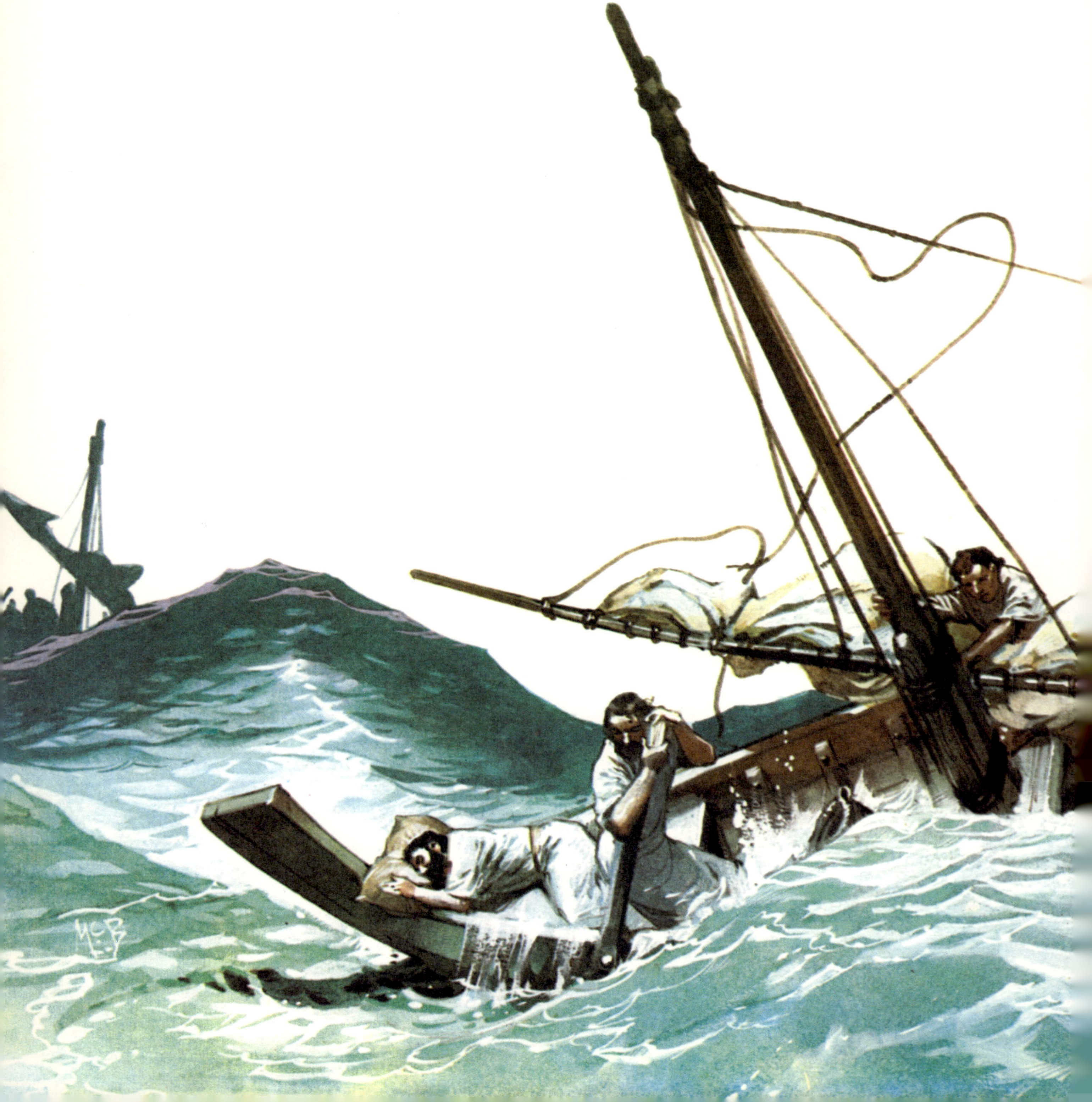

Jesus besänftigt einen Sturm und geht auf dem Wasser

Am Ende des Tages, als Jesus dem Volk die Geschichte vom Sämann erzählt hatte, sagte er zu seinen Jüngern: Laßt uns auf die andere Seite des Sees fahren. Da stiegen die Zwölf in das Boot, von dem aus Jesus zur Menge gesprochen hatte, und begannen zu rudern.

Der See Genezareth ist von Hügeln umgeben, die von tiefen Schluchten durchfurcht sind. Diese Schluchten wirken wie Trichter, durch die der Wind aus den Bergen herabkommt. Manchmal bläst er so heftig, daß er das Wasser zu hohen Wellen aufpeitscht.

Als Jesus und seine Jünger sich mitten auf dem See befanden, kam plötzlich ein starker Sturm auf. Das Boot wurde heftig auf und nieder geschleudert, und Wassermengen stürzten über Bord hinein, so daß sie in große Gefahr gerieten.

Jesus besänftigt einen Sturm und geht auf dem Wasser

Obgleich etliche der Jünger erfahrene Seeleute waren, wurden sie von panischem Schrecken ergriffen. Sie wandten sich nach Jesus um – und fanden ihn in tiefem Schlaf. Das stundenlange Reden mit dem Volk hatte ihn sehr müde gemacht.

Bald schien es, als werde das kleine Boot vollständig von den Wellen verschlungen. Voller Angst rüttelten die Jünger Jesus wach und riefen:

„Meister! Meister! Wir gehen unter! Wie kannst du dabei schlafen?"

Gelassen erhob sich Jesus, streckte die Hand aus und sagte dem Sturm: „Sei still!", und zu den Wellen sagte er: „Friede, seid ruhig." Und sofort legte sich der Wind, und der See lag glatt wie ein Spiegel.

„Warum habt ihr euch gefürchtet?" fragte Jesus seine Jünger. „Habt ihr denn kein Vertrauen?"

Die Jünger blickten einander an, und einer sagte leise zum andern: „Was ist das für ein Mensch, daß ihm selbst Wind und Wellen gehorchen?"

Ein andermal, als Jesus wieder lange zum Volk gesprochen hatte, befahl er seinen Jüngern, mit ihrem Boot schon vorauszufahren nach Bethsaida an der anderen Seite des Sees. Dort sollten sie ihn erwarten.

Spät abends war das Boot mitten auf dem See. Es war eine windige Nacht, und sie mußten hart rudern. Da der Wind ihnen entgegenblies, kamen sie kaum voran. Gegen vier Uhr morgens waren sie immer noch weit vom jenseitigen Ufer entfernt.

Im Mondlicht hielten die Jünger häufig Ausschau nach dem Strand, wo sie landen wollten. Plötzlich sahen sie eine Gestalt, die auf dem Wasser gehend auf sie zukam. Furcht ergriff sie. „Ein Gespenst!" schrien sie.

Da hörten sie die vertraute und geliebte Stimme Jesu sagen: „Fürchtet euch nicht, ich bin es." Petrus sprang auf und rief begeistert: „Herr, wenn du es wirklich bist, sag mir, daß ich über das Wasser zu dir kommen soll." „Komm!" sagte Jesus.

Petrus stieg aus dem Boot und begann, Jesus auf dem Wasser entgegenzugehen. Aber sein Glaube hielt nicht lange stand. Als er spürte, daß der Wind sich verstärkte, wurde er ängstlich – und sowie sein Vertrauen zu Jesus nachließ, begann er zu sinken.

„Rette mich, Herr!" schrie er.

Jesus reichte ihm die Hand, hielt ihn und sagte: „Wie schwach doch dein Glaube ist, Petrus. Warum zweifelst du an mir?"

Dann stiegen beide ins Boot, und der Wind legte sich. Staunend verneigten sich die Jünger vor Jesus und sagten: „Wahrhaftig, du bist der Sohn Gottes."

Die Speisung der Fünftausend

Eine Menge Menschen folgte Jesus überall hin. Sie sahen seine Wunder und hörten seine Lehre, und sie konnten nie genug sehen und hören.

Kurz vor dem Passahfest, das viele Galiläer nach Jerusalem brachte, folgte eine besonders große Menge Jesus, der wie so oft am Ufer des Sees Genezareth lehrte.

Nach vielen Stunden hoffte Jesus, daß sich seine Jünger einmal für kurze Zeit ausruhen könnten. Mit ihrem Boot wollten sie an einen abgelegenen Platz rudern. Jesus begleitete sie. Das Volk jedoch sah sie wegfahren und folgte dem Boot zu Fuß rund um den See. Als die Jünger in der stillen Bucht landen wollten, waren schon viele Menschen vor ihnen da.

Jesus stieg aus, und die große Volksmenge tat ihm leid. Sie kam ihm vor wie eine Herde Schafe, die keinen Hirten hatte. Er setzte sich auf eine kleine Anhöhe und predigte wieder bis zum Abend.

Inzwischen waren es etliche tausend Menschen, die ihn umringten, und Jesus wußte, sie mußten hungrig sein.

„Es wird spät", sagten seine Jünger zu ihm. „Schick die Leute weg, Herr, damit sie sich in den Städten und Dörfern noch etwas zu essen kaufen können."

Jesus fragte sie: „Was würde es kosten, wenn wir die vielen Menschen hier draußen sättigen wollten?"

Philippus antwortete: „Selbst wenn jeder nur sehr wenig bekommt, brauchten wir wohl etwa zweihundert Silbermünzen."

Eine Silbermünze war der Durchschnittslohn eines Mannes für einen Tag Arbeit; für zweihundert Münzen hatte jemand also mehr als sechs Monate zu arbeiten. Soviel Geld hatten Jesus und seine Jünger alle zusammen nicht.

Jesus sagte: „Wieviel Brote habt ihr? Fragt die Leute und sammelt ein, was sie haben."

Die Jünger gingen durch die Menge, und wer etwas zu essen bei sich hatte, gab es ihnen bereitwillig. Sie kamen zu Jesus zurück und zeigten ihm, was sie gesammelt hatten: Es waren fünf Brote und zwei kleine Fische. Jesus forderte die Leute auf, sich niederzusetzen, und sie lagerten sich in Gruppen im Gras.

Da nahm Jesus die fünf Brote und zwei Fische, dankte Gott, brach die Brote und gab sie seinen Jüngern, damit sie die Brotstücke verteilten. Auch von den beiden Fischen sollte jeder etwas bekommen.

Die Menge bestand aus fünftausend Männern, ungerechnet die Frauen und Kinder. Die Jünger gingen von Gruppe zu Gruppe, und wieviel sie auch verteilten, der Vorrat in ihren Händen erschöpfte sich nicht. Jeder bekam etwas, und alle aßen und wurden satt.

Dann sagte Jesus: „Nun sammelt, was übrig blieb, in Körbe, damit nichts vergeudet wird."

Jeder der Jünger nahm einen großen Korb und sammelte die übrig gebliebenen Brocken, bis alle Körbe damit gefüllt waren. So waren also noch zwölf

Die Speisung der Fünftausend

Körbe voll Brot übriggeblieben, nachdem mehr als fünftausend Menschen sich satt gegessen hatten – an nur fünf Broten und zwei kleinen Fischen!

Die Menschen waren voller Staunen. Sie hatten das Wunder mit eigenen Augen gesehen, am eigenen Leib erlebt. Einer sagte zum andern: „Das ist gewiß der große Prophet, der in die Welt kommen sollte." Als sie heimkehrten, erzählten sie allen Bekannten von diesem Wunder, und bald wußte man in ganz Palästina davon.

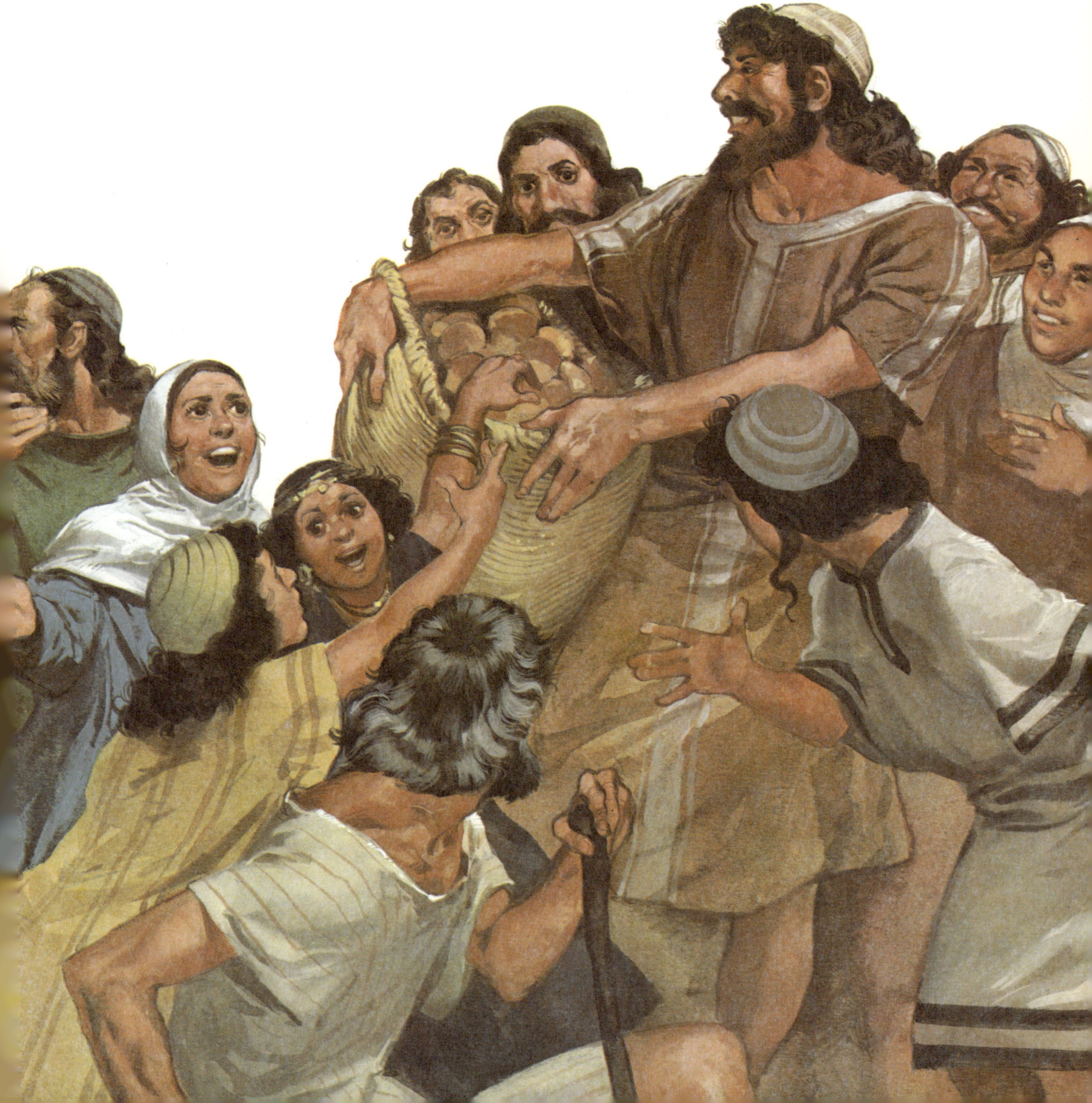

Jesus heilt die Kranken

Bald sprach es sich überall herum, daß Jesus Kranke heilte und die Menschen kamen von weit her zu ihm, damit er sie gesund machte.

Die Heilung der Leprakranken
Eines Tages, als Jesus in Galiläa gepredigt hatte, kam ein Mann zu ihm, der an einer schrecklichen Krankheit litt – an der Lepra, auch Aussatz genannt. Heutzutage ist es möglich, Lepra mit ärztlichen Mitteln zu heilen, doch damals schien es ganz und gar hoffnungslos. Man nannte die Lepra ‚Aussatz‘, weil die von ihr Befallenen ‚ausgesetzt‘ wurden und nicht unter den Gesunden leben durften. Sie durften ihnen nicht zu nahe kommen, denn sie galten als ‚unrein‘; und es wagte kaum ein Gesunder, sich ihnen zu nähern. Geschah das zufällig, unbeabsichtigt, mußte der Leprakranke rufen: „Unrein!", und aus Angst vor Ansteckung zog sich jeder hastig zurück. Die Leprakranken waren also ausgestoßen aus der Welt der Gesunden und durften nur mit anderen Leprakranken zusammensein.

Von Jesus aber wurden sie nicht gemieden – er scheute vor keinem Unglücklichen zurück. Als ein Leprakranker zu ihm kam und ihn um Heilung bat, streckte Jesus die Hand aus und berührte ihn. Der Kranke sagte: „Wenn du es willst, kannst du mich reinigen."

„Ich will", sagte Jesus. „Sei gereinigt!" Und sofort war der Mann vom Aussatz befreit. Jesus sagte ihm, er solle es nicht weitererzählen, daß er geheilt worden sei. Er wußte, die Menge würde ihn überhaupt nicht mehr in Ruhe lassen, wenn sie von seiner Heilkraft erführe, und sie würden ihn als Messias ausrufen. Das wollte Jesus aber noch nicht. Er riet dem Geheilten, zu einem Priester zu gehen, sich untersuchen zu lassen und Gott ein Dankopfer für seine Reinigung zu bringen.

Der Mann aber war viel zu aufgeregt, er konnte das Wunder nicht verschweigen. Es kam, wie Jesus vorausgesehen hatte: Kaum zeigte er sich in einer Stadt, da drängten sich die Menschen um ihn. Mit seinen Jüngern wanderte er zu den stillsten Plätzen am Rand der Wüste; doch auch hierhin folgte man ihm.

Als Jesus einmal durch ein Dorf kam, sah er dort zehn Männer, die sich vor ihm verneigten, sich aber nicht zu nähern wagten. Es waren Leprakranke. Sie riefen flehend: „Jesus, Meister! Hab Mitleid mit uns!" Zweifellos hatten auch sie von der wunderbaren Heilung gehört und dachten: „Wenn einer uns helfen kann, dann ist er es."

Jesus ging auf sie zu und sagte: „Geht zu den Priestern und zeigt euch ihnen." Die zehn Männer gehorchten und gingen davon. Unterwegs redeten sie und wandten sich einander zu. Und da sahen sie, wie die Anzeichen der Krankheit rasch verschwanden. Überglücklich stellten sie fest, daß ihre Haut vollkommen rein und gesund war.

Einer von ihnen, ein Samariter, kehrte um und kam zu Jesus. Er warf sich ihm zu Füßen und dankte ihm.

„Waren es nicht zehn, die geheilt wurden?" fragte Jesus. „Wo sind die anderen neun? Keiner der Männer Israels ist umgekehrt, um Gott zu danken – nur dieser eine Mann, der ein Fremdling ist." Und zu dem Samariter sagte er: „Steh auf, dein Glaube hat dich gesund gemacht."

Der Diener des Centurion
In Kapernaum lebte ein Hauptmann, ein ‚Centurion‘. Die römische Armee war in Centurien, in Hundertschaften, eingeteilt, und jede wurde von einem Hauptmann, einem Centurion, geführt. Die Römer verehrten viele Götter, aber dieser Hauptmann hatte durch

seinen Umgang mit Juden viel von Jesus gehört und glaubte an dessen Lehre.

Als nun sein Diener sehr krank wurde, hätte der Hauptmann gern Jesus um Hilfe gebeten. Er meinte jedoch, Jesus würde vielleicht nicht gern in das Haus eines römischen Soldaten kommen. Darum wandte er sich an einige angesehene Juden und bat sie, an seiner Stelle zu Jesus zu gehen.

„Komm doch bitte", sagten die Juden zu Jesus, „denn dieser Mann verdient wirklich deine Hilfe. Obwohl er ein Römer ist, behandelt er uns sehr freundschaftlich und hat uns sogar ein Versammlungshaus gebaut."

Jesus ging mit ihnen. Als sie zum Haus des Hauptmanns kamen, traten ihm ein paar andere jüdische Freunde des Römers mit den Worten entgegen: „Der Hauptmann läßt dir sagen, er sei es nicht wert, daß du dich selbst bemühst und in sein Haus kommst. Er glaubt, ein Wort von dir werde auch über die Entfernung seinen Diener schon gesund machen."

Als Jesus dies hörte, wunderte er sich und sagte zu den Umstehenden: „Solchen Glauben habe ich noch bei keinem in Israel gefunden, nicht einmal bei einem Juden."

Er schickte die Freunde des Hauptmanns in sein Haus zurück. Und da sahen sie, daß der Diener wieder ganz gesund war.

Der blinde Bartimäus
Einmal sah Jesus auf dem Weg nach Jericho einen Blinden, der am Straßenrand saß. Dessen Name war Bartimäus. Blinde haben meistens ein besonders scharfes Gehör. An seinem Schritt erkannte Bartimäus jeden Bekannten, der auf der Straße an ihm vorbeiging. Bartimäus hatte auch von dem Heiler Jesus von Nazareth gehört und dachte viel an ihn.

Nun hörte er, wie sich eine große Volksmenge auf der Straße näherte. So viele Schritte auf einmal hatte er noch nie gehört. Aus den Brocken der Gespräche, die die Leute miteinander führten, konnte er entnehmen, daß Jesus sich in der Menge befand. Natürlich konnte er ihn nicht sehen, und er fragte sich, ob Jesus ihn wohl sehen könne oder ob die vielen Menschen ihm nicht die Sicht verdeckten. Bartimäus beschloß, sich bemerkbar zu machen.

„Jesus, du Sohn Davids", schrie er laut, „hab Erbarmen mit mir!"

Die Leute schalten ihn: „Sei doch still!" Doch Bartimäus schrie nur um so lauter: „Du Sohn Davids, hab Erbarmen mit mir!"

Daß er ihn ‚Sohn Davids' nannte, bewies, daß er viel darüber nachgedacht hatte, wer Jesus wohl wirklich war.

Jesus blieb stehen und sagte zu den Umstehenden: „Bringt ihn zu mir." Als Bartimäus das hörte, warf er seinen zerlumpten Mantel von der Schulter, sprang auf und ließ sich zu Jesus führen.

„Was willst du von mir? Was soll ich für dich tun?" fragte Jesus ihn.

„Herr, gib mir mein Augenlicht wieder", antwortete Bartimäus.

Und Jesus sagte: „Geh deines Wegs – dein Glaube hat dir geholfen."

Sofort konnte Bartimäus wieder sehen, und er folgte Jesus und pries Gott.

Der Blinde in Bethsaida
Ein andermal, in Bethsaida, brachten einige Leute einen blinden Mann zu Jesus, damit er ihn heile. Jesus führte den Mann aus dem Ort heraus, berührte seine Augen mit Speichel und hielt seine Hände über ihn. Er fragte ihn: „Kannst du etwas sehen?"

Der Mann hatte noch nie etwas gesehen. Alles erschien ihm nun verschwommen. Er antwortete: „Ja, ich kann Menschen sehen, aber sie sehen aus wie wandernde Bäume."

Da legte Jesus ihm die Hände auf die Augen, und als er sie wieder fortnahm, sah der Mann alles ganz deutlich.

„Geh nicht wieder nach Bethsaida zu den vielen Leuten", sagte Jesus. Er wollte verhindern, daß das Volk abermals von seiner Wunderkraft erfuhr. Sie würden vielleicht darauf vertrauen und sich gegen die römischen Besatzer erheben, und das wollte Jesus nicht.

Es war wichtig, daß seine Wunder nur im Zusammenhang mit seiner Lehre über das Königreich Gottes verstanden wurden. Die Juden sollten nicht glauben, er würde die von Gott gegebene Macht dazu benutzen, sie von den Römern zu befreien. Darum bemühte er

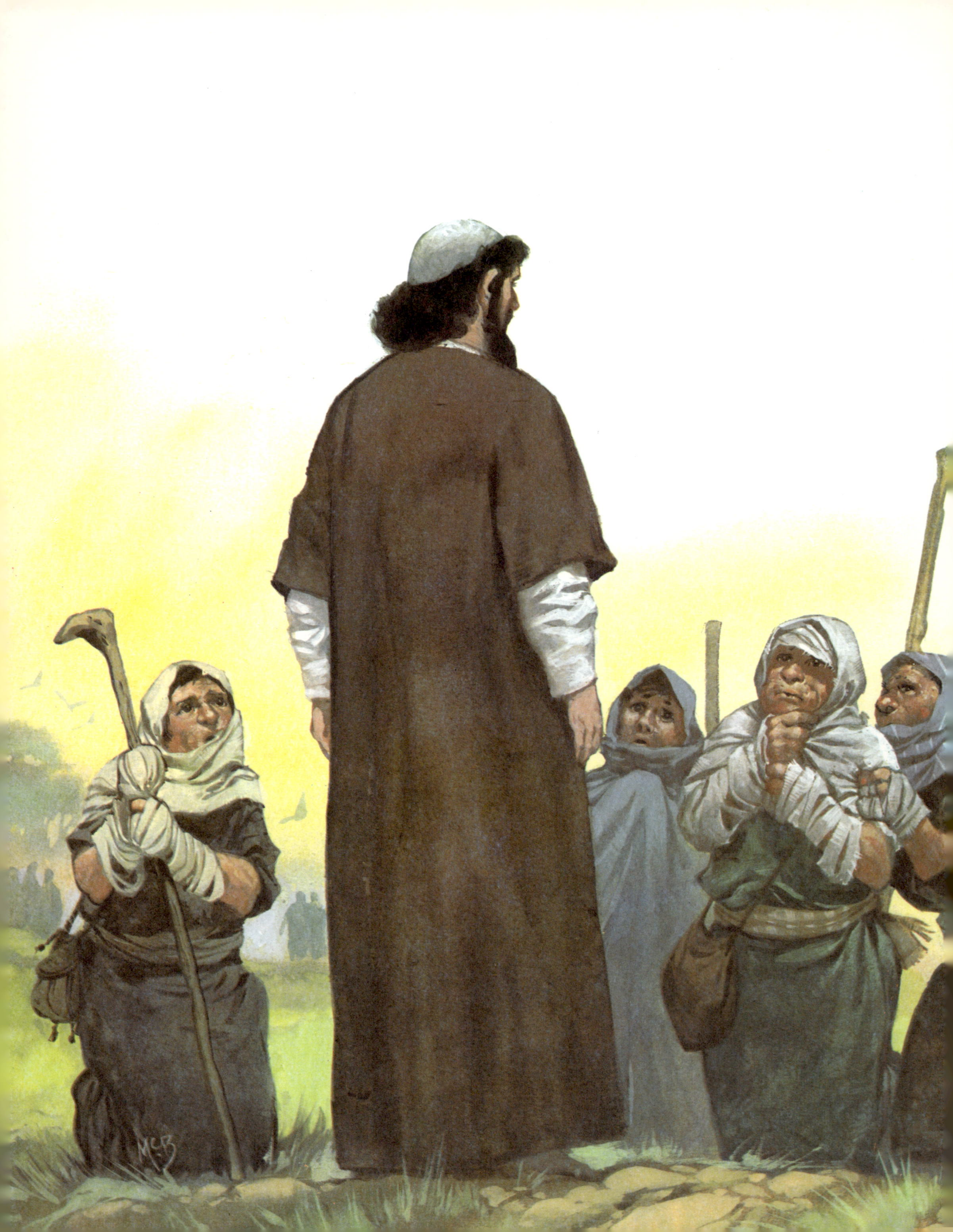
McB

Jesus heilt die Kranken

sich immer wieder darum, daß die Juden seine Botschaft nicht mißverstanden.

Die Sabbat-Heilungen

An einem Sabbat, als Jesus in den Tempel gekommen war, sah er dort einen Mann, der eine gelähmte Hand hatte. Er war Maurer und hatte sich sein Brot mit seiner Hände Arbeit verdient. Da er es jetzt nicht mehr konnte, mußte er betteln, und das empfand er als Schande.

Einige Gegner Jesu waren ebenfalls in dem Tempel. Sie lauerten darauf, daß Jesus den Mann heilte; dann hätten sie einen Grund, ihn anzuklagen, weil er die Sabbat-Vorschriften verletzt hätte.

„Ist es erlaubt, jemanden am Sabbat zu heilen?" fragten sie ihn listig. Jesus erwiderte: „Wenn ihr ein Schaf habt und es fällt an einem Sabbat in einen Graben, würdet ihr es herausziehen oder nicht? Wieviel mehr wert als ein Schaf ist ein Mensch. Ja, es ist richtig, auch an einem Sabbat Gutes zu tun."

Da schwiegen seine Gegner, denn im Grunde wußten sie, daß er recht hatte. Jesus blickte sie an, traurig und ärgerlich zugleich, weil sie so verstockt und in ihrer Strenggläubigkeit so engherzig waren.

Dann wandte er sich dem Mann zu und sagte: „Strecke die kranke Hand aus." Der Mann tat es, und die Hand war wieder genau so kräftig wie die andere.

Die Gegner Jesu verließen den Tempel und berieten sich, wie sie Jesus etwas anhaben konnten.

An einem anderen Sabbat lehrte Jesus im Tempel. Da war eine Frau, die ganz vornüber gebeugt saß. Sie hatte seit achtzehn Jahren einen ganz verkrümmten Rücken, so daß sie sich nicht mehr gerade aufrichten konnte.

Sie bat Jesus nicht um Heilung, wie es andere an ihrer Stelle getan hätten. Doch als Jesus sie sah, rief er sie zu sich, legte ihr seine Hände auf den krummen Rücken und sagte: „Du bist von deiner Krankheit befreit."

Sofort streckte sich ihr Rücken gerade. Sie stand auf und pries Gott.

Wieder wurde Jesus beschuldigt, diesmal von dem Oberpriester des Tempels, weil er an einem Sabbat geheilt hatte. Der Oberpriester betrachtete Heilen als Arbeit, und das Gesetz der Juden verbot jede Arbeit an einem Sabbat.

Jesus wies ihn darauf hin, daß eine solche Auslegung des Gesetzes übertrieben sei, denn der Mann werde gewiß auch am Sabbat seinen Tieren Futter und Wasser geben. Warum sollte er dann die Frau nicht heilen?

Der Oberpriester wurde rot vor Scham, die einfachen Leute aber jubelten über das Wunder, das Jesus getan hatte.

Wieder an einem anderen Sabbat speiste Jesus im Haus eines führenden Pharisäers. Da wurde ein Mann zu ihm gebracht, dessen ganzer Körper entsetzlich angeschwollen war; er litt an Wassersucht.

Jesus wollte die Meinung der anwesenden Schriftgelehrten und Pharisäer hören und fragte sie: „Ist es gegen das Gesetz, diesen Mann am Sabbat zu heilen, oder nicht?"

Sie aber wollten nicht antworten, weil sie wußten, sie würden sich beim Volk unbeliebt machen, wenn sie diese Heilung verhinderten. So schwiegen sie und warteten auf eine andere Gelegenheit.

Da heilte Jesus den Mann.

Des Reichen Sohn

In Kapernaum lebte ein vornehmer Mann, ein hoher Beamter des Königs Herodes Antipas. Sein Sohn wurde sterbenskrank. Der Mann war einflußreich und wohlhabend, aber für kein Geld der Welt war sein Sohn gesund zu machen.

Als er hörte, daß Jesus von Judäa nach Galiläa kam, ging er ihm entgegen und hoffte von Herzen, Jesus werde seinen Sohn retten. Als er Jesus endlich gefunden hatte, flehte er ihn an: „Bitte komm und heile meinen Sohn, er liegt schon im Sterben."

Jesus blickte ihn an und sagte traurig: „Wenn ihr nicht Zeichen und Wunder seht, glaubt ihr nicht." Es war ihm nicht recht, daß so viele Menschen nur deshalb an ihn glaubten, weil sie seine Wunder sahen; sie sollten lieber seine Lehren hören und beherzigen und nach ihnen leben.

Doch er erkannte das große Vertrauen des Mannes, der bittend sagte: „Herr, komm doch, bevor mein Sohn stirbt."

„Geh heim", sagte Jesus. „Dein Sohn wird leben."

Der Mann glaubte ihm und machte sich auf den Heimweg. Unterwegs sah er, daß ihm einer seiner Diener entgegenkam. Was mochte das bedeuten? Als er nähergekommen war, sah er, wie glücklich der Diener lachte – da wußte der Mann, er brachte eine gute Nachricht.

„Deinem Sohn geht es viel besser", berichtete der Diener. „Er wird leben!"

„Seit wann geht es ihm denn besser?" fragte der Beamte.

„Seit ein Uhr gestern mittag, da war das Fieber plötzlich verschwunden", antwortete der Diener. Das war genau die Zeit, als Jesus dem Mann gesagt hatte: „Dein Sohn wird leben."

Von nun an glaubten er und seine ganze Familie an Jesus und lauschten dessen Lehre.

Heilung eines Kranken am Teich Bethesda

An einem Fest der Juden ging Jesus hinauf nach Jerusalem. Nahe beim Schaftor gab es einen Teich, der Bethesda hieß und von fünf Säulenhallen umgeben

Jesus heilt die Kranken

war (Archäologen haben sie vor einigen Jahren freigelegt). In diesen Hallen lagen immer viele Kranke, Blinde, Lahme und Krüppel; sie warteten darauf, daß das Wasser des Teichs aufwallte. Das geschah von Zeit zu Zeit, vielleicht durch eine Strömung oder eine Quelle unter dem Wasser. Die Leute glaubten jedoch, daß jedesmal ein Engel herabfuhr und das Wasser bewegte, und sie glaubten auch, daß derjenige, der dann als erster in den Teich stieg, von seinen Leiden geheilt werde.

Jesus kam am Teich Bethesda vorbei und schritt durch die Säulenhallen, wo die vielen Kranken und Gebrechlichen lagen. Einer seiner Jünger zeigte ihm einen Mann, von dem erzählt wurde, daß er sich schon seit achtundvierzig Jahren nicht mehr von seinem Lager erheben konnte. Er lag auf einer Matte und machte den Eindruck eines Menschen, der alle Hoffnung verloren hatte.

Jesus fragte den Kranken: „Willst du gesund werden?" „Herr", antwortete der Mann, „ich habe keinen Menschen, der mir in den Teich hilft, wenn das Wasser sich bewegt. Wenn ich mich aber selber hinquäle, ist längst ein anderer vor mir hineingestiegen. Ich werde es nie schaffen." Offenbar hatte es nie jemanden gegeben, der dem Mann Mut zusprach.

Da sagte Jesus zu ihm: „Steh auf, nimm deine Matte und geh heim." Sofort erhob sich der Mann und merkte, daß er stehen konnte. Er nahm seine Matte auf, dankte Jesus und ging.

Es war aber ein Sabbattag, und er war kaum einige Schritte gegangen, da kamen einige Juden auf ihn zu und sagten: „Hältst du so die Gesetze, daß du am Sabbat deine Schlafmatte fortträgst? Du weißt doch, daß am Sabbat jede Arbeit streng verboten ist."

Der Geheilte antwortete: „Der Mann, der mich gesund gemacht hat, hat mir befohlen, die Matte aufzunehmen und heimzugehen."

Sie fragten ihn: „Wie heißt der Mensch, der dir das gesagt hat?" Er wußte es nicht, und Jesus war nicht mehr zu sehen.

Am anderen Tag fand Jesus den gleichen Mann im Tempel und sagte zu ihm: „Du bist gesund geworden. Von nun an sündige nicht mehr, sonst könnte dir noch etwas Schlimmeres passieren als es deine Krankheit war."

Der Mann wußte nun, daß es Jesus war, der ihn geheilt hatte. Freudig erzählte er es den Juden, die ihn ausgefragt hatten, wohl weil er dachte, sie würden nun auch an Jesus glauben. Aber ihre Feindschaft gegenüber Jesus wurde nur noch größer, weil er am Sabbat Wunder vollbrachte.

Die Heilung des Taubstummen

Jesus war wieder einmal am See Genezareth, als man einen Taubstummen zu ihm brachte. Und sie baten ihn, den Mann zu heilen.

Freundlich nahm Jesus den Taubstummen an die Hand und führte ihn von der Menge fort. Für Taube und Schwerhörige ist es immer schwierig, etwas zu verstehen, wenn viele Menschen und Stimmen auf einmal reden; sie können – wenn überhaupt – nur einem Menschen vom Mund ablesen, was er sagt. Taubstummensprache und -behandlung, wie es sie heute gibt, kannte man damals noch nicht, doch versuchte man sich auch schon durch Zeichen zu verständigen.

Jesus legte dem Mann seine Finger in die Ohren und berührte seine Zunge. Er blickte zum Himmel auf und atmete tief. Dann sagte er: „Hephatha", das bedeutet: ‚Öffne dich'. Sogleich taten sich die Ohren des Mannes auf, er konnte hören, und er begann ohne Mühe zu sprechen.

Und alles Volk staunte und sagte: „Jesus kann alles. Er macht, daß die Tauben hören und die Stummen sprechen. Jesus ist voller Wunder."

Ein Wahnsinniger wird geheilt

In Kapernaum sah Jesus einmal einen Mann, der war wahnsinnig; damals sagte man jedoch von solchen Kranken, sie seien vom bösen Geist besessen.

„Was willst du von uns, Jesus von Nazareth?" kreischte der Mann. „Bist du gekommen, um uns zu verderben? Ich kenne dich! Du bist Gottes Heiliger."

Jesus befahl dem bösen Geist mit drohender Stimme: „Sei still und komm aus dem Menschen heraus!" Das Böse riß den Mann hin und her und schrie laut – dann kam es aus ihm heraus. Der Mann fiel zu Boden, doch er war unverletzt.

Alle, die es gesehen hatten, erzählten von diesem Wunder, und bald sprach man in ganz Galiläa davon.

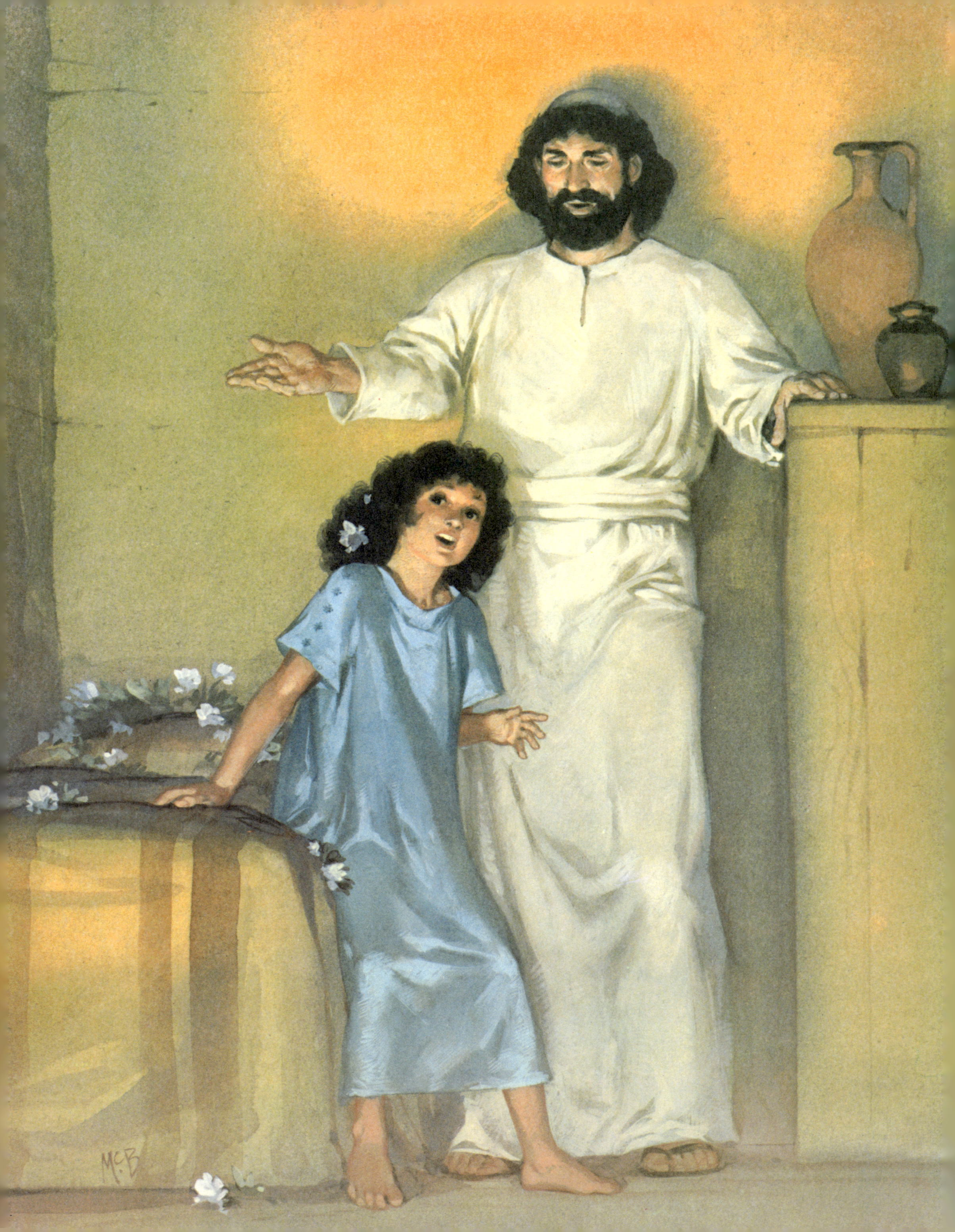

Jairus Tochter

Nicht weit vom See Genezareth wohnte ein reicher Mann namens Jairu, einer der führenden Männer im jüdischen Rat seiner Stadt. Er hatte eine zwölfjährige Tochter, die war sehr krank, so krank, daß man kaum noch mit ihrer Genesung rechnete.

Als der Mann Jesus sah, der wieder von einer großen Menge umringt war, lief er zu ihm, fiel ihm zu Füßen und sagte: „Meine Tochter ist sehr krank, ich glaube, sie liegt im Sterben. Bitte, komm mit und lege deine Hände auf sie, damit sie gesund wird."

Jesus machte sich mit ihm auf den Weg, und alle Leute wollten mit und umdrängten ihn.

In der Menge war auch eine Frau, die litt seit zwölf Jahren an schweren Blutungen. Sie hatte schon ihr ganzes Geld ausgegeben für Ärzte und Medizin, aber anstatt besser war es nur schlimmer geworden. Sie dachte bei sich: „Wenn ich nur Jesu Kleider berühren kann, werde ich gesund." So zwängte sie sich durch die Menge und berührte von hinten seinen Mantel, und sogleich spürte sie am ganzen Leib, daß sie von ihrer Krankheit geheilt war.

Jesus wurde oft genug von den ihn umdrängenden Menschen angestoßen; aber er spürte den Unterschied, wenn einer ihn berührte, der in Not war, und jetzt fühlte er auch, daß eine Kraft von ihm ausgegangen war. „Wer hat mich angefaßt?" fragte er. Die Jünger wunderten sich über seine Frage. Sie wiesen auf die vielen Menschen, von denen jeder so nahe wie möglich an Jesus herankommen wollte. Aber Jesus fragte nochmals: „Wer hat mich angefaßt?", und blickte sich um.

Die Frau, die gehofft hatte, daß Jesus ihre Berührung gar nicht merken würde, stürzte nun auf ihn zu, warf sich ihm zu Füßen und bekannte zitternd, was sie getan hatte und warum.

„Hab keine Angst", sagte Jesus freundlich, „dein Glaube hat dich gesund gemacht. Geh nur ruhig heim."

Währenddessen kamen Boten aus Jairus Haus und sagten traurig zu ihm: „Du brauchst den Meister nicht mehr zu bemühen, deine Tochter ist eben gestorben."

Jesus aber sagte zu Jairu: „Du sollst nicht trauern, sondern glauben, dann wird deine Tochter wieder leben und gesund sein."

Als sie vor Jairus Haus ankamen, hörten sie schon, wie die Bewohner alle laut um das Kind weinten. „Warum macht ihr solchen Lärm?" fragte Jesus. „Das Mädchen ist nicht tot, es schläft nur."

Aber sie weinten nur um so lauter, denn sie waren fest überzeugt, daß das Kind wirklich tot war.

Da schickte Jesus die meisten der Leute hinaus und ging, nur begleitet von den Eltern des Kindes und drei seiner Jünger, in das Zimmer des Mädchens. Zitternd blieben die Eltern in der Tür stehen. Jesus faßte das Kind an die Hand und sagte: „Steh auf, kleines Mädchen." Da begann es zu atmen und erhob sich von ihrem Lager.

„Gebt ihr etwas zu essen", sagte Jesus und führte das Kind zu seinen überglücklichen Eltern.

Die Heilung des gelähmten Mannes

Einmal lehrte Jesus in einem Haus in Kapernaum. Wieder waren viele Menschen gekommen, die ihn hören wollten. Es sprach sich immer rasch herum, wenn Jesus irgendwo auftauchte. Das Haus war an diesem Tag so gedrängt voll, daß nicht alle im Innern Platz fanden, so daß noch eine große Ansammlung von Menschen vor der Tür verharrte.

Auch eine Anzahl Pharisäer und Schriftgelehrter waren aus Jerusalem und anderen Städten Galiläas und Judäas gekommen, einige in der Hoffnung, alles, was Jesus sagen würde, angreifen und widerlegen zu können.

Nun gab es in Kapernaum einen Mann, der auch gern zu Jesus gekommen wäre; er konnte aber nicht gehen, denn er war gelähmt und konnte das Bett nicht verlassen. Da lag er und konnte nur lauschen, was die Leute sich erzählten, die an seinem Haus vorübergingen.

Dieser Mann fühlte sich auch deshalb besonders unglücklich, weil er in der Vergangenheit ein sündhaftes Leben geführt hatte, das er jetzt bitter bereute. Er war überzeugt, seine Krankheit sei die Folge seiner früheren Sünden. So litt er nicht nur an seiner Hilflosigkeit, sondern auch an der Scham, die er empfand.

Er hatte jedoch vier gute Freunde, die ihn häufig besuchten und ihm immer die interessantesten Neuigkeiten erzählten. Nun hatten sie ihm gerade berichtet, daß Jesus wieder einmal in der Stadt war. Wie sehr wünschte doch der Gelähmte, Jesus zu sehen! Zu ihm gehen konnte er nicht, und es war kaum zu erwarten, daß Jesus in sein Haus kommen würde.

Den vier Freunden tat der Mann leid, der so verzweifelt nach Jesus verlangte. Sie überlegten, ob sie ihm irgendwie helfen konnten. Sie kamen auf den Gedanken, ihren Freund mitsamt seinem Bett zu Jesus zu tragen.

Jeder faßte eine Ecke des Bettes – einer Art Matratze, wahrscheinlich aus Binsen geflochten, die man zusammenrollen konnte, wenn sie nicht mehr gebraucht wurde. So trugen sie ihren Freund durch die Straßen von Kapernaum bis an das Haus, in dem Jesus lehrte.

Aber wie enttäuscht waren sie, als sie vor der Tür die große Menge Menschen sahen, die ihnen den Weg versperrten. Ausgeschlossen, daß sie hier bis zu Jesus durchdrangen!

So leicht gaben jedoch die Freunde nicht auf. Sie gehörten zu den Menschen, die sich von Schwierigkeiten nicht abschrecken lassen. Um sich blickend, entdeckten sie an der Außenmauer des Hauses eine Treppe, die zum flachen Dach hinauf führte. (In heißen Ländern wird das Flachdach gern benutzt, um dort in der frischen Nachtluft zu schlafen; am Tage trocknet man dort auch Kleider, Flachs und andere Dinge.)

Die Männer überlegten, wie sie den Gelähmten vom Dach her ins Haus bringen könnten. Es konnte doch nicht schwer sein, ein Loch in das leichtgebaute Dach zu machen – hinterher ließ es sich leicht wieder reparieren.

Gesagt, getan. Sie trugen den Gelähmten vorsichtig die Treppe hinauf. Oben angekommen, setzten sie ihn einstweilen mit seinem Bett ab und machten über der Stelle, wo Jesus sitzen mußte, ein Loch ins Dach. Dann banden sie an jede Ecke des Bettes ein Seil und ließen ihren Freund herab – er landete genau vor den Füßen Jesu.

Jesus blickte auf den Mann, der vor ihm lag, dann schaute er nach oben, wo vier ängstliche Gesichter durch ein Loch lugten. Sie brauchten Jesus nichts zu sagen; er wußte, warum sie gekommen waren und wie sehr sie auf ihn vertrauten. Dennoch warteten die Freunde und der Gelähmte voller Bangen, was nun geschehen würde.

Jesus beugte sich über den gelähmten Mann und sagte: „Mein Sohn, deine Sünden sind dir vergeben."

Alle Anwesenden hörten es mit Staunen. Dem Kranken aber war es, als fiele ihm ein großer Stein vom Herzen. Selbst wenn Jesus ihn nicht heilte – er fühlte sich von einer schweren Last befreit.

Die Pharisäer und Schriftgelehrten, die ebenfalls zugehört hatten, waren alles andere als erfreut. Sie murrten böse und sagten zueinander: „Wie kann er sich so vermessen und Sünden vergeben? Niemand kann Sünden vergeben als Gott allein. Das ist Gotteslästerung!"

Jesus kannte ihre Gedanken. Er wandte sich ihnen zu und sagte: „Warum habt ihr so böse Gedanken? Was ist leichter, diesem Mann zu sagen ‚deine Sünden sind dir vergeben' oder ‚steh auf, nimm dein Bett und geh heim'? Ich werde euch beweisen, daß der Menschensohn auf Erden die Macht hat, Sünden zu vergeben." (Mit dem „Menschensohn" meinte er sich selbst.) Dann sagte er zu dem Gelähmten: „Steh auf, nimm dein Bett und geh heim!"

Sofort fühlte der Mann, daß ihn neue Kräfte durchströmten. Er stand auf und rollte sein Bett zusammen, auf dem er gelegen hatte. Dann ging er, Gott dankend und preisend, und die Menschen machten ihm voller Staunen Platz.

Nun waren dem Mann nicht nur die Sünden vergeben, er war auch von seiner Krankheit geheilt und konnte ein ganz neues Leben anfangen. Er war überglücklich. Rasch kamen auch seine Freunde ihm nach und freuten sich mit ihm.

Und das ganze Volk war tief bewegt, pries Gott und sagte: „Welches Wunder haben wir doch gesehen!"

Jesus und die Sünderin

Einer der führenden Pharisäer namens Simon hatte Jesus zum Essen in sein Haus eingeladen.

Vermutlich war es seine Neugier, die ihn zu dieser Einladung bewegt hatte, denn offensichtlich schätzte er Jesus nicht besonders hoch ein. Er unterließ es, ihm die Höflichkeiten zu erweisen, mit denen man damals seine Gäste zu begrüßen pflegte. Die Straßen Palästinas waren heiß und staubig, und es war üblich, daß man einem Gast beim Eintritt ins Haus die Füße wusch oder ihm wenigstens eine Schüssel Wasser hinstellte, damit er es selbst tun konnte. Verehrte Besucher oder Freunde begrüßte der Hausherr auch mit Küssen auf die Wangen, und wohlhabende Gastgeber – wie der Pharisäer – rieben ihnen duftendes Öl in das von der Sonne spröde gewordene Haar. Alles dies hatte der Pharisäer unterlassen, obwohl er Jesus eingeladen hatte.

Zum Essen saß man damals nicht auf Stühlen, sondern benutzte Liegen, die drei Seiten eines niedrigen Tisches umgaben. Im Liegen stützte man sich mit dem linken Ellbogen auf Kissen und aß nur mit der rechten Hand.

Während des Mahls kam eine Frau in Simons Haus, von der jeder wußte, daß sie ein sehr sündhaftes Leben führte. Da der Eßsaal zur Straße hin keine Mauer hatte, sondern nur durch Vorhänge abgetrennt war, konnte jeder leicht hineinkommen.

Diese Frau hatte gehört, daß Jesus im Hause Simons des Pharisäers speiste. Da nahm sie ein kostbares Gefäß aus Alabaster, füllte es mit Duftöl und ging damit zu Jesus. Als sie ihn sah und an ihr bisheriges Leben dachte, begann sie zu weinen. Zu Jesu Füßen kniete sie nieder, und ihre Tränen netzten seine Füße; sie trocknete sie mit ihrem langen Haar. Dann küßte die Frau die Füße Jesu und rieb sie mit dem duftenden Öl ein.

Simon beobachtete das Geschehen mit wachsendem Staunen. War es möglich, daß Jesus gar nicht wußte, was das für eine Frau war, die ihn so berührte? Es war doch eine bekannte Sünderin! ‚Wenn dieser Mann wirklich ein Prophet wäre, wie gesagt wird‘, dachte Simon, ‚müßte er doch alles über diese schlechte Frau wissen und würde nichts mit ihr zu tun haben wollen.‘

Jesus wußte, was Simon dachte. Er sah ihn an und sagte: „Simon, ich muß dir etwas sagen."

„Ja?" sagte Simon. „Sprich nur."

Und Jesus erzählte Simon ein Gleichnis: „Es waren einmal zwei Männer, die hatten sich von einem Geldverleiher Geld geliehen. Der eine schuldete ihm fünfhundert Silbermünzen, der andere schuldete ihm fünfzig. Keiner von ihnen hatte genug Geld oder Besitz, seine Schuld zurückzahlen zu können. Als der Geldverleiher das erfuhr, verklagte er sie nicht, sondern erließ ihnen die Schuld. Was meinst du,

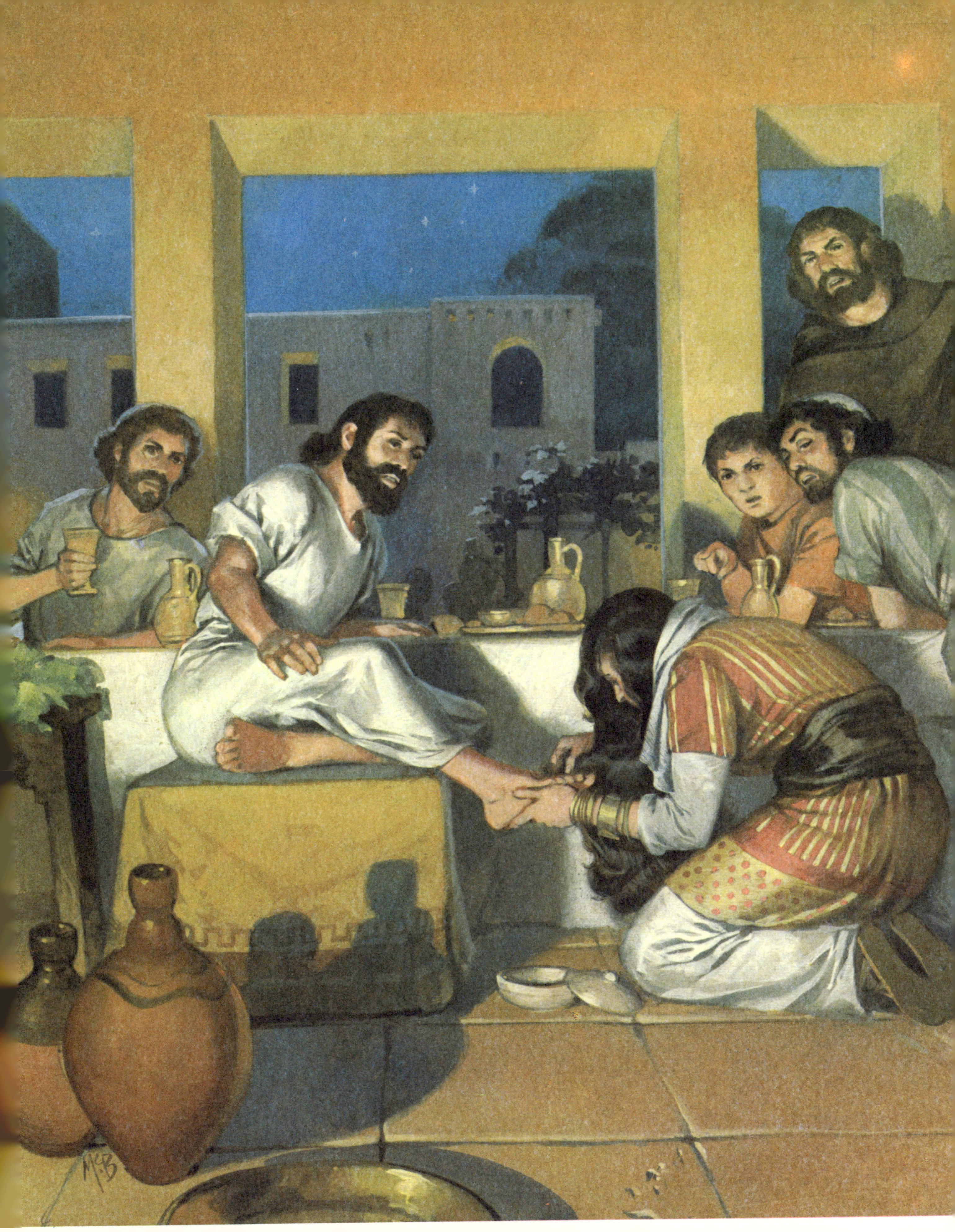

welcher der beiden Männer liebte ihn deswegen mehr?"

„Ich nehme an, der, dem er mehr erlassen hat", antwortete Simon.

„Das ist richtig", sagte Jesus. Dann wies er auf die Frau und fuhr fort: „Sieh nur diese Frau, Simon. Ich kam als Gast in dein Haus, und du hast mir kein Wasser für meine Füße gegeben; sie aber hat meine Füße mit ihren Tränen gewaschen und mit ihrem Haar getrocknet. Du hast mich nicht mit einem Kuß begrüßt; sie aber hört nicht auf, meine Füße zu küssen. Du hast mir kein Öl aufs Haar gegossen; sie aber hat meine Füße mit duftendem Öl eingerieben. Sie hat aus großer Liebe gehandelt und damit bewiesen, daß ihr viele Sünden vergeben sind. Die Liebe jener, denen nicht viel zu vergeben ist, ist nur gering."

Dann wandte sich Jesus wieder der Frau zu und sagte: „Deine Sünden sind dir vergeben."

Einige der anderen Gäste Simons murrten voller Unwillen: „Wofür hält sich dieser Mann, daß er glaubt, er könne sogar Sünden vergeben?"

Jesus beachtete sie nicht, sondern sprach weiter mit der Frau. „Dein Glaube hat dich gerettet", sagte er. „Geh in Frieden."

Später war Jesus einmal in Bethanien eingeladen, in das Haus eines Mannes, den er einst vom Aussatz geheilt hatte.

Hier kam eine Frau zu ihm, die ihn mit sehr kostbarem Duftöl salbte. Einige der Jünger, die dabei waren, wurden ärgerlich, besonders Judas Ischariot. Sie sagten: „Was ist das für eine Verschwendung! Den Krug Duftöl könnte man für dreihundert Silbermünzen verkaufen und das Geld den Armen geben."

Jesus aber sagte: „Laßt sie. Sie tut aus Liebe etwas sehr Schönes für mich. Arme Menschen könnt ihr immer finden und könnt ihnen zu allen Zeiten helfen; mich aber werdet ihr nicht immer bei euch haben. Sie tat, was sie konnte, um meinen Körper für das Grab bereit zu machen. Wo auch immer in der Welt einst das Evangelium verkündet wird, von ihrer Tat wird man berichten, so daß die Menschen an sie denken werden."

Die Verklärung

Auf dem Weg zur Stadt Cäsarea Philippi fragte Jesus seine Jünger: „Was sagen die Leute von mir, wer ich bin?"

Sie antworteten: „Einige halten dich für Johannes den Täufer, andere für Elia oder Jeremia oder irgendeinen anderen Propheten."

„Und ihr?" fragte Jesus. „Was glaubt ihr, wer ich bin?"

Petrus, der wie so oft im Namen aller sprach, sagte ernst: „Du bist der Messias, der Sohn des lebendigen Gottes."

„Du hast recht", sagte Jesus, und fuhr fort: „Du bist der Fels, Petrus, und auf diesem Felsen will ich meine Gemeinde errichten." (An anderer Stelle der Bibel steht für ‚Gemeinde' ‚Kirche', aber es bedeutet das gleiche.)

Die Jünger waren einen weiten Weg mit Jesus gewandert, hatten ihm geholfen, die Menschen zu belehren und selber von Jesus viel Neues erfahren. Nun ließ Jesus sie ausruhen. Er selbst aber stieg auf den hohen Berg Hermon, nahe bei der Stadt Cäsarea Philippi, nur begleitet von seinen drei Aposteln Petrus, Jakobus und Johannes.

Am Gipfel des Berges angelangt, ließen sie sich nieder. Hier war es kühler als im Tal, und die drei Apostel waren glücklich, daß sie rasten konnten und daß sie mit Jesus für eine Weile allein sein durften.

Jesus ging noch ein Stückchen weiter, bis zum höchsten Punkt des Berges, und begann zu beten. Plötzlich sahen die Jünger, daß Jesus in hellstem Licht erstrahlte.

Sein Gesicht leuchtete wie die Sonne, seine Kleider wurden weiß und von schimmerndem Glanz.

Von dem überirdischen Licht mußten die Jünger die Augen niederschlagen. Als sie sich etwas an die Helligkeit gewöhnt hatten und ihre Blicke wieder auf Jesus richteten, sahen sie, daß er nicht mehr allein war. Zwei Gestalten standen neben ihm. Es waren Moses, der große Gesetzgeber, und Elia, der große Prophet, und sie sprachen mit Jesus. Petrus, Jakobus und Johannes waren so von Schreck überwältigt, daß sie sich zu Boden warfen.

Allmählich beruhigten sie sich jedoch und empfanden das Glück, an einem solchen Erlebnis teilzuhaben. Petrus hob als erster den Kopf, und als er sah, daß Moses und Elia sich schon umwandten, um Jesus zu verlassen, fand er seine Stimme wieder und rief: „Meister, hier können wir gut bleiben. Wenn du willst, bauen wir drei Hütten, eine für dich, eine für Moses und eine für Elia."

Petrus wußte kaum, was er sagte. Er hatte nur den Wunsch, diesen wunderbaren Augenblick zu verlängern und dachte, wenn man ihnen Hütten baute, würden Moses und Elia vielleicht bei ihnen bleiben.

Während er noch redete, erschien eine lichte Wolke und warf ihren Schatten auf sie. Und aus der Wolke kam eine Stimme, die sagte: „Dies ist mein geliebter Sohn, auf ihn sollt ihr hören." Die Jünger verhüllten ihr Angesicht, von Ehrfurcht erfüllt.

Da kam Jesus zu ihnen; seine Hände berührten sie, und er sagte: „Steht auf und fürchtet euch nicht." Als sie aufblickten, war die Wolke verschwunden, Moses

Die Verklärung

und Elia waren fort, und Jesus stand allein vor ihnen.

Petrus, Jakobus und Johannes waren ganz erfüllt von dem himmlischen Glanz. Sie begriffen nun noch besser als vorher, daß sie Jesus nicht als einen irdischen König betrachten durften. Vielleicht hatte Gott sich ihnen auch deshalb offenbart, um sie zu stärken für die schwere Zeit, die bald für sie kommen mußte – für die Kreuzigung Jesu.

Als sie vom Berg herabstiegen, gebot ihnen Jesus, niemandem von diesem Erlebnis zu erzählen bis zu dem Tag, an dem er von den Toten auferstehen werde. Sie gehorchten; doch untereinander erörterten sie noch lange, was Jesus mit ‚von den Toten auferstehen‘ gemeint haben könnte.

Das wunderbare Geschehen auf dem Berg Hermon wird ‚die Verklärung Jesu‘ genannt.

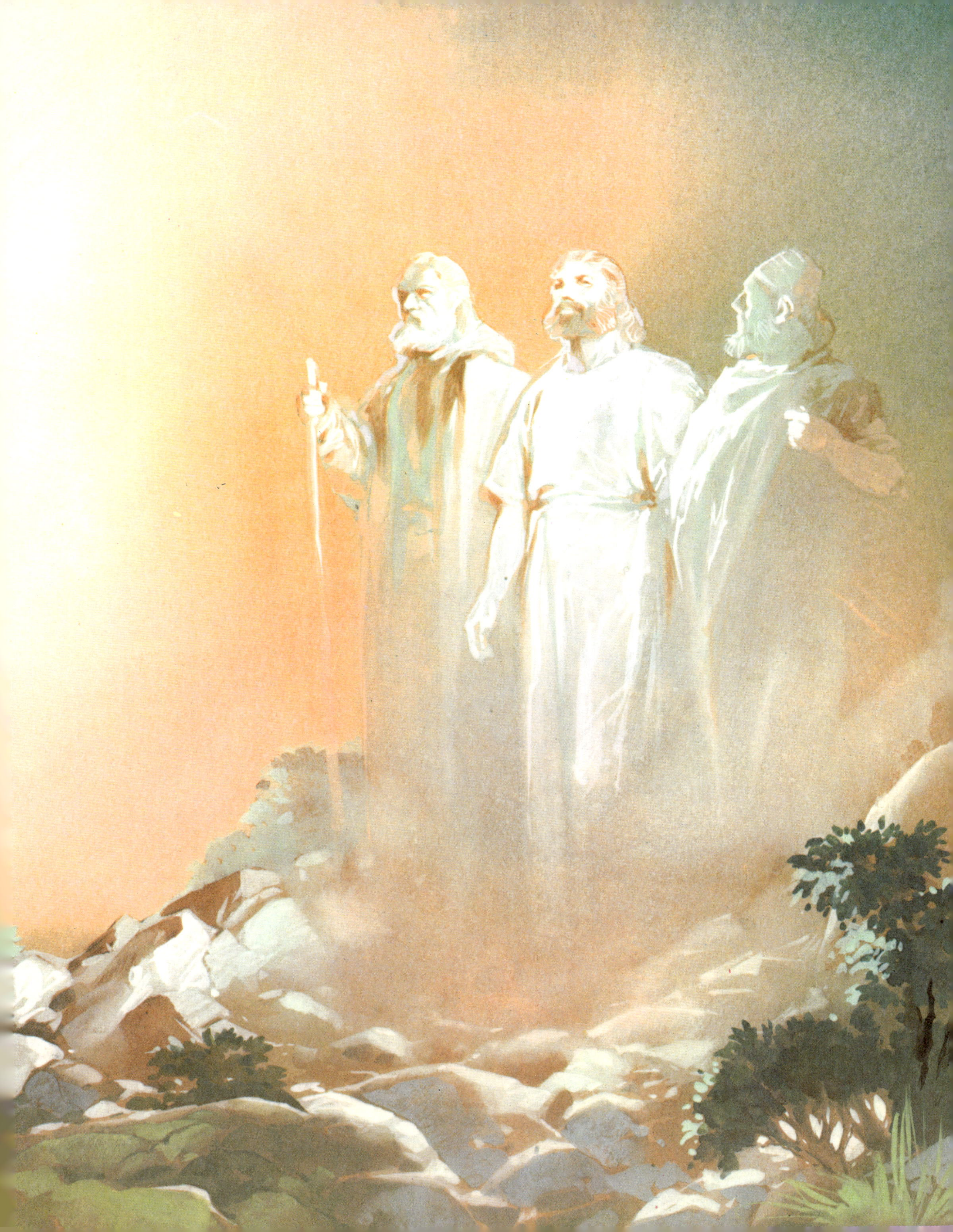

Zachäus

In Jericho lebte ein Mann namens Zachäus, dem sämtliche Zöllner unterstanden. Wie allen Zöllnern, sagte man auch ihm nur Schlechtes nach, und ehrbare Leute verkehrten nicht mit ihm. Und tatsächlich hatte er, wie die meisten Zöllner, sich auch auf unrechtmäßige Weise bereichert, indem er höhere Steuern eintrieb als die Römer forderten und den Überschuß für sich behielt. So war es kein Wunder, daß alle Zöllner beim Volk unbeliebt waren.

Immer öfter aber geschah es, daß Zachäus in schwere Gedanken verfiel über das, was er tat. Er war sich bewußt, daß die Leute recht hatten, wenn sie ihn einen Sünder nannten.

Da hörte er eines Tages, daß Jesus nach Jericho gekommen war und durch die Stadt wanderte. Zachäus fühlte: Diesen Mann mußte er sehen! Sogleich lief er hinaus und suchte ihn. Als er weit hinten auf der Straße eine riesige Menschenmenge erblickte, wußte er, daß Jesus unter ihnen sein mußte. Wie sollte er aber an ihn herankommen? Zachäus war sehr klein von Gestalt. Die drängende Menge würde ihn niemals durchlassen!

Neben sich sah Zachäus einen Maulbeerbaum, und da fiel ihm ein Ausweg ein: Er kletterte auf den Baum und setzte sich auf einen der weit ausladenden Äste. Durch das reiche Blattwerk konnte er hinabschauen, ohne selbst gesehen zu werden. So entging er dem Spott des Volkes und konnte doch Jesus sehen.

Schon kam Jesus daher, und Zachäus lugte mit großem Interesse durch die Zweige. Wie war er überrascht, als Jesus vor dem Maulbeerbaum stehen blieb, ins Gezweig hinaufschaute und rief: „Komm herunter, Zachäus, ich will heute noch in dein Haus kommen."

Zachäus konnte sich erst vor Schreck kaum bewegen. Woher kannte Jesus seinen Namen? Und gab es nicht genug Priester in Jericho, deren Häuser Jesus lieber aufsuchen würde? Daß er zu einem Zöllner ins Haus kam, war doch undenkbar!

Aber dann kletterte Zachäus doch geschwind vom Baum herab, grüßte Jesus voller Freude und geleitete ihn in seine Wohnung.

Das Volk sah es voller Unwillen und grollte: „Wie kann Jesus bei einem Zöllner zu Gast sein?" Sie waren der Meinung, mit solchen Sündern sollte Jesus sich nicht befassen.

In Zachäus' Haus wurde Jesus aufs höflichste bewirtet, und dann hatte er ein langes Gespräch mit dem Oberzöllner.

Zachäus war von Jesus sehr beeindruckt, und er schämte sich, daß er bisher so ein schlechtes Leben geführt hatte.

Das Zusammensein mit Jesus verwandelte ihn vollkommen. Bisher hatte er nur wenig Geld für Wohltaten ausgegeben; das sollte nun anders werden. Und nie wieder wollte er andere betrügen.

So sagte er zu Jesus: „Herr, ich will meinen halben Besitz den Armen geben, und jedem, den ich übervorteilt habe, will ich das Vierfache zurückzahlen."

Das war praktische Wiedergutmachung, und sie würde für Zachäus nicht leicht sein. Aber er hatte seine Schuld bekannt und bereut und war entschlossen, sein Leben zu ändern.

Die Begegnung mit Jesus hatte aus ihm einen neuen Menschen gemacht.

Jesus sagte erfreut: „Das zeigt, daß du ein echter Sohn Abrahams bist. Du wirst von Sünden befreit, und Gottes Segen ruht auf dir und deinem ganzen Haus."

Lazarus wird auferweckt

Unter den vielen Freunden Jesu gab es zwei Schwestern und einen Bruder, die zusammen in Bethanien wohnten, nicht weit von Jerusalem. Ihre Namen waren Martha, Maria und Lazarus.

Als Jesus sie eines Tages besuchte, kam Maria, setzte sich ihm zu Füßen und lauschte seiner Lehre. Martha aber, die eine gute Hausfrau war, ging geschäftig hin und her und mühte sich, ihrem Besucher das beste Mahl zu bereiten. Als Maria sich nicht rührte, um ihr zu helfen, wandte sich Martha an Jesus und sagte: „Herr, kümmert es dich nicht, daß Maria mich alles allein tun läßt? Sag ihr, sie soll kommen und mir helfen."

Jesus widersprach ihr sanft und sagte: „Martha, Martha, du sorgst dich um so vieles. Aber nur eines ist notwendig. Maria hat das Richtige gewählt, und es soll ihr nicht genommen werden." Jesus meinte, daß Martha ihn mehr ehren würde, wenn sie ihm zuhörte, als wenn sie ihm ein köstliches Mahl bereitete. Er war zufrieden mit einem ganz einfachen Essen, wenn Martha an dem friedlichen Gespräch teilnahm.

Eines Tages wurde Lazarus, der Bruder Marthas und Marias, sehr krank. Die Schwestern schickten einen Boten zu Jesus, der ihm sagen sollte, daß es schlimm um seinen Freund bestellt war.

Jesus erhielt die Nachricht, blieb aber noch zwei Tage an dem Ort, wo er sich gerade aufhielt. Er wußte, daß Lazarus schon gestorben war, und er wußte auch, daß er ihn wieder zum Leben erwecken konnte.

Dann sagte er zu seinen Jüngern: „Lazarus, unser Freund, schläft. Ich will hingehen und ihn aufwecken."

Die Jünger meinten, Jesus redete vom normalen Schlaf, und sagten: „Wenn er schläft, Herr, wird es besser mit ihm." Jesus aber sprach vom Tod und erklärte den Jüngern: „Lazarus ist gestorben. Laßt uns zu ihm gehen."

Sie machten sich auf, und bevor sie Bethanien erreicht hatten, war Lazarus schon seit vier Tagen tot. Viele Menschen waren gekommen, um Martha und Maria zu trösten und mit ihnen um den Bruder zu trauern und ihnen beizustehen. Immer wenn jemand gestorben war, fand eine Trauerfeier statt, die eine Woche dauerte.

Als Martha hörte, daß Jesus käme, ging sie ihm entgegen und traf ihn noch vor Bethanien. Maria war in tiefer Trauer im Haus zurückgeblieben.

„Herr, wärest du hier gewesen, wäre mein Bruder nicht gestorben", sagte Martha zu Jesus. „Aber auch jetzt noch weiß ich, daß Gott dir gibt, um was du ihn bittest." Martha hatte großes Vertrauen zu Jesus, doch sie wagte es nicht, ihre Hoffnung, Jesus möge ihren Bruder ins Leben zurückrufen, deutlicher auszusprechen.

„Dein Bruder wird auferstehen", sagte Jesus.

Martha erwiderte: „Ich weiß wohl, daß er am Jüngsten Tag auferstehen wird."

Jesus aber sagte: „Ich bin die Auferstehung und das Leben. Wer an mich glaubt, der wird leben, selbst wenn er schon gestorben ist. Glaubst du das, Martha?"

Nicht alle Juden glaubten an eine Auferstehung nach dem Tod. Martha aber glaubte daran, und sie gab Jesus eine wunderbare Antwort: „Ja, Herr", sagte sie, „ich glaube, daß du der Messias bist, der Sohn Gottes, der in die Welt gekommen ist."

Dann lief sie nach Hause und sagte leise zu Maria: „Der Meister ist hier." Maria erhob sich und eilte nach draußen, um Jesus zu begrüßen. Die Trauergäste folgten ihr aus dem Haus, weil sie dachten, sie wolle

Lazarus wird auferweckt

zum Grab ihres Bruders, um dort zu weinen. Sie wunderten sich darüber, denn es war Sitte, daß die Trauernden nur drei Tage lang das Grab aufsuchten; man glaubte, so lange sei die Seele des Toten noch anwesend und könnte vielleicht in den Körper zurückkehren. Am vierten Tag aber ging man nicht mehr hin, weil man wußte, der Verstorbene war wirklich tot.

Maria aber wollte nicht zum Grab. Sie ging Jesus auf der Straße entgegen, fiel ihm zu Füßen und sagte das gleiche wie Martha: „Herr, wärest du hier gewesen, wäre mein Bruder nicht gestorben."

Jesus sah, wie sie weinte, und viele Freunde weinten mit ihr. Sein Herz war bewegt, und auch er weinte, weil er die Trauer der Schwestern und der Freunde mitfühlte.

„Seht, wie sehr er Lazarus geliebt hat", sagten die Leute. Doch einige wunderten sich, warum Jesus nicht verhindert hatte, daß Lazarus starb – hatte er doch so viele Todkranke geheilt.

„Wo ist Lazarus begraben?" fragte Jesus.

„Komm und sieh", sagten sie ihm.

Jesus ging mit ihnen zu einem Grabgewölbe, einer Felsenhöhle im Berghang, die von einem großen Stein verschlossen war.

„Hebt den Stein weg!" befahl Jesus.

Maria vergaß einen Augenblick ihren Glauben und dachte, Jesus wolle nur noch einen Blick auf seinen gestorbenen Freund werfen. Sie versuchte zu verhindern, daß das Grab geöffnet wurde, und sagte zu Jesus: „Herr, er riecht schon, denn er hat schon vier Tage gelegen."

Jesus erwiderte ihr: „Habe ich dir nicht gesagt, wenn du glaubtest, würdest du die Herrlichkeit Gottes sehen?" Da nahmen sie den Stein weg.

Jesus blickte zum Himmel und betete. Er dankte Gott für das Wunder, das er in seinem Namen vollbringen werde, damit die Menschen, die es miterlebten, an ihn glaubten.

Dann rief er mit lauter Stimme: „Lazarus, komm heraus!"

Und Lazarus kam heraus, an Händen und Füßen mit Grabtüchern gebunden.

Jesus sagte: „Löst ihm die Binden und laßt ihn gehen."

Einzug in Jerusalem

Das Passahfest stand vor der Tür, das große Fest, das die Juden jährlich zum Gedächtnis ihrer Flucht aus Ägypten feierten. In Jerusalem ging es hoch her, denn Tausende strömten aus allen Richtungen, um sich in dem Tempel, wo sich das Allerheiligste befand, zum gemeinsamen Gebet zu versammeln.

Auch Jesus und seine Jünger waren unterwegs nach Jerusalem. Die Jünger spürten, daß dies Passahfest von ernsterer Art war als in anderen Jahren. Sie wußten noch nicht, warum, doch Jesus wußte es: Mit ihm begann die letzte Woche seines Lebens auf der Erde.

Jesus ging sehr entschlossen vor ihnen her. Die Menschen, die ihm folgten, hatten Angst, denn sie wußten, daß die Herrschenden Jesus festnehmen wollten. Indem er nach Jerusalem ging, ging er gewiß der Gefangenschaft entgegen.

Jesus nahm seine zwölf Apostel beiseite und sagte zu ihnen: „Wir gehen nach Jerusalem, wo die Hohenpriester und die Herrschenden den Menschensohn zum Tode verurteilen werden. Sie werden ihn den Ungläubigen übergeben, die ihn verhöhnen, geißeln und kreuzigen werden; aber nach drei Tagen wird er wieder auferstehen."

Er sprach von sich selbst und was ihm geschehen würde, aber die Jünger begriffen es nicht.

Als sie sich Jerusalem näherten, kamen sie an Bethphage vorbei, das am Ölberg liegt. Da bat Jesus seine Jünger:

„Geht hinüber ins Dorf, dort findet ihr angebunden eine Eselin, auf der noch niemand geritten hat. Bindet sie los und bringt sie zu mir. Wenn euch jemand daran hindern will, dann sagt: ‚Der Meister braucht sie, und wir bringen sie bald zurück.' Man wird sie euch dann sogleich überlassen."

Die Jünger gingen hin und fanden die Eselin. Und als sie sie losbanden, fragte der Eigentümer, was sie mit seiner Eselin vorhätten. Die Jünger gaben die Antwort, die ihnen Jesus gesagt hatte, und der Eigentümer erhob keinen Einwand.

Sie brachten die Eselin zu Jesus; einige der Jünger legten ihren Mantel als Sattel auf das Tier. So ritt Jesus den Rest des Weges nach Jerusalem auf der Eselin.

Inzwischen hatten die Leute, die zugegen waren, als Jesus Lazarus von den Toten erweckt hatte, vielen Menschen in Jerusalem von diesem Wunder berichtet. Und aus der Menge, die ihn bisher begleitet hatte, waren etliche vorausgelaufen und hatten die Nachricht verbreitet, daß Jesus auf dem Weg in die Stadt war. So kam es, daß ihm sehr viele Menschen entgegenliefen, als er in Jerusalem einzog, und sie begleiteten ihn durch die Straßen.

Die Pharisäer waren darüber sehr verärgert und sagten zueinander: „Wir können nichts machen, die ganze Welt folgt ihm nach." Diese strenggläubigen Juden waren Jesus feindlich gesinnt, weil sie fürchteten, daß er die alten jüdischen Gesetze abschaffen wollte.

Das Volk aber sah in Jesus seinen König, der sie von der Knechtschaft unter den Römern befreien sollte. Viele wußten, daß es üblich war, vor einem König Teppiche hinzulegen, damit seine Füße nicht den staubigen Boden berührten; deshalb breiteten sie vor Jesus ihre farbigen Kleider auf dem Boden aus. Manche kletterten auf die Palmen am Straßenrand und brachen Zweige ab, mit denen sie freudig winkten oder die Straße bedeckten.

„Hosianna dem Sohn Davids!" schrien sie. „Gesegnet ist, der da kommt im Namen Gottes! Gelobt sei Gott!"

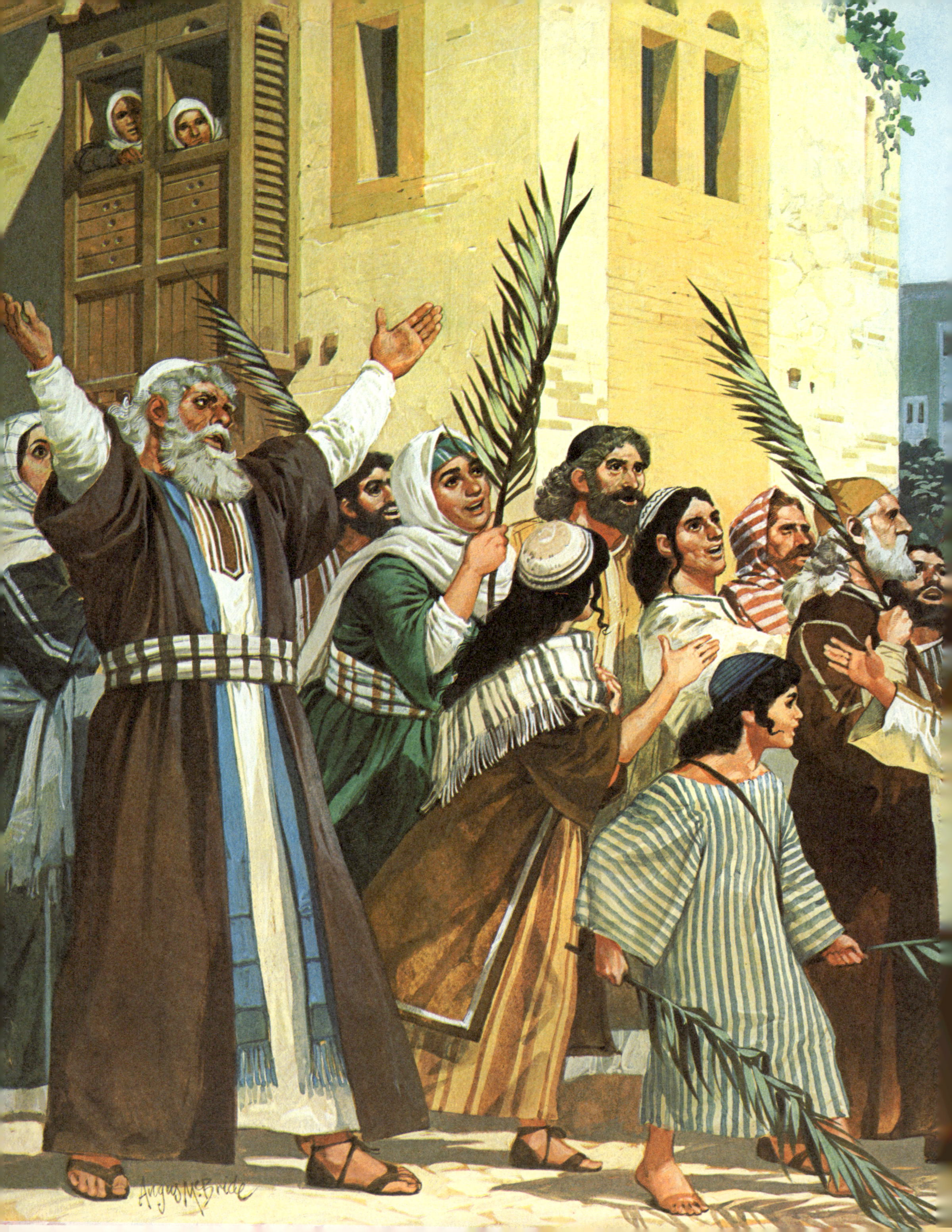
Angus McBride

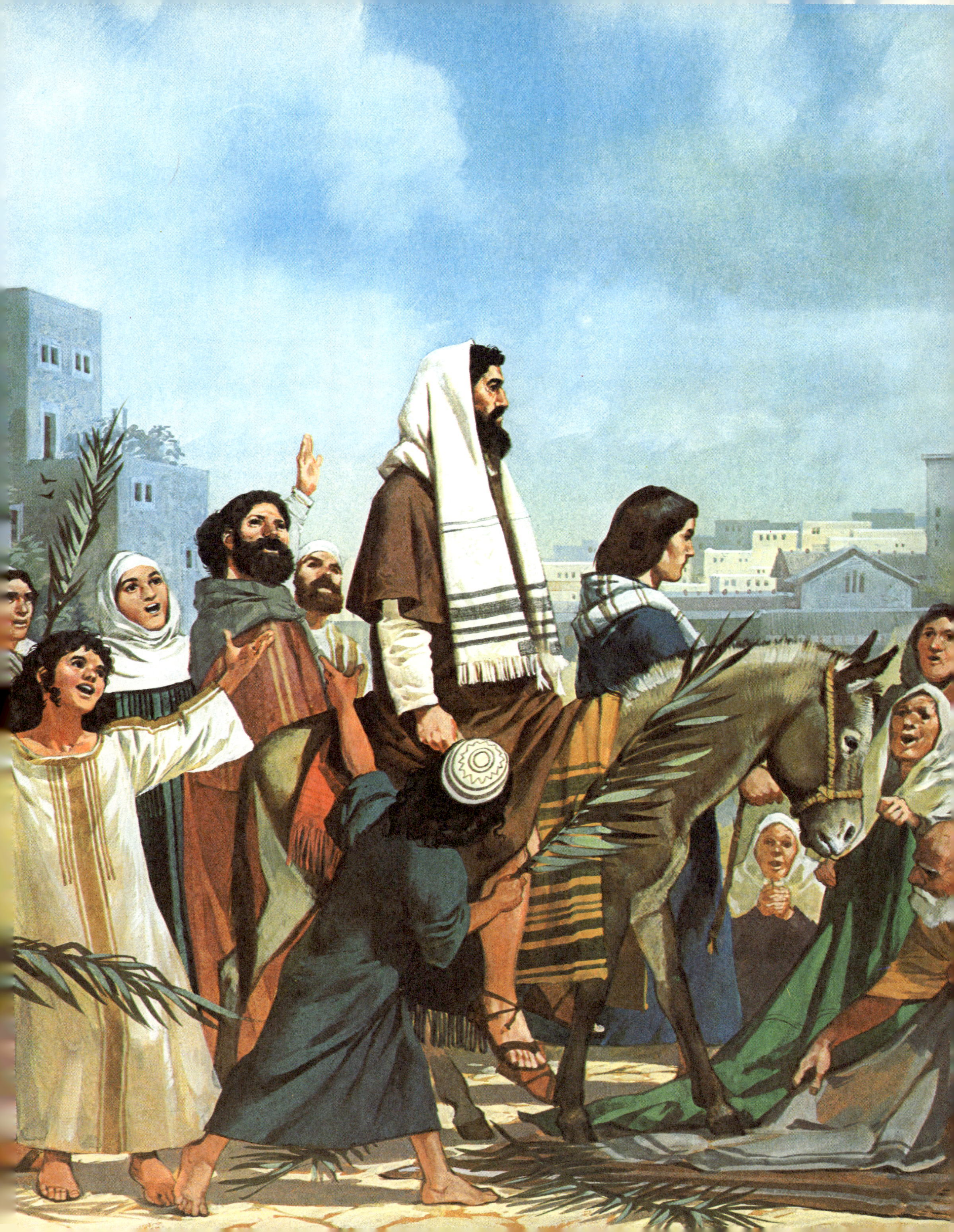

Einzug in Jerusalem

Die ganze Stadt schien in Aufruhr. Unter den Tausenden, die Jerusalem besuchten, waren viele von weither gekommen, und manche hatten noch nie etwas von Jesus gehört. Darum fragten sie: „Wer ist der Mann?"

„Es ist der Prophet Jesus aus Nazareth in Galiläa", antwortete man ihnen.

Einige Pharisäer, die in der Menge waren, wandten sich an Jesus und forderten: „Befiehl deinen Anhängern, sie sollen still sein."

Jesus aber erwiderte: „Selbst wenn sie still wären – die Steine würden statt ihrer schreien."

Als sie durch das Stadttor kamen, weinte Jesus und sagte: „Jerusalem, Jerusalem, wenn du nur wüßtest, was not tut für den Frieden! Doch du kannst es nicht sehen. Deine Feinde werden dich zerstören, weil du nicht erkannt hast, daß Gott zu dir kam, um dich zu retten."

Am nächsten Tag ging Jesus in den Tempel. Der Tempel war der Ort, wo Gott auf besondere Weise gegenwärtig war, wenn Jesus auch erklärt hatte, daß Gott überall ist und sich nicht auf einen besonderen Platz beschränkt.

Im äußeren Vorhof des Tempels betrieben Geldwechsler, Käufer und Verkäufer ihre Geschäfte. Den Juden, die aus anderen Ländern kamen, war es nicht erlaubt, die Tempelgebühren in fremder Währung zu bezahlen, und auch Opfertiere konnten sie nur mit jüdischem Geld kaufen. Deshalb mußten sie zu den Geldwechslern gehen, bevor sie am Passahfest teilnehmen durften.

Für das Einwechseln des Geldes nahmen die Wechsler eine hohe Gebühr, und die Verkäufer von Opfertieren forderten hohe Preise, selbst von den Ärmsten, die sich nur das billigste Opfer – zwei Tauben – leisten konnten.

Jesus wurde von heiligem Zorn ergriffen, als er sah, wie hier im Bereich des Tempels gefeilscht und betrogen wurde. Er warf die Tische der Wechsler um und trieb die Händler aus dem Tempel.

„Mein Haus ist ein Gebetshaus", rief er. „Und ihr macht eine Räuberhöhle daraus!"

Als er im Tempel war, kamen Blinde, Krüppel und Lahme zu ihm und baten um Heilung. Und er machte sie alle gesund. Die Hohenpriester und Schriftgelehrten ärgerten sich über die Wunder, die er vollbrachte. Und als etliche Kinder in den Tempel kamen und schrien, wie sie es von den Erwachsenen gehört hatten: „Hosianna dem Sohn Davids, der im Namen Gottes gekommen ist!", fragten sie Jesus entrüstet: „Hörst du, was sie schreien?"

„Ja", antwortete Jesus. „Habt ihr es denn nie in den Schriften gelesen: ‚Aus dem Munde der Kinder und Säuglinge wird dein Lob kommen'?"

Dann ging er hinaus, verließ die Stadt und übernachtete in Bethanien.

Das letzte Abendmahl

Als nun der erste Tag der ungesäuerten Brote gekommen war, opferten auch Jesus und seine Jünger im Tempel. Danach fragten die Jünger: „Herr, wo sollen wir das Passahmahl bereiten?"

Jesus gab ihnen genaue Anweisungen: „Geht durch die Stadt, dort werdet ihr einem Mann begegnen, der einen Wasserkrug trägt. Folgt ihm in das Haus, in das er geht, und sagt zu dem Hausherrn: ‚Der Meister läßt euch fragen, wo der Raum ist, in dem er und seine Jünger das Passahmahl essen können.' Er wird euch oben im Haus einen großen Saal zeigen. Dort richtet das Essen für uns zu."

Zwei der Jünger gingen und fanden alles, wie Jesus gesagt hatte.

Am Abend dieses Tages – es war ein Donnerstag – begab sich Jesus mit den Zwölfen in den Saal. Die Jünger wußten noch nicht, daß es kein gewöhnliches Passahmahl sein würde. Jesus wollte es in ein Gottesmahl verwandeln.

Als der Tisch gedeckt war, erhob sich Jesus, legte sein Oberkleid ab und band sich einen Schurz um. Dann goß er Wasser in eine Schüssel und begann, seinen Jüngern die Füße zu waschen – ein Dienst, mit dem ein Hausherr seine Gäste ehrte, den er aber meistens einem Sklaven überließ.

Es war noch nicht so lange her, seit die Jünger sich darüber gestritten hatten, wer von ihnen wohl der Größte sei. Vermutlich hatte sich vor dem Mahl niemand von ihnen für diesen Liebesdienst angeboten, aus Sorge, sich zu erniedrigen. Darum hatte sich Jesus entschlossen, es selbst zu tun. Aber es hatte auch noch einen tieferen Sinn, daß er seinen Jüngern die Füße wusch.

Die Jünger waren beschämt. Als Jesus zu Petrus kam, protestierte dieser: „Nein, Herr, um nichts in der Welt sollst du mir die Füße waschen!"

„Wenn du es mich nicht tun läßt", sagte Jesus, „hast du an mir keinen Anteil." Jesus meinte das symbolisch: Ließe Petrus sich nicht die Sünden abwaschen, wäre er nicht mit ihm verbunden.

Da begann Petrus zu begreifen und sagte in dem Überschwang, den man von ihm kannte: „Ja, Herr, nicht nur meine Füße, auch meine Hände und meinen Kopf!"

Und Jesus wusch jedem Jünger die Füße und trocknete sie mit dem Schurz. Dann nahm er wieder seinen Platz am Tisch ein.

„Ihr nennt mich Meister und Herr", sagte er, „und ihr habt recht damit, denn ich bin es. Aber nehmt euch ein Beispiel daran, wie ich, euer Herr und Meister, euch die Füße gewaschen habe, und tut das gleiche füreinander."

Und wieder belehrte er sie, daß die wahrhaft großen Menschen nicht jene sind, die sich über andere erheben, sondern solche, die anderen dienen.

Während sie zu essen begannen, sagte Jesus etwas sehr Bestürzendes: „Ihr sollt wissen, daß einer von euch mich verraten wird."

Die Jünger waren entsetzt. Verwirrt blickte einer auf den anderen, und jeder dachte: „Mich kann er doch nicht meinen!"

Petrus veranlaßte Johannes, den Lieblingsjünger Jesu, der neben ihm saß, den Meister zu fragen, wer der Verräter sei. Leise fragte Johannes ihn, und Jesus erwiderte: „Der ist es, für den ich einen Brocken Brot in die Soße tauche."

Er nahm ein Stück Brot, tunkte es ein und gab es Judas Ischariot. Das war sein letzter Appell an Judas, von seiner verruchten Tat abzustehen, doch Judas leugnete alles ab.

„Was du tun willst, das tue gleich", sagte Jesus zu ihm. Und wieder begriffen die Jünger nicht, was er damit sagen wollte. Einige dachten, daß Judas, der das

Geld verwaltete, von Jesus den Auftrag bekommen hatte, das Nötige für das Fest einzukaufen. Und das Wort ‚Verräter' bedeutete vielleicht nur, daß Judas nicht ehrlich mit dem Geld umging.

Judas aber, der das Brot von Jesus gegessen hatte, stand auf und ging hinaus in die Nacht.

Als er fort war, sagte Jesus mit großem Ernst: „Mich

hat herzlich verlangt, dieses Mahl noch mit euch zu teilen, bevor mein Leiden beginnt. Denn von nun an werde ich nicht mehr essen und nicht mehr trinken, bis der Wille Gottes erfüllt ist."

Die Jünger waren sehr ergriffen und zitterten vor Furcht um ihren geliebten Meister.

Jesus aber nahm Brot, dankte Gott, brach es und gab es seinen Jüngern mit den Worten: „Nehmt und eßt. Das ist mein Leib, der für euch hingegeben wird."

Danach nahm er den Kelch mit Wein, dankte Gott und gab ihn weiter an seine Erwählten, indem er sagte: „Trinkt alle daraus. Dies ist mein Blut, das für viele vergossen wird zur Vergebung der Sünden. Tut dies zu meinem Andenken."

Dann sprach Jesus noch lange mit den Jüngern und half ihnen zu verstehen, warum sein Tod notwendig war.

„Ich werde nicht mehr lange bei euch sein", sagte er, „und wohin ich gehe, dahin könnt ihr nicht mitkommen. Nun gebe ich euch ein neues Gebot: Liebt einander. Wenn ihr so lebt, wie ich es euch gelehrt habe, dann wird jeder wissen, daß ihr meine Jünger seid."

„Warum kann ich dich nicht begleiten?" fragte Petrus. „Ich bin bereit, für dich zu sterben."

„Wirklich?" fragte Jesus traurig. „Und ich sage dir: Noch ehe der Hahn dreimal kräht, wirst du dreimal gesagt haben, daß du mich nicht kennst."

„Niemals werde ich das sagen!" empörte sich Petrus. „Selbst wenn ich mit dir sterben soll."

Und die anderen Jünger behaupteten das gleiche.

Noch vieles sagte ihnen Jesus über das, was geschehen würde: daß er zu seinem himmlischen Vater zurückkehren und ihnen den Weg ebnen würde, damit sie einst auch zu ihm gelangten. Seine Rückkehr zu Gott werde den Jüngern neue Kräfte verleihen, und der Heilige Geist werde immer bei ihnen sein, in welchem Land sie sich auch aufhielten.

Im Garten Gethsemane

Judas, der das Geld für die kleine Gruppe der Apostel verwaltete, war nicht immer ehrlich gewesen. Er hatte gelegentlich zu eigenem Vorteil in den Beutel gegriffen. Als Jesus ihn unter seine engsten Jünger aufnahm, hatte er gehofft, Judas werde durch sein Beispiel, seine Lehre und die Wunder, die er sah, ein besserer Mensch werden. Er war traurig, daß Judas diese Erwartungen nicht erfüllte.

Kurz vor dem letzten Abendmahl war Judas zu den Hohenpriestern und Ältesten gegangen und hatte gefragt: „Was gebt ihr mir, wenn ich euch Jesus ausliefere?"

„Dreißig Silbermünzen", sagten sie.

Seitdem hatte Judas auf eine Gelegenheit gewartet, Jesus zu verraten. Die Hohenpriester und Ältesten wollten Jesus gern ohne Aufhebens festnehmen, denn sie fürchteten, wenn sie ihn in aller Öffentlichkeit gefangen nehmen würden, werde es im Volk einen Aufstand geben.

Als das Passahmahl beendet war, wanderten Jesus und die Jünger zum Garten Gethsemane, der am Fuße des Ölbergs lag. Es war ein stiller Garten, fern vom Lärm und Treiben der Stadt.

Im Garten sagte Jesus zu den Aposteln: „Setzt euch hier nieder, während ich dort hinübergehe und bete." Petrus, Jakobus und Johannes nahm er noch eine Strecke mit, dann bat er sie: „Wartet hier und bleibt wach. Meine Seele ist betrübt bis in den Tod."

Er selbst ging noch ein wenig weiter, warf sich nieder, daß seine Stirn die Erde berührte, und betete zu Gott: „Mein Vater, wenn es möglich ist, so laß diesen Kelch des Leidens an mir vorübergehen. Doch nicht das soll geschehen, was ich will, sondern was du willst." Und Gott flößte ihm Kraft ein.

Er stand auf und ging zu den drei Jüngern zurück – sie waren eingeschlafen, denn von all dem Gram und der Trauer waren sie müde und erschöpft. Jesus sagte zu Petrus: „Könnt ihr denn nicht eine Stunde mit mir wachen? Wacht und betet mit mir, damit ihr nicht in Versuchung fallt. Der Geist ist willig, aber das Fleisch ist schwach."

Dann ging er zurück und betete wieder um Verschonung. Als er wiederkam, fand er die Jünger abermals schlafen; sie konnten ihre Augen nicht offenhalten. Er ließ sie und ging wieder hin und betete ein drittes Mal zu Gott mit den gleichen Worten. Und zum dritten Mal waren die Jünger in tiefem Schlaf.

„Ach", sagte er, „jetzt wollt ihr schlafen und ruhen? Seht, die Stunde ist da, daß der Menschensohn in die Hände der Ungläubigen fällt. Steht auf, laßt uns gehen. Der mich verrät, der ist hier."

Während Jesus noch redete, kam Judas in den Garten, und mit ihm eine große Schar Bewaffneter, darunter auch die Tempelwächter. Die Hohenpriester hatten sie geschickt, denn Judas hatte ihnen gesagt, er wüßte, wo Jesus sich aufhielt. Die Männer trugen Schwerter und Schlagstöcke, ihre Fackeln beleuchteten den Garten.

Judas hatte mit den Priestern ein Zeichen vereinbart: „Der Mann, den ich küssen werde, der ist es. Den ergreift und laßt ihn nicht entkommen."

Nun trat Judas auf Jesus zu und sagte: „Sei gegrüßt, Meister!", und er küßte ihn.

Jesus sah ihn an und sagte: „Mein Freund, wozu bist

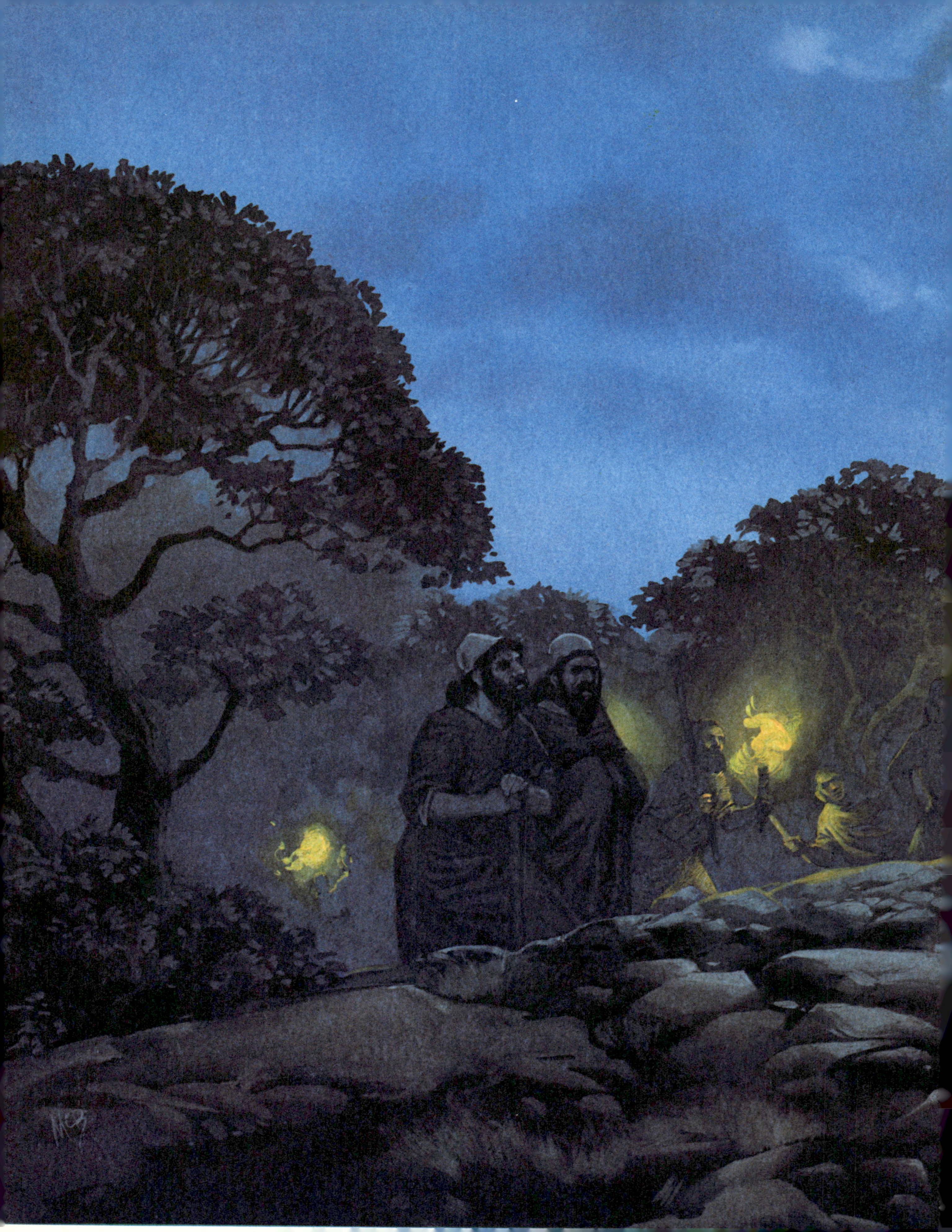

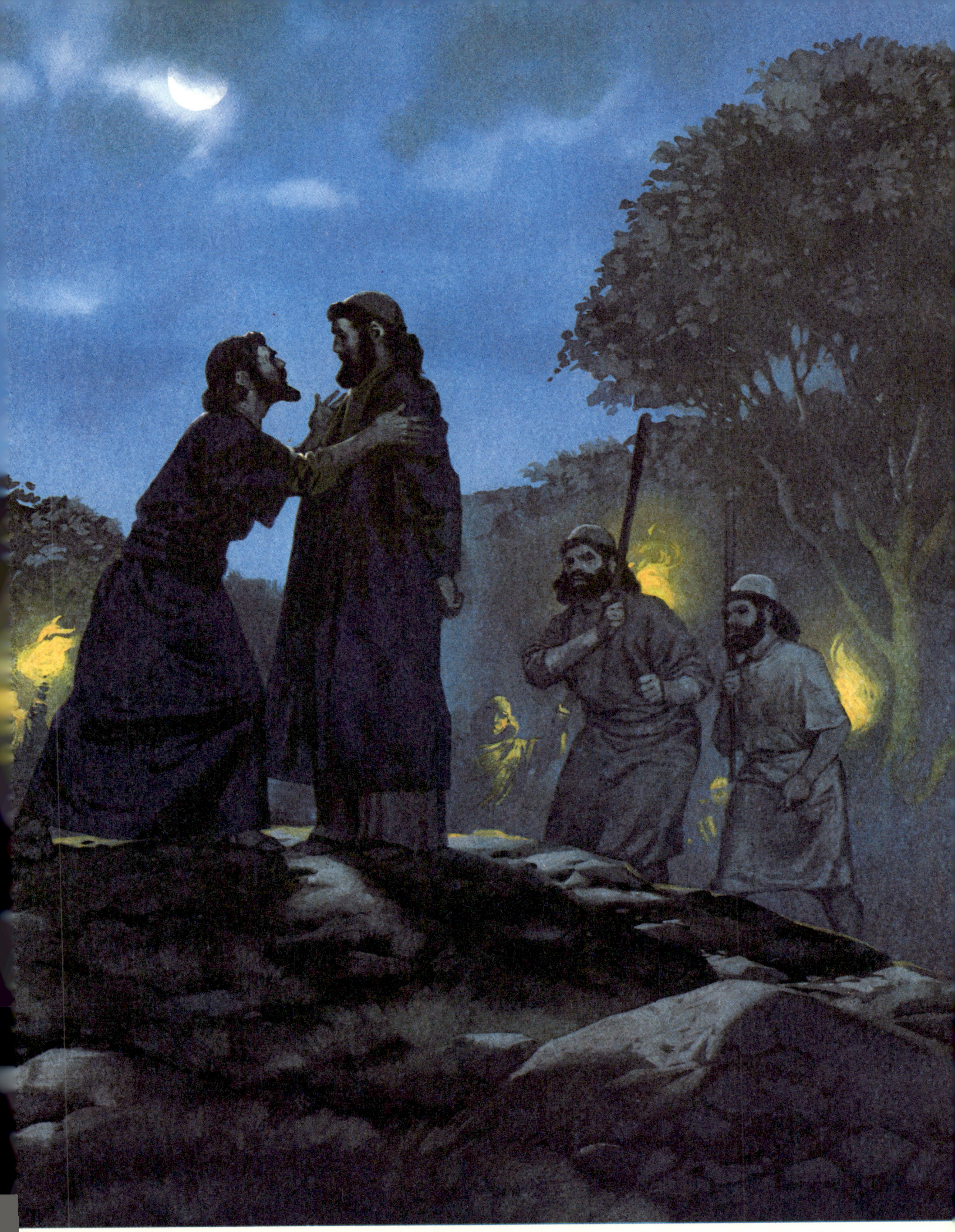

du gekommen? Mit einem Kuß verrätst du den Menschensohn?" Dann trat er vor und fragte die Bewaffneten: „Wen sucht ihr?"

„Jesus von Nazareth", antworteten sie.

„Ich bin es!" erwiderte Jesus. Und als er das sagte, wichen sie alle zurück.

Petrus zog das Schwert, das er bei sich trug, und schlug einem aus der Schar das rechte Ohr ab. Dieser hieß Malchus und war der Knecht eines Hohenpriesters.

Da rief Jesus ihm zu: „Steck dein Schwert ein!" Er berührte das Ohr des Malchus und heilte es. Dann wandte er sich an Petrus und sagte: „Wer das Schwert nimmt, wird durch das Schwert umkommen. Meinst du, ich könnte nicht meinen Vater bitten, daß er mir sofort mehr als zwölf Legionen Engel schickt? Ich aber will den Kelch des Leidens trinken, den mein Vater mir gereicht hat."

Zu den Bewaffneten und den Priestern aber sagte er: „Ihr seid ausgezogen mit Schwertern und Stöcken, als wolltet ihr einen Räuber fangen. Ich habe doch Tag für Tag mit euch im Tempel gesessen und ihr habt mich nicht gegriffen. Doch dies ist die Stunde eurer Tat, wenn die Mächte der Finsternis herrschen."

Die Jünger verließen voller Angst ihren Meister und flohen.

Die Soldaten und die Tempelwächter griffen nun nach Jesus, fesselten ihn und brachten ihn zum Hohenpriester Kaiphas, wo die Ältesten und Schriftgelehrten sich versammelt hatten. Kaiphas war ein einflußreicher Mann. Er verhörte Jesus über seine Lehre und seine Anhänger.

Petrus war der Schar heimlich bis in den Palast Kaiphas' gefolgt. Er bereute sehr, daß er Jesus verlassen hatte. Nun wollte er sehen, was weiter geschah. Er ging hinein und setzte sich zu den Knechten. Da kam eine Magd vorbei, erblickte ihn und sagte: „Bist du nicht einer von den Jüngern des Mannes?"

„Nein", sagte Petrus, „das bin ich nicht. Ich kenne ihn nicht einmal."

Es war eine kalte Nacht, und die Diener hatten im Hof Feuer gemacht, an dem sie sich wärmten. Petrus ging hinaus und stellte sich zu ihnen. Drinnen ging das Verhör weiter. Die Hohenpriester suchten nach falschen Zeugen, die Jesus beschuldigten, der Anführer einer Geheimgesellschaft zu sein.

„Ich habe immer öffentlich gesprochen", sagte Jesus. „Ich lehrte im Versammlungshaus und im Tempel. Nichts habe ich im Geheimen gesagt. Warum fragt ihr nicht die, die mich gehört haben? Sie wissen, was ich gelehrt habe."

Einer der Wächter, der neben ihm stand, schlug ihn mit der Faust. „Wie kannst du es wagen, so zu sprechen?"

Jesus erwiderte: „Wenn ich etwas Falsches gesagt habe, sag es mir. Aber ich habe die Wahrheit gesprochen. Warum schlägst du mich?"

Petrus beobachtete vom Hof her, was drinnen geschah. Einer der Knechte musterte ihn und sagte: „Bist du nicht einer von seinen Jüngern? An deiner Sprache höre ich, daß du aus Galiläa kommst."

„Ich kenne den Mann gar nicht!" behauptete Petrus.

Ein Verwandter des Mannes, dem Petrus das Ohr abgeschlagen hatte, wurde aufmerksam, betrachtete Petrus und fragte: „Habe ich dich nicht im Garten bei Jesus gesehen?"

Da schwor Petrus: „Ich kenne den Menschen nicht!" Alsbald hörte er, wie ein Hahn dreimal krähte. Da erinnerte er sich an das, was Jesus gesagt hatte. Und er ging davon und weinte bitterlich.

Verurteilung und Kreuzigung

Im Hause des Hohenpriesters Kaiphas gab sich der Hohe Rat der Juden die größte Mühe, Jesus zu beschuldigen, daß er sich gegen die Gesetze vergangen habe. Sie wollten, daß er zum Tode verurteilt wurde. Doch obwohl sie viele ‚Zeugen' aussagen ließen, die ihn verleumdeten, konnten sie ihm keine Schuld nachweisen.

Jesus schwieg, bis Kaiphas ihn fragte: „Bist du der Messias, der Sohn Gottes?" Da antwortete er: „Du sagst es. Ich aber sage euch, ihr werdet den Menschensohn sehen, wie er zur Rechten Gottes sitzt."

„Gotteslästerung!" schrie der Hohepriester in heftigstem Zorn. „Wir brauchen keine weiteren Zeugen. Ihr alle habt gehört, was er sagte. Was sagt ihr dazu?"

„Er ist schuldig und muß sterben", erwiderten fast alle Mitglieder des Hohen Rates.

Ein Todesurteil durften die Juden in jenen Tagen nicht selbst fällen und vollstrecken; das blieb dem römischen Statthalter – auch Landpfleger genannt – vorbehalten. In Jerusalem war es ein Römer namens Pilatus.

Früh am nächsten Morgen berieten die Hohenpriester und Ältesten, wie sie vorgehen sollten, damit Jesus von Pilatus noch am gleichen Tag zum Tode verurteilt wurde. Da der nächste Tag ein Sabbat war, mußte es heute noch geschehen. Sie brachten den gefesselten Jesus vor Pilatus. Der blickte ihn an und fragte: „Bist du der König der Juden?" Jesus erwiderte: „Du sagst es." Als aber die Hohenpriester und Ältesten ihre Beschuldigungen vorbrachten, schwieg Jesus.

„Hörst du nicht, welche schwerwiegenden Anklagen sie gegen dich erheben?" fragte Pilatus ihn. Doch Jesus stand ruhig da und sagte kein Wort. Pilatus war sehr verwundert. Er mißtraute den Priestern und dachte: ‚Sicher wollen sie diesen Mann aus Eifersucht verderben.'

„Ich sehe keinen Grund, ihn zu verurteilen", sagte er.

„Er wiegelt das Volk auf!" riefen die Ankläger erregt. „Er ist ein Unruhestifter. In Galiläa hat er angefangen, jetzt ist er hierher gekommen."

Als Pilatus hörte, daß Jesus ein Galiläer war und damit König Herodes unterstand, sah er eine Möglichkeit, sich aus dieser unangenehmen Sache herauszuhalten. Herodes war zu der Zeit wegen des Passahfestes in Jerusalem. Pilatus ließ Jesus zu ihm bringen.

Herodes freute sich, als er Jesus sah. Er hätte ihn längst gern kennengelernt, denn er hatte von seinen Wundertaten gehört und hoffte, er könne nun ein Wunder erleben. Er stellte Jesus viele Fragen, aber Jesus schwieg. Da wurde Herodes ärgerlich.

Die Männer vom Hohen Rat brachten nun viele Beschuldigungen vor. Der enttäuschte Herodes ließ es zu, daß die Soldaten Jesus verspotteten. Verurteilen wollte er ihn jedoch auch nicht, sondern schickte ihn zu Pilatus zurück.

Das alles sah Judas Ischariot mit an. Er wußte, der Hohe Rat würde sich durchsetzen, und man würde Jesus zum Tode verurteilen. Das aber hatte Judas nicht gewollt. Warum rettete sich Jesus, der doch so viele Wunder vollbracht hatte, nicht selbst? Judas bereute seinen Verrat. Er ging zu den Priestern und sagte: „Ich habe etwas Übles getan, ich habe einen Unschuldigen verraten."

Sie zuckten nur die Schultern. „Was geht uns das an?"

Da warf Judas die dreißig Silbermünzen in den Tempel, ging fort und erhängte sich.

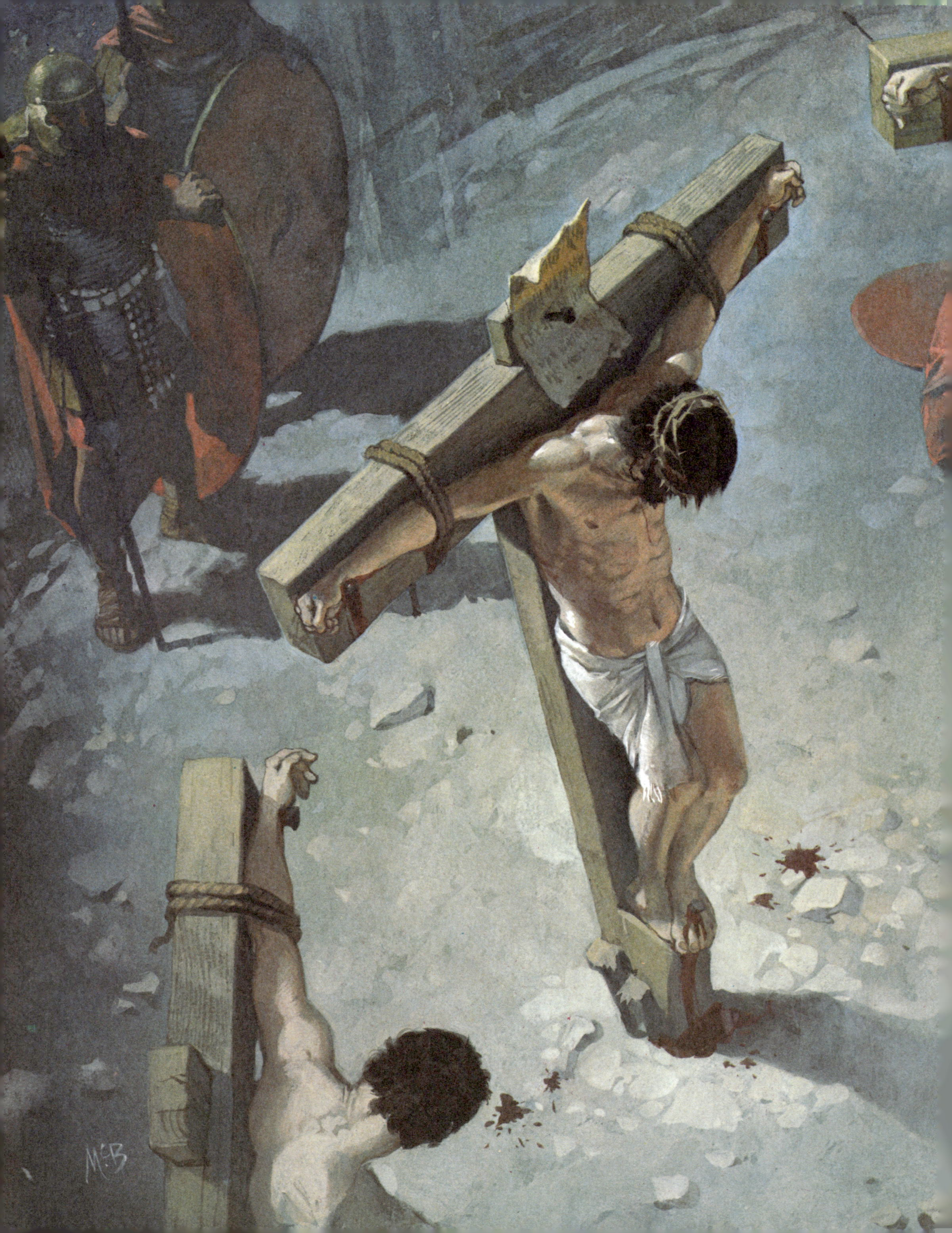

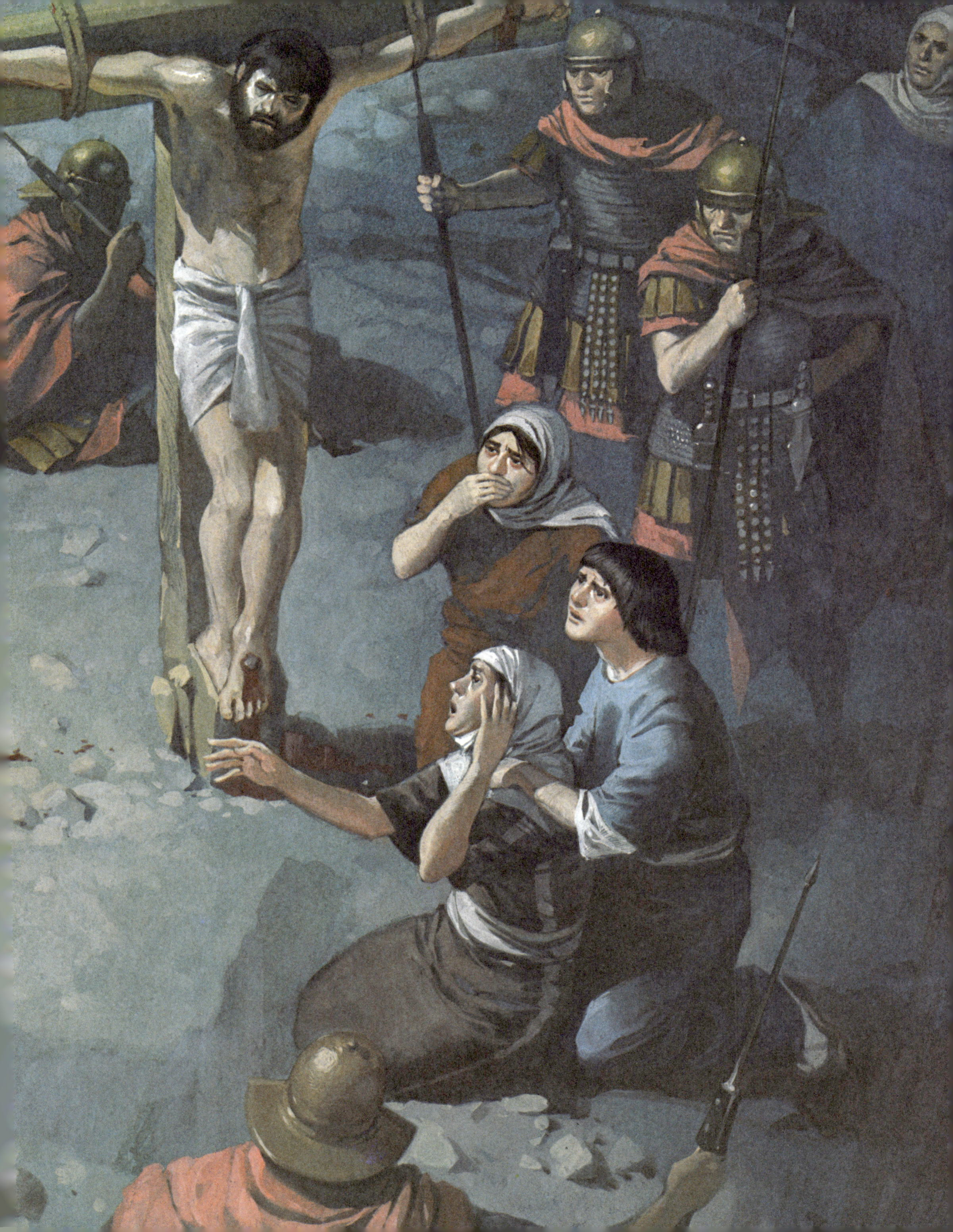

Verurteilung und Kreuzigung

Nun war es Sitte, daß der römische Statthalter an jedem Passahfest einen Gefangenen frei ließ; die Wahl blieb den Juden überlassen. Zu dieser Zeit lag ein Straßenräuber namens Barabbas im Kerker.

Als Jesus nun vor Pilatus stand und sich eine große Volksmenge versammelt hatte, rief er den Menschen zu: „Wen soll ich freilassen, Jesus oder Barabbas?" Und er hoffte, sie würden Jesus nennen.

Die Priester aber schrien: „Barabbas", und sie feuerten das Volk an, damit es auch „Barabbas" schrie.

„Und was soll mit Jesus geschehen?" fragte Pilatus.

„Kreuzige ihn!" schrien sie.

„Aber er hat doch kein Verbrechen begangen, das den Tod verdient!" sagte Pilatus. Die aufgestachelte Menge aber schrie nur immer: „Kreuzige ihn!"

Da brachte ein Diener dem Pilatus eine Botschaft von seiner Frau. Sie ließ ihm sagen: „Versündige dich nicht an diesem Mann. Ich habe seinetwegen in der letzten Nacht einen schweren Traum gehabt." Die Frau ahnte, daß Jesus mehr war als ein Lehrer der jüdischen Religion und daß ihr Mann ein großes Unrecht begehen würde, wenn er es zuließ, daß dieser offenbar Unschuldige getötet wurde.

Pilatus aber sah, daß er gegen die tobende Menge nichts ausrichten konnte. Zum Zeichen, daß er für Jesu Tod nicht verantwortlich sein wollte, ließ er sich eine Schüssel mit Wasser bringen, wusch sich vor allem Volk die Hände und sagte: „Ich bin unschuldig an seinem Blut." Und das Volk schrie: „Sein Blut komme über uns und unsere Kinder!"

So wurde Barabbas freigelassen. Jesus aber wurde ausgepeitscht, und die Soldaten verhöhnten ihn. Sie zogen ihm ein purpurrotes Kleid an, flochten eine Krone aus Dornen und setzten sie ihm auf. In die Hand gaben sie ihm einen Stecken. Sie lachten und spotteten: „Sei gegrüßt, König der Juden!" Und dann spien sie ihn an und schlugen ihn.

Noch einmal versuchte Pilatus, das Volk zur Vernunft zu bringen. Er führte den blutüberströmten Jesus hinaus, zeigte ihn der Menge und hoffte, er werde Mitleid erregen.

„Seht, welch ein Mensch!" sagte er. „Ich finde keine Schuld an ihm."

„Nach unseren Gesetzen muß er sterben, weil er behauptet, er sei der Sohn Gottes", riefen die Priester. Und das Volk schrie: „Kreuzige ihn!"

Pilatus nahm Jesus beiseite und sagte: „Warum schweigst du nur? Du weißt, daß ich die Macht habe, dich freizusprechen oder dich kreuzigen zu lassen." Und diesmal antwortete Jesus:

„Du hast nur Macht über mich, weil sie dir von Gott gegeben ist."

Die Menge wurde ungeduldig, und die Priester riefen Pilatus zu: „Wenn du den Mann frei läßt, bist du kein Freund des Kaisers."

Da fürchtete sich Pilatus und übergab Jesus den Soldaten, damit er gekreuzigt werde.

Die Kreuzigung war eine schreckliche Form der Todesstrafe. Der Verurteilte wurde an Händen und Füßen an ein Balkenkreuz genagelt und hing so lange daran, bis er starb. Er mußte auch sein Kreuz selber zur Richtstätte tragen.

Aufgerichtet wurden die Kreuze auf einem Hügel, der Golgatha hieß, das bedeutet ‚Schädelstätte'. Das Kreuz war schwer, und auf dem Weg nach Golgatha fiel Jesus, von der Folter geschwächt, dreimal in Ohnmacht. Da zwangen die Soldaten einen Mann namens Simon, der aus Kyrene war, das Kreuz für Jesus zu tragen.

Dann nagelten vier Soldaten Jesus an das Kreuz. Seine Kleider hatten sie ihm ausgezogen und unter sich geteilt; um seinen nahtlosen, feingewebten Rock aber würfelten sie.

Da hing nun Jesus am Kreuz, und zu seinem Haupte stand: Jesus von Nazareth, König der Juden. Er hing zwischen zwei Mördern, die ebenfalls gekreuzigt worden waren.

Sechs Stunden hing Jesus am Kreuz, und während dieser Zeit sprach er siebenmal. Zuerst betete er für das Volk und die Soldaten: „Vater, vergib ihnen, denn sie wissen nicht, was sie tun." Als ihn einer der beiden Mörder ansprach und seine Untat bereute, sagte er zu ihm: „Wahrlich, ich sage dir, heute noch wirst du mit mir im Paradies sein."

Dann sah Jesus seine Mutter, gestützt von seinem Lieblingsjünger Johannes. Da sagte er: „Mutter, sieh in ihm deinen Sohn", und blickte Johannes an und sagte: „Sieh in ihr deine Mutter."

Verurteilung und Kreuzigung

Als er dann in große Todesnot geriet, sprach er die Worte eines Psalms: „Gott, mein Gott, warum hast du mich verlassen?"

Eine Stunde später sagte er: „Mich dürstet." Man reichte ihm mit einer Stange einen in essigsauren Wein getränkten Schwamm hinauf. Darauf sagte Jesus: „Es ist vollbracht." Seine letzten Worte waren: „Vater, in deine Hände gebe ich meinen Geist." Dann starb er.

Da zerriß der Vorhang des Tempels von oben bis unten, die Erde bebte, Felsen stürzten von den Bergen, Gräber taten sich auf, und die Sonne verfinsterte sich. Das Volk floh entsetzt in die Häuser. Die Soldaten, die Jesus bewachen sollten, rannten davon und sagten: „Er war wirklich Gottes Sohn!"

Unterm Kreuz standen noch Maria mit einigen Getreuen, darunter auch zwei Männer von großem Ansehen. Der eine, Josef von Arimathea, war ein Mitglied des Hohen Rates, der sich vergeblich dessen Entscheidung widersetzt hatte. Der andere hieß Nikodemus. Josef ging zu Pilatus und bat ihn, er möge ihm den Leib Jesu überlassen, damit er ein würdiges Grab erhalte. Pilatus war einverstanden.

Josef und Nikodemus lösten Jesus vom Kreuz und brachten den Leichnam in Josefs Garten, wo er ein Grabgewölbe besaß, das in den Felsen gehauen war. Nikodemus salbte den Leib Jesu. Sie wickelten ihn in reines Leinen, legten ihn in das Grab und wälzten einen schweren Stein vor den Eingang.

Einige Frauen, die Jesu anhingen, setzten sich dem Grab gegenüber und wachten dort die ganze Nacht.

Am nächsten Tag gingen etliche Priester zu Pilatus und sagten: „Wir haben uns erinnert, daß Jesus sagte, er würde am dritten Tag nach seinem Tod wieder auferstehen. Willst du nicht befehlen, daß das Grab bis zum dritten Tag bewacht wird? Sonst könnten seine Jünger den Leichnam stehlen und behaupten, er sei von den Toten auferstanden."

Pilatus gab ihnen einige Soldaten mit und sagte: „Paßt gut auf und versiegelt das Grab." Und so machten sie es.

Die Auferstehung

Der zweite Tag nach der Kreuzigung Jesu war ein Sabbat, an dem kein Jude arbeiten durfte.

Am Sonntag, dem dritten Tag nach seinem Tod, gingen einige der Frauen, die Jesu anhingen, in aller Frühe zum Grab. Sie hatten wohlduftende Kräuter bei sich, die sie gern über den Leichnam gestreut hätten. Doch sie zweifelten selbst daran, ob es ihnen gelingen würde, in das Grabgewölbe zu kommen. Wie könnten sie allein den schweren Stein bewegen, mit dem der Eingang versperrt war? „Wenn uns doch nur jemand den Stein wegwälzen würde", sagten sie zueinander, während sie durch den Garten gingen.

Dann erblickten sie das Grab und blieben überrascht stehen. Der große Stein lag nicht mehr vor dem Eingang, jemand hatte ihn schon zur Seite gewälzt! – Später sprach es sich herum, was die Soldaten erzählten, die das Grab bewachen sollten: Ein Engel sei im Morgengrauen erschienen und habe den Stein weggewälzt; sie selbst seien vor Schreck wie gelähmt gewesen und hätten kein Glied rühren können.

Die Frauen gingen zum Eingang des Gewölbes und spähten hinein. Der Leichnam des Gekreuzigten war fort! Doch wo er gelegen hatte, stand ein Engel, dessen Kleid schimmerte weiß wie Schnee. Da fielen die Frauen auf die Knie.

„Fürchtet euch nicht", sagte der Engel. „Warum sucht ihr einen Lebenden unter den Toten? Jesus, den ihr sucht, ist nicht hier, er ist auferstanden. Ihr wißt doch, was er in Galiläa gesagt hat: ‚Man wird mich kreuzigen, aber am dritten Tag werde ich wieder auferstehen.' Nun geht eilends und sagt es den Jüngern."

Von Bangen und Freude zugleich erfüllt, liefen die Frauen zurück nach Jerusalem und erzählten den Jüngern, was sie erlebt hatten. Aber die Jünger wollten ihnen nicht glauben. Sie dachten, vor lauter Trauer seien die Frauen so verwirrt, daß sie Unsinn redeten.

Petrus und Johannes beschlossen jedoch, selbst nachzusehen, ob es stimmte, was die Frauen erzählten. Sie rannten so schnell sie konnten zum Grab. Da Johannes jünger war als Petrus, konnte er schneller laufen und war als erster vor dem Gewölbe.

Tatsächlich, der Eingang war frei! Er schaute hinein. Der Körper Jesu war nicht mehr da, aber das Totenkleid und die Leinenbinden, in die er gewickelt war, lagen noch dort und daneben, sorgsam zusammengefaltet, das Tuch, das man Jesus um den Kopf gebunden hatte.

Als Petrus angelangt war, gingen sie gemeinsam in das Grabgewölbe und überzeugten sich, daß der Leichnam Jesu auf geheimnisvolle Weise verschwunden war. Sie überlegten miteinander, daß sich gewiß niemand soviel Mühe mit den Leinentüchern und den Binden gemacht haben würde, wenn er den Körper hätte stehlen wollen.

Sehr verwirrt kehrten sie in das Haus zurück, wo sich die Jünger verborgen hielten. Was mochte mit dem Körper Jesu geschehen sein? Trotz allem, was Jesus ihnen gesagt hatte, hatten die Jünger nicht recht begriffen, was er mit der Auferstehung gemeint hatte.

Maria Magdalena, der Jesus einst sieben böse Geister ausgetrieben hatte, ging wieder zum Grab zurück. Weinend stand sie davor. Dann blickte sie hinein in das Gewölbe. Könnte es nicht sein, daß sich ihre Augen beim erstenmal getäuscht hatten? War vielleicht alles nur ein Traum gewesen?

Diesmal saßen dort, wo Jesus gelegen hatte, zwei Engel – einer am Kopfende, einer zu Füßen. Und die Engel fragten sie: „Warum weinst du?"

Die Auferstehung

„Sie haben meinen Herrn weggenommen und ich weiß nicht, wo sie ihn hingelegt haben", sagte Maria Magdalena, das Gesicht voll Tränen. Sie wandte sich um und sah jemanden hinter sich stehen. Halb blind vor Tränen, erkannte sie ihn nicht und dachte, es sei wohl der Gärtner.

„Warum weinst du?" fragte die Gestalt. „Und wen suchst du hier?"

Maria Magdalena antwortete: „Herr, wenn du ihn fortgenommen hast, sag mir, wo hast du ihn hingelegt?"

„Maria Magdalena!" sagte er. Da erkannte sie ihn – kein Zweifel, es war Jesus!

„Meister!" rief sie und wollte sich an seine Brust werfen.

„Rühr mich nicht an", sagte Jesus, „denn noch bin ich nicht bei meinem Vater gewesen. Geh nun und sage meinen Brüdern: Ich kehre zurück zu meinem Vater und zu eurem Vater, zu meinem Gott und zu eurem Gott. Und sage den Jüngern und sage Petrus, sie sollen nach Galiläa gehen. Dort werde ich ihnen begegnen." Und plötzlich war Jesus nicht mehr zu sehen.

Da lief Maria Magdalena voller Freude zu den Jüngern, damit sie die aufregende Neuigkeit erfuhren. Sie hatte Jesus gesehen! Und sie erzählte ihnen, was er gesagt hatte.

Inzwischen waren die Soldaten, die das Grab bewachen sollten, völlig verstört über das Erlebte, zu den Hohenpriestern gegangen und hatten ihnen berichtet, was geschehen war – soweit sie es überhaupt verstanden hatten.

Die Hohenpriester und die Ältesten waren sehr beunruhigt. Nach langer Beratung beschlossen sie, man müsse versuchen, die ganze Geschichte zu verheimlichen. Den Soldaten gaben sie Geld und befahlen ihnen: „Wenn jemand euch fragt, müßt ihr sagen: Die Jünger Jesu sind in der Nacht gekommen und haben den Körper gestohlen, während wir geschlafen haben. Sollte das dem Statthalter zu Ohren kommen, sagen wir ihm, daß es nicht eure Schuld war. Keine Sorge, euch geschieht nichts!"

Vom Tod Jesu war niemand mehr betroffen als die Gruppe der Jünger. Durch seinen Fortgang, so hatten sie gedacht, war alles verloren. Ohne Hoffnung, in Trauer und Verzweiflung hatten sie beisammen gesessen.

Petrus hatte sich ganz besonders unglücklich gefühlt, wenn er daran dachte, wie er seinen Herrn verleugnet hatte.

Welche Erleichterung, welcher Hoffnungsstrahl brach herein, als dann Maria Magdalena kam und nicht nur von den Engeln berichtete und damit die Erzählung der anderen Frauen bestätigte, sondern sogar Jesus selbst gesehen hatte und ihnen seine Botschaft brachte. Sie konnten es gar nicht fassen, und ganz waren die Zweifel bei einigen nicht überwunden. Petrus aber, vom Glauben durchdrungen, wiederholte sich im Herzen nur immer wieder die Worte: „Sage den Jüngern und sage Petrus..."

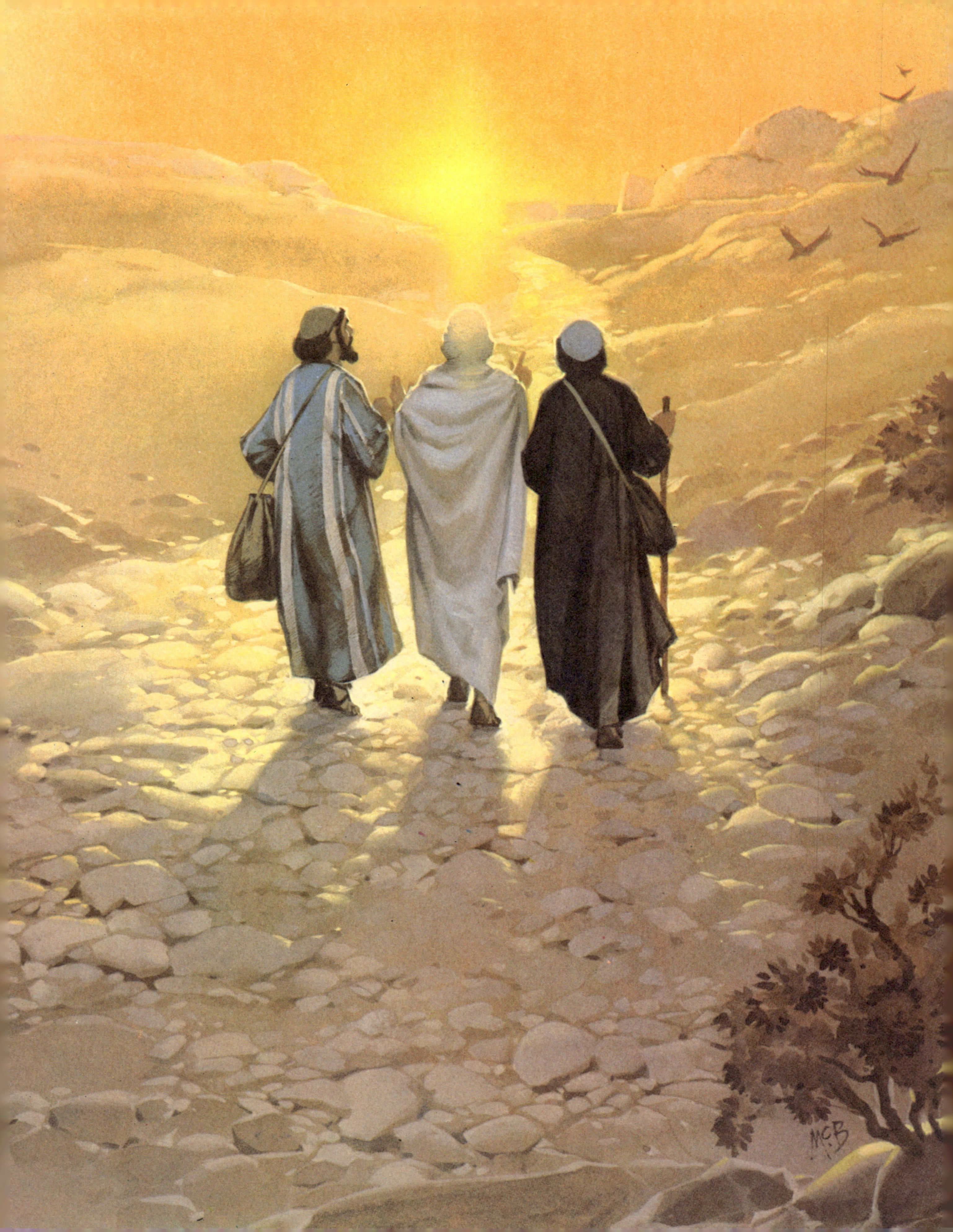

Jesus erscheint den Jüngern

Gegen Abend dieses ersten Ostertages waren zwei der Jünger Jesu unterwegs von Jerusalem zu ihrem kleinen Heimatort Emmaus, zwei Wegstunden von Jerusalem entfernt.

Sie wußten noch nicht, daß Jesus auferstanden war; doch hatten sie darüber merkwürdige Gerüchte gehört. Während ihres Heimwegs sprachen sie tieftraurig über die schrecklichen Ereignisse in Jerusalem. Daß Jesus, ihr Freund und Lehrer, gekreuzigt worden war, erschien ihnen als das Ende all ihrer Hoffnungen.

Während sie so redeten, gesellte sich ein Mann zu ihnen. Es war Jesus, aber sie erkannten ihn nicht. Nach ihrer Vorstellung lag er tot in einem Grab. Und sie waren so in ihren Kummer vertieft, daß sie den Mann, der da neben ihnen aufgetaucht war, gar nicht richtig anschauten.

„Worüber redet ihr? Warum macht ihr so ein trauriges Gesicht?" fragte Jesus.

Ihre Augen füllten sich mit Tränen. Der eine der beiden, Kleopas mit Namen, sagte: „Du bist wohl der einzige, der Jerusalem besucht hat und nichts von alledem weiß, was sich dort in den letzten Tagen ereignet hat."

„Was denn?" fragte Jesus. „Wovon sprichst du?"

„Von Jesus von Nazareth", antwortete er. „Er war ein wunderbarer Prophet, mächtig in Wort und Tat. Wir hatten gehofft, er sei es, der Israel befreien würde, wie es uns in den Schriften versprochen ist."

Und sein Begleiter fuhr fort: „Heute hörten wir jedoch eine unglaubliche Geschichte. Einige Frauen sind heute morgen an sein Grab gegangen, und da war sein Körper verschwunden. Nachher erzählten sie, ein Engel habe ihnen gesagt, daß Jesus lebt."

„Wie seid ihr doch töricht!" sagte Jesus. „Wißt ihr denn nicht, was die Propheten vorausgesagt haben? Der Messias mußte doch alles erleiden, um verherrlicht zu werden." Und er zitierte ihnen, bei Moses beginnend, aus den Schriften der Propheten, was über ihn gesagt worden war. Für Kleopas und seinen Begleiter war das schwer verständlich.

Inzwischen hatten sie das Dorf Emmaus erreicht. Jesus tat, als wolle er weitergehen. Es wurde aber bereits dunkel, und so hielten die beiden ihn zurück und sagten: „Bleib bei uns, denn es wird schon Nacht."

Jesus nahm ihre freundliche Einladung gern an und ging mit ihnen ins Haus, wo sie das Abendessen bereiteten. Als er mit ihnen am Tisch saß, nahm er das Brot, segnete es, brach es in Brocken und gab es ihnen. Da plötzlich erkannten sie ihn, denn sie hatten oft mit Jesus gegessen. Auch sahen sie an seinen Händen die Wundmale von den Nägeln, mit denen er ans Kreuz geschlagen worden war. Doch als sie den Blick von seinen Händen erhoben, war Jesus verschwunden.

Da sagten sie zueinander: „Wir hätten ihn erkennen müssen. Brannte es nicht in unseren Herzen, als er unterwegs zu uns redete?"

Sie standen auf, und obwohl es so spät war, liefen sie den ganzen Weg nach Jerusalem zurück, um den Jüngern die erstaunliche Neuigkeit zu überbringen.

Dort saßen die elf Apostel mit anderen Freunden Jesu beisammen. Die Tür hatten sie aus Furcht vor Verfolgern verschlossen. Als die beiden aus Emmaus auf ihr Kopfzeichen hin eingelassen wurden, rief man ihnen entgegen:

„Der Meister ist tatsächlich auferstanden!" „Ja, wir wissen es", sagten die beiden und erzählten, wie er ihnen begegnet war und wie sie ihn erkannt hatten, als er das Brot brach.

Während sie noch alle durcheinander redeten, erschien plötzlich Jesus mitten unter ihnen. Sie

Jesus erscheint den Jüngern

erschraken und meinten im ersten Augenblick, er sei ein Geist.

„Friede sei mit euch", sagte Jesus. „Warum seid ihr so erschrocken? Wie kommen solche Gedanken in euer Herz? Seht meine Hände und Füße – ich bin es! Fühlt mich an! Ihr wißt, ein Geist hat weder Fleisch noch Knochen." Und er zeigte ihnen seine Hände und Füße mit den Wundmalen.

In den Herzen der Jünger stieg die Freude, aber noch gab es leise Zweifel.

„Habt ihr etwas zu essen?" fragte Jesus. Sie gaben ihm ein Stück gekochten Fisch, den er aß, um ihnen einen weiteren Beweis zu geben, daß er kein Geist war.

Einer der zwölf Apostel, Thomas, war an diesem Abend, als Jesus kam, nicht dabei. Sobald ihn die anderen wiedersahen, überfielen sie ihn mit der großen Neuigkeit: „Wir haben Jesus gesehen." Thomas konnte es nicht glauben.

Er sagte: „Ehe ich nicht die Male der Nägel an seinen Händen sehe und meine Finger darauf legen und meine Hand in die Wunden an seiner Seite legen kann, eher kann ich es nicht glauben." Wie so viele Menschen, wollte Thomas nur das glauben, was ihm seine Sinne bezeugten.

Acht Tage später waren die Jünger wieder hinter verschlossener Tür beieinander, und diesmal war Thomas dabei. Plötzlich erschien Jesus, ohne daß die Tür sich geöffnet hatte. Er begrüßte sie und sagte dann: „Thomas, sieh meine Hände an und leg deine Finger auf die Wundmale. Reiche deine Hand her und lege sie in meine Seite – und zweifle nicht länger, sondern glaube."

Da wußte Thomas, daß es wirklich Jesus war, und er konnte nur stammeln: „Mein Herr und mein Gott."

„Du glaubst, weil du gesehen hast", sagte Jesus. „Gesegnet sind die Menschen, die mich nicht sehen und doch an mich glauben."

Begegnung am See Genezareth

Einige Zeit später befanden sich sieben der Apostel am See Genezareth. Es waren Petrus, Jakobus, Johannes, Thomas und drei andere. Es wurde Abend. Petrus sagte: „Ich will fischen gehen."

„Wir kommen mit", sagten die anderen, und alle stiegen ins Boot.

Sie fischten die ganze Nacht, aber kein einziger Fisch ging ihnen ins Netz.

Als die Sonne aufging, bemerkten sie einen Mann, der am Ufer stand. Er rief ihnen zu: „Kinder, habt ihr nichts gefangen?"

„Keinen einzigen Fisch", antworteten sie.

„Werft euer Netz rechts vom Boot aus, dann werdet ihr etwas fangen", rief der Mann zurück.

Müde von der nutzlos verbrachten Nacht, taten die Jünger doch, was der merkwürdige Fremde ihnen riet. Nach kurzer Zeit konnten sie zu ihrem Erstaunen das Netz kaum noch schleppen, so voller Fische war es.

Johannes sah zum Ufer hinüber und betrachtete den Mann genauer. Dann schnappte er nach Luft. „Es ist der Meister", sagte er atemlos.

Das hörte Petrus, band seinen Rock fest, sprang ins Wasser und watete zur Küste, denn sie waren nicht weit vom Ufer entfernt. Die anderen Jünger folgten mit dem Boot und schleppten das volle Netz hinter sich her.

Als sie ausstiegen, sahen sie, daß Jesus schon ein Feuer entfacht hatte und Fische darauf briet; auch Brot lag bereit. „Bringt noch einige von den Fischen, die ihr gefangen habt", sagte er.

Petrus half, das Netz einzuziehen. Er hätte gern gewußt, wieviel Fische darin waren. Sie zählten nur die großen – es waren hundertdreiundfünfzig. Ein Wunder, daß das Netz nicht gerissen war!

„Kommt und eßt!" rief Jesus und gab ihnen Brot und Fisch. Als alle gesättigt waren, fragte Jesus den Apostel Petrus: „Petrus, liebst du mich mehr als einer der anderen?"

Früher hatte Petrus mit seiner großen Liebe zu Jesus geprahlt; aber nachdem er ihn verleugnet hatte, war er bescheiden geworden.

„Herr, du weißt, daß ich dich liebe", sagte er.

„Weide meine Lämmer", sagte Jesus und meinte damit die, die an ihn glauben.

Ein zweites Mal fragte Jesus, ob Petrus ihn liebe.

„Ja, Herr, du weißt es", erwiderte Petrus.

„Weide meine Schafe", sagte Jesus.

Und ein drittes Mal stellte er ihm dieselbe Frage, und Petrus antwortete: „Herr, du weißt alles, du weißt auch, daß ich dich liebe."

„Weide meine Schafe", sagte Jesus wiederum.

Damit ernannte Jesus den Apostel Petrus zum Hirten der Gläubigen.

Petrus war traurig, daß Jesus ihn dreimal gefragt hatte, ob er ihn liebe. Dann aber dachte er daran, daß er Jesus dreimal verleugnet hatte und daß Jesus diese Untreue vielleicht auslöschte durch die dreimalige Versicherung Petrus', daß er ihn liebe. Von Anfang an hatte Jesus ihm eine führende Stellung unter den Aposteln gegeben, und heute hatte er ihm nun vor allen anderen die Aufgabe zugewiesen, die Gemeinschaft der Menschen, die an Jesus glaubte, zu leiten. Voller Demut, doch mit ganzem Herzen, nahm Petrus dieses schwere Amt auf sich.

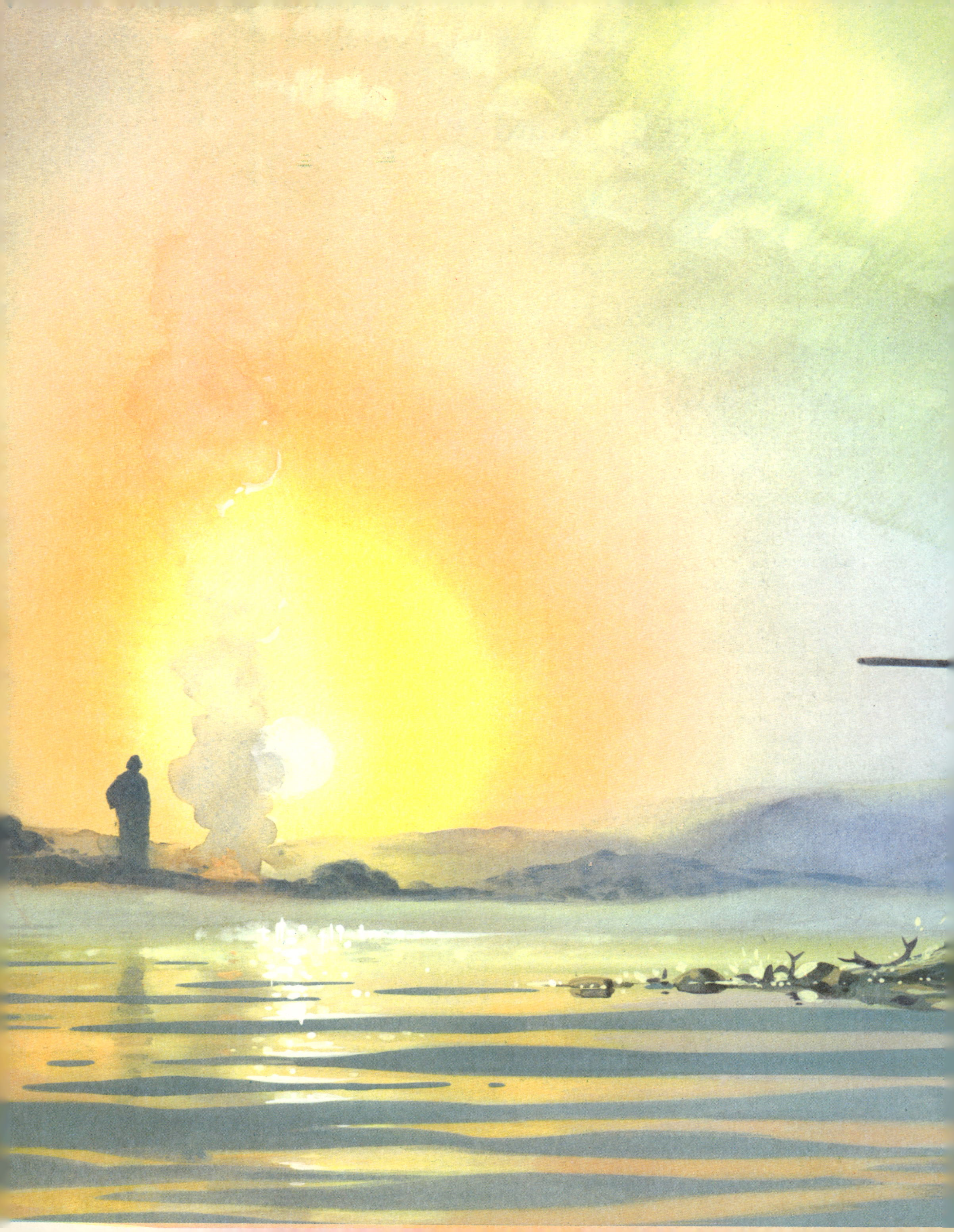

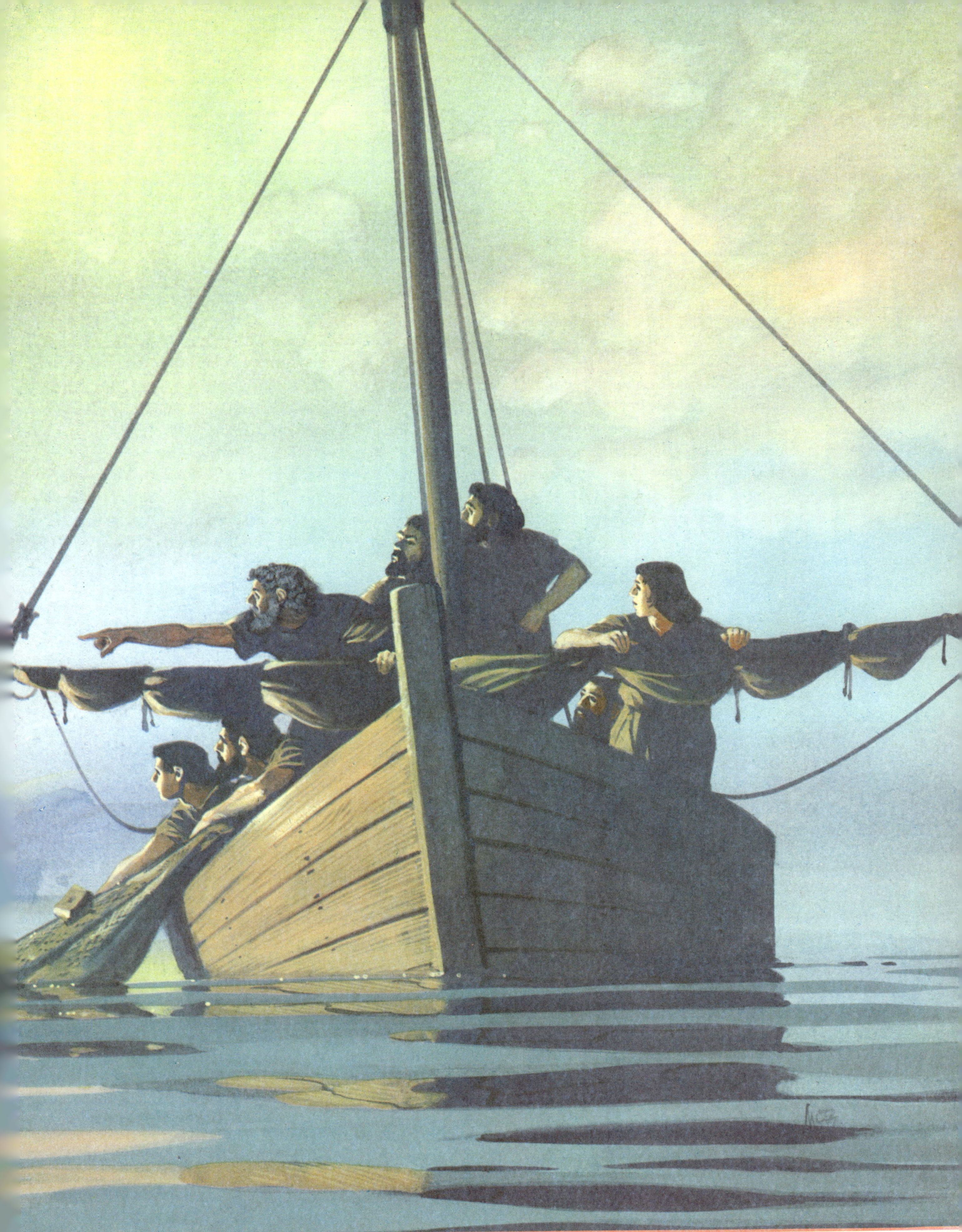

Himmelfahrt

Nachdem Jesus von den Toten auferstanden war, wurde er vierzig Tage lang an verschiedenen Orten und zu verschiedenen Zeiten von seinen Jüngern und Freunden gesehen. Es gab keinen Zweifel daran, daß er sich wieder unter den Lebenden befand, denn er sprach mit ihnen und er speiste mit ihnen.

Er konnte ihnen erscheinen, selbst wenn sie sich in Räumen mit fest verschlossenen Türen befanden. Mit seinem Körper war eine Veränderung vorgegangen: Er konnte ebenso schnell wieder verschwinden, wie er gekommen war. Eben noch war er da, im nächsten Augenblick sahen sie ihn nicht mehr. Und wenn er zu ihnen kam, schien er schon immer alles zu wissen, was ihnen begegnet war oder was sie gedacht und unternommen hatten.

So begannen die Jünger allmählich zu begreifen, daß es keinen Unterschied machte, ob sie ihn sahen oder nicht – Jesus war immer bei ihnen.

In diesen vierzig Tagen hörten die Jünger sehr aufmerksam zu, was er ihnen zu sagen hatte. Zweifellos erfuhren sie auch von ihm, was sie erwarten mußten, wenn sie sein Werk fortführten. Jesus wußte, daß er sie sehr bald in seiner Körperlichkeit verlassen mußte, und bereitete sie darauf vor, daß sie dann ohne seinen ständigen Rat handeln mußten.

Er gab seinen Jüngern den Auftrag: „Geht hinaus in alle Welt und lehrt alle Völker. Macht sie zu meinen Jüngern und tauft sie im Namen des Vaters, des Sohnes und des Heiligen Geistes. Lehrt sie die Gebote halten, die ich euch gegeben habe." Und er tröstete sie: „Ich werde alle Tage bei euch sein, bis ans Ende der Welt."

Am vierzigsten Tag nach seiner Auferstehung führte er sie hinaus nach Bethanien an einen Hügel. Er hatte den Jüngern befohlen, Jerusalem nicht zu verlassen, bis sie die Gabe des Heiligen Geistes empfangen hatten, die ihnen ihr schweres Werk erleichtern sollte, und so waren alle beieinander.

Einige Jünger fragten ihn: „Herr, wirst du in dieser Zeit wieder das Reich Israel aufrichten?" Sie hofften, er werde das jüdische Volk von den Römern befreien – so etwas hatten die Juden von jeher vom Messias erwartet. Sie hatten immer noch nicht ganz begriffen, daß das Reich Gottes nicht von dieser Welt ist.

Jesus aber antwortete: „Zeit und Stunde liegen allein in Gottes Entschluß", und er forderte von den Jüngern, sie sollten die Zeit nutzen, um die Welt für Gott zu gewinnen. Das erschien ihnen als eine undurchführbare Aufgabe für eine so kleine Gruppe, aber Jesus sagte: „Für Gott ist nichts unmöglich." Und er fuhr fort: „Die Kraft des Heiligen Geistes wird euch erfüllen und ihr werdet meine Zeugen sein – in Jerusalem, in ganz Judäa und Samaria und über alle Grenzen hinaus."

Dann stieg er auf den Hügel, hob die Arme und segnete sie. Da senkte sich eine Wolke auf ihn herab und hob ihn hinauf in den Himmel.

Während die Jünger zum Himmel starrten, bis sie Jesus nicht mehr sehen konnten, erschienen zwei Engel vor ihnen und sagten: „Ihr Männer aus Galiläa, was steht ihr da und starrt zum Himmel? Dieser Jesus, der von euch genommen und zum Himmel aufgefahren ist, wird wiederkommen."

Wenn die Jünger auch wußten, daß sie Jesus nun nicht mehr sehen würden, fühlten sie sich doch nicht verlassen und kehrten freudig nach Jerusalem zurück. Sie waren glücklich, weil er sie gesegnet hatte und weil er immer bei ihnen sein würde, auch ohne daß sie ihn sahen. Jetzt konnten sie auf das Kommen des Heiligen Geistes warten, der ihnen Kraft geben sollte für das große Werk, das vor ihnen lag.

Seit dem Tage, an dem Jesus zum Himmel aufstieg, wird in jeder christlichen Gemeinde vierzig Tage nach Ostern „Christi Himmelfahrt" gefeiert.

Pfingsten

In Jerusalem gingen die Jünger dann rasch in ihre Häuser. Sie fürchteten sich immer noch vor den tonangebenden Priestern und Ältesten, die schuld waren an Jesu Tod.

Darum wagten sie sich am Tage kaum auf die Straße, sondern blieben in den Wohnungen, wo sie sich sicher fühlten. Nur in der Dunkelheit schlichen sie sich heimlich in den großen Saal, wo sie regelmäßig zum Gebet zusammenkamen. Tag für Tag fragten sie sich, ob sie wohl heute den Heiligen Geist erwarten könnten.

Eine Woche ging vorüber, dann der achte Tag und der neunte, und noch war nichts geschehen.

Am zehnten Tag war das Fest Schawuot, eines der drei großen Erntefeste der Juden, das immer nach der Gerstenernte gefeiert wurde. Die Juden backten Brote aus dem frischen Mehl und brachten sie als Dankopfer in den Tempel. Es war ein Tag der Freude. Viele Menschen aus anderen Provinzen kamen nach Jerusalem, um am Schawuot teilzunehmen.

Die Zahl der Apostel Jesu betrug nun wieder zwölf, denn für den Verräter Judas Ischariot war ein neuer Mann namens Matthias gewählt worden.

Man nannte die Zwölf die ‚Apostel‘, was soviel bedeutet wie ‚die Ausgesandten‘. Mit dem Wort ‚Jünger‘ waren alle gemeint, die an Jesus glaubten und nach seiner Lehre leben wollten, einschließlich der Apostel.

An diesem Schawuot-Tag waren die Apostel und etliche andere Jünger wieder zum Gebet versammelt. Plötzlich rauschte es über ihnen wie ein mächtiger Wind, und das Rauschen erfüllte das ganze Haus. Voller Staunen blickten sie einander an und sahen, daß über dem Kopf eines jeden eine glühende Feuerzunge schwebte. Es war das äußere Zeichen, daß die versprochene Gabe des Heiligen Geistes auf sie herabgekommen war.

Die Wirkung war gewaltig. Sie fühlten sich nicht mehr schwach, feige und ängstlich, sondern stark und mutig. Sie konnten Dinge vollbringen, die ihnen bisher unmöglich waren. Sie beherrschten plötzlich alle Sprachen: Wenn sie fortan zur Menge sprachen, die oft aus verschiedenen Provinzen kam und eigene Dialekte sprach, konnte jeder sie verstehen, und auch sie verstanden jeden.

Von Kraft erfüllt, verließen die Jünger das Haus und mischten sich unter die Menge draußen. Unter den zahlreichen Besuchern waren auch etliche Parther, Meder und Elamiten – Länder, die nicht mehr zum Einflußbereich der Römer gehörten. Es gab Leute aus Mesopotamien, Kappadozien, Kleinasien, Pamphylien, Ägypten und Libyen, aus Kreta und Arabien. Als die Jünger zu predigen begannen, verstanden alle, was sie ihnen über die wunderbaren Werke Gottes sagten. Normalerweise war die Sprache der Galiläer nicht leicht zu verstehen. Jetzt aber hörte jeder in der

Menge von den Jüngern seine eigene Sprache. Das war nicht zu fassen!

„Wie kann das nur sein?" fragte einer den anderen. „Sie sind betrunken", spotteten andere.

Petrus reckte sich zwischen den elf Aposteln und rief mit lauter Stimme:

„Wir sind nicht betrunken, ihr Männer. Was ihr heute hier hört und seht, ist das, was der Prophet Joel vorausgesagt hat. Er hat gesagt, Gott werde seinen Geist senden. Hört auf meine Worte, Männer von Israel. Jesus von Nazareth wurde von Gott gesendet. Viele Wunder, die Gott durch ihn bewirkt hat, haben es bewiesen. Doch durch die Hände gesetzloser Ungläubiger habt ihr ihn kreuzigen lassen. Gott aber ließ ihn auferstehen und entriß ihn der Macht des Todes. Er ließ ihn auffahren in den Himmel, wo er zur Rechten Gottes sitzt, und er hat seinen Heiligen Geist über uns ergossen, wie Jesus es uns versprochen hat. Das Wirken des Heiligen Geistes könnt ihr nun an uns sehen und hören. Es ist gewiß, daß Jesus, den ihr gekreuzigt habt, der Messias war, den die Propheten verkündet haben."

Viele der Menschen, die ihn hörten, waren sehr betroffen. „Was sollen wir denn tun?" fragten sie die Apostel ratlos, denn sie erkannten ihre Fehler und wollten sich ändern.

Petrus erwiderte: „Fangt ein neues Leben an. Bereut eure schlechten Taten und laßt euch taufen im Namen Jesu. Dann werden euch eure Sünden vergeben."

Viele aus der Menge glaubten den machtvollen Worten Petrus' und gingen mit den Aposteln, um sich taufen zu lassen. Die Zahl der Gläubigen stieg an diesem Tag um dreitausend. Sie ließen sich von den Jüngern belehren und beteten und speisten mit ihnen.

Seitdem der Heilige Geist über sie gekommen war, waren die Apostel imstande, viele Wunder zu vollbringen, und sie bekehrten immer mehr Menschen. Die Getauften entwickelten einen neuen Sinn für die Gemeinschaft, sie teilten alles, was sie besaßen, mit den anderen. Die Wohlhabenden verkauften ihren Besitz und gaben das Geld den Armen. Jeden Tag gingen sie gemeinsam in den Tempel, beteten und predigten.

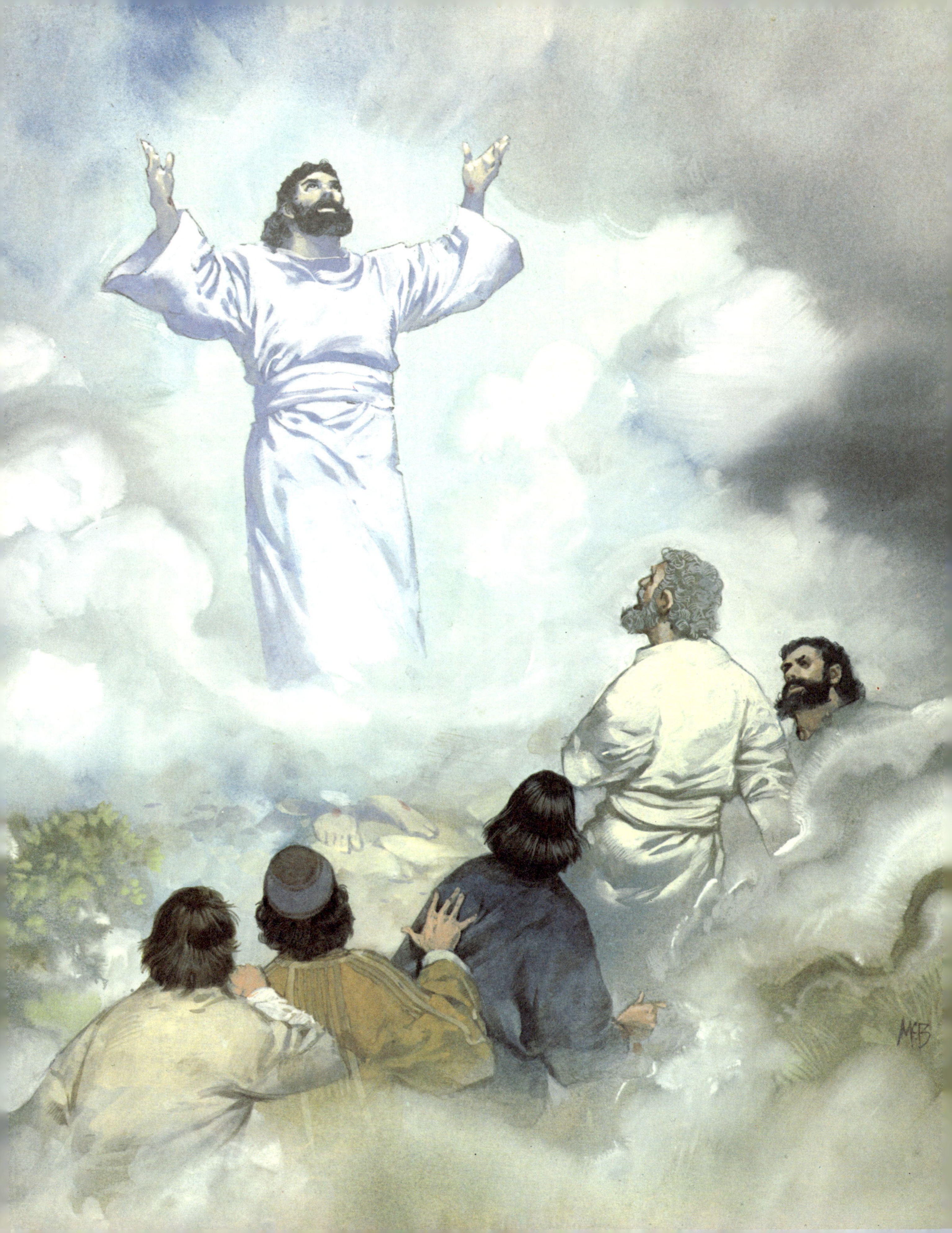
McB

Petrus und Johannes und der Lahme

Eines Tages gingen Petrus und Johannes in Jerusalem in den Tempel. Es war drei Uhr nachmittags, die Stunde des Gebets. Der Tempel war ein herrlicher Bau. Eines seiner Tore war so prächtig, daß man es ‚das schöne Tor' nannte. Es war aus korinthischem Kupfer, mit goldenen und silbernen Blättern aufs kostbarste verziert.

Vor dem schönen Tor lag ein Mann, der von Kindheit an gelähmt war und weder stehen noch gehen konnte. Freunde trugen ihn jeden Tag dorthin, wo er um Almosen bettelte, denn viele Leute aus nah und fern gingen durch dieses Tor.

Als der Gelähmte Petrus und Johannes kommen sah, streckte er ihnen die Hand entgegen und bat um etwas Geld. Die beiden sahen so freundlich aus! Außerdem wußte er auch, daß sie zu den Jüngern Jesu gehörten, den er noch nie gesehen hatte, obwohl er es sich so wünschte.

Petrus und Johannes blieben stehen. „Sieh uns an", sagte Petrus. Der Gelähmte blickte auf, in der Hoffnung, die beiden würden ihm etwas geben. Petrus aber fuhr fort: „Wir haben kein Geld, aber wir haben etwas anderes, was wir dir geben wollen." Dann hob er die Hände und sagte: „Im Namen Jesu von Nazareth, steh auf und gehe!"

Er ergriff die Hand des Gelähmten und half ihm auf. Sofort fühlte der Bettler Kraft in seinen Füßen und Gelenken. Er stand, versuchte einige Schritte – und konnte gehen!

Voll Freude sprang er umher. Dann ging er mit Petrus und Johannes in den Tempel und dankte und lobte Gott.

Die Menschen, die ihn sahen, kannten ihn und staunten ihn an. „Das ist doch der Bettler, der seit Jahren gelähmt vor dem schönen Tor gelegen und um Almosen gebettelt hat", sagten sie zueinander. Sie merkten, daß er mit Petrus und Johannes zusammen war und umringten die drei. Viele andere drängten sich dazu und ließen sich erzählen, was da vor sich gegangen war.

Petrus sah die Menge und begann zu ihnen zu sprechen: „Ihr Männer von Israel, warum seid ihr so überrascht, und was starrt ihr uns so an? Meint ihr, es ist durch unsere eigene Kraft und Frömmigkeit geschehen, daß dieser Mann nun gehen kann? Nein, es war der Glaube an Jesus, der ihn gesund gemacht hat – der Glaube an denselben Jesus von Nazareth, den ihr zurückgewiesen habt, als Pilatus ihn freilassen wollte. Jesus war ein Heiliger und ein Gerechter, doch ihr habt von Pilatus gefordert, daß er den Mörder Barabbas freiließ und Jesus zum Tode verurteilte. Gott hat ihn jedoch von den Toten auferweckt. Wir sind die Zeugen.

Ich weiß, liebe Brüder, ihr habt es aus Unwissenheit getan. Tut nun Buße, bereut und bekehrt euch zu Gott, damit er euch eure Sünden vergibt. Denn Gott hat Jesus nach Israel gesandt, damit er euch segnet und ihr eure Schlechtigkeit überwindet."

So sprachen sie zu dem Volk. Während sie noch redeten, drängten sich einige Priester und Sadduzäer mit dem Hauptmann der Tempelwache zu ihnen durch. Sie waren sehr verärgert, weil Petrus und Johannes dem Volk erzählten, Jesus sei von den Toten auferstanden. Die Sadduzäer glaubten sowieso nicht an ein Leben nach dem Tod. Petrus und Johannes wurden verhaftet und ins Gefängnis gebracht.

Dennoch glaubten viele Menschen, was Petrus und Johannes gesagt hatten, und die Zahl der Gläubigen wuchs an diesem Tage auf etwa fünftausend.

Am nächsten Morgen wurde der Hohe Rat der

Petrus und Johannes und der Lahme

Juden zu einer wichtigen Sitzung zusammengerufen. Sie ließen Petrus und Johannes vor sich kommen.

„Durch wessen Kraft und in welchem Namen habt ihr den Gelähmten zum Gehen gebracht?" fragten sie die beiden Apostel.

Petrus, vom Heiligen Geist erfüllt, begann zu sprechen: „Hoher Rat, wir werden heute von euch verhört wegen einer Wohltat, die wir einem kranken Menschen erwiesen. Ihr wollt wissen, wie wir ihn geheilt haben. Es geschah im Namen des Jesus von Nazareth, den ihr gekreuzigt habt und den Gott von den Toten erweckte. Er ist der Stein, der von euch Bauleuten verworfen wurde und der zum wichtigsten Eckstein geworden ist. Ihr könnt nur durch ihn gerettet werden, denn in der ganzen Welt gibt es sonst niemanden, der euch rettet."

Die Mitglieder des Rates wunderten sich sehr, als sie diese Sprache hörten, denn sie sahen, daß Petrus und Johannes einfache, ungelehrte Menschen waren; sie wußten aber von ihnen, daß sie die Begleiter Jesu gewesen waren.

Der Mann, der geheilt worden war, stand ebenfalls vor ihnen und war gesund und konnte gehen. Was sollten sie dazu sagen? Sie schickten die Apostel hinaus, um sich zu beraten.

„Was sollen wir mit diesen Menschen machen?" fragten sie einander. „Wir können nicht leugnen, daß der Lahme geheilt ist. Ganz Jerusalem weiß das. Wir müssen jedoch verhindern, daß sie ihre Lehre weiterhin unter dem Volk verbreiten. Wir wollen sie ernstlich verwarnen."

Sie riefen Petrus und Johannes wieder herein und sagten: „Ihr dürft künftig weder lehren noch im Namen Jesu sprechen."

Die beiden Apostel aber ließen sich nicht einschüchtern. Sie fühlten sich stark und wollten sich von niemandem hindern lassen, Jesu Lehre zu verkünden. Sie erwiderten: „Urteilt selbst, ob es recht wäre, euch mehr zu gehorchen als Gott. Wir können es nicht lassen, von dem zu sprechen, was wir gehört und gesehen haben."

Da drohten ihnen die Männer des Hohen Rates. Doch sie ließen sie gehen, weil sie es nicht wagten, sie zu bestrafen; es gab zu viele Leute, die Gott priesen für das Wunder, das sie gesehen hatten.

Petrus und Johannes kehrten zu ihren Freunden zurück und erzählten ihnen, was sich ereignet hatte. Alle fühlten sich sehr ermutigt und beteten zu Gott, daß er ihnen immer beistehen möge. Und alle Furcht fiel von ihnen ab.

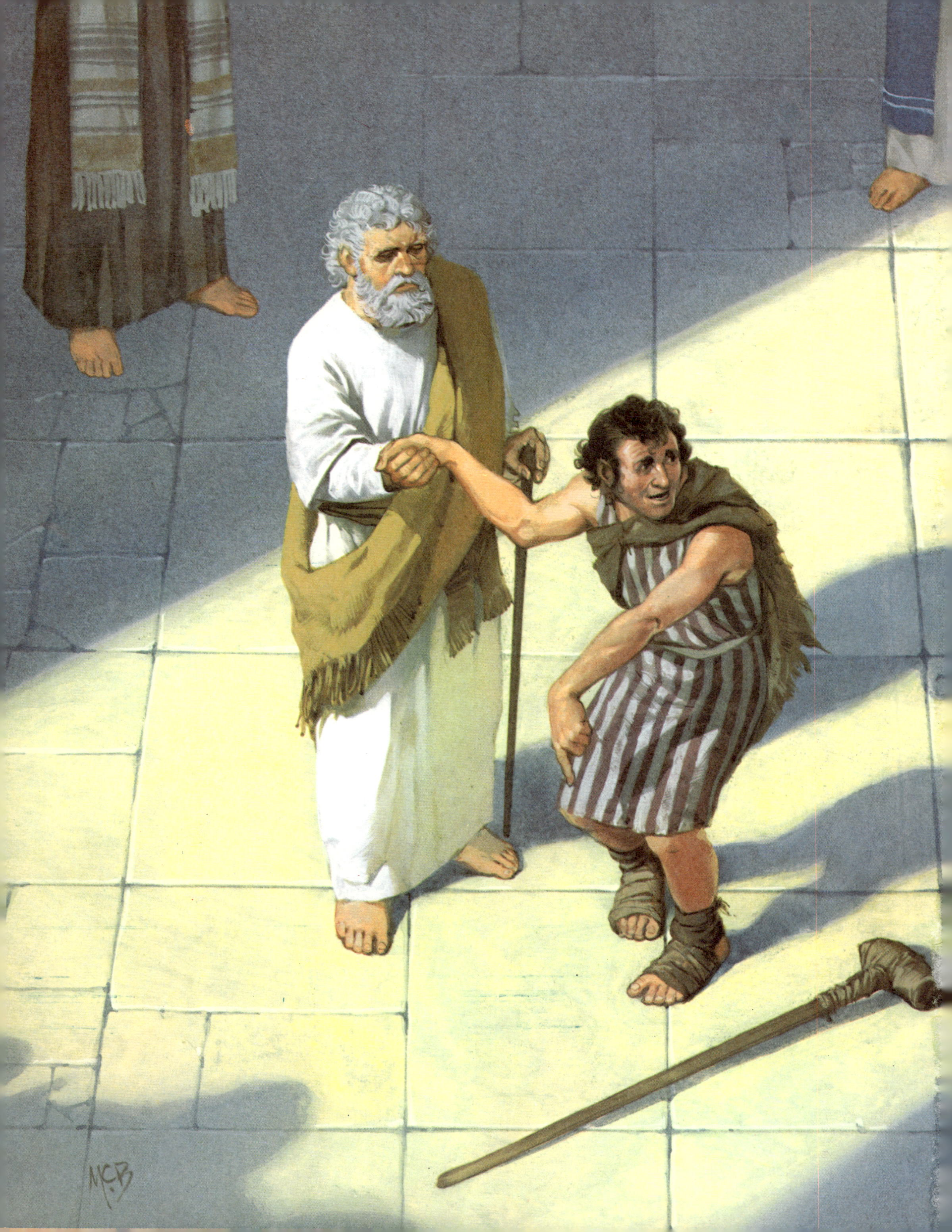

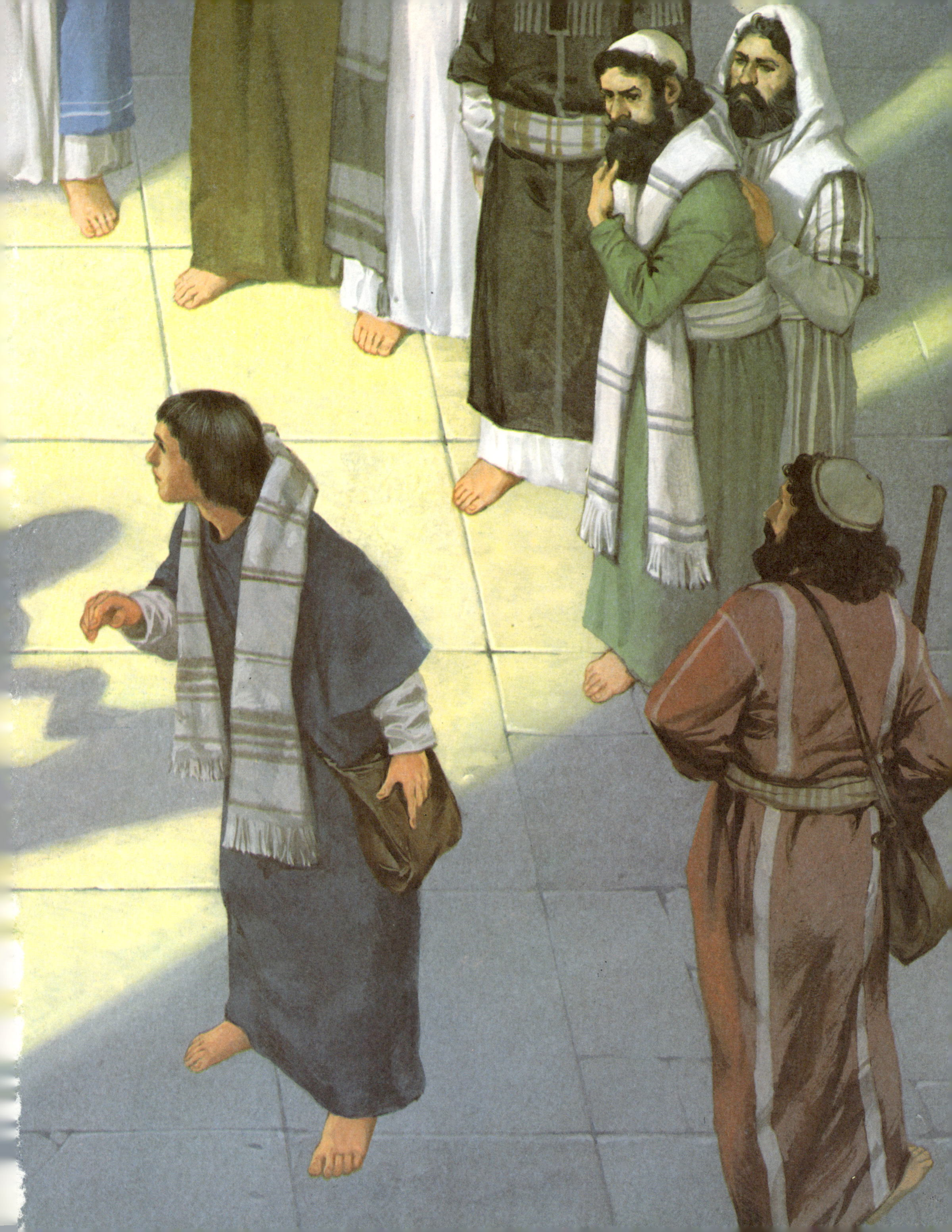

Petrus und der Römer Kornelius

Bisher hatten die Jünger das Evangelium nur den Juden verkündet und solchen Volksgruppen wie den Samaritern, die die Gesetze Moses achteten. Gott aber wollte seine Botschaft nicht in so engen Grenzen wissen. Er wollte ein Beispiel geben, daß das Evangelium für alle Menschen galt. Dazu diente die Begegnung zwischen Petrus und dem römischen Hauptmann Kornelius.

Der Hauptmann Kornelius wohnte in Cäsarea. Er war ein gerechter Mann, großzügig gegenüber den Armen, und er und seine Familie beteten häufig zu Gott.

Eines Nachmittags hatte er eine Erscheinung: Er sah deutlich, wie ein Engel Gottes bei ihm eintrat, der ihn anrief: „Kornelius!"

Kornelius starrte den Engel erschrocken an und fragte: „Warum kommst du, Herr?"

Der Engel erwiderte: „Gott hat deine Gebete gehört und deine guten Taten gesehen. Nun schicke Boten nach Joppe und laß sie einen Mann namens Petrus holen, der bei dem Gerber Simon wohnt in dessen Haus am Meer." Dann verschwand der Engel wieder.

Kornelius gehorchte. Er rief zwei seiner Diener und einen gottesfürchtigen Kriegsknecht aus seiner Wachmannschaft und erklärte ihnen ihre Aufgabe in Joppe.

Am nächsten Tag, als sie Joppe schon fast erreicht hatten, stieg Petrus auf das flache Dach des Hauses, um zu beten. Es wurde Mittag, und da er hungrig war, bat er die Hausbewohner um Essen.

Während sie das Mahl zubereiteten, hatte Petrus eine Erscheinung: Er sah den Himmel geöffnet, und etwas, das wie ein großes Leinentuch aussah, wurde an den vier Zipfeln zur Erde herabgelassen. In dem Tuch befanden sich alle möglichen Tiere, Vierfüßler, Kriechtiere und Wildvögel. Eine Stimme rief: „Steh auf, Petrus, schlachte und iß!"

„O nein", sagte Petrus, „ich habe noch nie etwas Unreines gegessen." (Die Juden hatten strenge Gesetze über das Essen; sie unterschieden zwischen ‚reinen' Speisen, die gegessen werden durften, und ‚unreinen', deren Verzehr verboten war. Zum Verzehr erlaubt waren zum Beispiele alle Vierfüßler, die wiederkäuen und durchgespaltene Klauen haben.)

Wieder erscholl die Stimme und sagte: „Was Gott gereinigt hat, sollst du nicht unrein nennen."

Das Ganze wiederholte sich dreimal, dann wurde das Tuch in den Himmel zurückgezogen.

Mit dieser Erscheinung sollte Petrus gezeigt werden, daß die Speisen der Juden und die der Nichtjuden gleichberechtigt nebeneinander bestehen konnten. Er sollte nichts, was Gott geschaffen hatte, verachten und auch die Sitten anderer Völker gelten lassen. Jesus hatte einmal gesagt, daß das, was im Herzen eines Menschen ist, ihn mehr besudeln kann als das, was in seinen Magen hineingeht. Petrus hatte ihn damals nicht verstanden.

Während er noch verwirrt darüber nachgrübelte, was die Erscheinung bedeutete, hatten die drei Männer aus Cäsarea das Haus erreicht. Sie standen vor der Tür und fragten: „Habt ihr hier einen Gast namens Petrus?"

Da stieg Petrus herab und sagte: „Ich bin der Mann, den ihr sucht. Warum seid ihr gekommen?"

„Der Hauptmann Kornelius schickt uns", erwiderten sie. „Er ist ein guter und gläubiger Mann, sehr geachtet von den Juden. Ein Engel hat ihm gesagt, er solle dich in sein Haus holen lassen."

Petrus lud die Männer ein, bewirtete sie und ließ sie da nächtigen. Am anderen Morgen machten sie sich auf den Weg nach Cäsarea, und einige Gläubige aus Joppe gingen mit ihnen.

Kornelius erwartete sie und hatte seine Verwandten und Freunde zusammengerufen. Als Petrus eintrat, ging Kornelius ihm entgegen, fiel auf die Knie und wollte ihn anbeten. Sofort hob Petrus ihn auf und sagte: „Steh auf, ich bin nur ein Mensch."

Dann blickte er auf die Versammelten und sagte zu ihnen: „Ihr wißt, daß es mir nach jüdischem Gesetz nicht erlaubt ist, im Hause eines Fremden zu verkehren. Aber Gott hat mir gezeigt, daß ich keinen Menschen gering achten oder unrein nennen darf. Darum habe ich mich nicht geweigert zu kommen, als man mich geholt hat. Nun sagt mir, warum ich zu euch kommen sollte?"

Kornelius berichtete von seiner Erscheinung und schloß: „Nun sind wir alle hier vor Gott versammelt und möchten alles hören, was dir von Gott befohlen wurde."

Petrus erwiderte: „Jetzt weiß ich, daß Gott nicht nach der Herkunft eines Menschen sieht, sondern alle gleich behandelt, die an ihn glauben. Wer zu ihm betet und das Rechte tut, den nimmt er an, sei es ein Jude oder ein Fremdling."

Dann erzählte er ihnen von Jesus, von seiner Lehre und seinen Wundertaten, deren Zeugen die Jünger geworden waren. Er sagte ihnen, daß Jesus am dritten Tag nach seiner Kreuzigung auferstanden und vielen von seinen Freunden erschienen war, und daß er ihnen befohlen habe, das Evangelium zu predigen. Am Schluß sagte er: „Jedem, der an ihn glaubt, werden seine Sünden vergeben durch die Kraft seines Namens."

Als er dann mit ihnen betete, kam der Heilige Geist auf sie alle herab, auch auf Kornelius, seine Familie und Freunde. Die Gläubigen, die mit Petrus aus Joppe gekommen waren, hörten, wie sie Gott plötzlich in verschiedenen Sprachen priesen, und sie wunderten sich, daß der Heilige Geist auch zu fremden Volksangehörigen gekommen war.

„Diese Menschen haben den Heiligen Geist empfangen genau wie wir", sagte Petrus. „Warum sollten wir sie nicht taufen?" Und er taufte sie im Namen des Vaters, des Sohnes und des Heiligen Geistes.

Sie baten ihn dann, noch einige Tage bei ihnen zu bleiben. Das tat Petrus. Als er später nach Jerusalem kam, hielten es ihm die Freunde vor, daß er zu einem Römer gegangen war und mit ihm gegessen hatte. Er berichtete ihnen von seiner Erscheinung und wie der Heilige Geist über die römische Familie in Cäsarea gekommen war. „Wenn Gott ihnen das gleiche gegeben hat wie uns, wie könnten wir Gott widersprechen?" sagte er.

Da stritten die Freunde nicht länger mit ihm, sondern sagten: „So hat Gott auch die Menschen angenommen, die keine Juden sind."

Petrus im Gefängnis

Die neue Gemeinde blieb nicht lange unbehelligt, denn es gab immer Leute, die versuchten, Andersgläubige auszurotten. Es war König Herodes Agrippa, ein Enkel des ersten Herodes, der die erste Christenverfolgung auslöste. Er hatte Johannes' Bruder Jakobus, der zu den drei Vertrautesten Jesu gehört hatte, verhaften und enthaupten lassen. Als er danach erfuhr, wie erfreut die Oberen der Juden über seine Tat waren, ließ er auch Petrus in den Kerker werfen. Es war gerade zur Zeit des Passahfestes, darum wollte Herodes einige Tage warten, bis er ihn vor Gericht stellte.

Petrus war mit zwei schweren Ketten gefesselt. Vier Abteilungen zu je vier Soldaten bewachten abwechselnd den Kerker. Petrus hielt seine Tage für gezählt. Gewiß würde man ihn zum Tode verurteilen, genau wie Jakobus. Er wußte jedoch, der Heilige Geist würde ihn auch dann nicht verlassen, und die Jünger draußen beteten für ihn.

Die Tage zogen sich hin. Dann kam der letzte Abend vor dem Gerichtstag. Morgen würde ihn Herodes sicherlich töten lassen.

Plötzlich erstarrte Petrus – jemand rüttelte ihn an der Schulter, und eine Stimme sagte: „Rasch, steh auf, Petrus!" Es war ein Engel. Die Ketten fielen von ihm ab, und der Engel sagte: „Zieh dich an, nimm deine Sandalen, wirf den Mantel um und folge mir."

Petrus konnte es nicht fassen. Er glaubte zu träumen und dachte: ‚Gleich werde ich erwachen und genauso in Ketten liegen wie vorher.' Doch er folgte dem Engel, vorbei an dem ersten Wachposten, dann an dem zweiten, bis sie an das große eiserne Tor kamen, mit dem das Gefängnis verschlossen war. Jetzt mußte sich zeigen, ob er träumte oder nicht – da schwang das Eisentor von selbst auf, sie schritten hindurch und waren draußen auf der Straße.

Der Engel verschwand, und Petrus wußte nun: ein Wunder war geschehen. Er überlegte, was passieren würde, wenn man sein Entkommen entdeckte. Man würde Soldaten ausschicken und in der ganzen Stadt nach ihm fahnden.

Er beschloß, zu allererst das Haus aufzusuchen, wo sich die Jünger immer heimlich trafen. Es war die Wohnung von Maria, der Mutter eines Freundes namens Johannes Markus. Tatsächlich hatte sich hier eine Gruppe von Freunden versammelt, um für Petrus zu beten. Sie wußten, daß er am nächsten Tag vor Gericht gestellt werden sollte. Darum waren sie entschlossen, die ganze Nacht zu beten.

Petrus klopfte an die Tür – nicht zu laut, denn es konnten Verfolger in der Nähe sein. Die Freunde drinnen hörten es und wurden bange. Sie fürchteten, es könnten Herodes' Soldaten sein, die sie verhaften sollten.

Ein junges Mädchen namens Rhoda ging an die Tür, öffnete aber nicht, weil sie wußte, es könnte ein Feind davorstehen. „Wer ist da?" fragte sie. Dann erkannte sie die Stimme, die ihr antwortete, und war so erleichtert, daß sie vergaß, die Tür zu entriegeln, sondern zu den anderen zurückrannte und schrie: „Es ist Petrus!"

„Nein, du bist verrückt", sagten sie ungläubig.

„Aber es ist wirklich Petrus!" beharrte Rhoda.

„Es muß sein Engel sein", meinten die anderen.

Petrus fuhr fort, an die Tür zu pochen, bis endlich einer der Freunde ihn einließ. Sehr verwundert, aber überglücklich sahen es nun alle: Es war wirklich Petrus. Aufgeregt fragten und redeten sie durcheinander.

Petrus gab ihnen mit der Hand ein Zeichen, still zu sein. Dann erzählte er, wie der Engel ihn aus dem Kerker befreit hatte. Er sagte ihnen auch, sie sollten den andern Gläubigen von dem wunderbaren Ereignis dieser Nacht berichten. Er aber müsse sie verlassen und irgendwo hingehen, wo er in Sicherheit war. Herodes würde ihn bestimmt in den Häusern seiner Freunde suchen lassen, und wenn sie ihn dort entdeckten, wäre auch ihr Leben in Gefahr. „Was auch kommen mag, Gott wird immer bei uns sein", sagte Petrus.

Am nächsten Morgen entdeckten die Wachen, daß Petrus entkommen war. Sie konnten es sich natürlich nicht erklären und waren völlig verstört. Herodes befahl einem Suchtrupp, ganz Jerusalem durchzukämmen; doch Petrus war nicht zu finden. Wie es für ihn möglich gewesen war, zu fliehen, das wußten nur die Gläubigen – allen anderen war es ein Rätsel.

Herodes war schrecklich wütend. Er verhörte nochmals die Wachen, und weil sie keine befriedigende Antwort geben konnten, ließ er sie töten.

Der Märtyrer Stephanus

Die Gemeinde der Christen breitete sich aus. Die zwölf Apostel merkten, daß es für sie immer mehr Arbeit gab. Mehr Zeit als für das Predigen, Lehren und Beten mußten sie darauf verwenden, Notleidenden zu helfen.

Diese ersten Christen teilten alles miteinander, was sie hatten: Keiner sagte, daß etwas ihm gehöre. Wer Häuser oder Äcker besaß, verkaufte sie und brachte das Geld den Aposteln. Das Nötige, was jeder zum Leben brauchte, bekam er aus dem Vorratshaus der Gemeinde oder aus der gemeinsamen Kasse.

Nun beschwerten sich die griechischsprechenden Juden der Gemeinde darüber, daß bei der täglichen Verteilung die Witwen ihrer Freunde übergangen wurden. Da riefen die zwölf Apostel die Jünger zusammen und sagten: „Es ist nicht gut, daß wir so wenig Zeit haben, das Wort Gottes zu predigen, weil wir uns alle mit der irdischen Versorgung der Menschen beschäftigen müssen. Wir schlagen euch darum vor, daß ihr sieben kluge Männer unter euch wählt, die einen guten Ruf haben – denen wollen wir die Aufgabe des Verteilens anvertrauen. Dann können wir zwölf unsere Zeit darauf verwenden, zu lehren und zu predigen und neue Seelen für Gott zu gewinnen."

Der Vorschlag gefiel den Versammelten, und sie wählten sieben Männer als Verwalter und Verteiler des gemeinsamen Besitzes. Ihre Namen waren: Philippus, Prochorus, Nikanor, Timon, Parmenas, Nikolaus und Stephanus. Man stellte sie den Aposteln vor, die mit ihnen beteten, ihnen die Hände auflegten und sie segneten, zum Zeichen ihrer Bestimmung.

Die sieben Helfer machten sich an die Arbeit. Einer von ihnen, Stephanus, war voll Kraft und göttlicher Gnade und vollbrachte viele Wunder vor dem Volk. Etliche Schriftgelehrte und Männer mit anderem Glauben führten große Streitgespräche mit Stephanus, aber gegen die Weisheit und den Geist, aus dem er sprach, konnten ihre Argumente nicht bestehen. Da stifteten sie heimlich einige Leute an, die behaupteten, sie hätten gehört, wie Stephanus Gott und Mose gelästert habe. Das war gelogen, aber sie schafften es, das Volk und die Ältesten aufzuhetzen. Die Folge war, daß Stephanus verhaftet wurde und vor Gericht kam.

Falsche Zeugen beschworen ihre Anklagen vor den Richtern und verdrehten die Worte, die er gesprochen hatte. „Dieser Mann", beteuerten sie, „redet ständig gegen den Tempel und gegen das Gesetz. Wir hörten ihn sagen, Jesus von Nazareth werde diese Stadt zerstören und die Gebote ändern, die Mose uns gegeben hat."

Die Männer des Gerichts blickten auf Stephanus in der Erwartung, er werde alles heftig abstreiten. Aber in seiner Miene war weder Ärger noch Furcht. Er sah aus wie ein Engel.

Der oberste der Priester fragte ihn: „Ist es wahr, was die Zeugen behaupten?"

Stephanus antwortete mit einer langen Rede. Er erzählte die ganze Geschichte des jüdischen Volkes, beginnend mit Abraham. Damit bewies er, daß er kein Abtrünniger war, sondern im Glauben an die Schriften des Alten Testaments festhielt, genau wie seine Richter. Er schloß seine Rede damit, daß die Israeliten von jeher nicht auf ihre Propheten gehört und daß sie nun den Messias selbst verraten und gekreuzigt hatten. „Wie halsstarrig ihr seid", sagte er noch. „Ihr seid taub gegen Gottes Botschaft, genau wie eure Väter. Ihr habt Gottes Gebote empfangen und habt sie nicht gehalten."

Als die Richter das hörten, knirschten sie mit den Zähnen vor Wut. Stephanus aber sah zum Himmel auf und rief: „Ich sehe den Himmel offen und den Menschensohn zur Rechten Gottes stehen."

Da schrien sie laut und hielten sich die Ohren zu, denn für sie waren Stephanus' Worte Gotteslästerung. Stephanus wurde von vielen Händen ergriffen und aus der Stadt hinausgestoßen. Vor den Mauern steinigten sie ihn. Stephanus kniete nieder und betete laut: „Herr Jesus, nimm meinen Geist auf." Und er schrie noch: „Herr, rechne ihnen diese Sünde nicht an" – dann starb er, der erste Märtyrer der Christen.

Die Reise nach Damaskus

Der junge Saulus, der ohne Widerstreben zugeschaut hatte, wie Stephanus gesteinigt wurde, stammte aus Tarsus im Süden Kleinasiens. Er hatte eine gute Erziehung genossen, denn er war ein kluger Junge. In Jerusalem hatte er bei einem berühmten Lehrer namens Gamaliel studiert.

Von Kind an hatte man ihm eingeflößt, die Gesetze zu achten; die Jünger Jesu aber hielt er für Feinde der Gesetze und tat, was er konnte, diese neue Religion auszurotten. Er verfolgte die Christen, wo immer er sie fand. Mehr als einen hatte er ins Gefängnis gebracht, und auch manchem Todesurteil im Rat zugestimmt.

Eines Tages war er unterwegs nach Damaskus, der Hauptstadt Syriens. Dort wollte er nach Anhängern der Lehre Jesu suchen und sie gebunden nach Jerusalem bringen. Vom Hohen Rat hatte er sich ein Schreiben geben lassen, das ihn dazu ermächtigte.

Von Haß erfüllt, reiste er mit einer Gruppe von Gefährten nach Damaskus. Als sie sich schon der Stadt näherten, schoß plötzlich ein blendender Lichtstrahl vom Himmel, heller als die Sonne, und eine Stimme rief: „Saul, Saul, warum verfolgst du mich?"

Saulus, der zur Erde gefallen war, die Augen geschlossen vor dem blendenden Licht, fragte: „Wer bist du?"

„Ich bin Jesus, den du verfolgst!" kam die Antwort. „Steh auf und geh in die Stadt. Dort wird man dir sagen, was du tun sollst."

Sauls Begleiter standen wir erstarrt. Sie hörten die Stimme, sahen aber niemanden. Saulus erhob sich und

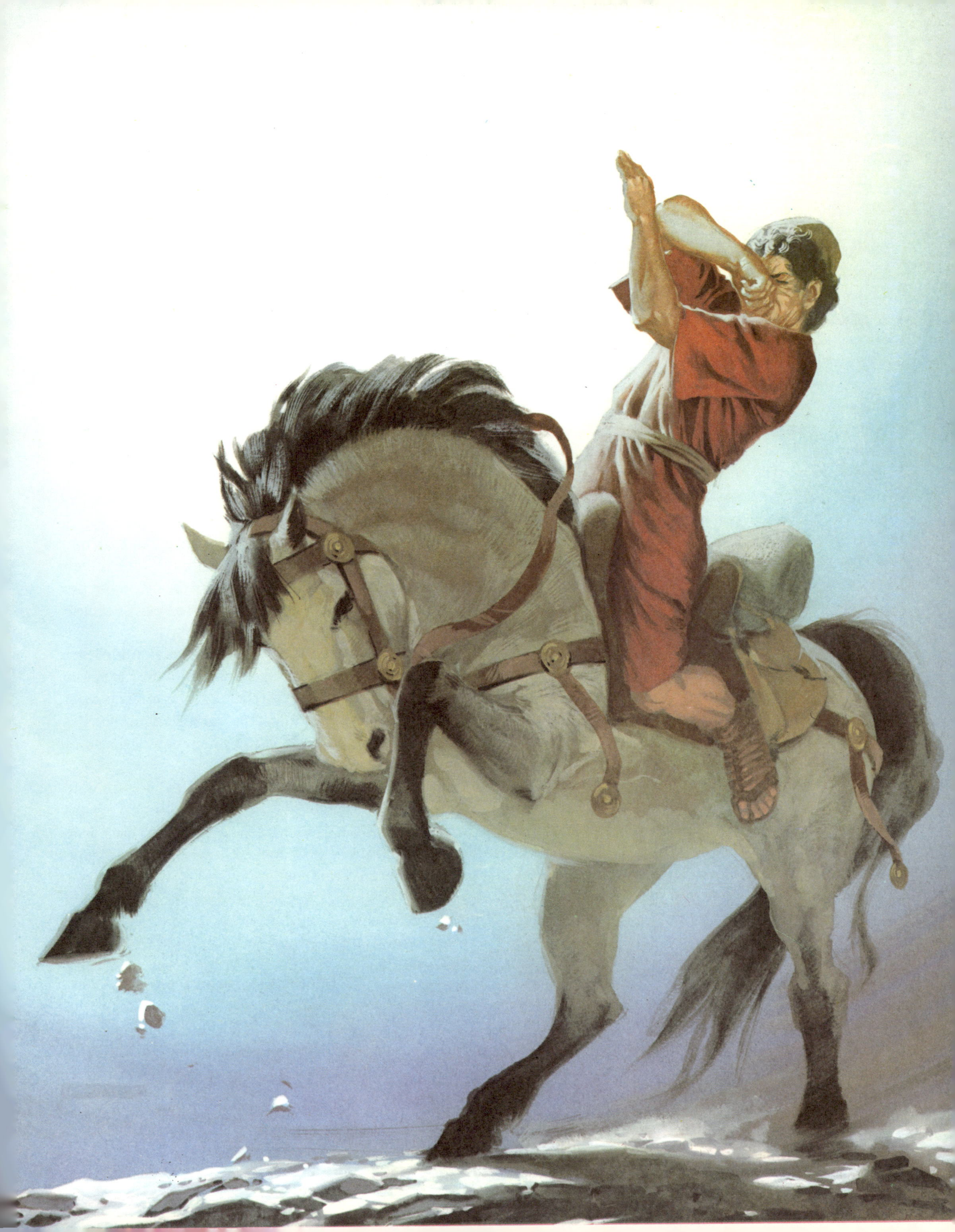

Die Reise nach Damaskus

öffnete die Augen, doch er konnte nichts sehen – er war blind.

Die Gefährten nahmen ihn an die Hand und führten ihn nach Damaskus. Drei Tage lang konnte er nicht sehen, und er aß und trank nicht.

Nun wohnte in Damaskus ein Jünger namens Ananias. Dem erschien der Herr und rief ihn an: „Ananias!"

„Hier bin ich, Herr", antwortete Ananias.

„Geh in die Gerade Gasse, in das Haus eines Mannes namens Judas. Frage dort nach einem Saul aus Tarsus. Er hat gebetet, und in einer Vision hat er dich gesehen, wie du zu ihm kamst und ihm die Hände auflegtest, damit er wieder sehen kann."

Ananias hörte es voller Schrecken. Er sagte: „Herr, ich habe schon von diesem Mann gehört und wieviel Übles er deinen Dienern in Jerusalem angetan hat. Und hier hat er Vollmacht von den Hohenpriestern, jeden Gläubigen, den er finden kann, zu verhaften und zu fesseln."

Gott aber wußte, welche Veränderung in Saulus vor sich gegangen war. „Geh", sagte er, „denn diesen Mann habe ich auserwählt, daß er meinen Namen bei Königen und Völkern verkündet. Er wird viel leiden um meines Namens willen."

Da ging Ananias zu dem Haus in der Geraden Gasse, wo Saul sich aufhielt. Getreu dem Willen Gottes, legte er ihm die Hände auf und sagte:

„Bruder Saul, der Herr, der dir auf dem Weg hierher erschienen ist, hat mich zu dir geschickt. Du sollst wieder sehen, und der Heilige Geist wird dich erfüllen."

Da fiel es Saul wie Schuppen von den Augen und er konnte wieder sehen.

„Warum willst du noch länger warten?" sagte Ananias. „Bereue deine Sünden, laß dich taufen und rufe den Namen Jesu an."

Und Saul ließ sich taufen und war von nun an ein unerschütterlicher Anhänger Jesu. Das war ein großer Wendepunkt in der Geschichte der ersten Christen.

Sauls Bekehrung war vollkommen: Vom heftigen Feind der Christen wurde er zu einem glühenden Kämpfer für den Glauben an Jesus. Bekannt ist er uns unter der römischen Form seines Namens: Paulus.

Einige Tage blieb er noch in Damaskus, ging dort in das jüdische Gebetshaus und predigte, Jesus sei der Sohn Gottes. Die Jünger in Damaskus staunten. War das der Mann, der gekommen war, um sie ins Gefängnis zu bringen? Nun lehrte er die Juden, an Jesus zu glauben!

Die Priester waren außer sich vor Zorn, als sie erleben mußten, daß Saulus, der zu den schärfsten Feinden der Christen gehört hatte, nun zu den Anhängern Jesu übergelaufen war. Sie versammelten sich und berieten, wie sie ihn vernichten konnten.

Tag und Nacht bewachten sie die Stadttore, um Saulus dort abzufangen, wenn er Damaskus verlassen wollte. Sein Leben war nun genauso gefährdet wie vorher das der Gläubigen, die er verfolgt hatte.

Die Freunde Sauls entdeckten jedoch den Plan und verhalfen ihm zur Flucht. Im Schutz der Dunkelheit ließen sie ihn des Nachts in einem großen Korb an der Stadtmauer hinunter. So gelangte er wieder nach Jerusalem.

Dort suchte Saulus die Begegnung mit den Jüngern. Natürlich fürchteten sie sich vor ihm und konnten nicht glauben, daß er plötzlich zu einem Anhänger Jesu geworden war. Voller Mißtrauen hielten sie alles für einen Trick, um die ganze Gemeinde auszuspionieren.

Doch einer von ihnen, der Barnabas hieß, glaubte Saulus und brachte ihn zu den Aposteln. Ihnen erzählte Saul, wie er durch sein Erlebnis auf dem Weg nach Damaskus bekehrt worden war. Da ließen ihn die Apostel bei sich wohnen.

Paulus predigte kühn in ganz Jerusalem im Namen Jesu. Es dauerte nicht lange, bis man ihm auch hier nach dem Leben trachtete. Als die Apostel das erfuhren, schickten sie Paulus zu seiner Sicherheit nach Tarsus zurück.

Paulus' erste Missionsreise

Wegen der Verfolgung durch Herodes hatten viele Gläubige Jerusalem verlassen. Sie waren in viele fremde Länder gezogen, nach Phönizien, nach Cypern und nach Antiochia in Syrien und verbreiteten überall das Wort Gottes, aber nur unter den Juden. Bald aber begannen Jünger in Cypern und Kyrene, auch den Griechen das Evangelium zu predigen, und sie bekehrten eine große Anzahl.

Davon hörten die Apostel in Jerusalem und schickten Barnabas nach Antiochia, wo es viele Griechisch sprechende Juden gab. Voller Freude sah er den Erfolg, den die Gemeinde Jesu dort hatte, und bestärkte sie mit seinen Reden. Dann ging Barnabas nach Tarsus, um Paulus aufzusuchen. Als er ihn gefunden hatte, nahm er ihn mit nach Antiochia. Sie blieben ein ganzes Jahr bei der Gemeinde und bekehrten viele Menschen.

In Antiochia war es, wo die Anhänger Jesu zuerst Christen genannt wurden.

Eines Tages hörten sie, daß in Judäa Hungersnot herrschte. Sie beschlossen, den Brüdern zu helfen, sammelten Lebensmittel und andere Gaben und schickten Barnabas und Paulus damit nach Jerusalem. Als sie sich dort wieder verabschiedeten, verließ auch Johannes Markus Jerusalem und ging mit ihnen nach Antiochia.

Als sich die Gemeinde in Antiochia eines Tages zum Gebet versammelt hatte, gab ihnen der Heilige Geist ein, Paulus und Barnabas in ferne Länder zu schicken, wo sie Gottes Wort verbreiten sollten.

Sie fasteten und beteten miteinander, dann machten sich die beiden auf den Weg. Johannes Markus begleitete sie.

Sie wanderten zur Küste nach Seleucia und fuhren von dort mit dem Schiff nach Cypern, durchzogen die ganze Insel und verkündeten das Evangelium. Als sie in die Stadt Paphos kamen, wurden sie dort von dem Stadthalter der Insel, der Sergius Paulus hieß, in seinen Palast geladen. Er wollte von ihnen das Wort Gottes hören.

Im Palast hielt sich auch ein falscher Prophet auf, der Zauberer Elymas. Er war ein Freund des Statthalters. Er versuchte, diesen davon abzuhalten, die Wahrheit zu hören und redete ihm ein, er dürfe den Jüngern Jesu nicht glauben. Paulus sah den Zauberer scharf an und sagte: „Du Sohn des Teufels, Feind alles Guten, mit deinen bösen Tricks versuchst du die Wahrheit zu entstellen. Die Hand Gottes wird dich schlagen. Du sollst blind sein und die Sonne nicht mehr sehen."

Sofort senkte sich Dunkelheit vor die Augen des falschen Propheten. Er tappte umher und suchte jemanden, der ihn an die Hand nahm und führte. Der Statthalter, der dies miterlebte, wurde ein Gläubiger und staunte über die Lehre von Gott.

Paulus und seine Begleiter verließen Cypern und segelten zum Festland hinüber. Sie kamen nach Perge im Land Pamphylien, wo Johannes Markus sie verließ und nach Jerusalem zurückkehrte. Von Perge gingen sie nach Antiochia in Pisidien.

Als sie dort ankamen, war Sabbat, und sie gingen in das jüdische Gebetshaus. Nach der Lesung des Gesetzes forderte der Vorsteher sie auf, zum Volk zu sprechen. Da erzählte ihnen Paulus aus der Geschichte Israels, von Johannes dem Täufer, vom Leben Jesu, des versprochenen Messias, von seinem Tod und seiner Auferstehung. Er sagte auch, daß die Botschaft Gottes für alle gelte, nicht nur für die Juden.

Als sie aus dem Bethaus hinausgingen, baten die Leute Paulus und Barnabas, ihnen am nächsten

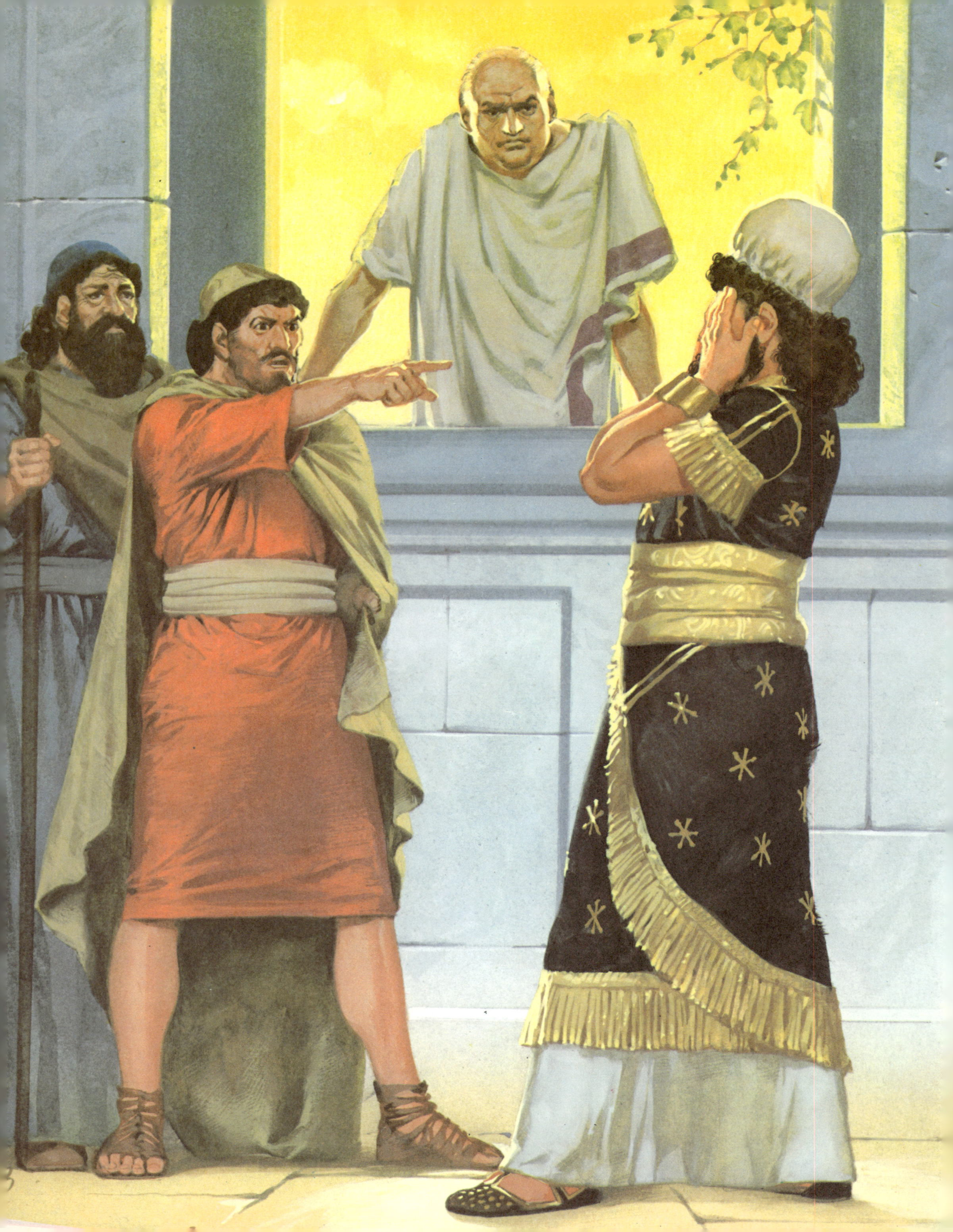

Sabbat noch mehr zu erzählen. Das taten sie, und fast alle Bewohner der Stadt kamen, um ihnen zuzuhören. Manche Juden aber waren unzufrieden, weil die Botschaft nicht für Juden allein bestimmt war; sie widersprachen Paulus und beleidigten ihn.

„Die Botschaft ist zuerst an die Juden ergangen", erklärte Paulus, „aber nur wenige haben sie aufgenommen. Gott hat uns gesandt, damit wir auch andere Völker erleuchten und der ganzen Welt Erlösung bringen."

Die Pisidier freuten sich, das zu hören. Aber die Juden brachten es fertig, daß Paulus und Barnabas aus der Stadt gewiesen wurden.

Unerschrocken machten sich die beiden auf den Weg nach Ikonion (heute Konya), der Hauptstadt Lykaoniens. Dort ging es ihnen ganz ähnlich wie in Pisidien. Eine große Menge der heimischen Bevölkerung und der dort ansässigen Juden ließen sich bekehren, aber von anderen wurden sie mit Steinen beworfen und mußten fliehen. Paulus und Barnabas wanderten nun nach Süden in die Städte Lystra und Derbe.

In Lystra gab es einen Mann, der gelähmte Beine hatte und noch nie in seinem Leben hatte gehen können. Er saß da und hörte begierig, was Paulus predigte. Paulus konnte ihm ansehen, daß er glaubte, ihm könne geholfen werden. Da sagte Paulus mit lauter Stimme: „Stell dich auf deine Füße!" Und der Mann sprang auf und konnte gehen.

Als das Volk sah, was Paulus bewirkt hatte, rief es in seiner lykaonischen Sprache: „Die Götter sind zu Menschen geworden und zu uns gekommen." Sie nannten Barnabas „Zeus' und Paulus ‚Hermes'. Die Priester des Zeustempels brachten Ochsen und bekränzten das Tor – sie wollten den beiden Männern Opfer bringen. Paulus und Barnabas war das sehr peinlich. Sie sprangen unter das Volk und schrien: „Was macht ihr da? Wir sind keine Götter – wir sind sterbliche Menschen wie ihr. Wir sind gekommen, euch das Evangelium zu bringen, damit ihr euch von diesen falschen Göttern abkehrt und zum wahren Gott betet, der Himmel und Erde und das Meer erschaffen hat und alles, was lebt. Er schickt den Regen und läßt das Getreide wachsen und gibt euch Nahrung und Freude."

So beruhigten sie das Volk, aber es war gar nicht leicht, sie vom Opfern abzuhalten.

Nach einigen Tagen kamen Händler aus Antiochia in Pisidien und aus Ikonion, die das Volk mit Verleumdungen gegen Paulus und Barnabas aufhetzten. Sie bewarfen die beiden mit Steinen, und Paulus wurde so schwer getroffen, daß sie ihn für tot vor die Stadtmauer legten. Aber etliche Gläubige kamen und pflegten ihn wieder gesund.

Danach wanderten Paulus und Barnabas nach Derbe. Sie bekehrten auch dort viele Menschen. Dann machten sie sich auf die Rückreise. Furchtlos gingen sie durch die Städte, wo sie angefeindet worden waren, und ermutigten die Christen, Gott treu zu bleiben, was ihnen auch immer geschehen möge. In jeder Stadt bestimmten sie Gläubige, die die Christengemeinde leiten und das Werk Gottes fortführen sollten. Endlich segelten sie zurück nach Syrien und erreichten Antiochia, wo ihre Reise begonnen hatte.

Paulus' zweite Missionsreise

Nach einiger Zeit drängte es Paulus und Barnabas, wieder auf Reisen zu gehen und die christlichen Gemeinden in Südeuropa zu besuchen. Sie wollten sehen, ob ihre Arbeit gute Früchte getragen hatte.

Diesmal gab es zwischen ihnen eine Meinungsverschiedenheit, und so reiste jeder für sich. Barnabas nahm Johannes Markus mit, Paulus wählte zum Begleiter einen anderen Jünger namens Silas, der aus Jerusalem gekommen war, wo er ein führendes Mitglied der Gemeinde Jesu war.

Paulus und Silas gingen über Land. Sie zogen durch Syrien und Kilikien und kamen auch durch Derbe und Lystra. In Lystra schloß sich ein Christ namens Timotheus ihnen an. Die Gemeinden waren im Glauben gefestigt, und die Mitgliederzahl nahm ständig zu.

Die Apostel wandten sich zur Hafenstadt Troas, die nahe der ehemaligen Stadt Troja lag. In Troas hatte Paulus eines Nachts eine Vision: Ein Mann aus Makedonien stand vor ihm und bat ihn, er möge nach Makedonien kommen und ihnen helfen.

Makedonien war der nördliche Teil Griechenlands. Das bedeutete eine weite Seereise. Aber Paulus wußte, es war Gottes Wille, daß sie dort das Evangelium verkündeten, und so bestiegen sie ein Schiff.

Das Schiff lief viele Küstenstädte an und landete endlich in Philippi, der Hauptstadt Makedoniens, die eine römische Kolonie war. Dort blieben sie mehrere Tage.

Am Sabbat gingen sie aus der Stadt heraus und an den Fluß, wo sie eine Gruppe Frauen sahen. Es gab in Philippi zu wenig Juden, um ein Bethaus zu bauen; darum pflegten sie sich zum Beten im Freien zu versammeln.

Paulus und Silas begannen zu den Frauen zu sprechen. In der Gruppe befand sich auch eine wohlhabende, aber gottesfürchtige Frau namens Lydia, die in ihrem Laden Purpurstoffe verkaufte. Sie hörte aufmerksam zu, was Paulus ihnen erzählte. Dann lud sie die beiden Apostel zu sich ein und ließ sich und ihre ganze Familie taufen. Sie bewirtete die beiden Männer und ließ sie in ihrem Haus wohnen.

Am andern Tag, als Paulus und Silas wieder zu dem Platz gingen, wo gebetet wurde, begegnete ihnen eine Sklavin, die von einem Geist besessen war, der ihr die Zukunft voraussagte. Mit ihrem Wahrsagen verdiente sie viel Geld, das sie an ihren Herrn abliefern mußte. Die Sklavin folgte Paulus und Silas und schrie: „Diese Männer sind Diener des höchsten Gottes, und sie sagen euch, wie ihr gerettet werden könnt." Auch am nächsten und am übernächsten Tag lief sie ihnen nach, wohin sie auch gingen, und schrie immer das gleiche. Sie sprach zwar die Wahrheit, aber es schmerzte Paulus, daß sie vom Geist dazu gezwungen wurde. Schließlich wandte er sich dem Mädchen zu und sagte zu dem Geist: „Im Namen Jesu Christi befehle ich dir, komm heraus aus ihr!" Sogleich verließ sie der Geist, und sie war befreit.

Ihr Herr aber wurde wütend, als er merkte, daß sie nicht mehr wahrsagen und kein Geld für ihn beschaffen konnte. Mit Hilfe seiner Knechte zerrte er Paulus und Silas auf den Marktplatz und stellte sie vor die Stadtrichter. „Diese Männer sind Juden und bringen unsere Stadt in Verruf", sagten sie. „Sie lehren die Bewohner Sitten, die uns römischen Bürgern nicht ziemen." So wiegelten sie das Volk gegen die beiden auf. Die Stadtrichter ließen Paulus und Silas mit Ruten schlagen und ins Gefängnis sperren. Der Kerkermeister wurde ermahnt, sie gut zu bewachen. Er brachte sie darum in die innerste Gefängniszelle und legte ihre Füße in den Stock.

Paulus und Silas nahmen es ohne Murren auf sich, für Jesus zu leiden. Um Mitternacht beteten sie und priesen Gott mit lautem Gesang. Die anderen Gefangenen hörten ihnen zu. Plötzlich aber gab es ein Erdbeben, das die Mauern des Gefängnisses erschütterte. Alle Türen sprangen auf und alle Fesseln lösten sich.

Der Kerkermeister erwachte, sah die geöffneten Türen und dachte, alle Gefangenen seien geflohen. Er wußte, der Statthalter würde ihn allein verantwortlich machen. Da zog er das Schwert und wollte sich selbst töten. Paulus aber rief ihm zu: „Tu dir nichts an, wir sind doch alle hier!"

Da nahm der Kerkermeister ein Licht, leuchtete in die Zelle und fing an zu zittern. Er fiel Paulus und Silas zu Füßen, führte sie heraus und rief: „Was soll ich tun, damit ich gerettet werde?"

„Glaube an den Herrn Jesus", antworteten sie und verkündeten das Wort Gottes ihm und allen, die im Gefängnis waren. Da nahm der Kerkermeister sie mit in sein Haus, behandelte ihre Wunden, bewirtete sie und ließ sich und seine Familie taufen.

Am nächsten Morgen wurden Paulus und Silas freigelassen, und die Stadtrichter entschuldigten sich bei ihnen, weil sich herausgestellt hatte, daß die beiden römische Bürger waren.

Paulus und Silas reisten dann westwärts und kamen nach Thessalonike, wo Paulus drei Wochen lang jeden Sabbat im Gebetshaus der Juden predigte. Viele Menschen wurden bekehrt und schlossen sich ihnen an.

Manche Juden aber ärgerten sich, weil niemand mehr auf sie hören wollte. Sie rotteten sich mit einigen üblen Gestalten zusammen und brachten die Stadt in Aufruhr. Sie zogen vor das Haus des Statthalters und schrien: „Diese beiden Männer haben überall Unruhe gestiftet, wo sie auch waren. Sie meutern gegen die Gesetze des Kaisers und sagen, ein anderer sei König, der Jesus heißt."

Sobald es Nacht wurde, brachten die Gläubigen Paulus und Silas vor die Stadt und ließen sie nach Beröa ziehen. Hier waren die Leute aufgeschlossener als die von Thessalonike und hörten ernsthaft den Aposteln zu. Doch die Juden in Thessalonike hörten davon, kamen dort hin und wiegelten das Volk auf. Darum schickten die Christen Paulus an die Küste und geleiteten ihn von dort nach Athen, während Silas und Timotheus in Beröa blieben, aber so bald wie möglich nachkommen sollten.

Athen war ein Zentrum der Gelehrsamkeit. Paulus aber blickte grimmig auf die vielen Götterbilder in der Stadt. Es gab sogar einen Altar mit der Inschrift: „Dem unbekannten Gott".

Er stellte sich auf den Areopag, wo jeder vor dem Volk und dem Rat der Stadt reden durfte, und sagte ihnen, wer der unbekannte Gott sei, zu dem sie beteten, ohne ihn zu kennen. Und er erzählte ihnen von Jesus und seiner Auferstehung. Einige der Zuhörer verspotteten ihn, andere aber wollten gern mehr hören, und einige ließen sich taufen.

Paulus verließ Athen und ging nach Korinth, wo er mit Silas und Timotheus zusammentraf. Sie wohnten bei einem Juden namens Aquila und seiner Frau Priscilla, die erst kürzlich aus Italien gekommen waren, weil Kaiser Claudius allen Juden befohlen hatte, Rom zu verlassen. Von Beruf war er Zeltmacher, und die drei Jünger halfen ihm bei der Arbeit.

Die Juden in Korinth wollten nicht glauben, daß Jesus der Messias war, und Paulus sagte ärgerlich: „Von nun an gehe ich zu den fremden Völkern." Der Vorsteher des Bethauses aber wurde gläubig, und auch viele andere Korinther ließen sich bekehren.

Paulus blieb anderthalb Jahre in Korinth, gestärkt durch eine himmlische Erscheinung, die ihm Mut zusprach. Schließlich kehrte er nach Antiochia zurück.

Paulus' dritte Missionsreise

Als Paulus sich zu seiner dritten großen Reise aufmachte, nahm er fast den gleichen Weg wie beim vorigen Mal – von Antiochia in Syrien über Galatien und Phrygien. Überall ermutigte und stärkte er die Gläubigen.

Dann begab er sich in die große Handelsstadt Ephesus. Hier fand er zwölf Jünger, die von Johannes Markus getauft worden waren. Sie sagten jedoch, vom Heiligen Geist hätten sie noch nie etwas gehört. So legte Paulus ihnen die Hände auf, und der Heilige Geist kam auf sie herab.

Paulus fuhr fort, furchtlos über Jesus und das Reich Gottes zu sprechen, anfangs im jüdischen Gebetshaus, dann in den Lesehallen der Stadt. Er blieb etwa zwei Jahre dort, so daß viele Menschen das Wort Gottes von ihm hörten. Und die Christengemeinde wurde größer und stärker.

Nun war Ephesus auch das Zentrum für die Verehrung der Götting Diana (oder Artemis). Die Gold- und Silberschmiede der Stadt stellten kleine Nachbildungen des Tempels und ihrer Statue her, die sie mit großem Gewinn an die Leute verkauften, die zum Tempel pilgerten.

Einer der Goldschmiede namens Demetrius machte besonders gute Geschäfte mit seinen Nachbildungen. Als er merkte, daß Paulus viele Leute davon abhielt, solche götzendienerische Dinge zu kaufen, regte er sich schrecklich auf. Er rief die Handwerker und Händler zusammen und sagte zu ihnen:

„Ihr wißt, daß wir durch diese Arbeiten zu Wohlstand gekommen sind, und ihr wißt, daß dieser Paulus den Leuten erzählt, daß von Menschenhand gemachte Götter überhaupt keine Götter sind. Er bringt unsere Arbeit in Mißkredit, und der Tempel unserer Göttin wird auch bald nichts mehr bedeuten. Vielleicht wird er mit seinem Anhang sogar noch die Göttin absetzen."

Die Männer wurden sehr wütend, als sie das hörten, und fingen an zu schreien: „Groß ist die Diana von Ephesus!" Bald war die halbe Stadt in Aufruhr.

Der Pöbel ergriff zwei von Paulus' Begleitern und zerrte sie ins Theater – einem riesigen Platz, der mehr als zwanzigtausend Menschen faßte. Paulus wollte auch hingehen, aber die Jünger ließen es nicht zu.

Im Theater gab es ein furchtbares Durcheinander. Jeder schrie etwas anderes, und viele wußten überhaupt nicht, um was es eigentlich ging.

Einige Juden schickten einen Mann namens Alexander vor, damit er die Menge beruhigte. Doch als sie erkannten, daß er ein Jude war, begannen sie wieder zu schreien: „Groß ist die Diana der Epheser!" Und das schrien sie zwei Stunden lang.

Schließlich schaffte es ein hoher Stadtbeamter, die Volksmasse zum Schweigen zu bringen. Die Römer würden von ihm Rechenschaft über den Aufruhr verlangen, und er wußte, daß er keine hinreichende Erklärung hatte. „Männer von Ephesus", rief er, „ihr wißt alle, daß unsere Stadt Hüterin der großen Göttin Diana ist. Niemand kann das bestreiten, und darum sollt ihr euch beruhigen und nichts Unbedachtes tun. Wenn Demetrius und seine Freunde eine Beschwerde haben, können sie diese beim Gericht vorbringen. Wollt ihr noch mehr, so kann man in einer ordentlichen Volksversammlung darüber beschließen. Was heute hier geschieht, kann zur Folge haben, daß wir wegen Aufruhr angeklagt und bestraft werden, denn es gibt nichts, womit wir uns vor den Römern entschuldigen könnten."

Paulus' dritte Missionsreise

Nach dieser klugen Rede verließ er die Versammlung. Die Ruhe war wieder hergestellt und Schlimmeres verhütet.

Paulus rief die Gläubigen zusammen und ermutigte sie. Dann war es Zeit für ihn, seine Reise fortzusetzen.

Ein griechischer Arzt namens Lukas reiste mit ihm. Er hatte ihn auch während des letzten Teils seiner vorigen Reise begleitet. (Lukas schrieb das dritte Evangelium der Bibel und das Buch, in dem Paulus' abenteuerliche Reisen erzählt wurden.)

Paulus reiste durch Makedonien und durch ganz Griechenland und kam schließlich wieder nach Troas. Dort nahmen die Gläubigen am letzten Abend seines Aufenthalts das heilige Abendmahl mit ihm. Paulus sprach zur Gemeinde, und er redete bis Mitternacht, weil er ihnen vor seiner Abreise noch viel zu sagen hatte.

Viele Lampen brannten in dem Raum, und es wurde sehr warm. Ein junger Mann namens Eutychus saß auf der Fensterbank, wo es mehr frische Luft gab. Dennoch wurde Eutychus sehr müde, schlief ein und fiel aus dem Fenster – der Raum befand sich im dritten Stock.

Alle dachten, er müsse tot sein, und sie rannten auf die Straße hinunter. Paulus beugte sich über ihn und sagte: „Keine Angst, er lebt." Und Eutychus konnte unverletzt nach Hause gehen.

Paulus nahm Abschied von der Gemeinde in Troas. Er hoffte, bis zum Pfingstfest nach Jerusalem zu gelangen.

Als er mit seinen Begleitern Cäsarea erreichte, blieben sie dort einige Tage im Hause Philipps, der einer der Sieben war, die sie in Jerusalem zu Verwaltern gewählt hatten.

Während ihres Aufenthalts kam ein Prophet namens Agabus in die Stadt. Er tat etwas Merkwürdiges: Er nahm Paulus' Gürtel und band ihn sich um die eigenen Hände und Füße. Dann sagte er: „Der Heilige Geist hat mir verkündet, daß der Besitzer dieses Gürtels in Jerusalem so gebunden und den Ungläubigen übergeben wird."

Alle waren sehr erregt, als sie das hörten, und baten Paulus, nicht nach Jerusalem zu gehen. Paulus aber kannte keine Furcht. Er sagte: „Warum jammert ihr? Ich bin nicht nur bereit, gefesselt und eingesperrt zu werden, ich bin auch bereit, für den Namen unseres Herrn Jesus zu sterben."

Und er ging unerschrocken nach Jerusalem.

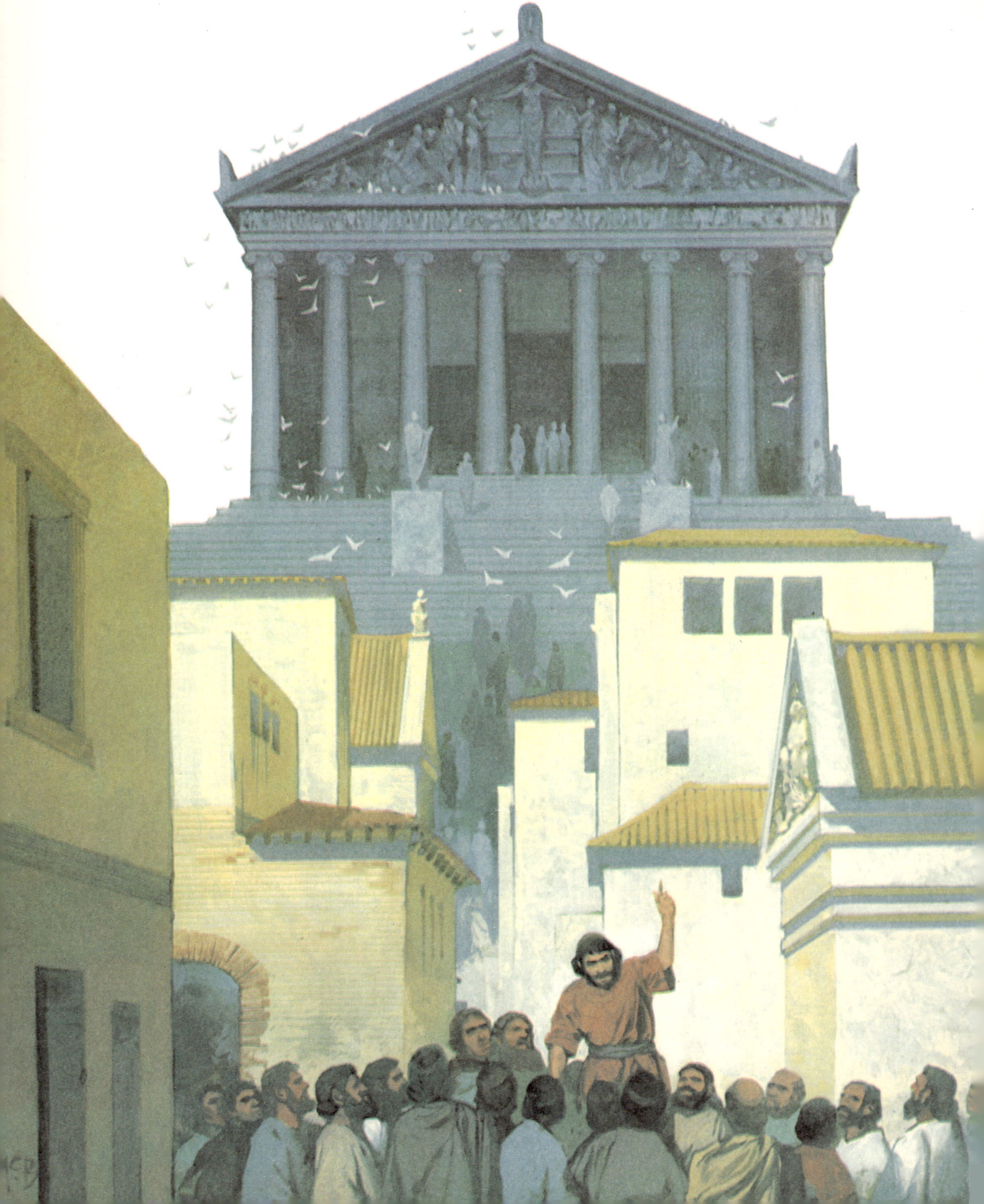

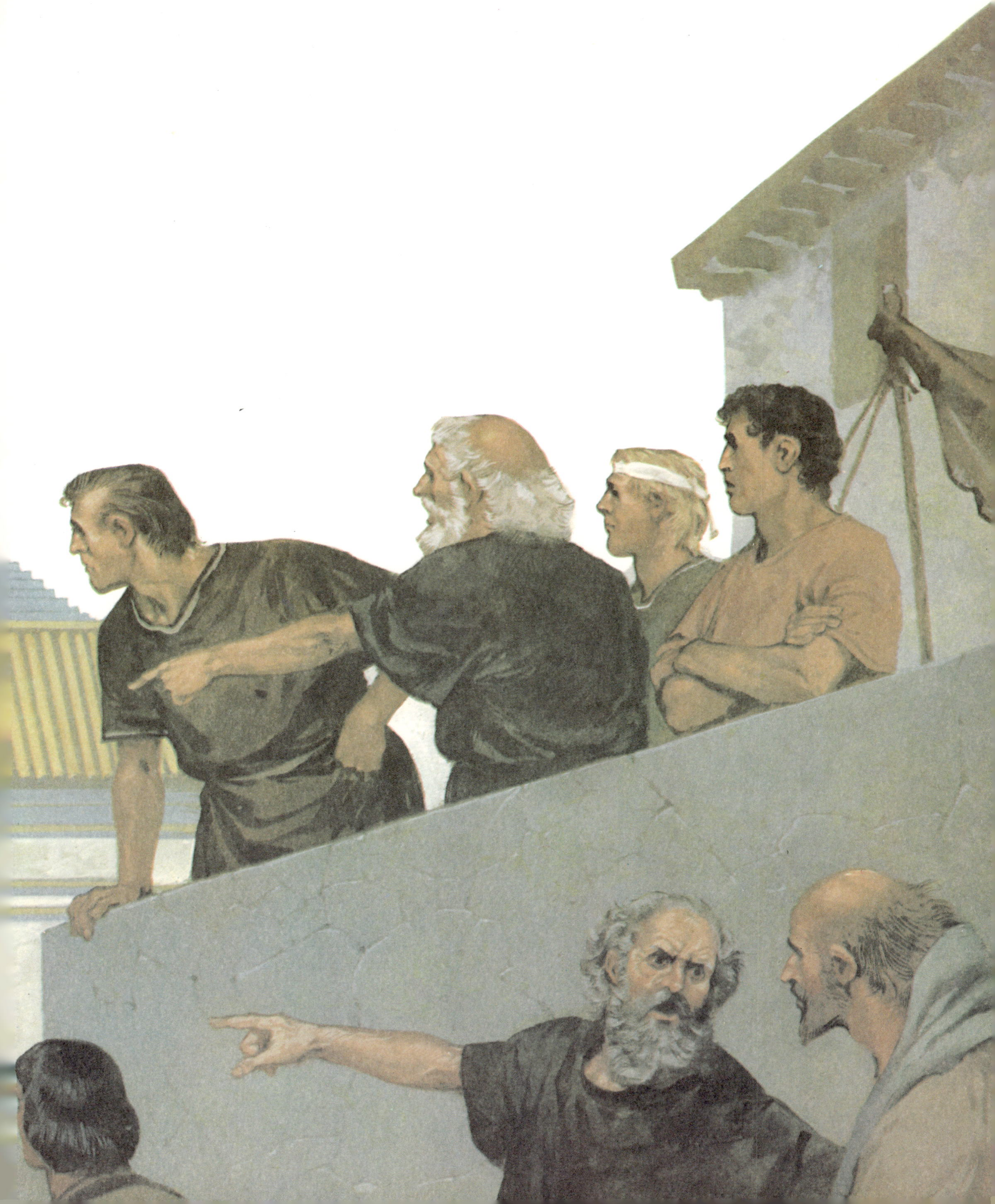

Der Schiffbruch vor Malta

Nach langer Abwesenheit kam Paulus nach Jerusalem, begrüßte die Freunde und erzählte ihnen, was er getan und erlebt hatte. Sie wiederum berichteten ihm, daß viele tausend Juden gläubig geworden waren, daß aber große Verwirrung herrschte über manches, was Paulus gelehrt haben solle. Es wurde behauptet, Paulus habe die Menschen aufgefordert, vom Gesetz Moses abzulassen.

So kam es, daß Paulus eines Tages, als er im Tempel war, von einigen Juden ergriffen wurde. Sie versuchten ihn zu töten. Die römischen Soldaten hörten den Aufruhr im Tempel und retteten Paulus. Sie erlaubten ihm, zu der Menge zu sprechen. Und Paulus erzählte den Leuten, wie er zum Christentum bekehrt worden war. Manche glaubten ihm nicht und schrien, er habe den Tod verdient. Sie kreischten, zerrissen ihre Kleider und warfen Staub in die Luft, bis der römische Kommandant Paulus in die Festung bringen ließ.

Die römischen Soldaten hatten ihn gefesselt und sollten ihn auspeitschen. Da sagte Paulus ihnen, daß er selber durch Geburt ein römischer Bürger sei. Sofort banden sie ihn los und erschraken sehr, denn ein römischer Bürger durfte nur von einem römischen Gericht verurteilt werden.

Der Kommandant wollte aber wissen, was die Juden Paulus vorzuwerfen hatte. Darum brachte er ihn vor den Hohen Rat. Aber dieser konnte sich nicht darüber einig werden, ob Paulus etwas Verbotenes getan hatte oder nicht. Da nahmen die Soldaten ihn wieder mit in die Festung.

Am nächsten Morgen schworen mehr als vierzig Juden, daß sie weder essen noch trinken wollten, solange Paulus am Leben blieb. Sie versuchten mit einem Vorwand, den römischen Kommandanten zu bewegen, daß er Paulus nochmals vor den Hohen Rat brachte – auf dem Weg dorthin wollten sie ihn töten. Doch sie lauerten ihm vergebens auf. Ein Neffe von Paulus hatte von dem Plan erfahren und berichtete es dem Kommandanten. Dieser schickte Paulus mitten in der Nacht im Schutze von zweihundert Soldaten und siebzig Reitern zu Felix, dem Statthalter in Cäsarea.

Felix ließ sich den Fall erklären und hielt Paulus zwei Jahre in Gewahrsam. Dann wurde ein neuer Statthalter namens Festus ernannt. Auch er informierte sich über den Fall und wollte Paulus nach Jerusalem zurückschicken. Paulus wußte, daß Festus sich damit nur bei den Juden beliebt machen wollte. Er ließ ihn wissen, daß er sich bei dem Kaiser in Rom beschweren würde. Festus sagte: „Wenn du dich an den Kaiser wendest, sollst du auch zum Kaiser gehen."

Kurze Zeit später kam König Agrippa nach Cäsarea und hörte sich an, was Paulus ihm zu sagen hatte. Er stimmte mit Festus darin überein, daß es das beste wäre, Paulus nach Rom zum Kaiser zu schicken.

Im Hafen lag ein Schiff, das nach Kleinasien fuhr; das sollte Paulus mitnehmen. Lukas begleitete ihn. Mit einigen anderen Gefangenen wurde Paulus einem Hauptmann namens Julius übergeben. Dieser war freundlich und erlaubte, daß Paulus' Freunde ihm das Nötige für die Reise brachten. Sie segelten nach Myra und stiegen dort in ein anderes Schiff, das mit einer Ladung Weizen nach Italien fahren sollte.

Die See war rauh und sturmbewegt, so daß sie nur langsam vorankamen. Solange es ging, hielten sie sich nahe zur Küste. Schließlich liefen sie an der Südküste Kretas in eine Bucht ein.

Paulus warnte den Hauptmann, weiterzufahren, bevor der Sturm vorüber war; sie würden sonst Schiffbruch erleiden und nicht nur Schiff und Ladung, sondern auch ihr Leben verlieren. Aber der Hauptmann hörte mehr auf den Kapitän und den Weizenhändler als auf Paulus. Sie beschlossen, weiterzufahren und hofften, den kretischen Hafen Phönix zu erreichen. In der Meinung, der Wind werde bald abflauen, hievten sie den Anker und segelten weiter. An Bord befanden sich zweihundertsechsundsiebzig Menschen.

Sie waren noch nicht lange wieder auf See, als sich der Wind in einen gewaltigen Sturm verwandelte. Sie mußten alle Segel einholen, und der Sturm trieb das Schiff, wohin er wollte. Sie befestigten Seile rings um den Schiffsrumpf, damit die Balken hielten, und fürchteten jeden Augenblick, auf eine Sandbank geworfen zu werden.

Der Sturm raste auch noch am nächsten Tag. Sie mußten den größten Teil des naß gewordenen Weizens über Bord werfen. Einen Tag später trennten sie sich auch von vielen Ausrüstungsgegenständen, um das Schiff noch leichter zu machen. Der Sturm aber hielt unvermindert an; sie konnten tagelang weder die Sonne noch die Sterne sehen, so daß sie nicht wußten, wo sie sich befanden. Die meisten Menschen auf dem Schiff verloren jede Hoffnung auf Rettung.

Paulus erinnerte daran, daß man nicht auf seine Warnung gehört hatte. „Aber tröstet euch", sagte er, „der Gott, zu dem ich bete, hat mir letzte Nacht versprochen, daß niemand sein Leben verlieren wird."

Vierzehn Tage und Nächte vergingen. Die Seeleute rechneten damit, daß sie sich nicht weit vom Festland befanden. Sie warfen das Lot aus – das Wasser war vierzig Meter tief. In der Nacht loten sie nochmals die Tiefe aus; sie betrug jetzt nur noch dreißig Meter. Wegen der Dunkelheit fürchteten sie, auf ein Riff zu stoßen. Darum ließen sie den Anker fallen und warteten auf das Tageslicht.

Einige Seeleute hatten ein Boot zu Wasser gelassen. Unter dem Vorwand, sie wollten den Rumpf prüfen, kletterten sie hinunter – sie wollen versuchen, allein an Land zu rudern. Aber Paulus sagte dem Hauptmann: „Wenn nicht alle auf dem Schiff bleiben, könnt ihr nicht gerettet werden."

Kurz bevor es Tag wurde, riet Paulus den Leuten, etwas zu essen, denn sie hatten seit vielen Stunden nichts zu sich genommen. Er selbst nahm Brot, dankte Gott dafür und aß es. Da folgten sie seinem Beispiel und aßen auch, und danach fühlten sich alle viel besser.

Dann wurde es hell, und sie sahen, daß sie sich in einer Bucht befanden. Sie beschlossen, das Schiff hier auf den Strand zu setzen und hißten die Segel, so daß der Wind sie in die Bucht hineintreiben konnte. Doch der Bug des Schiffes stieß auf eine Sandbank, und die Wucht der Wellen zerschmetterte das Heck.

Die Soldaten wollten die Gefangenen töten, damit sie nicht ans Ufer schwimmen und entkommen konnten. Doch der Hauptmann verbot es. Er wollte vor allem, daß Paulus gerettet werde. Er befahl, daß alle über Bord springen sollten; wer schwimmen konnte, sollte zum Ufer schwimmen, die übrigen sollten sich an den Planken und Balken des zertrümmerten Hecks festhalten. Auf diese Weise erreichten sie alle das Ufer, und wie Gott es Paulus gesagt hatte, ging kein Leben verloren.

Bald stellten sie fest, daß sie auf der Insel Malta gelandet waren. Es war kalt und regnerisch, aber die Bewohner der Insel waren freundlich und zündeten Feuer für sie an. Paulus half ihnen, das Holz dafür zu sammeln.

Gerade warf er ein Stück Holz aufs Feuer, da glitt eine Schlange heran – die Hitze hatte sie aus ihrem Versteck herausgetrieben. Sie schlängelte sich um Paulus' Hand.

Als die Inselbewohner das sahen, glaubten sie, Paulus müsse ein Mörder sein, der dem Meer zwar entkommen war, aber nun durch den Biß der Giftschlange seine gerechte Strafe fand. Paulus schüttelte die Schlange ab, und zur Überraschung aller Zuschauer war ihm nichts geschehen – er fiel nicht tot um, seine Hand schwoll nicht einmal an. Da änderten sie ihre Meinung und glaubten, er sei ein Gott.

Der Herr der Insel hieß Publius. Er begrüßte Paulus und Lukas und lud sie zu sich ein. Drei Tage lang waren sie seine Gäste.

Publius' Vater war krank und hatte hohes Fieber. Paulus ging an sein Bett, betete und legte dem alten Mann die Hände auf; und durch Gottes Macht wurde er wieder gesund. Dieses Ereignis sprach sich rasch herum. Da kamen viele kranke Inselbewohner zu Paulus und wurden von ihm geheilt.

Der Schiffbruch vor Malta

Drei Monate lang blieben die Schiffbrüchigen auf der Insel. Dann kam ein anderes Schiff und brachte sie nach Italien. So kam Paulus nach Rom. Auch dort gab es schon viele Christen, die Paulus und Lukas freudig begrüßten.

Paulus durfte in einem eigenen Haus wohnen, doch mußte ihn ein Soldat bewachen. Er blieb zwei Jahre in Rom, und viele Menschen kamen, um ihn zu sehen und zu sprechen. Viele Stunden verbrachte er damit, ihnen vom Reich Gottes und von Jesus zu erzählen. Er schrieb auch Briefe an etliche der jungen Gemeinden und an einzelne Christen, ermutigte sie und hielt sie dazu an, ein christliches Leben zu führen. Etliche dieser Briefe bilden einen Teil des Neuen Testaments.

Die Bibel sagt uns nichts über Paulus' Tod. Aus anderen Quellen ist jedoch zu entnehmen, daß er, vermutlich im Jahre 67 n. Chr., durch Kaiser Nero ums Leben kam.

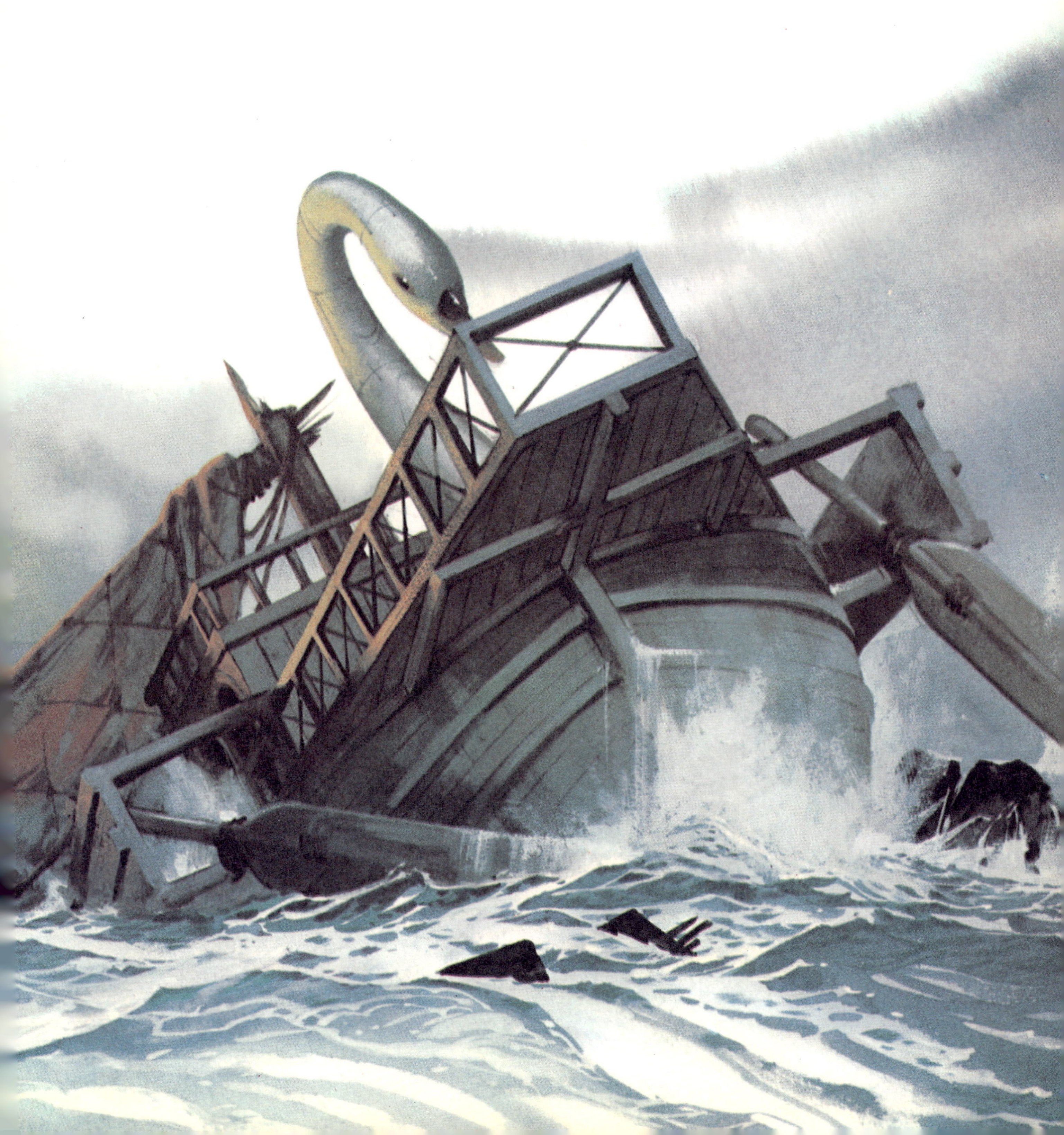

Philemon und der entlaufene Sklave

Gut ein Drittel des Neuen Testaments besteht aus Briefen. Die meisten sind an die jungen Gemeinden gerichtet, um ihnen zu raten und sie zu ermutigen; einige richten sich jedoch an einzelne Christen.

Dreizehn Briefe tragen Paulus' Unterschrift, drei wurden von Johannes Markus geschrieben, zwei von Petrus, einer von Jakobus, einer von Judas; der Verfasser des Briefes an die Hebräer ist nicht bekannt.

Paulus schrieb viele seiner Briefe, während er in Rom oder in anderen Orten gefangen war. Einmal schrieb er an einen Christen namens Philemon.

Philemon war ein angesehener Christ und gehörte vermutlich zu der Gemeinde von Kolossä, einer Stadt im westlichen Kleinasien. Er hatte einen Sklaven namens Onesimus.

Nun hatte Onesimus seinen Herrn bestohlen und war weggelaufen. Irgendwie war es dazu gekommen, daß er Paulus traf und mit ihm sprach. Davon war er so beeindruckt, daß er Christ wurde.

Paulus hatte viel Freude an ihm und behandelte ihn wie einen Sohn, und Onesimus (sein Name bedeutete ‚der Nützliche') erwies sich auch für Paulus als sehr hilfreich. Paulus hätte Onesimus gern als Gehilfen ständig bei sich behalten. Doch er wußte, das durfte er nicht tun. So schwer es Paulus auch fiel: Onesimus mußte zu seinem Herrn zurück. Wenn Paulus ihn behielt, würde er damit Philemon zu einer guten Tat nötigen. Nach damaligem Recht war Onesimus Philemons Eigentum, und wenn er ihn bei Paulus ließ, wäre das ein großes Geschenk. Paulus aber wollte Philemon nicht nötigen; wenn er ihm etwas Gutes tun wollte, mußte es aus freiem Willen geschehen. Darum entschied er, Onesimus müsse zurück.

Nach den Gesetzen jener Zeit hatte Onesimus für sein Weglaufen eine schwere Strafe zu erwarten. Es war verständlich, daß er sich fürchtete.

Paulus aber schrieb einen Brief an Philemon, den er Onesimus mitgab. In ihm bat er Philemon, Onesimus wieder aufzunehmen, aber nicht als Sklave, sondern als ein geliebter Bruder, weil er Christ geworden war.

„Nimm ihn auf, als würdest du mich aufnehmen", schrieb er, „und wenn er dich geschädigt hat oder dir Geld schuldet, will ich es bezahlen."

Er schrieb ihm auch, daß Onesimus bereute, was er an seinem Herrn verschuldet hatte, denn offenbar sei Philemon immer freundlich zu ihm gewesen. Er würde hinfort seinem Herrn gewiß treu sein, so daß Philemon ihm sein Weglaufen verzeihen könnte. „Ich bin überzeugt, daß du tun wirst, um was ich dich bitte", schrieb er zum Schluß.

Die Tatsache, daß dieser Brief erhalten blieb, bedeutet sicherlich, daß Philemon Paulus' Bitte erfüllte und Onesimus als einen christlichen Bruder behandelte.

Die Missionsreisen des Paulus

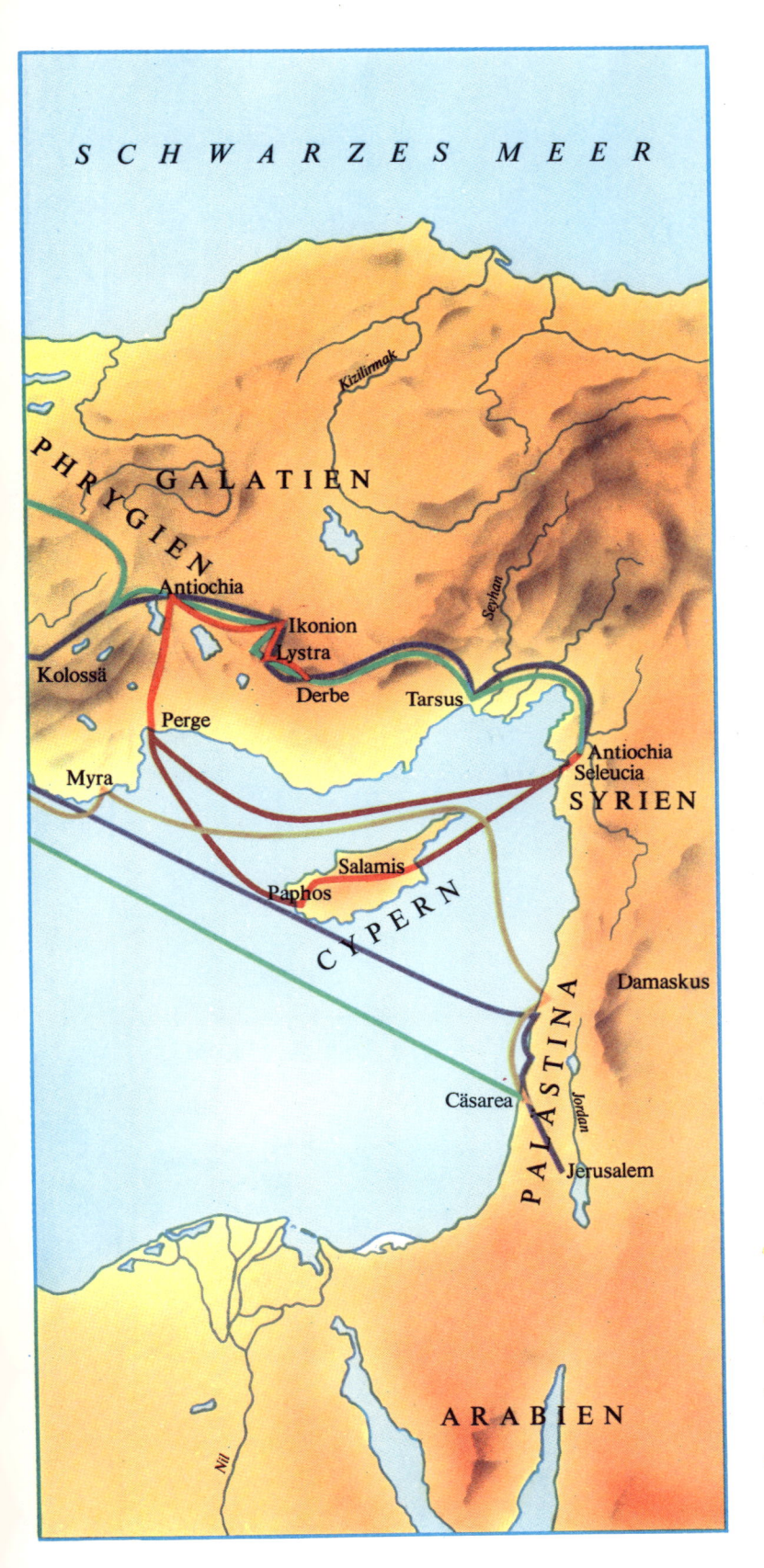

Erste Missionsreise
Zweite Missionsreise
Dritte Missionsreise
Vierte Missionsreise

Das Land der Bibel

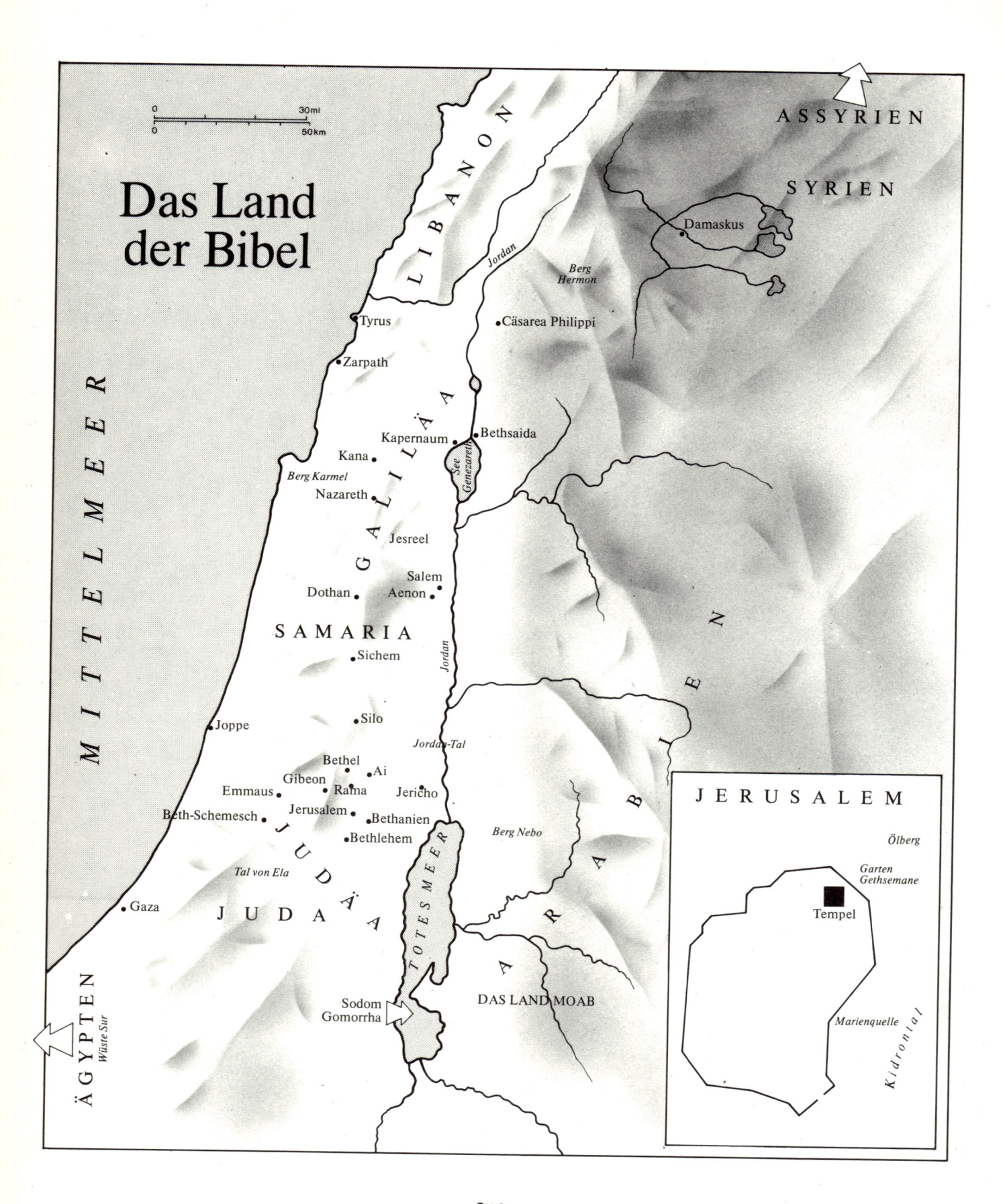

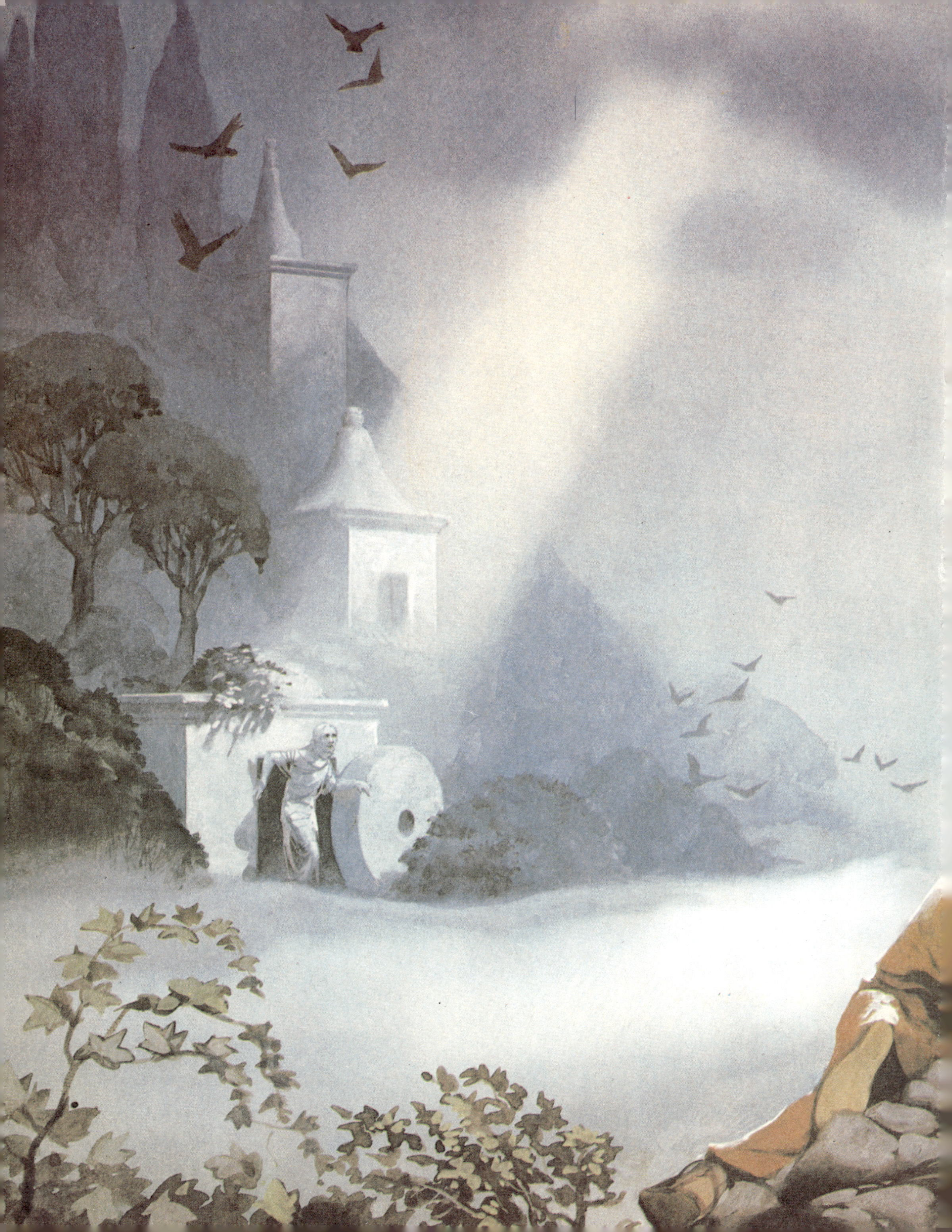